LA LIBRAIRIE DU XXIe SIÈCLE

Collection
dirigée par Maurice Olender

De Marige
oct 2018

Michelle Perrot

# George Sand à Nohant

# Une maison d'artiste

Éditions du Seuil

ISBN 978-2-02-082076-9



www.editionsduseuil.fr

*pour Jean-Claude,*
*et avec lui*

# Entrée

« Il est difficile de parler de Nohant sans dire quelque chose qui ait rapport à ma vie présente ou passée », écrit George Sand. C'est par Nohant, par sa maison, que je l'ai rencontrée. À vrai dire, elle ne fut pas un modèle de ma jeunesse. Pour « la bonne dame », je n'éprouvais pas d'attirance particulière. Ses romans champêtres – *La Petite Fadette*, *La Mare au diable* et autres *François le Champi*, que la grand-mère de Marcel Proust tenait en si haute estime – me paraissaient insipides, volumes tout juste bons pour les distributions de prix, de ceux qu'on ne lit jamais. Je participais à la dépréciation collective dont Sand a été victime après sa mort. Je la trouvais fade, décolorée, d'un âge qui n'avait plus grand-chose à dire aux filles de Simone de Beauvoir, dont je me revendiquais. En quête de nourritures plus fortes, je l'ignorais.

Ma découverte fut progressive et en partie fortuite. J'avais épousé un jeune homme dont la mère habitait Châteauroux. L'été, nous nous baladions dans la campagne. Vers le sud, au-delà de la plaine du Berry et de la forêt d'Ardentes, le Boischaut, doucement vallonné, bocager et frais, forme une aimable transition vers la vallée de la Creuse et le Massif central dont la ligne bleue dessine au loin un horizon plus accidenté. Les villages y ont des murs ocre, des toits de tuiles d'un vieux rose doré, des moulins au bord de rivières paresseuses, des mares rêveuses, des églises romanes dotées de linteaux sculptés et de fresques passées. Nohant est un des plus pittoresques, minuscule et circulaire, autour d'une place herbue et ombragée de chênes aujourd'hui disparus. Sa modeste église aligne, après un porche rustique, dans une nef humide, quelques bancs pour une poignée de paroissiens. Un grand portail ouvre sur la demeure d'Aurore Dupin (alias George Sand), qui y mourut en 1876. Plutôt qu'un château, c'est une sobre et harmonieuse maison de maître de la fin du XVIIIe siècle, avec de vastes communs attestant de l'importance de l'exploitation rurale, entourée d'un jardin, ordonné et fou à la fois. Un cimetière privé jouxte le cimetière communal. Il y a une magie de cet endroit préservé.

Dans les années 1960, le domaine était fort délabré, un peu à l'abandon. Aurore Lauth-Sand, petite-fille de George, y venait encore l'été. On pouvait voir sa mince et élégante silhouette de très vieille dame (elle était née à la fin du Second Empire) déambuler dans le jardin, parfois ouvert aux visiteurs, qu'elle saluait avec une timide courtoisie. Avec ses bandeaux de cheveux argentés, encadrant un ovale aux traits réguliers, elle ressemblait à Virginia Woolf. Seule survivante de la famille, sans descendants, la fille de Maurice Sand avait le culte de sa grand-mère ; elle a conservé ses papiers et son intérieur ; elle est à l'origine de la renaissance de la maison, qu'elle a léguée au conseil général de l'Indre.

L'ensemble dégageait le charme nostalgique d'une demeure récemment quittée, dont on venait tout juste de congédier les vieux serviteurs et de fermer les fenêtres. Un genre de Cerisaie berrichonne. C'était intrigant, obsédant, et cela donnait envie d'en savoir plus sur ceux qui y avaient vécu.

Ma seconde rencontre fut la lecture d'*Histoire de ma vie*, dans l'édition qu'en a donnée Georges Lubin pour la Pléiade en 1970-1971, une des plus belles autobiographies du XIXe siècle, une des premières écrites par une femme. Texte fascinant, fourmillant de souvenirs, d'intuitions, admirable témoignage sur la France de 1770 à 1850, de l'Ancien Régime à la République. Il fut pour moi une révélation. Comment, historienne du XIXe siècle, avais-je pu l'ignorer ?

Je découvris alors la *Correspondance*, vingt-six tomes (1812-1876), publiés de 1964 à 1991 par l'infatigable Georges Lubin, complétés par un volume de quatre cent cinquante-sept *Lettres retrouvées*, dû à Thierry Bodin. Près de vingt mille lettres. Plus de deux mille correspondants, célèbres – Marie d'Agoult, Balzac, Sainte-Beuve, les deux Alexandre Dumas (père et fils), Delacroix, Pauline Viardot, Louis Blanc, Pierre Leroux, François Buloz, Pierre-Jules Hetzel, le prince Napoléon-Jérôme, Ernest Renan, Flaubert... –, ou moins connus, familiers et passants. Un monument épistolaire d'un siècle épistolier, un corpus inestimable pour la connaissance de la vie artistique, politique, quotidienne du temps.

Je l'utilisai beaucoup pour l'*Histoire de la vie privée*, dont Philippe Ariès et Georges Duby, grands maîtres de cette entreprise, m'avaient confié le XIXe siècle. Les travaux, alors, n'abondaient pas. Il fallait plonger dans les matériaux de « première main ». Ce fut, dans les années 1980, ma première occasion d'exploration systématique de la *Correspondance*.

Il y en eut une seconde, d'un autre ordre : la réalisation, pour l'Imprimerie nationale, à la demande de Georges Duby qui y dirigeait une collection « Acteurs de l'histoire », d'un volume des textes politiques (1843-1850) de Sand, publié en 1996 sous le titre *Politique et Polémiques*. Occasion de redécouvrir le rôle et la pensée politiques d'une femme tenue pour quantité négligeable – « Égérie » de 1848 –, en dépit de ce qu'en dit Tocqueville : « Une manière d'homme politique ». J'eus par la suite d'autres opportunités de revenir sur ces aspects : en publiant la correspondance croisée de Sand et d'Armand Barbès, qu'elle tenait pour un « saint républicain » ; puis le *Journal d'un voyageur pendant la guerre*, vivant reportage sur le désarroi de la province (le Berry en l'occurrence) confrontée aux désastres de la guerre de 1870.

Chemin faisant, je découvrais l'étendue de cette œuvre, sa variété, son influence considérable, les préjugés qui l'entourent encore, et l'étonnante renaissance des études sandiennes depuis une quarantaine d'années, du moins chez les littéraires. Aux traditionnelles et ferventes sociétés d'*amis*, s'étaient ajoutés des groupes de chercheurs patentés, aux États-Unis, au Japon et en France. Séminaires, colloques, rééditions, publications se sont multipliés. Le bicentenaire de la naissance d'Aurore fut, en 2004, une apothéose, en dépit de l'échec de sa panthéonisation. Et aujourd'hui, sous la direction érudite de Béatrice Didier, les œuvres complètes sont en cours de publication chez Honoré Champion.

Impressionnant. Décourageant aussi. À quoi bon ajouter un volume à cette montagne de livres dont il n'est déjà pas si aisé de prendre connaissance ? J'ai eu envie pourtant de poursuivre cette quête à ma manière. À travers l'exploration d'un lieu, ce Nohant dont Sand a fait un équivalent de sa vie et dont sa correspondance et, à partir de 1852, les *Agendas*, dus à l'initiative d'Alexandre Manceau, son dernier amour, nous donnent une connaissance intime exceptionnelle. Vue du côté de Sand, assurément. Ni sa famille, ni ses amis, ni sans doute ses domestiques n'avaient nécessairement la même vision des choses. Et nous évoquerons ces regards obliques qui suggèrent l'impossible fusion des cœurs, l'indicible écart des trajectoires croisées plus que confondues.

Nohant vu, voulu et vécu par Sand : tel est notre propos. Dans ses dimensions matérielles et symboliques, affectives et politiques, réelles et idéelles, côté chambres et côté jardin. Dans sa folle ambition de projet communautaire, d'atelier d'artiste, de lieu de création, de modèle égalitaire. Dans sa tragédie de papillon brûlé à la lampe nocturne. Dans sa beauté de fleur condamnée au squelette de l'herbier.

La richesse des sources, dont l'affluence même traduit une singulière anxiété à l'égard des traces, conjuration de la perte, rempart contre l'usure du temps, permet de retrouver les détails du quotidien. Leurs éclats minuscules, monotones parfois, dessinent des physionomies dont les traits apparaissent peu à peu, par petites touches, dans le pointillisme de la toile. Au fil des jours, des parcours s'esquissent, des rencontres se font, des drames se nouent, des ruptures s'opèrent. Une œuvre se construit dans la nuit campagnarde.

Héritage assumé et transmis, Nohant est d'abord une maison de famille, chaleureuse et conflictuelle, un apport et une charge, dont l'entretien suppose un travail productif ; un « boulet » qui a nécessité d'écrire plus que l'auteur ne l'eût désiré. Nohant a nourri l'œuvre et a pesé sur elle. Il l'a parfois enfermée et risque de nous faire oublier que Sand fut une voyageuse, passionnée d'un ailleurs proche ou plus lointain. Une femme toujours en mouvement qui voyait dans le chemin la métaphore et la réalité de la vie. « Qu'y a-t-il de plus beau qu'un chemin [...] le chemin sans maître [...], route de l'univers ? » En même temps qu'une femme hantée par le désir de l'éternel retour. « *Arriver* pour moi, c'est toujours revenir. »

Ce lieu, Sand l'a investi. Il établit un contact privilégié avec la nature, « de toutes mes passions, la seule qui n'ait rien perdu ». Il offre la possibilité d'une vie en commun, frugale et simple. « Fort peu de besoins ; rien pour la gloriole, tout pour le plaisir de vivre. » À « l'affreux brouillard de Paris », Sand compare « celui de Nohant [...] qui est couleur de rose et donne l'envie de travailler ». Refuge, retrait, Nohant est une oasis qui permet de se retrancher d'une mondanité dont elle connaît les ravages, et de créer. Il combine solitude nécessaire à « la pioche », et mise en commun par les soirées musicales, littéraires et, de plus en plus, scéniques, le théâtre étant devenu au fil du temps le moyen privilégié de constitution d'un groupe. Ascèse et plaisir sont indissolubles.

Nohant est une thébaïde, qui autorise une existence égalitaire, entre les membres de la famille élargie qui l'habite, y compris avec les domestiques et les paysans voisins qui « entrent dans la maison comme chez eux ». L'art y établit la communion des cœurs et des esprits. C'est aussi une cellule politique, inspirée un temps par le socialisme de Pierre Leroux, noyau républicain support de journaux et ferment subversif des manières de vivre et de penser. Nohant est le creuset d'une utopie, spatialisée comme elles le sont toutes, pénétrée par l'ardent désir de changer le monde par son existence même.

Sand a-t-elle réalisé son rêve ? Le besoin d'argent, le poids de la famille, les conflits domestiques, les maux du corps, l'indolence des paysans berrichons, l'écart des cultures, la profondeur des inégalités sociales, la conjoncture politique qui a conduit au repli sur soi, la guerre enfin, à laquelle nul n'échappe, fût-ce dans le lointain Berry d'un centre protégé…, ces obstacles, et bien d'autres, ont contrarié, freiné, jamais anéanti l'incroyable énergie de la créatrice de Nohant.

Il nous reste ce lieu, de pierre et de papier, témoin d'une histoire d'amour aux accents infinis.

# Entrée en scène

*La scène se passe à la campagne, à Nohant, village du Berry, à cinq kilomètres de La Châtre, sous-préfecture de L'Indre. Chez George Sand, née Aurore Dupin.*

PRINCIPAUX PERSONNAGES

MARIE-AURORE DE SAXE (1748-1821), veuve de LOUIS-CLAUDE DUPIN, dit DE FRANCUEIL (1715-1786).

MAURICE DUPIN (1778-1808), son fils, époux d'ANTOINETTE-SOPHIE-VICTOIRE DELABORDE (1773-1837).

AURORE DUPIN (1804-1876), fille des précédents, dite **GEORGE SAND**, épouse séparée de FRANÇOIS-CASIMIR DUDEVANT (1795-1871).

MAURICE DUDEVANT, dit SAND (1823-1889), leur fils, époux de LINA CALAMATTA (1842-1901), dit BOULI.

SOLANGE DUDEVANT (1828-1899), sa sœur, épouse de JEAN-BAPTISTE AUGUSTE CLÉSINGER (1814-1883), mère de Jeanne Clésinger, dite Nini (1849-1855).

AUGUSTINE BRAULT (1824-1905), parente éloignée, fille adoptive de George Sand, épouse de KAROL DE BERTHOLDI.

HIPPOLYTE CHATIRON (1799-1848), fils naturel de Maurice Dupin, demi-frère d'Aurore Dupin.

AURORE DUDEVANT (1866-1961), fille de Maurice Sand et de Lina Calamatta, dite LOLO, épouse divorcée de

FRÉDÉRIC LAUTH, dite LAUTH-SAND, dernière descendante et propriétaire de Nohant.

GABRIELLE DUDEVANT (1868-1909), sa sœur, dite TITITE.

| | |
|---|---|
| FRÉDÉRIC CHOPIN (1810-1849)<br>ALEXANDRE MANCEAU (1817-1865) | compagnons de George Sand |
| JULES SANDEAU<br>STÉPHANE AJASSON DE GRANDSAGNE<br>MICHEL DE BOURGES<br>FÉLICIEN MALLEFILLE<br>PIERRE BOCAGE<br>CHARLES DIDIER<br>CHARLES MARCHAL | amants passagers |
| JEAN-FRANÇOIS DESCHARTRES (1761-1828), précepteur et régisseur, dit « le Grand Homme »<br>EUGÈNE LAMBERT, peintre<br>ÉMILE AUCANTE, régisseur<br>EDMOND PLAUCHUT | résidents familiers |
| CHARLES DUVERNET<br>FRANÇOIS ROLLINAT<br>GUSTAVE PAPET, médecin<br>ALEXANDRE DUTEIL<br>JULES NÉRAUD, dit « Le Malgache »<br>ALPHONSE FLEURY<br>ERNEST PÉRIGOIS<br>ÉLIZA TOURANGIN et GUSTAVE, dit MICRO, son frère | amis et voisins berrichons |

| | |
|---|---|
| Franz Liszt et Marie d'Agoult<br>Honoré de Balzac<br>Eugène Delacroix<br>Théodore Rousseau<br>Alexandre Dumas fils<br>Pauline Viardot<br>Ivan Tourgueniev<br>Gustave Flaubert<br>Le prince Napoléon-Jérôme | hôtes de Nohant |
| Pierre Moreau<br>Françoise Meillant<br>Marie Caillaud, dite Marie des Poules<br>Sylvain et Jean Brunet | domestiques |

La jument Colette, les chiens Pistolet, Marquis, Fadet, des chats anonymes, et beaucoup d'oiseaux.

# Les gens

À l'image de sa créatrice, indissolublement femme et écrivaine, Nohant est duel, à la fois foyer et atelier d'artiste. La famille en est le cœur, fil conducteur d'une transmission assumée. Autour d'une lignée de femmes, de Marie-Aurore de Saxe à Aurore Lauth-Sand, gravitent des hommes, maris, fils ou amants, satellites de l'astre dominant, dans une hiérarchie contraire à l'ordre traditionnel des sexes. Nohant est subversif et scandaleux. Élargie, peu conventionnelle, chaleureuse, la famille est aussi conflictuelle, marquée par des divisions internes (frère-sœur) et des scènes dramatiques où des hommes s'estimant bafoués – Casimir, Clésinger, Maurice – tentent de reprendre le pouvoir. La présence d'enfants ardemment désirés traverse la maison et l'ouvre sur le futur.

L'amitié y joue un rôle aussi fort que l'amour. Autour de la garde rapprochée des Berrichons, noyau dur et durable, armature des engagements politiques et de la sociabilité quotidienne, les amis affluent, appelés par la maîtresse de maison, désireuse de créer une colonie d'artistes, refuge et avant-garde. Musiciens, peintres, graveurs, écrivains, comédiens, mais aussi hommes politiques, journalistes, ou simples admirateurs se succèdent et se croisent selon les modes et les conjonctures, le voyage étant facilité par les progrès des chemins de fer.

Une domesticité nombreuse, relativement stable, assure un quotidien dense et consolide le lien avec le village berrichon.

Elle est aussi un défi constant pour le sentiment et la réalisation de l'égalité.

Nohant est une maison foisonnante, vibrante de passions et de musique, où les cris des enfants se mêlent aux aboiements des chiens et au chant des oiseaux.

# La famille

La famille fut-elle « la véritable aventure de George Sand », comme le dit Maurice Toesca ? Le propos est certes réducteur. Il y en eut bien d'autres, à commencer par la création littéraire. Mais elle constitua un aspect essentiel de sa vie, de sa pensée et de son œuvre. Nohant en fut le théâtre, à la fois nid et nœud, refuge et lieu de conflits qui ont scandé son existence tout entière. Pour le meilleur et pour le pire. Un vrai roman en soi.

La famille est pour Sand une donnée fondamentale, un creuset, et la maison, un ancrage dans le temps, comme le jardin l'est dans la nature, et la terre, dans l'espace. « Le culte de la famille est faux et dangereux, mais le respect et la solidarité dans la famille sont nécessaires », écrit-elle en prélude à *Histoire de ma vie.* Ce legs de l'aristocratie, dont elle récuse les excès, elle le revendique pour tous. Par un individualisme exacerbé, la Révolution a eu tendance à nier ces liens, pour faire de chacun le fils de ses œuvres. C'est une erreur. « Le peuple se trompa, il a ses ancêtres tout comme les rois. » Elle préconise une autobiographie démocratique et exhorte artisans et paysans à écrire leur histoire de famille. Se comprendre soi-même, c'est se situer dans la succession des générations. « Je ne pourrais pas raconter et expliquer ma vie sans avoir raconté et fait comprendre celle de mes parents. [...] Il faut donc que j'embrasse

Marie-Aurore de Saxe, *George Sand enfant, vers 1810*, pastel, Paris, musée de la Vie romantique.

*Hippolyte Chatiron, « l'enfant de la petite maison »*

L'une et l'autre furent les compagnons de son enfance et de toute sa vie. Elle avait une tendresse particulière pour son frère, « l'enfant de la petite maison », « le bâtard né heureux

Marie-Aurore de Saxe, *Hippolyte Chatiron enfant*, Paris, musée de la Vie romantique.

[…], l'enfant gâté de chez nous », élève fort indocile de Deschartres[1] et complice des turbulences paysannes. « N'étant

1. Jean-François Louis Deschartres (1761-1828), clerc tonsuré, entra chez Marie-Aurore Dupin comme précepteur de son fils Maurice. Il lui sauva probablement la vie pendant la Révolution. Il devint ensuite à la fois régisseur de Nohant et précepteur de la petite Aurore, ainsi que d'Hippolyte et d'Ursule. Il avait des ambitions agronomiques que nous évoquons plus

rien officiellement et ne pouvant prétendre à rien légalement dans mon intérieur, il y avait toujours fait dominer son caractère turbulent, son bon cœur et sa mauvaise tête[1]. » Elle ne l'appelait jamais autrement que son frère – « un gros paysan plein d'esprit et de gaieté » – et lui confia la gestion de Nohant notamment après 1836, quand, séparée de Casimir, elle partagea son temps entre Paris et le Berry. Il le fit avec conscience, lui reprochant son absence et son refus d'être « une dame de château ». Bien qu'il ait pris parti pour Casimir Dudevant, mari d'Aurore, par solidarité virile et alcoolique, lors du procès en séparation, Hippolyte aimait Aurore de toute son âme. Il parle de « ce sentiment animal qui m'attache à toi comme un chien[2] ». C'est l'alcool qui le perdit. « Cette fureur de sauvage à l'endroit du vin et des liqueurs fortes vint jeter une grosse pierre au milieu de mon repos domestique », dès les années 1830. Alex Duteil (un camarade berrichon) et Casimir étaient ses compères de beuveries. Il épousa Eugénie Devilleneuve, héritière du château de Montgivray, « vieille tourelle réparée », selon Marie de Rozières, qui le décrit, « en campagnard consommé, buvant sec, suant à grosses gouttes et ne sentant pas le musc »[3]. Il ne cessa pas de fréquenter Nohant, qui l'attirait comme un aimant, compagnon des enfants, Maurice et Solange (laquelle devait trente ans plus tard racheter Montgivray), et fanatique de Chopin. Il meurt en décembre 1848 : « Sa raison s'était éteinte depuis quelque temps déjà ; l'ivresse avait ravagé et détruit cette belle

---

loin (voir *infra*, « La terre », p. 267 *sq.*) ». Ursule, fille d'une femme de chambre de Marie-Aurore, fut élevée avec Aurore, devint sa couturière et resta son amie toute sa vie (voir *infra*, p. 144).

1. *HDMV*, II, p. 431-432.
2. Bibliothèque historique de la Ville de Paris (BHVP), Fonds Sand, G 476, sd (1839).
3. *Corr*, V, note de Georges Lubin à L 2510, George Sand à Marie de Rozières, 8 septembre 1842 et tirée de la *Corr*, de Chopin.

organisation et la faisait flotter désormais entre l'idiotisme et la folie », perdu jusque dans ses convictions. D'abord républicain passionné, il se met à détester « le peuple » et dit que « [s]es amis politiques voulaient l'assassiner »[1].

### *Des filiations incertaines*

Naturelles ou légitimes, les naissances sont toujours incertaines. Aurore était-elle la fille de Sophie Delaborde ? Marie-Aurore se le demandait. Solange était-elle la fille de Casimir ? La plupart des commentateurs en doutent, y compris Georges Lubin et Marie-Louise Vincent[2], et l'attribuent à Stéphane Ajasson de Grandsagne, le jeune naturaliste qu'Aurore fréquentait assidûment à Paris en décembre 1827. Le fils de Stéphane, Paul, revendiquera fièrement cette sororité putative, mais les lettres qu'il allègue à cet égard n'ont jamais été retrouvées. Solange elle-même semble avoir éprouvé quelque doute sur une filiation que pourtant ni elle ni Casimir ne remirent jamais fondamentalement en cause[3]. En somme, on n'est jamais sûr de ses origines.

N'a-t-on pas contesté la paternité de Maurice Dupin, qui aurait endossé celle de Pierret, vieil ami de Sophie Delaborde ? Ce secret, confié à la jeune Aurore âgée de treize ans par une grand-mère vindicative, l'aurait bouleversée, sans qu'elle y

1. *HDMV*, II, p. 449-450.

2. Marie-Louise Vincent, *George Sand et le Berry* (1919), reprint par Laffitte (Marseille, 1978). Marie-Louise Vincent est une des premières biographes, presque un témoin de Nohant, une mine d'informations sur les réseaux locaux ; cf. en particulier, chap. v, « La baronne Dudevant en Berry, 1826-1831 », pas toujours bienveillante à l'égard de George Sand.

3. À cet égard, cf. *Corr*, IX, L 4322, au sujet d'une révélation que Sand aurait faite à son gendre Clésinger, contestant la légitimité de Solange, et la mise au point de Georges Lubin ; *Corr*, XXV, S 77, à Jane de Fenoyl, 18 septembre 1828. Solange est née le 13 septembre avec un mois d'avance ; cf. à ce sujet les remarques de Georges Lubin, note 2.

accorde vraiment de crédit. « Ta mère est une fille perdue », lui avait dit l'aïeule, comme pour expliquer l'antipathie que Sophie lui inspirait. Mais qu'est-ce qui gouvernait le ressentiment de Marie-Aurore ? Le souci de la vertu ou le refus de la mésalliance ? Sophie était la fille, fort jolie et quasi analphabète, de maîtres oiseliers de Paris. Maurice l'avait rencontrée aux armées où elle était cantinière. Il l'avait séduite et ravie à son amant. L'ayant engrossée, il l'avait épousée, en dépit des protestations de sa mère, qui aurait sans doute préféré élever ce nouvel enfant plutôt que de légitimer une union qui lui déplaisait. Maurice fut ferme : il était amoureux et républicain. Il épousa Sophie. Un mois après ce mariage, Aurore naissait à Paris, « en musique et dans le rose ». Ce qui compte, c'est la reconnaissance. « Je suis la fille d'un patricien et d'une bohémienne », dit Sand qui fait de cette mésalliance, qui l'enracine dans le peuple, le fondement d'une identité sociale, constamment revendiquée.

Reste que Sophie, la bohémienne, n'a jamais été bien acceptée à Nohant, où elle venait voir sa fille, dont Marie-Aurore revendiquait l'éducation, quasiment en étrangère. Elle jardinait avec les enfants et, le soir, la petite Aurore se glissait dans son lit jusqu'à ce que l'aïeule mette bon ordre à cette indécence. Sophie n'aimait pas la campagne et préférait Paris, sa ville, où elle fut d'ailleurs enterrée, au cimetière Montmartre, en 1837. Elle ne fut rapatriée au cimetière familial qu'après la mort de sa fille, Aurore, devenue Sand sans qu'elle s'en soit vraiment aperçue. Toujours un peu marginale en somme.

### *Force de l'amour maternel*

L'important, c'est d'aimer. Les bâtards, les « champis », enfants de l'amour, sont réputés les plus beaux. Si on est insatisfait de ses enfants, on peut toujours adopter, même si cette procédure était alors légalement inexistante. George adopte une jeune parente, Augustine Brault, maltraitée par ses parents, pour suppléer la défaillance de Solange et peut-être pour la marier à Maurice, ce qui lui vaut des attaques venimeuses ; elle la marie (avec Bertholdi), la dote, mais sur sa propriété littéraire, pour ne pas entamer l'héritage de ses enfants. La présence d'Augustine, dont la chambre est indiquée sur un plan de 1846 alors que celle de Solange ne l'est plus, fut ressentie péniblement par cette dernière, d'autant plus que Sand ne cessait de les comparer : « Que n'est-elle ma fille ? disait-elle d'Augustine. L'autre me donne du chagrin et toujours du chagrin. » Dans les romans sandiens, les mères adoptives (une quarantaine) côtoient et éclipsent les mères biologiques. Sand se voulait la « mère » des amis de son fils Maurice – Eugène Lambert, Théodore Rousseau, Alexandre Manceau, devenu son amant – qu'elle hébergeait à Nohant, dans des ateliers qui réalisaient son idéal de cité des arts. Le temps passant, elle appelle de plus en plus ses amis ses « enfants » : Éliza Tourangin, Pauline Viardot, Dumas fils (qui la nomme Maman), Edmond Plauchut, Flaubert (qui, lui, répond par « Maître »). Après quarante ans, Sand, sans pour autant renoncer à l'amour, se donne le statut de « Mère », que les saint-simoniens avaient d'ailleurs voulu lui conférer et qu'elle avait alors refusé. Au-delà du langage d'époque et de la métaphore, le vocabulaire est porteur d'un idéal. La famille est une construction, un modèle de société à réaliser. Et la maternité, un pouvoir symbolique fort, équivalent de la paternité, voire son substitut, en cas d'une défaillance assez habituelle. Peut-être la source de tout amour : « L'amour est à la source de toute création, et il a pour prototype l'amour maternel. » La famille, tout compte fait, est un îlot rassurant, un mode de vie nécessaire, la possibilité du bonheur. À Delacroix, cafardeux après un séjour mélancolique à Nohant, elle conseille : « Ce qui vous manque, c'est de la liberté, et peut-être de la famille, un entourage forcé, qui donne bien de l'anxiété parfois mais auquel on s'habitue si bien, qu'on ne pense plus à autre chose. Vous avez trop d'imagination et d'émotion à dépenser pour vous tout seul. Vous devriez avoir dix enfants, tout grouillant autour de vous et vivant du trop-plein de votre vie[1]. » La progéniture comme un exutoire, la famille comme un ordre, mais choisi. George avait « la passion de la progéniture ».

*« Je n'ai jamais pu accepter un maître... »*

Le couple est une forme de l'amour et Sand y aspire. Dans le libre choix et l'indépendance : « Je n'ai jamais pu accepter un maître même en amour[2]. » Elle a une nature ardente et sans doute des sens exigeants, bien qu'elle ait été avare de confidences sur ce point. Elle réprouvait les conversations graveleuses dont les femmes faisaient toujours les frais. La sexualité de Sand, la vie sexuelle de Nohant demeurent des inconnus. A-t-elle aimé d'amour Marie Dorval ? Fut-elle bisexuelle comme le suggère *Lélia* (1833), qui fit scandale en partie pour cela[3] ? L'hétérosexualité était en tout cas sa relation dominante. Elle a détruit ses lettres d'amour à Musset, comme à Chopin. Elle redoutait la divulgation des secrets et recommandait souvent de brûler une missive trop intime. Quelques bribes, échappées çà et là, révèlent le feu d'un corps désirant. Ainsi cette lettre à Émile Regnault et relative à Jules Sandeau, son amant de juillet 1830 : « Je suis bien folle mais je suis bien heureuse. Depuis trois jours j'ai vécu trois ans. Vous ne gronderez pas... Gustave (Papet) n'a pas grondé, lui ! Il s'est dévoué, il s'est mis dans notre folie jusqu'au cou. Il a bivouaqué dans le fossé de mon jardin tout le temps que Jules a passé dans

1. *Corr*, VII, L 3509, à Eugène Delacroix, 11 octobre 1846.
2. *Corr*, III, L 1013, à Adolphe Guéroult, 9 novembre 1835.
3. Cf. Marie-Jo Bonnet, *Les Relations amoureuses entre les femmes, XVI^e-XX^e siècle*, Paris, Odile Jacob, 1995.

ma chambre, car il y est venu cette nuit, sous le nez de Brave (le chien), de mon mari, de mon frère, de mes enfants, de la bonne, etc. Je couche au milieu de tout cet entourage mais dans un bon petit cabinet bien fermé, bien sourd, avec une armoire admirable[1]. J'avais tout calculé, tout prévu. Que Jules ne courait d'autre risque que d'être raté d'un coup de fusil en grimpant à ma fenêtre qui n'est qu'à six pieds du sol. [...] Il est venu et nous avons été si heureux ! Cette nuit encore je veux qu'il vienne. [...] Je suis imbécile, je suis abîmée de morsures et de coups. Je ne peux pas me tenir debout. Je suis dans une joie frénétique. Si vous étiez là, je vous mordrais jusqu'au sang pour vous faire participer un peu à notre bonheur enragé. Et admirez-moi ! Au milieu de ce délire, de ces tourments d'impatience, de ces palpitations brûlantes, le travail marche. J'ai fait d'immenses corrections au 2è volume dans ma soirée d'hier[2]. »

L'amour rend créatif. Autre témoignage : les lettres désespérées, vibrantes de désir inassouvi, qu'elle adresse en 1836-1837 à Michel de Bourges qui se détourne d'elle. « J'ai beaucoup souffert de ma chasteté. [...]. J'ai eu des rêves très énervants. Le sang m'a monté à la tête cent fois [...]. Je me suis souvent assise seule à l'écart avec une âme pleine d'amour et des genoux tremblants de volupté[3]. » Elle lui rappelle l'origine charnelle de leur amour : « Quand toutes les cordes de mon être mises à nu vibrèrent sous ta main mon attachement devint si fort et si profond que je ne pus imaginer d'autre but dans ma vie que de

1. Depuis la naissance de Solange, Aurore avait obtenu de coucher seule, ce qu'elle considérait comme un droit.

2. *Corr*, I, L 420, à Émile Regnault, 20 septembre 1831. Il s'agit de *Rose et Blanche*, roman à deux mains de Sandeau et Aurore.

3. *Corr*, III, L 1277, à Michel de Bourges, 15 octobre 1836. Cf. Bernard Hamon, *George Sand et Michel de Bourges. Une passion, 1835-1837*, Vendœuvres, Lancosme, 2008, p. 73. L'auteur a retrouvé les originaux et publié l'intégralité des lettres.

vivre avec toi[1]. » Elle brûle de ses « ardentes caresses ». « Mon corps est encore tout disloqué d'une autre fatigue terrible mais délicieuse dont je porte les stigmates en mille endroits[2]. » Elle l'exhorte à revenir à Nohant partager ses nuits. Mais il ne viendra pas.

L'amour « physique » (expression que Sand n'aime pas) fait partie intégrante de l'amour. « Un amour, sans union des corps, c'est mystique et incomplet[3]. » George souffre de l'impuissance de Chopin, malade, qui la contraint à une chasteté forcée. L'amour suppose la liberté du désir. D'où l'hostilité déclarée de Sand au mariage de raison, arrangé selon les intérêts des familles. Elle est une apôtre du mariage d'amour, qu'elle défend dans les *Lettres à Marcie*, dans ses romans, et auprès de ses enfants. Lorsque Maurice lui fait part de son projet d'épouser une comédienne pour enrichir le théâtre de Nohant, elle s'insurge. « Une charmante actrice pour Nohant pourrait être une fort mauvaise compagne pour ta vie [...]. Tu me parais dans ce moment-ci, chercher femme comme un meuble dont on a besoin, ou comme un costume que tu voudrais pouvoir trouver au Temple. [...] Non, je t'assure que tu n'y connais rien. L'amour est un imprévu. [...] C'est une espèce de miracle qui subjugue les plus récalcitrants, mais il faut attendre qu'il se fasse, car le mariage sans amour, ce sont les galères à perpétuité. » « Il faut être deux pour créer le bonheur, tout comme il faut être deux pour faire un enfant[4]. » Le mariage imposé aux femmes est une forme de prostitution

1. *Corr*, III, L 1409, à Michel de Bourges, 25 mars 1837 ; Bernard Hamon, *George Sand et Michel de Bourges. Une passion, 1835-1837*, *op. cit.*, p. 122.

2. Sand à Michel de Bourges, 8 mai 1837, in *ibid.*, p. 166.

3. *Journal intime*, 22 novembre 1834, in *Œuvres autobiographiques* (désormais noté *OA*), II, Georges Lubin éd., Paris, Gallimard, « Bibliothèque de la Pléiade », 2 vol., 1970-1971, p. 966.

4. *Corr*, IX, L 4697, à Maurice, 17 décembre 1850.

légale et un viol, qu'elle ne cesse de dénoncer. Mieux vaut alors le célibat, dont elle défend les virtualités. Le couple amoureux est un idéal presque inaccessible. Trouver l'Autre n'est pas aisé. À François Rollinat, qui galère comme elle en quête de l'âme sœur, elle écrit : « Je suis comme toi, je ne suis l'autre moitié de personne. Il m'importe peu de vieillir, il m'importerait beaucoup de ne pas vieillir seul (*sic*). Mais je n'ai pas rencontré l'être avec lequel j'aurais voulu vivre et mourir, ou, si je l'ai rencontré, je n'ai pas su le garder[1]. »

Trois partenaires l'ont retenue un certain temps : Casimir Dudevant, Frédéric Chopin, Alexandre Manceau. Tous trois furent des habitants de longue durée de Nohant, respectivement quatorze, neuf et quinze ans, à des époques bien différentes de sa vie.

**Un mari chasseur et buveur : Casimir Dudevant**

Aurore n'avait aucun attrait pour le mariage : « [...] je regarde le mariage comme un lien très pesant, et la perte de la liberté comme la plus grande sottise qu'on puisse faire[2] », écrit-elle à Chérie Bazouin en mars 1821. Quelques mois plus tard, le 17 octobre 1822, elle épouse Casimir Dudevant (1795-1871), pour se libérer de sa mère et de la solitude. Casimir avait d'abord peu d'attrait pour Nohant, où il s'ennuyait. « Le Berry l'accable. » Elle aussi du reste. À une amie de couvent, elle confie : Nohant est « un beau pays, une charmante habitation, mais fort triste en ce qu'il n'y a point de société. Les Berrichons sont des animaux insupportables, bien autrement

1. George Sand, *Lettres d'un voyageur, Lettre V (à Rollinat)*, Catherine Mariette-Clot et Suzel Esquierin éd., in *Œuvres complètes* (*OC*), sous la dir. de Béatrice Didier, Paris, Honoré Champion, 2016, p. 394.
2. *Corr*, I, L 514, à Chérie Bazouin, 9 mars 1821.

ennuyeux que les Limousins[1] ! » Vingt-cinq ans plus tard, elle analyse avec lucidité : « Nous aimions la campagne, mais nous avions peur de Nohant ; peur probablement de nous retrouver vis-à-vis l'un de l'autre, avec des instincts différents à tous égards et des caractères qui ne se pénétraient pas mutuellement[2]. »

La naissance éblouie de Maurice (juin 1823) masque quelque temps leur écartement. Lors d'un voyage dans les Pyrénées, elle rencontre Aurélien de Sèze, qui tombe amoureux d'elle ; elle aussi, sans lui céder. Le 11 novembre 1825, elle écrit à Casimir une lettre de vingt-cinq pages[3], la plus longue de toute sa correspondance, où elle lui fait l'aveu de cet amour, l'assure de sa fidélité, tout en déplorant la divergence de leurs goûts : « Je vis que tu n'aimais point la musique et je cessai de m'en occuper parce que le son du piano te faisait fuir. Tu lisais par complaisance et au bout de quelques lignes, le livre te tombait des mains, d'ennui et de sommeil. Quand nous causions surtout, littérature, poésie ou morale, tu ne connaissais pas les auteurs dont je te parlais, ou tu traitais mes idées, de folies, de sentiments exaltés et romanesques. Je cessai d'en parler. Je commençai à concevoir un véritable chagrin en pensant que jamais il ne pourrait exister le moindre rapport dans nos goûts. » Elle lui propose un nouveau départ, et à cet effet, un règlement en sept articles. Article 3 : « Pendant que je dessinerai ou travaillerai tu me feras la lecture [...] Je n'exige pas que tu aimes la musique. Je t'en ennuierai le moins possible. J'en ferai pendant que tu iras promener. » Article 5 : « Si c'est à Nohant que nous passons l'hiver, nous lirons beaucoup d'ouvrages qui sont dans ta bibliothèque et que tu ne connais

1. *Corr*, I, L 58, à Émilie de Wismes, 28 avril 1824. Émilie était limousine.

2. *HDMV*, II, p. 42.

3. *Corr*, I, L 104, à Casimir Dudevant, 11 novembre 1825.

pas. Tu m'en rendras compte. Nous causerons ensemble après. Tu me feras part de tes réflexions, moi des miennes, toutes nos pensées, nos plaisirs seront en commun. » Mais l'amour fusionnel ne se décrète pas. Casimir eut sans doute bien du mal à lire cette lettre jusqu'au bout, si même il la lut.

À partir de 1826, la vie s'organise tant bien que mal à Nohant, dans une séparation de plus en plus marquée. Elle : « Je passe ma vie ou auprès des fourneaux à me brûler les pattes, ou dans le jardin avec un livre[1]. » Lui, résigné à être *gentleman-farmer* berrichon, entreprend de gérer Nohant qu'il agrandit (achat de la ferme de la Côte-Noire) et opère de grandes transformations qui affectent Aurore. Il exècre ses fréquentations, renvoie Ursule, sa compagne d'enfance, noue des relations de chasse et de beuveries où Chatiron et Duteil tiennent joyeuse partie. Après la naissance de Solange en 1828, Aurore fait chambre à part. Elle répugne à faire l'amour sans désir. Au camarade Duteil qui lui conseille de redevenir la maîtresse de son mari pour dominer la situation, elle rétorque : « Les rapprochements sans amour sont quelque chose d'ignoble à envisager [...][2]. » Elle n'a jamais éprouvé de répulsion physique pour Casimir, mais elle ne l'aime plus. Elle s'installe dans l'ancien boudoir bien clos de sa grand-mère, ses enfants dormant dans la grande chambre attenante. « Je les entendais respirer, et je pouvais veiller sans troubler leur sommeil. Ce boudoir était si petit qu'avec mes livres, mes herbiers, mes papillons et mes cailloux (j'allais toujours m'amusant à l'histoire naturelle sans rien apprendre), il n'y avait pas de place pour un lit. J'y suppléais par un hamac. Je faisais mon bureau d'une armoire qui s'ouvrait en manière de secrétaire[3]. »

1. *Corr*, XXV, S 66, à Jane Bazouin, 27 avril 1827. Elle lit « les Grecs et les Romains ».
2. *HDMV*, II, p. 296.
3. *HDMV*, II, p. 100.

Dans cette ébauche de « chambre à soi », elle esquisse ce qui sera son mode de vie : l'écriture nocturne, le soin aux enfants (ou aux amants), les collections naturalistes, commencées très tôt. Le souvenir de « l'absent » (Aurélien de Sèze) s'estompe.

On connaît la suite : la révolution de Juillet 1830, Sandeau, le départ à Paris, la parution d'*Indiana* (1832), la naissance de *George Sand*, Musset, Venise. Et, après des cohabitations estivales de plus en plus chaotiques, la grande scène du 19 octobre 1835 consomme la rupture du couple. Dans le procès en séparation, plaidé par l'éloquent Michel de Bourges, la possession de Nohant constitue, avec la garde des enfants, le point crucial. Dans sa « mansarde » parisienne du quai Malaquais, perpétuellement débordée d'amis, de fâcheux, de quémandeurs, le désir de la campagne lui revient. « C'est alors que je me pris à regretter Nohant[1]. » Un Nohant débarrassé de cet importun qu'était devenu Casimir. Une « maison déserte », libérée du maître que lui avait imposé « l'infâme Code civil » auquel elle déclarait dès lors une guerre inexpiable, apôtre du divorce, comme Flora Tristan, sa contemporaine, confrontée comme elle, et infiniment plus violemment (son mari tenta de la tuer), à la domination masculine.

### Frédéric Chopin : « un embrasement céleste »

La première fois que Frédéric Chopin (1810-1849) vit George Sand, il la trouva plutôt laide. Elle ne lui plut pas. Elle fut séduite par son allure adolescente – elle aimait les hommes doux et juvéniles –, sa distinction princière et, par-dessus tout, sa musique. C'est le coup de foudre, « un embrasement céleste ». « Nous nous sommes livrés au vent qui passait et qui

1. *HDMV*, II, p. 345.

nous a emportés tous deux dans une autre région[1] », confesse-t-elle à Albert Grzymala[2] qu'elle consulte sur ce qu'il convient de faire. Elle a un amant (Félicien Mallefille) dont elle est lasse. Lui, vient de rompre avec sa fiancée, Marie Wodzinska. Ils sont libres. Mais est-ce bien raisonnable ? D'elle, George, ou de Marie, laquelle peut faire le bonheur de cet enfant ? Elle redoute pour lui les routines domestiques. Elle serait prête du reste au partage et à une liaison intermittente, « de temps en temps ». « Je crois que notre amour ne peut durer que dans les conditions où il est né », dans la passion d'une attirance sensuelle. « Est-ce qu'il y a jamais d'amour sans un seul baiser et un baiser d'amour sans volupté ? » Du coup, le contact de « ce pauvre Mallefille » l'insupporte. « Ce que j'ai éprouvé de trouble et de tristesse en retrouvant les caresses de Mallefille, ce qu'il m'a fallu de courage pour le cacher, m'est aussi un avertissement. » Le sort en est jeté. C'est Chopin, la demi-fuite à Majorque, le splendide et terrible hiver 1838-1839, avec « mes trois enfants », Maurice, Solange et Chip-Chip. Ce dernier se traîne, tousse sans fin, et compose quelques-uns de ses plus beaux préludes. Elle fait face à tout, la venue rocambolesque d'un piano, les leçons des enfants, le mal-être de Frédéric, qu'elle prend (et prendra longtemps) pour une affection nerveuse. Revenir est plus qu'un soulagement, et Nohant, une promesse de salut, pour le couple qu'ils sont devenus, au sein d'une famille recomposée, que Chopin accepte et dont, au fond, il aspire à être le père.

1. *Corr*, IV, L 1748, à Albert Grzymala, fin mai 1838.

2. Albert Grzymala (1793-1871), homme politique polonais, a joué un rôle actif dans l'insurrection polonaise de 1830-1831 ; il fut contraint à l'exil et résida désormais en France. Grand ami de Frédéric Chopin, il devint celui de George Sand, qui fit de lui son confident dans cette relation difficile dont il désapprouva le dénouement.

*Sommet de la musique et de l'amour*

L'été 1839 à Nohant est le premier de sept autres, de 1839 à 1846 (1840 excepté), moments forts de ce temps de Chopin, sommet de la musique et de l'amour, que l'un et l'autre vécurent intensément et douloureusement. Grâce à leurs correspondances, parfois dissonantes, ils ont été précisément chroniqués[1] dans leur météorologie capricieuse, leurs rites quotidiens, les allées et venues des visiteurs : Delacroix, Pauline Viardot, les Polonais (Albert Grzymala, la sœur de Chopin et son mari), qui transforment Nohant en hameau de Mazovie ; les fêtes de village, les premières soirées théâtrales, les excursions creusoises et le travail acharné. Étés de jouissances infinies, d'exaltation, d'un amour qui devient tendresse, mais aussi de doutes, de souffrances, de tensions de plus en plus fortes à partir de 1845, jusqu'à la rupture dramatique de 1847. L'histoire de Chopin à Nohant est à la fois celle d'un somptueux, d'un prodigieux accomplissement, et celle d'une dégradation progressive de relations minées par la discordance des idées, la jalousie, les rivalités, le secret, et l'inéluctable crescendo de la maladie.

« Tout alla bien au commencement[2] », écrit Sand. Chopin est bien accueilli, il apprécie les amis d'Aurore, y compris Hippolyte Chatiron qui le vénère. Son domestique, Jean, s'accommode tant bien que mal des plaisanteries que lui vaut à la cuisine son accent polonais. Les enfants aiment Chip-Chip, bon camarade pour Maurice, grand frère pour Solange qui,

1. Sylvie Delaigue-Moins, *Chopin chez George Sand. Sept étés à Nohant*, Saint-Cyr-sur-Loire, Christian Pirot, 2005 ; Jean-Yves Patte et (au piano) Yves Henry, *Les Étés de Frédéric Chopin à Nohant, 1839-1846*, Paris, Éditions du Patrimoine, 2009, texte qui indique avec précision les œuvres composées au cours de ces étés.

2. *HDMV*, II, p. 431.

cruellement espiègle, le surnomme « Sans-sexe ». La maison se transforme pour faire place à la musique de Chopin, pianos et chambre capitonnée. Toutefois, dès l'été 1839, George pressent les difficultés dont elle s'ouvre à Grzymala. Chopin paraît déprimé. Sans doute, « il aurait besoin d'un peu moins de calme, de solitude et de régularité que la vie de Nohant ne le comporte ». Les mondanités de Paris lui manquent. Elle invite Albert : « Venez tâter le pouls à son moral. Qui peut saisir la limite entre le mal physique et la langueur intellectuelle ? Ce n'est pas à moi qu'il voudra avouer qu'il s'ennuie. Mais moi je crois le deviner. Moi je tourne à la mère de famille et au pédagogue d'une manière effrayante. J'y suis bien forcée[1]. » Les leçons à Maurice et Solange dévorent des heures. Pourtant, que de compensations dans cette intimité qui associe musique et présence des enfants ! « Le soir, quand ils sont partis Chopin me joue du piano entre chien et loup, après quoi il s'endort comme un enfant en même temps que Maurice et Solange[2]. » Mais elle ? Comment concilie-t-elle cette « adoration maternelle très vive » qu'elle éprouve pour Chopin et sa passion amoureuse ? Cette double ambivalence (Paris-Nohant ; maternité-passion) s'accentue avec le temps et détruit leur relation.

*« Ce n'est qu'à Nohant qu'il créait... »*

« Chopin voulait toujours Nohant et ne supportait jamais Nohant. Il était l'homme du monde par excellence[3]. » Professeur apprécié, concertiste adulé, la présence des jolies femmes, le brouhaha des applaudissements l'envoûtaient. Il précède souvent George Sand à Paris, « désirant [s]on retour, mais ne

1. *Corr*, IV, L 1901, à Albert Grzymala, 3 juillet 1839.
2. *Corr*, IV, L 1886, à Charlotte Marliani, 15 juin 1839.
3. *HDMV*, II, p. 441.

regrettant pas la campagne qu'il n'aimait pas au-delà d'une quinzaine, et qu'il ne supportait davantage que par attachement pour [elle][1] ». « La campagne l'ennuie à la mort après un certain temps[2]. » Indifférent à la nature, modérément attaché aux animaux domestiques (le chien Marquis excepté), Chopin ne partageait aucune des « tocades » naturalistes de ses amis. Il se hérissait quand George assimilait sa musique à une quelconque harmonie imitative. Il appréciait modérément les excursions dont Sand était friande. Comme il ne montait pas à cheval, elle lui avait procuré une voiture à âne plus confortable. Il en tira du plaisir, mais, dans les dernières années, sa santé l'en détourna ; il ne vint plus. « [...] peu à peu, il témoigna de l'humeur quand je le dérangeais ». Avant tout, il voulait la musique, dont on ne faisait jamais assez à son goût. Il aimait accompagner Pauline, transcrire avec elle les ballades berrichonnes, des couplets glanés dans les assemblées populaires, ou les mariages auxquels il prêtait joyeusement son concours : celui de Françoise Meillant, servante de la maison, fut une apothéose. Il trouvait des parentés musicales et folkloriques entre Berry et Mazovie. On a malheureusement perdu la totalité des transcriptions de Chopin et la plupart de celles de Pauline.

Car Chopin savait être un convive enjoué. Le Prince appréciait les paysans auxquels, comme George, il prêtait des vertus de transmission ancestrale. Doué pour le mime, il excellait à imiter l'Anglais ou l'Anglaise en voyage. Il est à l'origine du théâtre de Nohant en 1846. En somme, il prisait ce lieu dont il souhaitait parfois être un habitant comme un autre, membre d'une famille, compagnon exclusif d'une artiste, quasi-père adoptif de deux enfants.

1. *HDMV*, II, p. 435.
2. *Corr*, VII, L 3525, à Marie de Rozières, 3 novembre 1846.

Avant tout, Nohant a été pour Chopin un lieu de création exceptionnel. « Ce n'est qu'à Nohant qu'il créait et écrivait », note Sand, convaincue de la nécessité du retrait et de la concentration. Parfaitement consciente du génie musical de Chopin, sans en comprendre nécessairement la portée, elle fit tout pour le protéger, lui ménager une chambre au premier étage, à l'abri des nuisances sonores de l'escalier de Marie-Aurore, proche de la sienne, pour qu'elle puisse le rejoindre, mais surtout le veiller dans ses nuits de plus en plus fiévreuses. Chaque année, elle commande à Pleyel le piano dernier cri, afin de profiter des progrès techniques très rapides à cette époque, non sans problème de transport et de maintenance[1]. Elle respecte son travail, tout en jugeant ses scrupules excessifs. Son perfectionnisme musical l'exaspère parfois, comme plus tard l'acharnement littéraire de Flaubert. « Il passait six semaines sur une page pour en revenir à l'écrire telle qu'il l'avait tracée du premier jet[2]. » Pourtant, elle l'écoute avidement. « Vous êtes génial ce soir », lui dit-elle. Chopin a eu beaucoup d'influence sur la culture et les goûts musicaux de Sand. Il lui fait découvrir et aimer Bach, guère en vogue alors. Il la conseille pour le périple musical de *Consuelo*, qu'elle compose dans l'été 1842. Un été intense dont Delacroix fut l'auditeur ébloui : « Par instants, il vous arrive par la fenêtre ouverte sur le jardin des bouffées de la musique de Chopin qui travaille de son côté ; cela se mêle au chant des rossignols et à l'odeur des roses[3]. »

Ce que Sand aime par-dessus tout, c'est leur travail « côte à côte ». « Nous travaillons sous les yeux l'un de l'autre[4] », écrit-

1. Chopin avait sans doute un contrat avec la maison Pleyel.

2. *HDMV*, II, p. 446.

3. Cité par Marie-Paule Rambeau, *Chopin dans la vie et l'œuvre de George Sand*, (1985), Paris, Les Belles Lettres, 2010, p. 148 : Correspondance de Delacroix, XIII, 607, à Pierret, 7 juin 1842.

4. *Corr*, VII, L 3683, à Hortense Allart, 22 juin 1847.

elle à Hortense Allart. Elle écoute ses compositions ; elle lui lit des pages de son roman en cours. « Piocher » de concert réalise l'idéal du compagnonnage auquel elle a toujours rêvé, et tenté sans grand succès avec Sandeau et Musset : figure moderne du couple égalitaire d'artistes ou d'intellectuels, annonciateur du duo Sartre-Beauvoir. La collaboration demeure toutefois superficielle. Chopin lit peu ses romans. Il ne lui a dédié aucune œuvre, contrairement à elle qui lui a voué *La Mare au diable*.

Leurs tempéraments et visions du monde diffèrent profondément. Il apprécie Voltaire et elle, Rousseau. Il ne partage pas les idées politiques et sociales de Sand, et la conjoncture aggrave leurs divergences. Certes, elle vibre avec lui pour la Pologne opprimée, dont Nohant devient un relais. Outre la sœur et le beau-frère de Chopin, elle y reçoit des écrivains. Elle sait gré à Frédéric de lui faire connaître les exilés polonais, poètes et intellectuels, notamment Adam Mickiewicz, dont elle fréquente avec lui les cours du Collège de France. Mais elle lui reproche son penchant aristocratique et son éloignement du peuple. « Il s'enferme », dit-elle. Chopin n'apprécie ni la République ni le socialisme. Les conceptions de Pierre Leroux sur le rôle collectif des artistes dans la cité l'assomment. Comme son ami Delacroix, il a une vision beaucoup plus individualiste de l'art. Les engagements de Sand l'indiffèrent ou l'irritent. Chopin « ne vit pas des mêmes idées que moi [...] et ne comprendrait rien à la mienne » – en l'occurrence le soutien qu'elle apporte à *La Revue indépendante*[1].

Bien d'autres facteurs compliquent leur relation. D'abord la maladie de Chopin, baptisée « affection nerveuse » par des médecins peu avertis, ou hésitants devant la sévérité d'un diag-

1. *Corr*, VI, L 2742, à Ferdinand François, 12-13 novembre 1843, auquel elle demande de venir à Nohant pour en parler, mais sans trop le dire à Chopin, que pourtant elle prévient pour éviter un malentendu toujours latent.

nostic encore incertain. Le mot de « phtisie » ne sera prononcé par Sand que la toute dernière année. Les correspondances, prolixes en détails, constituent « un document historique intéressant sur l'état des connaissances de l'époque sur la psychopathologie de la phtisie[1] ». En dehors des crises graves et récurrentes (fièvres, sueurs, asthme, étouffements, toux, crachement de sang, dépression...), c'est un souci permanent qui fait de Chopin le « malade ordinaire » d'une Aurore que Deschartres avait initiée dès l'adolescence à la médication. En dehors du docteur Gustave Papet, le référent berrichon de la maison, en qui Chopin a toute confiance, bien des médecins sont consultés. Ils dispensent des ordonnances souvent très exigeantes, telles celles du docteur Gaubert, en 1840, qui prescrit infusion, friction, potion dès le matin, un vêtement léger, un régime doux n'autorisant que le vin de Bordeaux, et surtout l'absence d'émotion trop vive[2]. D'entrée de jeu, Sand devient garde-malade. « Je le soigne comme mon enfant et il m'aime comme sa mère[3]. » L'amante est confrontée aux misères du corps, à une impuissance qui limite de plus en plus les relations sexuelles, l'obligeant dès 1840 à une chasteté forcée et déplorée. « Il y a sept ans que je vis comme une vierge avec lui et avec les autres, écrit-elle en 1847 à Grzymala, premier confident de leur passion naissante. Je me suis faite vieille avant l'âge et même sans effort ni sacrifice, tant j'étais lasse des passions et désillusionnée sans remède[4]. » Elle avoue pourtant « avoir refoulé plusieurs fois en [elle] des aspirations dévorantes[5] ». Le 5 juillet 1845, jour de son anniversaire (bien qu'elle fût née le

1. Marie-Paule Rambeau, *Chopin dans la vie et l'œuvre de George Sand*, *op. cit.*, p. 123. L'auteure consacre un important chapitre à « la maladie ou la tentative de compréhension d'une individualité ondoyante », p. 122-137.
2. *Ibid.*, p. 124, texte intégral.
3. *Corr*, IV, L 1828, à Charlotte Marliani, 15 février 1839.
4. *Corr*, VII, L 3641, à Albert Grzymala, 12 mai 1847.
5. *Corr*, VIII, L 3699, à Emmanuel Arago, 18-26 juillet 1847.

1er[1]) – « 41 ans aujourd'hui » –, elle confie à Sainte-Beuve : « Une affection sûre et sans mélange de mal est venue doucement clore ma vie ; mais ce n'est pas la passion et je ne regrette pas cette ennemie qui m'a brisée[2]. » « J'ai trois enfants sur les bras. » La « clôture de la vie » dans un statut maternel n'est pas sans doute ce qu'elle avait souhaité.

### *« Une passion exclusive et jalouse »*

D'autant plus que Chopin lui voue un amour exclusif et jaloux, écartant ou détestant ceux qui l'ont précédé ou pourraient le suivre. Tels l'acteur Bocage, auquel elle demande de ne pas venir, Chopin prenant ombrage d'une ancienne liaison qu'elle lui a avouée ; ou Hetzel, « un garçon que j'aime beaucoup. Je ne le dis pas devant Chopin parce que tout de suite il voit de l'amour dans tout, et l'amour et moi nous ne passons plus la même porte depuis longtemps, tu le sais », écrit-elle à Emmanuel Arago, confident de ces années cruciales, ajoutant : « si j'étais encore d'âge et d'humeur à aimer quelqu'un, ce ne serait pas Hetzel », dont elle loue le « dévouement sans borne »[3]. À cette époque ce pourrait être Victor Borie, le rédacteur en chef de *L'Éclaireur de l'Indre*, que Chopin exècre tout autant. Lui-même est d'une absolue fidélité, en dépit de coquetteries sans lendemain. « Il était toujours le même pour moi[4]. » Il exige la réciproque. Tout lui est soupçon : un sourire, une visite, une lettre (d'où la fréquente injonction de Sand à les brûler). Il a toujours le sentiment qu'on lui cache quelque chose, qu'on l'exclut. Il ressemble au prince Karol de

1. Sand a eu longtemps des incertitudes sur son état civil ; d'où cette distorsion entre sa date de naissance attestée, 1er juillet, et son anniversaire toujours célébré le 5 juillet.
2. *Corr*, VII, L 3187, à Sainte-Beuve, 5 juillet 1845.
3. *Corr*, VII, L 3550, à Emmanuel Arago, 9 décembre 1846.
4. *HDMV*, II, p. 445.

*Lucrezia Floriani* (1846), évocation subtile, très proustienne (on pense à *Albertine disparue*), de la manière dont ce sentiment délétère s'empare du prince et détruit son amour pour Lucrezia, qui en meurt. « Quand il était séparé de Lucrezia [...] il tombait malade. Elle était forcée de le rappeler. Il reprenait la santé et la vie dès qu'il parvenait à la faire souffrir. » Le prince est tyrannique, comme Chopin. Au point que nombre de contemporains ont cru le voir, en effet, portraituré sous les traits de Karol, en affectant de s'en scandaliser. Ce que récusait Chopin et niait Sand, objectant à juste titre que le prince était un oisif, un improductif, et Chopin, un grand artiste, un génie musical avant tout. Que de points communs, cependant, dans cette pulsion obsessionnelle qui la cerne et la persécute. « Comme de coutume, il veut que personne ne souffre de sa jalousie excepté moi et qu'elle ne soit punie en aucune façon par le blâme de ses amis[1]. » Dès 1843, elle écrit : « L'amitié de Chopin pour moi a le caractère d'une passion exclusive et jalouse. Elle est un peu fantasque et maladive comme lui, le pauvre ange. » Elle a quarante ans et : « Je subis le ridicule d'avoir une espèce d'amant jaloux à mes côtés. Je ménage son caprice et je me cache de lui[2]. »

### *« Une espèce de petit papa »*

Mais c'est en définitive la famille qui provoque l'éclatement de leur couple. Sand, qui avait juré de ne plus jamais dépendre d'un homme, se retrouve prisonnière d'un compagnon qui s'érige en père, voire en chef d'une famille qui, malgré tout et en dépit de son désir, n'est pas la sienne. Et c'est ce qui lui devient de plus en plus intolérable. Les enfants avaient aimé

1. *Corr*, V, L 2267, à Marie de Rozières, 11 juillet 1841.
2. *Corr*, VI, L 2742, à Ferdinand François, 12-13 novembre 1843.

Chip-Chip, Solange surtout, pour laquelle Chopin manifestait beaucoup d'indulgence, intercédant en sa faveur auprès d'une mère qu'il jugeait trop raide. Faille qui ne cesse de s'approfondir avec l'âge, surtout avec la venue d'Augustine Brault, la « fille adoptive » que Sand avait désiré prendre sous son aile, au grand déplaisir de Solange et de Chopin, scandalisé. Insidieusement, deux clans se forment. D'un côté Chopin et Solange, le Prince et la Princesse, les aristocrates ; de l'autre, les plébéiens, George, Maurice, Eugène Lambert, Augustine. Maurice supporte de moins en moins les remarques et surtout la présence de Chopin. En 1845, il a vingt-deux ans et se sent les épaules d'un chef. Sand se repose sur lui. Lors d'un différend qui oppose les deux hommes, elle prend son parti. Chopin « baissa la tête et prononça que je ne l'aimais plus[1] ».

Chopin était-il amoureux de Solange, de plus en plus jolie et câline avec lui ? Aux yeux des témoins, Emmanuel Arago par exemple, c'est plausible[2]. La pensée d'une possible séduction a évidemment effleuré George, comme le suggère cette série de dénégations ambiguës : « Solange ne lui accordera pas ce à quoi il n'aspire pas, ce qu'il n'obtiendrait d'ailleurs, dans l'état où il est, qu'en y laissant son dernier souffle. » Et du reste, Solange y songe-t-elle ? « Toute coquette qu'elle puisse se faire avec lui, je suis certaine qu'elle ne le regarde pas comme un homme, et qu'elle n'y a songé que comme une espèce de petit papa[3]. »

1. *HDMV*, II, p. 448.

2. Cf. la réponse d'Emmanuel Arago donnée par Georges Lubin, *Corr*, VIII, p. 49, note 1. L'hypothèse a été reprise par bien des commentateurs, ainsi Pierre Salomon : « Un amour de Chopin : Solange Sand » (*Revue des sciences humaines*, nº 60, octobre-décembre 1950), que suit Georges Lubin.

3. *Corr*, VIII, L 3699, à Emmanuel Arago, 18-26 juillet 1847.

*Le mariage de Solange*

Par-dessus tout, George refuse que Chopin se considère comme le père et qu'il se mêle des histoires de famille. « Je ne veux pas faire de Chopin un chef et un conseil de famille. Mes enfants ne l'accepteraient pas et la dignité de ma vie serait perdue[1]. » C'est pourquoi elle le tient à l'écart des projets de mariage de Solange, d'abord avec Fernand de Preaulx, puis avec Clésinger. Mariage si rapidement conclu qu'il suffoque tout le monde et sidère Chopin, alors à Paris. Il blâme cette précipitation. « Chopin, le bon, l'excellent Chopin ne comprend rien à tout ce qui se passe là. Il a des préventions qui ne cèdent jamais devant la nécessité[2] », écrit-elle à Delacroix, surpris lui aussi et dubitatif sur la réputation de Clésinger. Elle hésite à inviter Chopin à la cérémonie tout intime prévue à Nohant. À Marie de Rozières : « J'écrirai à Chopin pour qu'il vienne. Mais est-ce vrai qu'il est malade ? » Elle n'en fait rien. « Dites à Chopin ce que vous jugerez à propos de moi. Je n'ose pourtant lui écrire, je crains de l'émouvoir, je crains que le mariage de Solange ne lui déplaise beaucoup et qu'à chaque fois que je lui en parle il n'ait une secousse désagréable[3]. » À Grzymala, elle dit son intention de ramener Chopin à Nohant, « s'il est transportable ». À Hetzel, elle confie son soulagement qu'il soit sauvé, mais aussi son pessimisme pour le futur : « Chaque crise le détériore beaucoup, et mon avenir est tout noir de ce côté-là. Il y a sept ans que je porte en moi cette certitude de ne pas vieillir avec lui à mes côtés, mais on ne s'habitue pas à ces certitudes désespérées et la douleur y va son train[4]. » Elle n'a plus qu'une seule ambition : « lui fermer les

1. *Corr*, VIII, L 3700, à Marie de Rozières, 26 juillet 1847.
2. *Corr*, VII, L 3628, à Eugène Delacroix, 6 mai 1847.
3. *Corr*, VII, L 3636, à Marie de Rozières, 8 mai 1847.
4. *Corr*, VII, L 3643, à Pierre-Jules Hetzel, 12 mai 1847.

yeux et marier mes deux filles». Elle réalisera le second vœu, pas le premier.

### *« Donnez-moi quelquefois de vos nouvelles »*

Elle a tout de même espéré jusqu'au bout la venue de Chopin, qu'elle voudrait confier à Delacroix. « Chopin va venir. Sa voiture l'attend à Blois. Si vous pouviez venir avec lui », demande-t-elle à Eugène le 19 juillet 1847. Mais il s'est produit un événement décisif : la grande scène du 11 juillet qui oppose les Clésinger, mari et femme, venus réclamer leur dû qu'ils estiment usurpé par Augustine, à Maurice et Lambert, qui soutiennent George et la protègent contre le marteau vengeur lancé par Clésinger – scène atroce comme Nohant en a connu plusieurs. Chopin, informé par Solange, prend parti pour elle, lui prête même sa voiture de Blois pour rentrer à Paris, et condamne George. « Il dit que je suis une mauvaise mère et qu'il n'abandonnera jamais Solange. [...] Pourvu qu'il *la* voie, il ose tout, il brise tout avec une tranquillité sublime. Il a l'âme parfaitement chaste [...]. Il est trop malade pour n'être pas réduit à l'amour platonique[1]. » « Par moments, je pense pour me rassurer, que Chopin l'aime beaucoup plus que moi, me boude et prend parti pour elle[2]. » Elle jette un coup d'œil rétrospectif (et injuste) sur leur couple : « Il y a deux ans que je me dis et que je vois très clairement que son prétendu amour pour moi est de la haine[3]. »

La rupture est consommée. Le 28 juillet 1847, de Nohant, par une lettre ultime, elle lui donne congé : « [...] bizarre

1. *Corr*, VIII, L 3699, à Emmanuel Arago, 18-26 juillet 1847 (lettre capitale sur ces événements familiaux).
2. *Corr*, VIII, L 3698, à Marie de Rozières, 25 juillet 1847.
3. *Corr*, VIII, L 3699, à Emmanuel Arago, 18-26 juillet 1847.

dénouement à neuf années d'amitié exclusive. Donnez-moi quelquefois de vos nouvelles. Il est inutile de jamais revenir sur le reste[1]. » Elle sait que la « coterie » de Chopin la condamnera et l'accusera de l'avoir chassé pour prendre un nouvel amant. « Si vous faites un pas qui le chagrine, si vous dites un mot qui l'inquiète, il est mort, vous le tuez. » On fera une victime de celui qui « la tue à coups d'épingles depuis neuf ans »[2]. Contre eux, devenus ses ennemis, elle saura se défendre. « Je saurai garder la porte de ma forteresse contre les méchants et les fous[3]. »

En somme, elle se sent délivrée. « Pour moi, quel débarras, quelle chaîne rompue ! [...] Il y a neuf ans que, pleine de vie, je suis liée à un cadavre. Comme je vais travailler, et courir et dormir ! et me donner la joie de penser et de parler[4]. » Comme si leur couple était devenu une chape de plomb et Nohant, une prison.

Elle ne le reverra plus, sinon au détour d'un escalier où il lui annonce que Solange a accouché d'une fille et donc qu'elle est grand-mère : ce qu'elle ignorait. Il meurt le 17 octobre 1849. Solange assiste à l'enterrement de « son meilleur ami ». Pas George.

Comme Lucrezia et le prince Karol, « ils s'aimèrent longtemps et vécurent très malheureux[5] ».

1. *Corr*, VIII, L 3702, à Frédéric Chopin, Nohant, 28 juillet 1847.
2. *Corr*, VIII, L 3699, à Emmanuel Arago, 18-26 juillet 1847. Elle écrivait à Grzymala, le 12 mai 1847 (*Corr*, VII, L 3641) : « Je sais que bien des gens m'accusent les uns de l'avoir épuisé par la violence de mes sens, les autres de l'avoir désespéré par mes incartades. Tu sais ce qu'il en est. »
3. *Corr*, VIII, L 3700, à Marie de Rozières, 26 juillet 1847.
4. *Corr*, VIII, L 3699, à Emmanuel Arago, 18-26 juillet 1847.
5. *Lucrezia Floriani* (1846), Paris, Desessart, 1847, p. 320.

## Alexandre Manceau, « un chat caressant et un chien fidèle »

*Alexandre Manceau*, 1864, atelier de Nadar, Paris, Ministère de la Culture-Médiathèque du Patrimoine.

Manceau (1817-1865) a été le compagnon de George Sand de 1850 à 1865 : quinze ans d'une union quasi conjugale, dont Nohant fut le principal foyer, non le lieu final. Né en 1817, de treize ans plus jeune que Sand, il avait appris la gravure sous la houlette de Vincent Sixdeniers. Artiste estimé, il expose régulièrement au Salon depuis 1842. Maurice Sand, son camarade d'atelier, l'invite à Nohant pour la Noël 1849. Il y restera quinze ans. Il en est d'abord le gestionnaire et devient rapidement l'amant de George qui, dans une lettre de la fin avril 1850, confie à Pierre-Jules Hetzel son bonheur d'être aimée par cet homme dont elle lui vante les qualités intellectuelles et morales et dont l'extraction populaire lui plaît tant. « Il est né dans la misère [...]. Il n'a fait aucune étude, il a été en apprentissage. C'est un ouvrier qui fait son métier en ouvrier, parce qu'il veut et sait gagner sa vie. Il est incroyablement artiste par l'esprit. Son intelligence est extraordinaire. » Roué, sans doute, voire calculateur, et cela lui vaut des inimitiés. Mais pas pour elle, car il sait aimer. « Il aime, il aime comme je n'ai vu aimer personne. Tous les défauts qu'il a avec les autres, disparaissent dans le tête-à-tête. Là, c'est à la fois un chat caressant et un chien fidèle. [...] Très libertin dans le passé, il est chaste dans l'amour vrai, chaste et ardent autant que les sens, le cœur et l'esprit peuvent le rêver dans l'amour. » D'une extrême attention, « il pense à tout ce qu'il faut, et se met tout entier dans un verre d'eau qu'il m'apporte ou dans une cigarette qu'il m'allume [...]. Moi qui ne demande et n'accepte jamais de soins, j'ai besoin des siens, comme si c'était dans ma nature d'être choyée. Enfin je l'aime, je l'aime de toute mon âme [...], je l'aime avec tout ce qu'il est, et il y a un calme étonnant dans mon amour, malgré mon âge et le sien [...]. Je suis comme transformée, je me porte bien, je suis tranquille, je suis *heureuse*, je supporte tout, *même son absence,* c'est tout dire, moi qui n'ai jamais supporté cela »[1]. Enfin, quelqu'un qui s'occupe d'elle et la seconde. « Manceau est l'inséparable, le plus fidèle ami qui y ait (*sic*) au monde, piochant toujours pour lui, pour moi, pour tout. [...] Je ne peux vous dire que la centième partie de ce qu'il fait. C'est une activité et en même temps une application incessante,

1. *Corr*, IX, L 4486, à Pierre-Jules Hetzel, Nohant, fin avril 1850.

complaisante et dévouée avec plaisir, rageur quelquefois, bon comme le bon Dieu, en somme[1]. » Manceau a pris pied très vite dans l'espace de Nohant. Son atelier, qui avait suscité la jalousie de Clésinger, est séparé de la chambre de Sand par la bibliothèque, où elle travaille le soir, en sa compagnie, lui lisant ses textes, en avant-première.

Le rôle de Manceau est multiple. Graveur, il collabore avec Maurice ; ainsi, il grave cinquante planches de *Masques et Bouffons*, le superbe ouvrage consacré par Maurice à la comédie italienne. Intendant du domaine, il est secondé par Émile Aucante, qui loge dans le pavillon. Il accompagne Maurice dans ses expéditions entomologiques et minéralogiques. Il participe activement aux *miellées*, attrape et classe les papillons, range les pierres, dans les tiroirs prévus à cet effet, avec méticulosité. Il s'implique dans le théâtre comme acteur et metteur en scène. Son interprétation, dans *Le Pavé* et dans *Le Drac*, suscite l'enthousiasme de l'auteur. « C'est *très fort.* » Son jeu et sa direction étonnent les spectateurs parisiens, Dumas fils et Marchal, pourtant professionnels[2]. Il excelle surtout dans la mise en scène, réalise de beaux décors, clair de lune et ville dans le lointain. « C'est merveilleux, la nature est enfoncée[3]. » Il multiplie les « trucs », plus ou moins réussis, de bruitage et d'éclairage, destinés à suggérer les éléments naturels, pluie, orage, vent. « C'est effrayant le mal qu'il se donne[4]. » Il dispute la direction du théâtre à Maurice, notamment durant son voyage aux États-Unis, et celui-ci en prend ombrage. Il est de toutes les expéditions, ravi de les organiser, ainsi pour le voyage dans le Midi, dont le climat lui convient si peu. « Manceau est comme une châtaigne dans le feu, il pette (*sic*),

1. *Corr*, IX, L 5781, à Pierre-Jules Hetzel, 16 janvier 1853.
2. *Agendas*, III, 26 septembre 1861 (GS).
3. *Agendas*, III, 15 décembre 1862 (GS).
4. *Agendas*, III, 27 août 1863 (GS).

fait feu, met tout en feu. Il fait des comptes, il paie, il monte, descend, parle, crie, s'éreinte et ne grogne plus[1]. »

## *L'homme des* Agendas

Surtout, il s'occupe de sa Dame, la soigne quand elle est malade, en dépit de ses propres souffrances, la comble de cadeaux : « une collection d'algues marines, des merveilles[2] ». Pour son bonheur, il achète à Gargilesse une maisonnette qui incarne rapidement le rêve de la chaumière simple et bucolique, loin des tourments de Nohant, lourde maisonnée. Ils partagent les mêmes aspirations politiques et sociales, les mêmes points de vue sur le peuple, la science, le rationalisme, la religion. Anticlérical, Manceau, parrainé par Charles Duvernet, avait adhéré à la franc-maçonnerie, où il fut initié en octobre 1864 lors d'une « superbe cérémonie »[3]. Il voulut un enterrement civil que George Sand défendit contre la famille hostile.

Par-dessus tout, Manceau est l'homme des *Agendas*. C'est lui qui suggère à George Sand, d'abord rétive, de tenir registre de ses activités quotidiennes. Elle était peu diariste et n'a jamais tenu de journal que ponctuellement, notamment à l'occasion de voyages. Elle se méfiait des épanchements intimes, ou du souci maniaque de tout noter. Elle citait à cet égard, avec ironie, un aristocrate de sa jeunesse qui trimballait avec lui les volumes d'un interminable et intarissable journal où il consignait les infimes détails de son inutile existence. Manceau dut la convaincre ; il se fit son secrétaire intime et, dans les premiers temps, signe seul chaque notation : AM. Puis, elle se joint à lui,

1. *Agendas*, II, 13 février 1861 (GS).
2. *Agendas*, II, 16 décembre 1860 (GS).
3. À cet égard, cf. Évelyne Bloch-Dano, *Le Dernier Amour de George Sand*, Paris, Grasset, 2010, p. 158. Sur l'influence exercée sur George Sand, cf. Simone Vierne, *George Sand et la franc-maçonnerie*, Paris, Éditions maçonniques de France, 2002.

intervient de temps à autre (GS), y prend goût, se substitue à son ami malade et, après sa mort, continue la rédaction régulière, de plus en plus fournie, des *Agendas*, source incomparable pour l'histoire de la vie quotidienne, à Nohant ou ailleurs, depuis le dimanche 25 janvier 1852 jusqu'au lundi 29 mai 1876. Leur style diffère. Manceau note brièvement, avec précision, le temps qu'il fait, la santé de Madame (il ne l'appelle pas autrement et la vouvoiera toujours), ses malaises, son humeur, ses succès et ses soucis, les noms des visiteurs, les occupations journalières ou vespérales, les spectacles vus ou représentés, les titres des livres ou des manuscrits lus, avec des commentaires mesurés (ainsi pour Léon Brothier qui l'ennuie) ou enthousiastes, surtout s'il s'agit de Madame. Ainsi après la lecture de la seconde et « malheureusement dernière partie de *Tamaris*. C'est admirable, beau et intéressant. Bravo ! bravo[1] ! ». Mancel (son surnom) a été le lecteur privilégié, voire le seul, de Sand durant cette période. Il sait aussi à l'occasion manier l'ironie, notamment vis-à-vis de Solange. Progressivement, affleure son sentiment d'être méprisé, incompris. « Le pauvre Manceau, on le prend en pitié maintenant. Il a la manie de s'occuper des autres jusqu'à ne plus s'occuper de lui. On lui rit au nez mais, par moments, ça lui donne à réfléchir : il a peut-être tort. C'est si simple de lasser de vieux amis. C'est comme les vieux habits, ça devient désagréable à voir[2]. » Lui-même se lasse des sciences naturelles : « Minéralogie toute la journée et toute la soirée, toujours et partout et en mangeant et en digérant[3]. » Cependant que sa santé se dégrade. Il tousse de plus en plus. Par exception, Sand note : « Manceau n'a pas toussé cette nuit[4]. »

1. *Agendas*, III, 9 janvier 1862 (AM).
2. *Agendas*, III, 29 janvier 1862 (AM).
3. *Agendas*, III, 30 janvier 1862 (AM).
4. *Agendas*, III, 12 avril 1862 (GS).

### *« Partons mon vieux »*

Visiblement, l'atmosphère se détériore. Marié depuis le 17 mai 1862 avec Lina Calamatta, Maurice s'estime maître de Nohant et supporte de moins en moins l'autorité de Manceau, notamment pour le théâtre. Une vive altercation les oppose à propos de Marie Caillaud, que Maurice reproche à Manceau de faire pleurer. « La remontrance prend de grandes proportions ; en vérité, c'est trop[1]. » Le 23 novembre 1863, Maurice, sans s'en référer le moins du monde à sa mère, lui donne littéralement son congé. Manceau se sent renvoyé comme un domestique : « Je suis libre de m'en aller à la Saint-Jean prochaine[2]. » Sand réagit sans atermoiement. « Je reprends ma liberté », note-t-elle dans l'*Agenda* du 24 novembre. Et à Manceau : « Partons mon vieux, partons sans rancune, sans fâcherie et ne nous quittons jamais. Tout à eux, tout pour eux, mais notre dignité et pas le sacrifice de notre amitié, *jamais* [souligné deux fois]. » Contre Maurice, elle choisit résolument Manceau, le seul qui ait jamais pu lui faire quitter Nohant. Après la mort de sa mère, Maurice ajoutera des commentaires en marge : « Tartuffe », dit-il de Manceau ; et de sa mère : « Toujours dupe ». Suscriptions qui jettent un jour grinçant sur des relations devenues vipérines.

### *« Me voilà désormais seul avec elle »*

Le 1er décembre 1863, Manceau fait sa malle et part le 2. Les nuits suivantes, Sand dort mal et rêve de condamnation à mort. Manceau revient le 6 décembre ; le train-train semble reprendre. On respecte le rituel de Noël et du jour de l'An.

1. *Agendas*, III, 30 janvier 1862 (AM).
2. *Agendas*, III, 23 novembre 1863 (AM).

« On se bige. » Mais le 8 janvier 1864, George et Alexandre quittent Nohant. Ils gîtent provisoirement rue Racine. Ils assistent le 14 à la représentation de la pièce de Manceau, *Une journée à Dresde*, jouée à l'Odéon, grâce à Eugène Fromentin. Ils font rapidement le choix de Palaiseau : « Pays délicieux, jolies maisons, jolis jardins[1]. » Bref retour à Nohant, pour une soirée d'adieux, pour lui la dernière, le 11 juin 1864. « Nous nous en souviendrons tous, je crois. Il n'y a donc rien à écrire sur cette dernière veillée, mais je pense malgré moi que pendant les quatorze ans que j'ai passés ici, j'ai plus ri, plus pleuré, plus vécu que pendant les trente-trois qui les ont précédés, note Manceau qui ajoute : Me voilà désormais seul avec elle, quelle responsabilité, aussi quel honneur et quelle joie[2] ! » Et quelques jours plus tard, avec une déférente et affectueuse modestie : « Nous travaillons chacun à notre œuvre : moi, de rangeur de papiers, Madame Sand, d'auteur[3]. » Perfide, Maurice notera en marge « Quel fat ! quel sot ! », ajoutant : « Il est mort un an après. »

*La mort de Manceau*

C'est en effet une terrible année qui s'annonce, avec la montée de la maladie, les accidents, les malaises de toutes sortes, et cette toux qui désormais ne cesse pas, comme l'autre, celle de Chopin, vingt ans auparavant. Mais aussi, le bonheur d'un amour partagé, des visites amicales qui ne cessent pas malgré la distance, et des plaisirs champêtres et festifs. Le 5 juillet 1864, Sand fête à Palaiseau ses soixante ans, avec allégresse et sans trace apparente de nostalgie. Les nouvelles de Nohant, où Maurice et Lina ont pris pied après quelques hésitations, sont bonnes. Elle connaît alors de grands succès. *Le Marquis*

1. *Agendas*, III, 29 janvier 1864 (GS).
2. *Agendas*, III, 11 juin 1864 (AM).
3. *Agendas*, III, 27 juin 1864 (AM).

*de Villemer* triomphe à l'Odéon et les étudiants acclament *Mademoiselle La Quintinie.* Mais la santé de Manceau se dégrade. Le 23 juin 1864, il a « pour la première fois un petit crachement de sang qui n'est rien à coup sûr[1] ». George Sand, devenue la principale, puis la seule diariste, note jour après jour les progrès d'une affection qu'on ne nomme pas, les visites des médecins désarmés, les traitements, souvent douloureux, dans lesquels on espère toujours. Manceau tousse et ne se lève plus. Sand l'assiste. 5 juillet 1865 : elle a soixante et un ans. « Quelle douleur de le voir si malade et si désespéré ! » Elle note le lundi 21 août : « Mort ce matin à 6 h après une nuit complètement calme en apparence. [...] Il m'a parlé avec volonté et lucidité à minuit. Il a parlé d'aller à Nohant. Je l'ai changé et arrangé sur son lit. J'ai fermé ses yeux. Je lui ai mis des fleurs[2]. » Maurice est venu à l'enterrement civil à Palaiseau. À nouveau, elle compte sur lui. « Mon fils est mon âme même. Je vivrai pour lui[3]. » Mais que c'est dur : « Je ne crois pas à ce qui est arrivé. Il me semble toujours que quelqu'un m'attend[4]. »

Vis-à-vis de Manceau, Maurice n'a jamais désarmé. Lorsqu'en 1868, Edmond Plauchut, qui allait devenir le grand familier de Nohant, rencontre Maurice et Lina, il est reçu avec une réserve qui le surprend et qu'il explique dans ses Mémoires par le mauvais souvenir de Manceau, d'une influence acquise « par suite d'habiles manœuvres ». « Cette influence devint tellement absorbante et autoritaire qu'elle devint insupportable à Maurice et à sa femme. Il y eut brouille » et le couple ne veut plus renouveler cette expérience[5]. Lorsqu'il prend connaissance des *Agendas*,

1. *Agendas*, III, 23 juin 1864 (GS).
2. *Agendas*, III, 21 août 1865 (GS).
3. *Agendas*, III, 23 août 1865.
4. *Agendas*, III, 4 septembre 1865.
5. Cité par Michelle Tricot et Christiane Sand, *L'Ami de George Sand en Berry. Edmond Plauchut le tartarin de Nohant*, La Crèche, Geste éditions, 2009, p. 290.

après la mort de sa mère, Maurice ajoute en marge des notations quotidiennes des commentaires humiliants. Surtout le silence se fait peu à peu autour de Manceau. Duvernet en parle fort peu dans ses Mémoires. Aurore Lauth-Sand, pas du tout dans les siens. Et les biographes de Sand lui accordent une place mineure, jusqu'à Anne Chevereau et Évelyne Bloch-Dano.

« Toi qui m'as tant aimée, sois tranquille, ta part reste impérissable [1]. »

Le retour à Nohant le 9 décembre 1865 est sinistre. « Froid et brouillard [...]. On a allumé le calorifère, mais il ne chauffe pas encore. Nous allons voir le jardin, la cour, les poulaillers. On a tant coupé au jardin qu'on ne se reconnaît plus. C'est affreux pour le moment. Il reste deux pigeons blancs qui mangent dans la main, mais il me semble que je reviens à Nohant vingt ans après ma mort [2]. »

## Concilier l'art et la maternité : Maurice et Solange

Daniel Halévy, de passage à Nohant en 1934, écrit : « Solange et Maurice, pauvres êtres aux vies éprouvées et défaites, victimes de cette dangereuse gloire versée comme un vin trop fort à leurs enfances [3] »... Comme si Sand était responsable des problèmes existentiels de ses enfants ; comme si son projet de tout concilier, l'art et la maternité, était impossible. On a tout dit (ou presque) sur les relations de Maurice et Solange avec leur mère, moins sur leur rapport fraternel, et peu sur eux-mêmes, difficiles à saisir dans l'ombre portée de

1. *Agendas*, III, 23 août 1865.

2. *Agendas*, III, 10 décembre 1865. Elle ajoute, à propos de Maurice et Lina : « Ça ne fait rien, ils s'y plaisent, ils s'y intéressent, ils font à leur guise et tout est bien. »

3. Daniel Halévy, *Visites aux paysans du Centre* (1934), Saint-Pourçain-sur-Sioule, Bleu autour, 2012, p. 240.

George, d'autant plus que, conscients de leur subordination, ils avaient tendance à se dénigrer ou à se sentir incompris. « Je ne suis qu'un bon garçon, un peu artiste, un peu paysagiste, un peu naturaliste », écrit Maurice au prince Napoléon-Jérôme qui se propose de l'emmener en Amérique[1]. Lise Bissonnette vient de rendre à Maurice sa stature d'artiste et de savant, dans un livre remarquable (*Maurice Sand. Une œuvre et son brisant au XIX^e siècle*) où, à la manière de Jacques Le Goff pour Saint Louis, elle s'efforce de retrouver le « vrai Maurice » au-delà des stéréotypes, de déconstruire le lien mère-fils que les protagonistes et surtout l'entourage ont représenté comme fusionnel[2]. « Ils ne se quittèrent jamais en pensée et presque jamais en réalité », selon la fille de Maurice, Aurore Lauth-Sand, ce qui est loin d'être vrai. Solange appelle un travail identique, amorcé par la thèse de Christine Chambaz-Bertrand, qui a eu le mérite d'utiliser l'abondante correspondance entre George et Solange, et notamment les lettres de Solange (quatre cent quarante-trois à la seule Bibliothèque de France), en s'attachant au point de vue de la fille autant que de la mère[3]. Solange, pas plus que Maurice, ne saurait être vue uniquement par les yeux de George. Sa correspondance manifeste un réel

1. Maurice Sand, au prince Napoléon-Jérôme, 29 décembre 1861, cité par Lise Bissonnette, *Maurice Sand. Une œuvre et son brisant au XIX^e siècle*, Montréal-Rennes, Presses de l'université de Montréal-Presses universitaires de Rennes, 2017.

2. Cf. aussi Sylvie Delaigue-Moins et Christiane Sand, *Maurice Sand, fils de George*, Paris, Éditions du Patrimoine, 2010.

3. Christine Chambaz-Bertrand, *George Sand était leur mère*, présenté par Béatrice Didier, Paris, Le Jardin d'essai, 2007 ; issu d'une thèse de doctorat (sous la direction de Madeleine Ambrière) largement remaniée. Cf. aussi Bernadette Chovelon, *George Sand et Solange, mère et fille*, Saint-Cyr-sur-Loire, Christian Pirot, 1994 ; Michelle Tricot, *Solange, fille de George*, Paris, L'Harmattan, 2004. L'article de Rosalien Van Witsen, « Une relation pervertie : George Sand et sa fille Solange Clésinger », *Les Amis de George Sand*, n° 18, 1996, donne une idée de l'état des fonds épistolaires.

talent d'écriture, une ironie caustique en même temps qu'un profond désir d'être reconnue par une mère qu'elle n'a cessé, certes, de jalouser, mais aussi d'admirer et d'aimer. Une biographie à part entière devrait lui être consacrée, comme le souhaite Nicole Mozet[1].

### *« Maurice est un ange, Solange est un lion »*

À cette histoire triangulaire, je n'apporterai rien de nouveau, soucieuse seulement de la saisir dans l'espace de Nohant, essentiel mais insuffisant. Il n'est pas possible de l'enclore dans ce lieu qui a pourtant tellement compté pour eux trois. La première différence dans le trio réside dans sa constitution. La naissance de Maurice (30 juin 1823, à Paris) est vécue dans le bonheur, la rapidité d'un accouchement facile, le plaisir de la découverte d'une jeune mère émerveillée ; celle de Solange (13 septembre 1828) est plus compliquée, sinon sous l'angle obstétrical (Aurore accouche quasiment seule) mais affectif. De qui Solange est-elle la fille ? De Casimir ? ou de Stéphane Ajasson de Grandsagne ? En tout cas, cette naissance, bien loin de rapprocher les époux, marque un pas décisif dans leur séparation. Aurore se soustrait à toute incursion conjugale et se rapproche de ses enfants, devenus son rempart. Elle les observe et les différencie rapidement. En mai 1830 – ils ont respectivement près de sept et deux ans –, elle écrit : « Ce pauvre enfant [Maurice] devine tout avec son cœur. C'est un ange de sensibilité, d'amour et de raison. Solange est un lion, un léopard, un aigle, un chamois, un garçon endiablé, tout excepté une demoiselle. Je l'adore de manière stupide[2]. » Sa

1. Nicole Mozet, « Solange, une femme du Second Empire », notice du *Dictionnaire George Sand*, II, sous la direction de Simone Bernard-Griffiths et Pascale Auraix-Jonchière, Paris, Honoré Champion, 2015.

2. *Corr*, IV, L 1744, à David Richard, mai 1830.

« grosse fille » est « bête comme une oie. Si je voulais la persuader de se coucher à midi et de se lever à minuit pour jouer, elle le ferait en riant comme une grosse dinde[1] ».

Le diptyque est tôt dessiné. 1831 : « Ma fille est belle et mauvaise. Maurice est maigre et bon[2]. » Dans la dixième *Lettre d'un voyageur*, elle livre un portrait tendrement contrasté de ses enfants, lors de la joyeuse expédition alpine, avec Liszt et Marie d'Agoult. « Ce que j'ai vu de plus beau à Chamounix (*sic*), c'est ma fille. Tu ne peux te figurer l'aplomb et la fierté de cette beauté de huit ans, en liberté dans les montagnes. [...]. Toujours grave et intrépide, sa joue se colore d'orgueil et de dépit quand on cherche à aider sa marche. [...] Au glacier des Bossons, elle m'a dit : "Sois tranquille, mon George ; quand je serai reine, je te donnerai tout le Mont-Blanc." Son frère, quoique plus âgé de cinq ans, est moins vigoureux et moins téméraire. Tendre et doux, il reconnaît et révère la supériorité de sa sœur ; mais il sait bien aussi que la bonté est un trésor. *Elle* te rendra fier, me dit-il souvent, moi je te rendrai heureux[3]. » Contraste corroboré par Arabella (surnom de Marie d'Agoult) : Solange est brillante, exaltée ; Maurice, plus calme. « Il aura du goût pour les plaisirs tranquilles[4]. »

## *Une mère éducatrice*

Au contraire de Marie d'Agoult, qui laisse ses enfants à des mains étrangères, Sand a le souci constant de leur présence et de leur éducation. Lors de son départ à Paris (1831), elle emmène Solange (trois ans) et confie Maurice à Casimir qui décide

1. *Corr*, II, L 462, à Émile Regnault, 23 février 1832.
2. *Corr*, I, L 390, à sa mère, Sophie Delaborde, 31 mai 1831.
3. *Lettres d'un voyageur*, *Lettre X (à Herbert)*, 1836, *op. cit.*, p. 902.
4. Cité par Christine Chambaz-Bertrand, *George Sand était leur mère*, *op. cit.*, p. 48.

rapidement de le mettre en pension, ce que le jeune garçon supporte très mal. Par le biais d'Emmanuel Arago, correspondant du collégien, elle lui prodigue des conseils de lecture (le *De viris illustribus* de Plutarque), de travail et de civisme. « Promets-moi de ne pas faire ton devoir comme une corvée imposée par le maître, mais comme un travail dont tu supportes l'ennui, pour remplir tes obligations envers toi-même. » Elle l'invite à se défier des opinions des autorités instituées, et de celles de son père : « Tu sais que ses opinions diffèrent des miennes. Tu dois écouter avec respect tout ce qu'il te dira, mais ta conscience est libre et tu choisiras entre ses idées et les miennes celles qui te paraîtront les meilleures[1]. » À Emmanuel Arago, elle dit ses inquiétudes : « Maurice est une nature magnifique, simple, loyale, discrète, généreuse [...]. Mais il ne faut pas que cette âme sorte de notre tutelle. J'ai réussi à ne pas le laisser flétrir par ce butor qui professe la saoulerie, l'indigestion, le pet ou le coup de fusil par la fenêtre sur les mendiants. » Elle le lui confie : « Si je meurs, je te laisse la tâche sacrée à remplir. Il faudra que tu sois l'ami secret de cet enfant » et que tu lui évites « le monde des brutes »[2].

Dans l'instruction de ses enfants, Sand s'est constamment impliquée, notamment durant le séjour à Majorque, où elle s'est faite, des heures durant, leur préceptrice, s'efforçant d'adapter les programmes aux âges et aux goûts de chacun. Elle avait le culte du travail et les trouvait trop négligents. La paresse est le reproche qu'elle adresse à Maurice, doué pour le dessin, mais indolent. Blâme que formulera constamment Delacroix dont il sera l'élève trop laxiste. En 1839 (il a seize ans), Sand écrit à David Richard : « Il est bon et plein de sens, mais d'une nature nonchalante. J'espère que bientôt il se fera un craquement dans son être qui lui fera prendre goût aux choses sérieuses. Il est

1. *Corr*, III, L 1011, à Maurice, 6 novembre 1835 (sous le couvert d'Emmanuel Arago).
2. *Corr*, III, L 1012, à Emmanuel Arago, 6 novembre 1835.

encore dans l'âge de la langueur intellectuelle[1]. » Ce constat n'altère ni le jugement très positif qu'elle porte sur son fils, ni des relations fusionnelles, affirmées très tôt. En 1835 (douze ans), elle le compare à « un petit fruit vert » qu'elle aspire à croquer : « J'étais pressée de te croquer, de te mettre dans moi, dans mon cœur et ne faire qu'un avec toi. Dis-moi bien franchement si tu te sens de force à être cueilli et croqué par moi[2]. » Ne faire qu'un, être identique, ne pas se quitter : désir souvent réitéré. Dix ans plus tard : « Nos caractères, outre nos cœurs, s'accordent si bien que nous ne pouvons guère vivre un jour l'un sans l'autre[3]. » En dépit d'une indolence qui a déçu sa mère[4], Maurice est à jamais le « bon fils ». *Histoire de ma vie* se clôt (1855) sur sa louange : « Sois bénie, amitié filiale, amitié de mon fils, qui as répondu à toutes les fibres de ma tendresse maternelle[5]. »

## Solange : « un terrible caractère »

Rien de tel avec Solange. À maintes reprises, Sand vante la beauté de celle qu'elle appelle « ma grosse » (un compliment ?) et son intelligence : « Ma fille est fraîche comme une rose et très intelligente. Elle a ses défauts, mais c'est une grande âme et je suis bien trompée, ou elle aura une mission en ce monde[6]. » Mais elle se plaint de son caractère capricieux et rebelle. Le 30 avril 1837 (Solange a huit ans), elle confie à Michel de Bourges : « J'ai eu beaucoup de chagrin à cause de ma fille. Elle a un terrible

1. *Corr*, IV, L 1894, à David Richard, 27 juin 1839.
2. *Corr*, III, L 1029, à Maurice, 28 novembre 1835.
3. *Corr*, VII, L 3236, à Charles Poncy, 12 septembre 1845.
4. *Corr*, XXV, S 687, à Eugène Lambert, 9 avril 1852 : « Et Maurice ? Fait-il quelque chose ? J'en doute. Il tourne au roué de la Régence et ça lui va comme des manchettes à Pyrame. »
5. *HDMV*, II, p. 461.
6. *Corr*, L 1894, à David Richard, 27 juin 1839. « Mais je ne dis cette rêverie qu'à toi. »

caractère. Elle le rachète par une tendresse passionnée pour ce qu'elle aime, mais elle me fait parfois bien du mal[1]. » « Elle est gaie, folle, fantasque, aimable et détestable au suprême degré[2]. » Pauline Viardot se souviendra d'une petite fille qui coupait les têtes des fleurs pour le plaisir. « Et ce fut toujours ainsi : Solange faisait du mal comme on fait de l'art pour l'art, *par amour de l'art*[3]. »

Après plusieurs tentatives infructueuses – « ma fille ne fait rien chez moi » –, Sand cesse d'être la préceptrice de sa fille : décidément une mère y est impropre. Plusieurs institutrices se succèdent, sans succès. En 1841, Solange a près de treize ans ; Sand décide de la mettre en pension à Paris. À Ferdinand Bascans, le directeur, elle expose les problèmes de sa fille, bon cœur, belle intelligence, mais « il n'y a que le caractère qui pèche. Il est fantasque, inégal, dominateur, jaloux et emporté. […] Elle a besoin d'un régime doux et calmant au moral comme au physique[4] », fermement appliqué. Sans aucune concession, même l'été. Même pendant cet été 1842, où Solange, punie, implore qu'on la laisse venir à Nohant où Hippolyte et surtout Chopin, qui propose d'aller la chercher, intercèdent pour elle : en vain. L'adolescence n'arrange rien. Solange, qui supporte mal sa puberté (elle se plonge dans l'eau froide pour interrompre ses règles), est paresseuse, coquette, frivole. Elle se comporte en aristocrate blasée et blessée. Elle vit l'adoption d'Augustine Brault comme un déni d'elle-même, la « mauvaise fille ». Rien ne va plus et Sand ne songe plus qu'à la marier. Après l'idylle manquée avec Fernand de Preaulx, un charmant gentilhomme désargenté mais sans morgue aristocratique, amoureux de Solange, qui parut prête un temps à renon-

1. *Corr*, IV, L 1452, à Michel de Bourges, 30 avril 1837.
2. *Corr*, III, L 1458, à Auguste Martineau, fin avril 1837.
3. *Corr*, X, L 4930, note 2, à Wladimir Karénine.
4. *Corr*, V, L 2220, à Ferdinand Bascans, 2-3 mai 1841.

cer à être une princesse pour devenir dame de campagne, c'est la bourrasque Clésinger, le mariage décidé en toute hâte, comme s'il y avait eu un rapt, épisode qui achève de brouiller Sand avec Chopin et finalement avec sa fille, cette fille à laquelle elle avait pourtant l'impression d'avoir sacrifié sa propre jeunesse.

En janvier 1848, à Pierre-Jules Hetzel, auquel elle offre des vœux pour la naissance de son fils, elle revient sur les mystères des enfances comparées de Maurice et Solange. « Je me rappelle l'enfance de Maurice, qui m'a bien tenu tout ce qu'elle m'avait promis, et c'est le côté doux de mes souvenirs de jeune mère. Mais je me rappelle aussi les premières années de Solange, de cet enfant que je préférais à l'autre en quelque sorte, ou du moins que je gâtais davantage, pour qui j'avais des élans infinis d'admiration et d'idolâtrie. C'était le plus bel enfant du monde, le plus original, le plus mystérieux. Elle me faisait peur quelquefois et cette peur de sa précoce intelligence était un nouvel attrait. Qui m'eût dit qu'elle me ferait tant souffrir ? Je n'aurais jamais prévu cela. Je ne croyais pas que ce qui était aimé avec tant de passion pût se tourner contre moi[1]. »

En janvier 1851, elle écrit à Maurice : « Quant à ta sœur, maintenant son caractère est fait et ne changera plus. Mon parti en est pris. Le temps de la douleur et de la consternation est passé. [...] Mes enseignements, loin de modifier son caractère, l'ont roidi et poussé à l'extrême [...]. En définitive, elle n'a jamais fait que ce qu'elle a voulu [...]. Je ne l'aime plus, du moins je le crois, c'est pour moi une barre de fer froid, un être inconnu, étranger à la sphère d'idées et de sentiments où j'existe. » Elle ne veut plus la recevoir. « C'est pour toi que je vis désormais. » Elle ajoute : « Brûle cette lettre, mais ne l'oublie pas[2]. » Il lui arrive de douter de la réalité de cette

1. *Corr*, VIII, L 3810, à Pierre-Jules Hetzel, janvier 1848.
2. *Corr*, X, L 4741, à Maurice, 2 janvier 1851.

filiation : « Je me demande si elle n'est pas un songe dans ma vie, l'ombre de quelque chose que j'ai cru mettre au monde mais qui est resté à demi dans celui des chimères[1]. »

### *L'impossible relation mère-fille*

Les relations de George et de Solange sont dès lors une succession de brouilles et de réconciliations, en fonction des vicissitudes de la vie compliquée et malheureuse de Solange, vite confrontée à la conduite d'un mari brutal, intéressé, dépensier (la dot de Solange est rapidement absorbée par ses dettes) et cynique. Après le décès d'un premier enfant, la naissance de la petite Jeanne en 1849 ravit George. Elle l'accueille à Nohant, jardine avec elle pour le fameux Trianon, où s'affaire Manceau, bricoleur-né. Elle voudrait en obtenir la garde. Ce que le père refuse. Au mépris de toute prudence, il place l'enfant, malade, chez une gardienne incompétente ; elle meurt. Cette première expérience de grand-maternité avait enchanté Sand ; son issue la ravage. Elle l'écrit dans un très beau texte, une lettre d'amour à l'enfant disparue et qu'elle imagine retrouver en songe : « je la vis, je la vis sans la reconnaître [...]. C'était une belle jeune fille, plus grande que moi, svelte avec de longs cheveux[2] » et qui l'appelle « maman ». Ce drame décide Solange à la séparation conjugale. George la soutient et lui verse, presque jusqu'à sa mort, une pension mensuelle que Maurice continuera de lui donner. Mais leurs relations ne s'améliorent pas pour autant.

Sand se montre particulièrement dure pour la venue de Solange à Nohant, dont visiblement elle voudrait l'éloigner. La chambre de Solange, peu après son mariage, avait été dévolue au théâtre. Solange s'en était vivement plainte à

1. *Corr*, X, L 5319, à Pierre-Jules Hetzel, 13 mars 1852.
2. *Après la mort de Jeanne Clésinger* (1855), in *OA*, II, p. 1227-1233.

Chopin: « Lambert est installé au garde-meuble de l'atelier destiné à mon mari. Ma chambre est entièrement démeublée ; on a enlevé les rideaux, le lit, etc., on a séparé la chambre en deux parties, l'une est la salle, l'autre est la scène, et on y joue la comédie [...]. Le cabinet est la garde-robe des costumes et le boudoir sert de foyer aux acteurs. Qui pourrait croire une pareille chose ? Une mère qui installe un théâtre dans la chambre de noces de sa fille chérie[1] ! » Avec Nini, Solange est admise, à certaines conditions : « Je consens à avoir Solange seule avec sa fille, mais rien de plus. » Il lui faut réduire sa domesticité qu'on ne saurait où loger. Et ses venues ne sont guère appréciées. Elle fait la coquette avec tel ou tel, Eugène Lambert, Léon Villevieille, ou encore Gaston Vallet de Villeneuve, que son mari soupçonne de liaison adultère. Elle ne s'intéresse à rien de la maison et passe son temps à se mignoter : « Solange gratte ses ongles à midi, à une heure elle les arrondit, à deux elle les polit avec une poudre jaune ; à trois, elle fait une guirlande pour ses cheveux, à quatre, elle se peigne, à cinq, elle se coiffe, à six, elle s'habille, et elle s'ennuie ! C'est étonnant ! Le soir, elle brode et nous lisons, mais quelque auteur que ce soit, la lecture l'ennuie[2]. » Sand déplore : « Je me suis efforcée de croire, en l'élevant, que j'aurai une fille, mais selon l'expression très juste ici des provinciaux, je n'ai qu'une *demoiselle*[3]. »

Nini est inhumée, quasi clandestinement, dans le cimetière familial de Nohant. Dès le 13 janvier 1856, premier anniversaire de sa mort, Solange veut venir sur sa tombe. Absente de Nohant, George est plus que réticente. Elle donne à Aucante de strictes consignes. « Pas de chambre ni d'accueil [...] pour

1. *Corr*, VIII, L 3748, à Emmanuel Arago, 10 novembre 1847 ; lettre de Solange à Chopin, 9-10 novembre 1847, donnée en note 1 de la précédente, p. 134.
2. *Corr*, XI, L 5789, à Maurice, 24 janvier 1853.
3. *Corr*, X, L 4858, à Emmanuel Arago, 8 avril 1851.

toute autre personne qu'elle. Si elle avait un cavalier, soyez très ferme et dites que l'on ne reçoit personne malgré moi et malgré vous à Nohant, même dans le jardin. » Elle recommande de ne pas aérer les chambres (quelqu'un pourrait s'y glisser) et de retirer toutes les clefs, y compris celles de Manceau : « Je ne veux pas que l'on entre chez moi, que l'on fouille dans mes paperasses[1]. » Cet ostracisme se double d'un différend plus profond. Solange voudrait placer une croix sur la tombe de Nini, à la place du rocher que George y a mis. Et cela révulse George qui finira par se résigner. Vingt ans plus tard, profitant de l'absence de consignes précises, Solange fera enterrer sa mère religieusement, visiblement contre son gré.

### *Solange, exclue de Nohant*

« Ce voyage chez moi en mon absence sera le premier et le dernier », dit Sand. En 1857, Solange entend revenir. À sa mère : « Tu ne me verras donc pas [...]. Si même il te déplaît que je traverse ton jardin pour arriver jusqu'à Elle, j'irai par le cimetière, jeter les fleurs que j'emporte[2]. » Sand refuse en effet de la voir et se barricade. « Madame est fort contrariée de cette claustration forcée. Madame Sol. est venue à 1 h 1/2 en poste ; elle est restée chez Émile jusqu'au départ à 4 heures, après avoir été au cimetière porter ses fleurs[3] », note Manceau. La situation se détend néanmoins. Dans les années suivantes, entre 1858 et 1862, Solange retrouve le chemin de Nohant, mais ses visites sont toujours compliquées. Elle s'annonce et, au dernier moment, annule ou retarde sans prévenir. Fan-

1. *Corr*, XIII, L 6988, à Émile Aucante, 10 janvier 1856.
2. Lettre de Solange à George Sand, 8 janvier 1857, BNF, citée par Christine Chambaz-Bertrand, *George Sand était leur mère*, *op. cit.*, p. 195.
3. *Agendas*, II, 14 janvier 1857 (AM). Aucante occupait le pavillon du jardin.

tasque, elle participe peu aux activités communes, et ne peut s'empêcher de faire la cour aux hommes. Septembre 1858 : « Arrivée de Sol. et de Borie [...] Sol. bien portante, toujours aussi gaie, ruisselante de toilette et de plaisanteries contre Pôtu [surnom de Victor Borie] qu'elle a empêché de dormir en voyage[1]. » « Borie est furieux de rester seul avec Solange. » « Sol. s'endort sur le canapé et comme de coutume ne prend part à rien. » Elle prétend qu'on l'a volée, sans preuve. Quel soulagement quand elle s'en va ! En 1859, elle vient fêter Noël. Elle projette un livre sur le maréchal de Saxe, pour lequel George lui fournit des documents. « Cet ouvrage-là périra sous les matériaux[2] », commente Manceau, ironique et justement sceptique. Solange voudrait écrire. Elle ne cessera tout au cours de sa vie de soumettre des textes (poèmes, chroniques, romans...) à sa mère, dont elle admire profondément le talent. En 1860, il s'agit de « chroniques » destinées au *Courrier*. « Maurice me fait corriger ses *Papillons* et Sol. son *Courrier*, note George qui ajoute : Sol. perd l'esprit qu'elle a à chercher celui qu'elle n'a pas[3]. » Solange l'accompagne dans une expédition géologique, mais « elle s'embête ». Garibaldi et l'expédition des Mille opposent la mère et la fille ; la première le soutient de sa plume, la seconde s'esclaffe devant tant de « naïveté ». Leurs goûts et opinions diffèrent en tout point. Ce qui n'empêche pas Solange de tourner autour de George et de Nohant comme une planète autour du Soleil. En août 1861, elle cherche un pied-à-terre dans les parages, mais l'opposition de George fait échouer le projet. De retour à Paris, Solange, malade, fait courir le bruit que sa mère l'abandonne dans la misère, alors que celle-ci, outre la pension qu'elle lui verse, règle toutes les notes relatives à sa

1. *Agendas*, II, septembre 1858 (AM).
2. *Agendas*, II, 25 décembre 1859 (AM).
3. *Agendas*, II, 18 juin 1860 (GS).

santé[1]. Solange refuse à son tour de recevoir sa mère en mars 1862 ; elle n'est pas invitée au mariage de son frère avec Lina Calamatta qui donne lieu, par ailleurs, à de sérieux remaniements fonciers. La brouille se traduit par une longue interruption de la correspondance entre janvier 1862 et juillet 1869.

### *« Une femme payée et entretenue »*

Sand ne pardonne pas à sa fille son mode de vie. « C'est bien autre chose qu'une tête folle, écrit-elle à Charles Poncy, c'est une âme perverse. C'est une femme payée et entretenue. » Et de détailler son train de maison : « Elle a 3 000 francs de pension et elle ne travaille pas. Elle voyage, elle est richement habillée, elle a un appartement qui absorbe sa pension, elle a une existence aisée, sinon brillante, mais avec quoi ? Il faut au moins 20 000 francs par an pour la vie qu'elle mène ; où les prend-elle ? Je ne le sais que trop à présent que tout le monde le sait. Voilà ce que je n'accepterai jamais. Elle a toutes les séductions nécessaires à sa profession [...]. Moi, je n'accepte pas la prostitution et rien n'existe plus entre moi et une personne qui a pris ce chemin-là, en riant, la tête haute [...]. Elle a préféré le libertinage et ses profits. Je vous réponds que je ne la connais plus, d'autant plus qu'il y a chez elle ni affection ni respect pour moi, ni repentir de sa déplorable vie[2]. » Ce que George reproche à Solange, ce n'est pas d'avoir des amants, mais de dépendre financièrement des hommes, ce qu'elle-même a toujours refusé ; d'être une « femme entretenue », comme Marie-Aurore le disait

1. Comme le montre notamment la correspondance échangée avec le docteur Alphonse Guérin, qui soigne Solange.

2. *Corr*, XIX, L 12050, à Charles Poncy, 14 octobre 1865. Sand demande à Poncy de brûler cette lettre, ce qu'il ne fit pas, comme tant d'autres.

de Sophie Delaborde, blessure intolérable. Cela, c'est insupportable.

Les relations entre mère et fille ne reprennent qu'en 1869 et sont réactivées par les « événements », la guerre, la chute de l'Empire. La solidarité familiale s'impose. Solange avait acheté une maison dans le Midi, d'où elle envoyait à George des fleurs séchées pour son herbier. Jamais présentées comme il fallait, aux dires de sa mère qui lui donnait patiemment des conseils. Elle ne renonçait pas à Nohant. En 1871, « elle a été très aimable chez nous pour *la première fois* »[1]. Elle y revient pour le Nouvel An 1873, avec les complications habituelles, dont l'*Agenda* se fait l'écho réticent. Elle taquine trop Plauchut, le nouvel ami de la famille, que Sand a mis en garde. Elle cherche à renouer avec sa mère par les fleurs. « Solange rapporte de Vic une achillée rose fleurie. » Elle lui lit son roman : « Beaucoup de qualités, trop de longueurs », commente Sand. Elle cherche à accaparer le docteur Pissavy, et y parviendra. « Sol qui l'*épate* beaucoup et qui *s'empare* pour s'emparer toujours. Elle me fait trop de bruit et de décousu, ça me fatigue. Rien avec elle n'a sa raison d'être ; à mon point de vue elle a besoin d'occuper tout le monde d'elle, pour n'en rien faire. » Le 9 janvier, Sand note avec soulagement : « Sol est partie ce matin et a forcé Plauchut à se lever bien qu'elle eut (*sic*) Lina à ses ordres[2]. »

Retour inopiné en juin 1873, branle-bas de combat. Solange, qui a vendu sa maison du Midi, achèterait Montgivray, la propriété de son oncle Chatiron. « Elle le nie, mais je le crois », note Sand inquiète et hostile à ce voisinage. En septembre, Solange entreprend de grands travaux : « Montgivray est sens dessus dessous. » « Montgivray pourra bien devenir le *Château de la*

1. *Corr*, XXII, L 15706, à Edmond Plauchut, 6 octobre 1871. Sand met Plauchut en garde : ne pas se laisser dominer.
2. *Agendas*, V, 5-9 janvier 1873.

*Potinière*[1] », écrit George aux Lambert. L'acte de vente est signé le 26 septembre 1875 et, du coup, comme par mesure de rétorsion, George cesse de lui verser sa pension, dont Maurice réglera ultérieurement l'arriéré. Les relations se détendent néanmoins, mais au compte-gouttes : « Solange tous les dimanches[2]. »

En mai 1874, Solange écrit à son ami, le comte Alfieri : « J'en suis arrivée avec ma mère à des relations égales, assez fréquentes, plutôt paisibles et douces. Mais je rencontre bien des fagots d'épines, des pierres anguleuses et des âpretés déplaisantes dans les chemins qui me conduisent à sa demeure. Après les hostilités accaparantes, il y a les petites lâchetés intéressées qui se dressent contre moi tout autour d'elle. Si je voulais m'arrêter à chaque obstacle, et à tous les embarras de la route, je n'arriverais jamais jusqu'à elle. J'ai pris le ferme courage de ne rien prétendre sur elle, et je me suis concentrée vers un but unique : n'être point brouillée avec elle. Voilà en effet tout ce qu'il en est de nos relations. Il faut que cela me suffise. Tant pis pour moi si j'en souffre[3]. » Toujours prédomine pour Solange le sentiment d'une mère inaccessible, d'un Nohant qui lui demeure fermé et hostile, dont pourtant elle éprouve à jamais la nostalgie. Dans la chambre mortuaire de Sand, Solange retrouve la place dévolue aux filles ; elle soigne sa mère, recueille son dernier soupir, tandis que Maurice dort, tranche la question de ses funérailles religieuses et les organise.

En 1883, elle écrit à Aucante, de Montgivray : « On a beau faire, les années s'accumuler, on est saisi par l'immense vide de

1. *Corr*, XXIII, L 16723, aux Lambert, 1er septembre 1873. Georges Lubin, p. 565, note 1. Lina a établi un relevé global des sommes versées par Sand à Solange : 51 797 francs de 1848 à 1876.

2. *Corr*, XXIII, L 16898, à Edmond Plauchut, 12 février 1874.

3. Lettre de Solange Clésinger au comte Alfieri, Montgivray, 29 mai 1874, BNF, citée par Christine Chambaz-Bertrand, *George Sand était leur mère*, *op. cit.*, p. 225.

cette gigantesque personnalité disparue[1]. » Amoureuse désolée de Sand et de Nohant, Solange n'en finit pas de chercher sa mère, qu'elle n'a jamais trouvée.

## « Maurice, qui ne fait qu'un avec moi »

De Nohant, Maurice était le maître, peut-être malgré lui, souhaité, voulu par sa mère, surtout après la rupture avec les Clésinger. « Maurice, qui ne fait qu'un avec moi, dans cette circonstance comme dans toutes[2]. » « J'ai fini par accepter l'arrêt du destin qui, en me donnant deux enfants, ne m'en a réellement donné qu'un pour moi. L'autre est né parce qu'il avait à naître. Il a vécu et il vivra pour lui-même, sans la moindre idée d'un devoir quelconque envers personne[3] », écrit-elle à Maurice, ainsi désigné comme le seul prince héritier. À cette époque (1852), Maurice est à Paris, où il a un atelier, rive droite aux Batignolles, alors en vogue. Il mène apparemment une vie libre et joyeuse de rapin, avec ses copains (Lambert, Rousseau, Manceau...) et sans doute quelques libres amours[4]. Sand rêve de l'avoir près d'elle. « Je veux qu'il soit indépendant de moi et pourtant je voudrais l'avoir toujours près de moi[5]. » Frappée par ses dons précoces pour le dessin, elle le voit résolument artiste peintre. Il l'a déçu, elle sait qu'il n'est pas un génie, et qu'il est paresseux. Mais elle le soutient, dans tous les domaines de sa création, dans le dessin surtout, s'efforçant de l'imposer pour

1. Solange à Émile Aucante, Montgivray, 25 juillet 1883, cité in *ibid.*, p. 240.
2. *Corr*, IX, L 4617, à Bocage, 3 octobre 1850.
3. *Corr*, X, L 4741, à Maurice, 2 janvier 1852.
4. Cf. Lise Bissonnette, *Maurice Sand. Une œuvre et son brisant au XIXe siècle, op. cit.*
5. *Corr*, IX, L 4211, à Pauline Viardot, 10 mai 1849.

l'illustration de ses œuvres, non sans conflit avec les éditeurs, Hetzel par exemple, avec qui elle faillit se brouiller à ce propos. Curieusement, elle lui déconseille le théâtre, auquel il pensait, ce qui conduira Maurice à se rabattre sur les marionnettes, avec un talent novateur, secondé et salué par sa mère. Sand s'interroge sur ses dons littéraires, lui corrige ses textes en s'efforçant de les placer. Elle préface plusieurs de ses livres, jamais ses romans. Il n'est pas certain qu'elle ait perçu une originalité que, désireux de s'émanciper, il cherchait plutôt dans le roman historique et la science-fiction. Par contre, elle loue sans mesure ses aptitudes scientifiques et fait tout pour les favoriser. Elle vante sa transversalité. À Flaubert : « Il entremêle toujours ses études scientifiques, littéraires et agricoles de belles apparitions de marionnettes[1]. » À coup sûr, elle l'admire, elle veut l'admirer, en tout, comme artiste ou capitaine des pompiers de Nohant, fonction où il déploya tant d'énergie[2].

Pour le ramener à Nohant, Sand fait installer à grands frais un immense atelier – « la cathédrale », dit l'entourage admiratif –, dont l'intéressé boude pourtant l'inauguration, comme s'il craignait d'être prisonnier de cette mère adorée, mais possessive. « Une vraie mère poule », lui dit-il, mi-plaisant, mi-réservé, devant ce rôle de protecteur, confident, compagnon qu'il accepte, mais qui lui pèse parfois, en quête de cette « part de liberté » qui lui était comptée[3]. Sand ne supporte pas son absence, guette ses lettres ou ses pas. « Chaque matin,

1. *Corr*, XXII, L 15578, à Gustave Flaubert, 23 juillet 1871.

2. Dans *Le Diable aux champs* (1857), Jeanne Goldin éd., in *OC*, 2009, p. 383, une scène amusante montre Maurice aux prises avec les volontaires qu'il s'efforce de former au maniement de la pompe payée par la commune, pour 800 francs, ce que les paysans estiment bien cher. Maurice tente de leur en apprendre le maniement en déchiffrant le *Manuel du pompier*, et il les trouve lambins.

3. *Corr*, XVI, L 9200, à Alexandre Dumas fils, 9 septembre 1861 : « Il m'a souvent dit que s'il ne pouvait faire un pas sans m'inquiéter, il se

je me réveille avec l'espoir d'une lettre ; il n'y en a pas, et je suis abattue ou inquiète pour toute la journée. Cela me fait du mal et tu pourrais m'épargner cela avec trois lignes[1]. » On l'attend toujours à Nohant et on s'alarme de ses retards. « Pas de Maurice, encore une triste journée, mauvaise nuit, de pire en pire. Manceau part pour Châteauroux pour faire parvenir une dépêche électrique à l'effet d'avoir des nouvelles, sinistre télégraphe qui n'en a jamais apporté ici que de cruelles[2] ! » « Onze heures. Cri de Manceau sous la fenêtre : il arrive, bonne nouvelle [...] Maurice est en route. Brave Manceau ! » Durant le voyage de Maurice aux États-Unis (1861), elle se ronge d'anxiété. « Je lis et relis sa lettre. Je suis son voyage sur la carte[3]. » Et quel bonheur quand il rentre ! « Quel bon réveil. Maurice arrive, sain et sauf, bien-portant, heureux de son voyage, heureux du retour [...]. Je passe toute la journée, sans désemparer, à l'accabler de questions ; il déballe, il m'apporte des plantes, des cailloux et a trouvé le moyen d'attraper des papillons et des insectes ; il a vu voler des colibris, que n'a-t-il pas vu ! Enfin, je vais dormir tranquille[4]. »

### *Il faut marier Maurice*

Elle voudrait que Maurice se marie, et le redoute en même temps. En 1847 (il a vingt-quatre ans), elle écrit à son cousin René de Villeneuve : « Mon fidèle Maurice ne veut pas se marier à ce qu'il prétend, parce que jamais il n'aimera une

---

passerait de courir, et là-dessus, bien vite, je reconnais que c'est juste et je dis *cours* et je fais *cot, cot*, toute seule bien bas, dans un coin, par habitude. »

1. *Corr*, XI, L 5649, à Maurice, 7 octobre 1852.
2. *Agendas*, I, 29 septembre 1857 (GS).
3. *Agendas*, II, 25 septembre 1861 (GS).
4. *Agendas*, II, 12 novembre 1861 (GS). Les jours suivants se passent à lire le journal de voyage de Maurice et à classer les plantes.

femme autant que sa mère. » Sans doute changera-t-il d'avis ; « mais je crois assez vrai que nous serons tout l'un pour l'autre. Les garçons aiment mieux leur mère que les filles. Je crois que c'est dans l'ordre éternel des choses »[1]. Trois ans plus tard, les projets de mariage de Maurice avec une éventuelle actrice l'inquiètent. Il ne faut pas mélanger les registres. Et elle pense à elle-même : « Je risque en te voyant lié par le mariage à un caractère incompatible au mien d'aller finir je ne sais où ma triste vie, loin de toi et de ta nouvelle famille. Je veux que tu aies la vie de Nohant puisque je n'arrange cette vie et cet asile que pour toi. Mais je n'y pourrais tenir si je n'étais pas aimée et s'il fallait recommencer avec une belle-fille la vie que ma pauvre Solange m'avait faite. Dans ce cas-là, je ne voudrais pas te désunir d'avec ta femme, je ne voudrais même pas me plaindre. Je m'en irais sans rien dire, et ma consolation serait de te laisser une compensation à mon absence, dans de nouveaux objets d'affection, une compagne et des enfants. Tu aurais du chagrin, je le sais, mais non un chagrin sans ressources ni dédommagements. C'est pourquoi je te dis que le plus gros mal serait pour moi et que c'est moi qui risque le plus dans tout cela[2]. »

En 1859, Maurice est amoureux d'une jeune fille de seize ans, dont les parents sont modistes à Paris ; mais il y renonce, parce que lesdits parents vivent en concubinage ! « Il me paraît redouter l'avenir précaire que cette union offrirait », écrit Sand, qui trouve sans doute son fils bien conformiste, irrésolu et exigeant. À trente-six ans, « il veut une très jeune femme et les jeunes filles ne sont pas éblouies des 36 ans »[3].

1. *Corr*, VIII, L 3731, à René de Villeneuve, 7 octobre 1847.
2. *Corr*, IX, L 4697, à Maurice, 17 décembre 1850.
3. *Corr*, XV, L 8279, à Émile Aucante, 11 mai 1859.

*Lina Calamatta : une belle-fille de rêve*

*Lina Calamatta*, La Châtre, Musée George-Sand et de la Vallée-Noire.

Il importe de trouver une épouse qui s'intègre à « la vie de Nohant ». Ce n'est pas facile. « Il n'y a pas de femmes à Nohant, et je doute qu'il y en ait aux environs. Je doute que les filles de province, si avares, si vaniteuses et si bêtes pour la plupart puissent jamais te plaire[1]. » Sand a pensé à Augustine Brault, la jeune cousine qu'elle a adoptée et qui vit avec elle depuis 1846 ; mais Maurice, trop jeune, indécis et hésitant, a loupé le coche. Le temps passe et George prend son bâton de la marieuse décidée qu'elle sait être. La fille de son ami, le graveur Calamatta, pourrait bien convenir. Elle apparaît, dans les *Agendas*, en septembre 1859[2]. Elle accompagne son père à Nohant, et elle plaît. « Lina est très, très jolie et bien élevée, très mignonne et distinguée » (20 septembre). « Lina me chante quelques petits airs napolitains et vénitiens. Elle chante avec esprit et elle a une jolie voix » (21 septembre). Le mariage est conclu en mars 1862. Dans une lettre du 29 mars, Lina accepte le mariage proposé. « Nous sommes bien contents et nous passons la journée à en parler. » Nous : elle et Maurice qui paraît satisfait. Sans plus : Lina dira qu'elle a épousé George autant que Maurice. À Delacroix, George écrit : « C'est une charmante enfant, franche, intelligente et pas dévote, qualité rare en ces temps-ci ; artiste dans ses idées et dans ses habitudes, et ne demandant pas à rouler en carrosse et à faire la roue. Elle est ma préférée depuis longtemps et depuis longtemps aussi celle de Maurice qu'elle veut bien *préférer* aussi de son côté. » Lina n'est pas une *héritière*, mais une fille simple qui va « s'insérer dans notre nid, sans rien changer à notre milieu, à nos goûts, à notre manière de comprendre et d'arranger tout bonnement la vie »[3]. Le rêve en somme. Un surcroît

1. *Corr*, IX, L 4706, à Maurice, 21 décembre 1850. Elle lui conseille de « flairer » à Paris, en secouant sa paresse et en fréquentant quelques maisons.
2. *Agendas*, III.
3. *Corr*, XVII, L 9528, à Eugène Delacroix, 2 mai 1862.

d'amour. « Il me semble que mon fils, en adorant sa compagne, doit m'aimer encore mieux pour l'amour qu'elle m'inspire[1]. »

Calamatta et sa fille arrivent de Milan en avril pour régler les formalités. Non sans difficulté, la grand-mère de Lina boudant une cérémonie purement civile. Elle a lieu à Nohant dans l'intimité ; dîner de quatorze couverts dans la salle à manger. Heureusement, dit Manceau, caustique, car « il faut compter trois couverts pour une crinoline » ! George compense par une avalanche de bouquets : « Je fais la couronne en fleurs du jardin. Elles sont rares en blanc. » « J'adore ma belle-fille », dit George, inquiète. Pourvu qu'elle se plaise à Nohant, cette jeune femme qui fête ses vingt ans le 26 juin ! « Lina va bien, elle chante comme un pinson, elle est gaie et gentille. » « Lina est gaie, folle, Dieu merci, ne souffrant de rien »[2]. Avec toujours ce curieux statut d'oiseau chanteur que Sand semble lui réserver.

Désormais, Lina s'intègre dans le quotidien de Nohant, transformé pour la recevoir : aménagement de ses appartements, chambre et cabinet ; pose d'un WC anglais, qu'on a eu bien du mal à se procurer. Pierre Bonnin et ses ouvriers ont travaillé d'arrache-pied. Linette chante, elle est gaie. Elle joue au théâtre pour la première fois en octobre dans « la farce du petit bossu ». « Lina est mise à ravir et très gentille. Elle a beaucoup de succès. » Elle se met courageusement à la minéralogie. « Tout en causant, elle s'intéresse. » Elle se révèle une excellente ménagère. « C'est une nature et un type. Ça chante à ravir, c'est colère et tendre, ça fait des friandises succulentes pour nous surprendre, et chaque journée de notre phase de récréation est une petite fête qu'elle organise[3]. » Et, comble

1. *Corr*, XVII, L 9622 *bis*, à Édouard Charton, 16 juin 1862.
2. *Agendas*, III, mai 1862 : récit quotidien des cérémonies.
3. George Sand, cité par Christiane Sand, *À la table de George Sand*, Paris, Flammarion, 1988, p. 160.

de joie, Cocotte est enceinte. Mme Delorme, la sage-femme de La Châtre, vient régulièrement contrôler sa grossesse. Le petit Marc, surnommé Cocoton, naît le 14 juillet 1863. « J'ai reçu le galopin dans mon tablier », dit George qui exulte. Mais le bébé est fragile, pleure beaucoup, résiste au vaccin. Il meurt un an plus tard (21 juillet 1864), à Guillery, chez Casimir, où il est enterré, avant d'être transporté (en 1868) à Nohant dans le cimetière familial qu'avait inauguré Nini.

*Lolo et Titite*

*Aurore Dudevant*, La Châtre, Musée George-Sand et de la Vallée-Noire.

*Gabrielle Dudevant*, La Châtre, Musée George-Sand et de la Vallée-Noire.

George serait-elle grand-mère ? Deux petites-filles allaient faire son bonheur : Aurore (1866) et Gabrielle (1868). Lolo (surnom d'Aurore), plus que Titite (Gabrielle), qu'elle estimait moins douée, voire « inéducable » (comme Solange ?), occupe dès lors une place croissante et ses faits et gestes, ses maladies et ses mots, envahissent les *Agendas*. « Lolo me prend la moitié de mon peu de temps, mais elle est si gentille » (7 novembre 1867). « Je passe mon temps entre Aurore, mon roman et mes lettres à écrire » (12 novembre). La voici à nouveau maîtresse d'école et assez satisfaite de son élève : « Je fais travailler Aurore qui me paie enfin de ma patience en lisant toute seule et en écrivant très bien. La voilà à six ans plus avancée que la majorité des Français » (5 décembre 1871). « Elle écrit maintenant presque sous la dictée. Elle a quelques notions de grammaire, de géologie et de géographie » (9 janvier 1872). Pourtant, elle est « horriblement paresseuse ». Pour l'inciter à la lecture, George lui lit des histoires, en lui faisant suivre le texte des yeux. « C'est un bon système pour hâter le regard des signes » (25 mars 1872).

Mais que lire ? Marie Pape-Carpantier, c'est bien, mais austère. George avait pris l'habitude de raconter des histoires après les leçons. Même pendant la guerre, Aurore exige « des histoires de fées. Elle n'y croit pas, les enfants de ce temps-ci ne sont dupes de rien ; mais elle a le goût littéraire, et l'invention la passionne. Je suis donc condamnée à composer pour elle, chaque jour pendant une heure ou deux, les romans les plus inattendus et les moins digérés. […] Il faut que le voyage soit long et circonstancié, qu'il y ait beaucoup de descriptions de plantes et de cailloux. On demande aussi du comique. Les nains de la caverne doivent être drôles[1] ». « Je lui raconte *La Mare au diable* appropriée à son âge ; elle dit que c'est la plus jolie de mes histoires » (8 février 1872). Est-ce bien adapté ?

1. George Sand, *Journal d'un voyageur pendant la guerre* (1871), Frank Leinen éd., in *OC*, 2014, p. 121. *Journal d'un voyageur pendant la guerre*, publié d'abord dans la *Revue des deux mondes*, puis chez Michel Lévy, 1871. J'en ai donné une réédition au Castor Astral en 2004. L'édition de référence est désormais celle des *Œuvres complètes*.

« Je travaille à un conte de fées pour elle » : *La Reine Coax.* « Je fais *50 pages* par jour de cette grenouille » (31 mars 1872)[1]. Suivront *Le Nuage rose*, *Le Château de Pictordu*, et bien d'autres (treize + huit au total) qui, d'abord publiés dans la presse (*Revue des deux mondes*, *Le Temps*), formeront *Les Contes d'une grand-mère*[2], récits initiatiques mettant un enfant, garçon ou fille, aux prises avec des difficultés multiples dont il doit triompher. Inscrits dans la tradition des contes de Madame d'Aulnoy, dont Sophie Delaborde avait bercé l'enfance d'Aurore Dupin, ces contes comportent un message très personnel, traversé par l'amour du travail et celui de la nature. Au même moment, elle invitait Maurice Rollinat, le fils de son cher ami François, disparu, à écrire des poèmes pour les enfants de six à douze ans, où il ne serait pas question de religion, mais de « la nature et la nature n'a pas de religion. Elle est religion et divinité par elle-même[3] ». Elle n'excluait pas pour autant le merveilleux, bien au contraire ; elle l'estimait indispensable à l'enfance, mais elle le voulait laïque, débarrassé des superstitions rurales et des oripeaux chrétiens. Les merveilles de l'univers valaient bien celles des fées. Sand fut comblée quand Lolo, « charmante créature adorée », lui déclara qu'elle était « *mignonne comme la terre* » (29 janvier 1873). Même Gabrielle, si indifférente, avait été émue par *Le Nuage rose*. Produit d'une pédagogie sandienne, les *Contes* sont l'expression d'une littérature enfantine en plein essor que Sand souhaitait renouveler. Un mode de transmission original au soir de sa vie.

1. *Agendas*, V.
2. *Dictionnaire George Sand*, I, *op. cit.*, notices *Conte* (Pascale Auraix-Jonchière) et *Contes d'une grand-mère* (Michèle Hecquet). Voir l'édition des *Contes d'une grand-mère*, Suzel Esquier éd., in *OC*, 2017.
3. *Corr*, XXIV, L 16 969, à Maurice Rollinat, 18 avril 1874.

*« Leur vie intense rallume ma vie usée »*

Lina et Maurice lui avaient donné ce qu'elle souhaitait le plus : des petits-enfants. « Il me semble que je suis morte si la vie ne repousse pas sur notre arbre[1]. » Des petits-enfants à aimer et à éduquer, pour transmettre, pour continuer. La grand-maternité fut une étape importante dans sa vie, un moment de grâce à Nohant, égayé et rajeuni. « Leur vie intense rallume ma vie usée[2]. » La petite Aurore fut sans doute sa dernière passion. « Je ne vis que par elle et pour elle, les autres ont moins besoin de moi. Je sens que son âme est pénétrée par la mienne et que je peux lui être bonne à quelque chose[3]. » Maurice et Lina en profitaient-ils autant ? On a le sentiment que le couple se distend. Maurice part à Paris, avec sa mère qui voudrait le lancer au théâtre, mais redoute que Lina s'ennuie : « Notre vie à deux est si remplie que le temps nous manque pour t'en donner chaque jour le détail suffisant [...] je m'inquiète de toi, j'ai peur que tu ne t'ennuies beaucoup malgré les charmes de notre Aurore et que, par courage et par raison, tu nous le caches[4]. » Alors que Lina est enceinte, Maurice n'hésite pas à partir dans le Midi, avec George, chez Juliette Adam ; Lina accouche seule le 11 mars 1868. Il s'absente de plus en plus pour ses expéditions entomologiques ou autres, sans toujours donner de nouvelles. Il s'absorbe dans son *Catalogue raisonné des lépidoptères du Berry et de l'Auvergne*[5]. Il délaisse les marionnettes, ne fait plus de décors et George, plus de costumes ; en 1872, il n'y a plus guère de représentations à Nohant, remplacées par des danses, que les

1. *Corr*, XIV, L 7421, à René de Villeneuve, 21 mars 1857.
2. *Corr*, XXIV, L 17140, à Michel Lévy, 24 novembre 1874.
3. *Agendas*, IV, 9 janvier 1872.
4. *Corr*, XIX, L 12510, à Lina, Paris, 20 mars 1866.
5. Paru en 1879, chez Deyrolle.

petites affectionnent. La Noël 1873 est triste[1] : « Lina et Maurice n'ont pas faim et ne sont pas très gais. » Lina s'ennuie-t-elle ? Elle va presque chaque jour à La Châtre, ce qui étonne George qui se méfie de la société de la petite ville. Elle ne s'occupe pas assez de ses fillettes, néglige Gabrielle, ou alors, les gâte trop. En 1874, George rencontre à Paris la mère de Lina ; elles s'entretiennent des difficultés conjugales du couple. Jour de l'An 1875 : Maurice est très actif aux marionnettes. « On embrasse Maurice, on le félicite. Je reste avec lui à manger du pâté et à causer jusqu'à trois heures du matin », note George. Il n'est guère question de Lina, qui a dû aller se coucher. Lina s'est pourtant beaucoup impliquée dans la gestion de Nohant, comme le montre un registre de comptabilité, minutieusement tenu. En vraie fermière, elle fait de la crème et du beurre, soigne les poules, gère la « battaison » en l'absence de Maurice, reçoit les voisins, veille à la table. La plupart des recettes de cuisine retrouvées à Nohant sont de sa plume. L'ami Charles Duvernet vante ses qualités et juge assez sévèrement Maurice. « C'est une femme de tête, ce que je ne suis pas », écrit George qui apprécie les vertus de sa belle-fille ; « elle a une activité admirable »[2]. Lina veille George lors de son agonie à l'égal de Solange. À sa différence, cette libre-penseuse convaincue s'oppose aux cérémonies religieuses et critique Maurice de vouloir faire figurer le titre de « baronne » sur le faire-part de décès. Elle estime que sa belle-mère, hostile aux distinctions aristocratiques, qu'elle avait combattues toute sa vie, ne le souhaitait pas. Lina avait épousé les valeurs de Sand et lui a été fidèle jusqu'au bout. Peut-être a-t-elle sacrifié son couple pour celui de la mère et du fils.

Pour Nohant, c'est autre chose. Après la mort de Maurice en 1889, Lina a souhaité vendre la propriété, devenue trop lourde pour elle et ses filles. Sans trouver preneur. Elle a dis-

1. *Agendas*, V.
2. *Agendas*, V, 24 septembre 1872.

persé la bibliothèque et une grande partie des meubles, objets, linge, etc. Avec l'aide du fidèle Plauchut, elle se survit à Nohant jusqu'en novembre 1901, ouvrant généreusement les archives de Sand à sa première biographe, Wladimir Karénine. Sans que nous sachions grand-chose d'elle.

## Un trio de familiers

Bien des satellites gravitent autour de la famille, cœur battant et essoufflé de Nohant. Impossible de les évoquer tous. Trois figures illustrent leur diversité : Lambert, Aucante, Plauchut.

### *« Un petit singe très gai »*

Eugène Lambert (1825-1900), dit Tortillard ou Lambrouche, était un camarade de Maurice à l'atelier Delacroix. Venu pour la première fois à Nohant en juin 1844, il y reste douze ans. « Un garçon plein d'esprit, de cœur et de dispositions, qui devint mon enfant presque autant que les miens propres [1] », écrit Sand. Un vrai « titi » parisien, blagueur et drôle, qui affectionne les plaisanteries de rapins. Il fait merveille au théâtre, dans des rôles burlesques ou féminins. « Lambert est très comique et toujours le roi de l'improvisation emphatique [2]. » Complètement intégré à la vie familiale, il est le témoin de tous les conflits ; lors de la scène de juillet 1847, il défend Sand contre l'agression de Clésinger, qui jalousait l'installation de son atelier. « Protégez sans crainte cet enfant-là, écrivait Sand au comte d'Orsay. Sous son manque d'usage et de timidité, vous ne pouvez peut-être pas voir que c'est un des esprits les plus charmants et les plus originaux qu'on puisse

1. *HDMV*, II, 436.
2. *Agendas*, I, 31 août 1853 (AM).

rencontrer. Il est depuis huit ans dans ma maison, il y a acquis du talent tout seul [...]. Enfin, c'est un petit singe très gai, qui est profondément sensible et reconnaissant et que je me suis habitué à aimer comme si c'était mon enfant. C'est l'éternel Pylade de Maurice[1]. » Sand le soutient dans le placement de ses toiles. Mais elle freine ses avances à Augustine dont il était amoureux ; elle voulait pour sa « vraie fille » un mariage plus avantageux. De retour à Paris en 1856, Lambert y fit riche mariage et belle carrière. Peintre animalier talentueux, le « Lambert des chats » – animaux que Sand n'aimait qu'en peinture – eut une clientèle aisée et assidue. Sand lui dédia *Les Maîtres Sonneurs* (1853) et fut la marraine de son fils Georges. Esther et Eugène restèrent jusqu'à la fin des correspondants réguliers et des fidèles d'un Nohant jamais oublié, présents lors des funérailles de George.

### *Tocante, le don Juan des cuisines*

Émile Aucante (1822-1909) était un enfant naturel que sa mère, Gertrude Aucante, ne reconnut que tardivement (1864), ce qui ne l'empêcha pas de porter le nom d'Aucante toute sa vie. Juriste, il entra comme clerc de notaire d'abord chez maître Planet, ami intime de George, puis chez Ludre Gabillaud. Dès 1844, il se lie avec Luc Desages (1820-1903), avocat, disciple et gendre de Pierre Leroux, Luc auquel en 1837 George avait adressé une profession de foi robespierriste et montagnarde[2]. Aucante fait partie de la jeunesse républicaine de La Châtre, qui admire la romancière, s'engage dans ses entreprises éditoriales, notamment *L'Éclaireur de l'Indre*, et soutient avec enthousiasme la révolution de 1848. En 1852,

1. *Corr*, XI, L 5421, au comte d'Orsay, 30 avril 1852.
2. *Corr*, IV, L 1461, à Luc Desages, 1837. Texte intéressant sur les idées politiques et sociales de George Sand à cette époque.

il est arrêté, condamné à l'exil pour ses opinions (comme Desages) et, lorsque Sand intervient pour lui, il proteste : « Il faut que nous soyons frappés tous ou tous élargis. Pour mon compte, je refuserai de sortir avant les autres. » Ce qui lui vaut une remontrance de sa protectrice : « Laissez-moi faire et ne regimbez pas[1]. » Elle obtient son internement… à Nohant : « J'ai grand besoin de vous à Nohant, et quand je serai à Nohant, j'aurai sans doute besoin de vous à Paris. » Mais Aucante, jeune homme délicat et scrupuleux, craint d'être à sa charge ; il entreprend des démarches pour s'exiler à Bruxelles. Sand le retient : « J'ai en vous une confiance *absolue*. […] Le besoin que j'ai de vous est plus moral que matériel. C'est du moins la *sécurité* morale des choses matérielles, et c'est plus que tout, en fait d'intérieur. Si vous me quittez, je chercherai à vous remplacer[2]. » Il finit par accepter et devient le chargé d'affaires de Sand, tant pour ses terres, où il assiste Manceau, que pour ses publications. À Nohant, il loge dans le pavillon, participe au théâtre, apprend à lire aux domestiques : « Nous l'avons surnommé le *petit don Juan des cuisines*[3]. » En 1857, il séduit une Marie Cailleau[4] de vingt-deux ans, reconnaît son fils George-Émile. Désormais, il travaille surtout à Paris, où il fait venir sa compagne, qu'il épouse en 1869. Il s'occupe avec zèle des affaires de Sand qui vante à Hetzel ses qualités : « fort exact, rangé, d'une bonne mémoire et d'une intelligence très étendue […] Un être fantastique[5] ». Au point qu'Hetzel, jaloux, en prend ombrage et qu'elle doit le rassurer : « Il est un truchement, un rapporteur, rien de plus. »

1. *Corr*, XI, L 5271, à Émile Aucante (dont la lettre est donnée en note), 20-24 février 1852.
2. *Corr*, XI, L 5662, à Émile Aucante, 15 octobre 1852.
3. *Corr*, XI, L 5436, à Maurice, 8-9 mai 1852.
4. Il y avait beaucoup de Marie Caillau, Cailleau ou Caillaud à Nohant ; celle-ci n'est pas *Marie des Poules*.
5. *Corr*, XI, L 5781, à Pierre-Jules Hetzel, 16 janvier 1853.

La très abondante correspondance échangée avec Émile jusqu'à la fin du Second Empire – une des plus importantes du corpus sandien – est une source de premier ordre pour la connaissance de l'activité éditoriale et théâtrale de Sand, tant sous l'angle littéraire que financier. *Tocante* (ou encore *le vieux Frantz*, ses surnoms) est au courant de tout, négocie tout, signe tout. Y compris les traites personnelles, la pension de Solange par exemple, qu'il verse régulièrement. Dans la confidence de l'intimité de George, d'une exemplaire discrétion, son « bonhomme » est chargé de missions personnelles (ainsi la garde de Nini) ou de récupérer (et de brûler) ses lettres à Musset ou à Michel de Bourges. En 1868 encore : « Je n'écris qu'à vous sur toutes ces choses par prudence, car tout le monde ne brûle pas les lettres et les mouches s'abattent sur tout ce que j'écris. Cela devient une plaie. Aidez-moi à détruire tout ce qui serait nuisible aux autres, et à sauver ce qui est bon[1]. » Toutefois, à partir de 1857, confrontée à des difficultés financières, consciente aussi de la nouvelle situation familiale d'Émile, George le pousse à trouver une situation plus lucrative. Aucante, faiseur de projets schumpétériens, envisage de lancer une agence littéraire gérant ses auteurs, à l'américaine, qu'elle soutient vivement. « Tâchez [...] d'avoir beaucoup de *voyages*. C'est toujours recherché. » Mais les mœurs françaises ne sont pas prêtes, c'est un échec. Elle le fait alors entrer chez Michel Lévy où il dirige la collection des « Bons Romans » et *L'Univers illustré*, tout en continuant à surveiller les affaires de Sand, exemple des nouvelles activités de l'édition qui se développent sous le Second Empire[2]. Les relations s'espacent malgré tout, les lettres se raréfient et s'abrègent. Aucante passe la

1. *Corr*, XXI, L 13975, à Émile Aucante, 30 octobre 1868.
2. Mariette Delamaire, in *George Sand et la vie littéraire dans les premières années du Second Empire* (Paris, Honoré Champion, 2012), le donne comme exemple de ces nouveaux professionnels.

guerre sans trop de dommages ; bien que la maison de ses parents ait été pillée, il dit n'en pas vouloir aux occupants prussiens parce qu'ils étaient musiciens, témoin d'une germanophilie que partageait Sand. Dégoûté (dit-il) de la politique, il reste attaché à la libre-pensée. Lorsqu'il sait George malade, dès le 6 juin, il accourt à Nohant, et assiste à son agonie. Avec Plauchut, il éloigne l'abbé Villemont qui voulait lui administrer l'extrême-onction et tente de s'opposer aux obsèques religieuses. Ultime hommage à celle dont il connaissait les convictions et dont il avait partagé bien des secrets. Dernier témoin d'une jeunesse intacte et qu'elle avait tant protégée.

### *Plauchemar*

Edmond Plauchut (1824-1909), « le bon Branchu », « Plauchu », « Plauchemar » et dix autres surnoms, c'est autre chose. Survenu tardivement dans la vie de Sand, il l'a accompagnée jusqu'à la fin, d'une affection joyeuse, cocasse, pittoresque, tonitruante qui secouait le vernis de tristesse, voire de conformisme, qui parfois recouvrait Nohant. Jeune journaliste charentais, républicain, quarante-huitard militant, il avait écrit en juillet 1848 à George Sand des lettres où il lui faisait part de ses interrogations ; elle lui répondit plusieurs missives, où elle lui exposait ses idées sur la propriété, les services publics (qu'il faudrait « socialiser »), le peuple[1]. Ces lettres, qu'il avait fait relier comme un talisman, l'avaient sauvé lors d'un naufrage au large des îles du Cap-Vert ; Francisco Cardozzo de Mello, riche

1. Cet échange de correspondance est reproduit dans Michelle Tricot et Christiane Sand, *L'Ami de George Sand en Berry. Edmond Plauchut, le tartarin de Nohant*, *op. cit.* Ce livre donne les Mémoires inédits et inachevés de Plauchut, qui, en plus de nombreux récits de voyages, a publié *Autour de Nohant* (Paris, Calmann-Lévy, 1897), livre disparate qui comporte, outre les lettres d'Armand Barbès à George Sand, un intéressant témoignage sur le Nohant qu'il a connu.

propriétaire portugais, fils de républicain déporté, admirateur de Sand dont il possédait plusieurs livres, ébloui par ces lettres, preuve d'une relation personnelle forte, l'avait hébergé, et rapatrié en Europe ainsi que ses compagnons d'infortune. Cet épisode rocambolesque, dont il était si fier, l'avait inscrit dans la chevalerie sandienne. Entrepreneur chanceux, grand voyageur, il lui envoyait des Indes orientales des plantes et des papillons exotiques. « Pour ma part, je vous demande des insectes et des papillons ; les plus humbles et les plus chétifs seront ma richesse », lui avait-elle écrit en l'encourageant à tenir journal et à s'intéresser aux « histoires naturelles ». Leur première rencontre eut lieu à Tamaris, le 19 mars 1861, « date inoubliable », où il la vit apparaître coiffée d'un grand chapeau de paille sur le perron d'une maison provençale[1]. Il vint pour la première fois à Nohant en 1866, puis en 1868, d'abord timidement en raison de la réserve de Maurice et Lina, qui, troublés par son affectueuse exubérance, redoutaient qu'il soit le successeur de Manceau. Il fréquente Sand surtout à Paris, puis de plus en plus souvent à Nohant, multipliant les allers et retours que rend désormais possibles le chemin de fer. Il ne manque pas l'anniversaire de Sand le 5 juillet, l'ouverture de la chasse, où « il ne voit pas la queue d'un lapin », et achète parfois une perdrix au village pour faire bonne figure. « Plauchut va à la chasse, revient déjeuner, retourne à la chasse, tue une alouette et revient éreinté mais fier ! toujours content de lui[2]. » Il est l'animateur indispensable des fêtes de Noël. Les petites-filles, dont il partage les jeux et qu'il comble de cadeaux, adorent l'oncle Plauchemar qu'elles font tourner en bourrique. Lina apprécie les huîtres, les bananes et les pastèques dont le voyageur veut lui faire goûter les saveurs exotiques. Bref : tout le monde l'aime, le moque (les

1. Il raconte cette rencontre dans ses Mémoires (Michelle Tricot et Christiane Sand, *L'Ami de George Sand en Berry*, *op. cit.*, p. 267 *sq.*).
2. *Agendas*, V, 31 août 1873.

caricatures de Maurice le figent en tartarin corpulent, qu'il n'était pas), le houspille et le désire. Sand lui dédie *Malgré tout*, l'emmène dans les Ardennes avec les Adam, Juliette et son mari, nouveaux venus dans sa vie, le traite de tous les noms – « vil paresseux, lâche irrésolu, infâme lubrique » –, partage avec lui la complicité du rire et souhaite sa présence ludique. Elle l'aide à publier ses livres, sans trop de difficultés, car les récits de voyage ont en effet la cote. Elle ne peut plus vivre sans son Plauchemar. « Il y a un trou dans mon éden quand sa grosse panse n'est pas là[1]. » Elle lui aménage une chambre permanente qui l'installe comme hôte attitré à Nohant dont il devient une figure incontournable. À Paris durant le siège, il sympathise avec la Commune dont il tente d'informer Sand, sceptique. Il l'accompagne dans ses derniers instants, se bat avec Aucante pour ses obsèques civiles et continue de fréquenter Nohant et ses femmes (Lina, puis Gabrielle), jusqu'à sa propre mort en 1909 à Biarritz. Seul des familiers de Sand, il est enterré dans l'enclos familial avec cette inscription : « On me croit mort, je vis ici. » Dernière facétie de l'inénarrable Plauchemar.

Bien d'autres familiers fréquentaient Nohant, dont les portes demeurèrent longtemps ouvertes, comme au temps de Marie-Aurore. Il y eut alors un « fou » de La Châtre qui venait demander à Deschartres de lui jouer un air de flageolet et qui circulait librement dans la maison, jusque dans la chambre de la grand-mère. « Lorsque sa présence devenait gênante, on lui disait : Eh bien, Monsieur Demai, désirez-vous quelque chose ? – *Rien de nouveau*, répondait-il, *je cherche la tendresse*. – Est-ce que vous ne l'avez pas trouvée encore, depuis le temps que vous la cherchez ? – Non, disait-il, et pourtant je l'ai cherchée partout. Je ne sais où elle peut être. » Il la cherchait obstinément dans le jardin. Il finit peut-être par la trouver dans un puits, où il se noya[2].

1. *Agendas*, V, 28 août 1872.
2. *HDMV*, I, p. 716-718.

# Les amis

*« Amitié ! amitié ! délices des cœurs que l'amour maltraite et abandonne : sœur généreuse qu'on néglige et qui pardonne toujours*[1] *! »*

C'est en 1835, en pleine crise de rupture avec Musset, que George Sand profère ce vibrant éloge de l'amitié, plus désintéressée, plus solide que l'amour. « Je cherchais l'amitié sans l'amour comme un refuge ou un sanctuaire où je puisse oublier l'existence de toute affection orageuse et navrante[2]. » Elle la trouve en la personne de François Rollinat (1806-1867) qui lui aussi éprouve « une extrême fatigue de la vie », liée à des raisons sentimentales (marié, il est amoureux sans espoir d'une femme mariée) et matérielles. Ce jeune avocat de Châteauroux doit assurer l'existence de sa mère, veuve et sans ressources, et de ses onze frères et sœurs. Ce spleen commun marque le début d'une amitié de trente ans, jusqu'à la mort de Rollinat en 1867. Une amitié faite de stations muettes « au fond du grand salon », de promenades dans les traînes de la Vallée Noire, d'interminables déambulations jusqu'à minuit dans les sombres allées du jardin, « cette route sablée bordée de thyms et d'arbrisseaux, que nous avons

1. George Sand, *Lettres d'un voyageur, Lettre V (à François Rollinat)*, janvier 1835, *op. cit.*, p. 385.
2. *HDMV*, II, p. 129.

parcourue ensemble cent fois dans une demi-heure », de longs silences (Rollinat est un taiseux) coupés de conversations et de confidences : « Nous nous racontons les détails et les ennuis de notre vie. Quelquefois nous retombons dans un profond silence ; il regarde les étoiles où il me rêve un asile, et je promène d'inutiles regards sous les ténébreux ombrages que nous traversons[1]. » Avec lui, elle éprouve « une douce entente d'idées, une conformité, ou, pour mieux dire, une similitude extraordinaire d'appréciation de toutes choses[2] ». « Notre amitié, c'est l'infini. Tout le reste c'est le temps, la terre, et la vie humaine[3]. » Rollinat, c'est son La Boétie, son Pylade. « Mon double en cette vie », dira-t-elle bien plus tard à Flaubert ; « l'ami véritable, dont le sentiment de la différence des sexes n'avait jamais entamé la pure affection, même quand nous étions jeunes »[4]. La mort de Rollinat est pour elle un immense chagrin. « J'ai perdu mon ami Rollinat, qui était un frère dans ma vie ; je l'ai su à peine malade et il demeurait à huit lieues de moi ! [...] Rester sans lui, voilà le difficile et le cruel[5] », écrit-elle à Armand Barbès auquel elle le compare.

### Amitiés féminines

Une amitié virile dont, selon Montaigne, seuls les hommes seraient capables, ce qu'elle conteste et déplore, attribuant à l'éducation des femmes leur possible infériorité en la matière.

1. *Lettres d'un voyageur, Lettre IV (à Jules Néraud)*, Nohant, septembre 1834, *op. cit.*, p. 361.
2. *HDMV*, II, p. 124.
3. *Corr*, IV, L 1556, à François Rollinat, 1er juillet 1837.
4. *Corr*, XXII, L 15027, à Gustave Flaubert, 20 mai 1870.
5. *Corr*, XX, L 13228, à Armand Barbès, 27 août 1867 ; les lettres de la même période sont remplies de ce chagrin.

Elle-même, au fond, préfère la compagnie des hommes, jugeant les femmes ennuyeuses, timorées ou frivoles. « À très peu d'exceptions près, je ne supporte pas longtemps la société des femmes [...] ; la femme est, en général, un être nerveux et inquiet, qui me communique, en dépit de moi-même, son trouble éternel à propos de tout. [...] J'aime donc mieux les hommes que les femmes » et goûte « la corde plus franche et plus pleine que les hommes font vibrer dans mon esprit »[1]. Elle eut pourtant d'ardentes amitiés de jeunesse. Avec les compagnes de couvent, Chérie, Aimée et surtout Jane Bazouin, elle échange une correspondance sentimentale, où elle confie son ennui de la vie provinciale d'une jeune mariée, sa joie de la maternité, son désir inassouvi de voyage, notamment en Suisse. « Si je n'étais paysanne de Nohant, je voudrais être citoyenne de Genève[2] », car sa découverte de Jean-Jacques Rousseau illumine sa vie. Mais la hardiesse de ses choix dissoudra ces amitiés juvéniles. « Notre position nous a nécessairement séparées[3] », écrit-elle à Jane, désormais mariée, dans une lettre ultime, qui clôt le cycle des amitiés de pension.

Elle eut ultérieurement quelques amitiés féminines solides : telle Charlotte Marliani, une inconditionnelle, bien bavarde parfois – dont les indiscrétions la brouillèrent avec Marie d'Agoult –, Laure Decerfz, devenue épouse Fleury, Éliza Tourangin, « ma chère sœur », une Berrichonne dont elle soutint les velléités d'écriture ; ou éclatantes, des artistes pour la plupart : l'actrice Marie Dorval que sans doute elle aima d'amour, la cantatrice Pauline Viardot, « la seule femme que

1. *HDMV*, II, p. 223.

2. *Corr*, XXV, S 62, à Jane Bazouin, 14 novembre 1826. Georges Lubin a retrouvé 85 lettres aux amies de pension, dont notamment les sœurs Bazouin, témoignage inestimable sur la jeunesse d'Aurore et sa vie de jeune mariée à Nohant, qu'elle dit déjà beaucoup aimer.

3. *Corr*, XXV, S 99, à Jane de Fenoyl, 18 mars 1832.

j'ai aimée aussi tendrement[1] », modèle de Consuelo ; des comédiennes dont elle appréciait le jeu. Avec les femmes, elle a une relation plus intime, plus libre ; elle parle de choses plus privées, famille, amours, états d'âme ou du corps, difficultés communes affrontées. Le genre marque l'amitié. Rien de comparable pourtant avec les amitiés masculines qui jalonnent sa vie, de Jules Néraud à Henry Harrisse ou Édouard Rodrigues, d'Emmanuel Arago à Henri Amic, de Charles Duvernet à Armand Barbès, de Bocage à Gustave Flaubert. On les voit se succéder dans la *Correspondance*, en fonction des circonstances personnelles, professionnelles ou politiques. Certains s'éloignent, ou disparaissent par suite de rupture, de deuils ou simplement de l'usure du temps, sans qu'on sache bien pourquoi. Car elle avait aussi une grande aptitude à tourner la page.

Les amitiés dessinent des cercles concentriques, dont Nohant constitue un point d'ancrage et de fixation. Les amis berrichons forment l'assise la plus durable, unis par les souvenirs de jeunesse, les engagements, une familiarité de proximité et de relation continuée, un voisinage en somme. Musiciens, peintres, gens de théâtre, écrivains alimentent d'autres cohortes plus instables. Pour tous, Nohant est un lieu de rencontre, un adoubement, un sacrement. L'invite à Nohant vaut consécration. Y aller est un pèlerinage, une initiation, l'intronisation dans la société choisie que George Sand rêve de cristalliser, de cimenter autour de sa maison. « Est-il beaucoup de mortels qui aient eu dans leur vie le bonheur de réunir sous le même toit, presque tous les jours, pendant un mois, douze ou quinze créatures nobles et vraies, et toutes unies entre elles d'une sainte amitié[2] ? » Les journées de

1. *Entretiens journaliers avec le très docte et très habile docteur Piffoël professeur de botanique et de psychologie 1837-1841* (1926), in *OA*, II, p. 1014 (18 février 1841).

2. *Lettres d'un voyageur, Lettre V (à Rollinat), op. cit.*, p. 381.

Nohant, faites de balades, de bains, de musique, de repas conviviaux, les soirées, tissées de lectures, de conversations, de jeux et, après 1846, surtout de théâtre, alimentent ces échanges privilégiés. Au cœur du projet sandien, l'amitié est une construction et un fluide vital. C'est aussi une manière de cercle où l'ancienneté tient lieu de quartiers de noblesse et la complicité, de ciment. À Charles Didier qui se plaint d'être délaissé, elle rétorque : « Mes vieux amis ont raison, jamais je ne devrais essayer de faire un nouvel ami. Je ne serai jamais comprise qu'au prix d'explications et d'apologies auxquelles ma fierté ne se pliera pas […]. Il faut donc que j'apprenne à m'abstenir des amitiés, comme je m'abstiens des velléités d'amour[1]. »

### L'invitation à Nohant

L'invitation à Nohant constitue, après 1836, un leitmotiv de la correspondance amicale[2]. Sans en exagérer la beauté, s'excusant même de la platitude des lieux, de la banalité du paysage de « mon pauvre Berry », Sand vante les mérites de Nohant, oasis dans les étés brûlants, havre de paix pour les éreintés de la ville, de sérénité pour les tourmentés du cœur ou de l'esprit, de retraite studieuse soustraite aux frivolités mondaines. Un lieu de convalescence efficace. Marie d'Agoult s'y remettra de ses malaises. Chopin s'y guérira de sa toux persistante. Et puis, on peut y travailler en toute liberté, y créer même. « Piocher » est pour tous une devise, voire une injonction. Le peintre y trouvera un atelier, le musicien, un piano (qu'elle fait venir à grands frais pour Liszt, Chopin, Pauline), une chambre insonore pour

1. *Corr*, III, L 1196, à Charles Didier, 13 juin 1836.
2. Sylvie Delaigue-Moins, *Les Hôtes de George Sand à Nohant*, préface de Georges Buisson, Saint-Cyr-sur-Loire, Christian Pirot, 2008.

ses exercices. Chopin, qui désirait toujours Nohant sans l'aimer vraiment, ne travaillait sérieusement que là et y a composé une part importante de son œuvre. Sélective, George n'invite pas tout le monde : « Pas de poètes, pas d'invités ! » lance-t-elle à Éliza Tourangin qui abuse des recommandations ; mais seulement ceux qui sont susceptibles de s'intégrer dans le groupe, de s'adapter aux rythmes collectifs du quotidien, condition impérative, parfois ressentie comme tyrannique par certains des occupants qui ne voyaient pas nécessairement Nohant avec les yeux de Sand. La célébrité de Sand attirait des admirateurs, tel ce M. Moustaphine, russe, « qui voyage pour son plaisir et qui vient dans le Berri (*sic*) exprès pour voir Madame et Pierre Leroux ». Elle lui dédicace quelques œuvres ; éperdu de reconnaissance, il lui donne « 600 francs en or pour secourir qui elle voudrait »[1]. Surviennent aussi des visiteurs imprévus, qu'on hésite à recevoir. À un tapissier saint-simonien, Julien Gallé, venu impromptu de Colombes, fondateur d'une société de secours mutuel, on donne à dîner et une chambre. Il repart avec une malle de livres pour sa bibliothèque[2].

« Venez, dit George à Champfleury. Vous trouverez [...] une solitude complète, du temps pour travailler et un jardin pour rêvasser. Moi, toujours au travail, pas gênante, n'exigeant même pas qu'on me dise bonjour, quand on me rencontre, par hasard dans la journée[3]. » « Venez, venez, venez », dit-elle à Delacroix, en lui traçant l'itinéraire d'un voyage qui, dans les années 1840, antérieures au chemin de fer, demeure fort long. Parti de Paris à 7 heures du soir, il déjeunera à Orléans à 6 heures du matin. Déjeuner à Vierzon à 3 ou 4 heures de l'après-midi et arrivée à Châteauroux vers 7 heures du soir.

1. *Agendas*, I, 20-22 août 1852 (AM) ; somme qui ira à Pierre Leroux.
2. *Agendas*, II, 8 décembre 1859.
3. *Corr*, XIV, L 7297, à Champfleury, 10 décembre 1856.

« Là vous trouvez mon cheval et mon cabriolet [...] qui vous amènent à Nohant en 2h1/2-3h tout au plus[1]. » Une trentaine d'heures sont donc nécessaires, dans le meilleur des cas. Au début du siècle, il fallait compter trois jours, mais les chemins et les voitures ont été améliorés. Le chemin de fer changera tout. En 1851, « le voyage n'est plus que de onze à douze heures », dit-elle pour stimuler Delacroix, hésitant. En 1855, elle insiste : on peut quitter Paris le soir, arriver à Châteauroux le lendemain matin et être à Nohant dans l'après-midi : à peine vingt-quatre heures, en somme. Et les progrès ne sont pas finis. George les décline inlassablement pour convaincre des amis réticents à entreprendre un tel déplacement vers ce Berry exotique et improbable, où les paysans ressemblent presque à des Indiens ! « Prosaïque province divinement poétisée par George Sand[2] », écrit Liszt, pas dupe.

Le raccourcissement des trajets a un effet paradoxal, encore qu'attendu. Il réduit aussi la durée des séjours. Quand on met deux jours pour venir, on prend ses dispositions, on reste longtemps. Entre février et juillet 1837, Marie d'Agoult, avec ou sans Liszt, a passé près de trois mois à Nohant : un record. Delacroix y a fait trois séjours, dont le dernier du 16 au 29 août 1846, soit treize jours. Charlotte Marliani est une familière des longs séjours, même si, durant un mois de l'été 1849, elle s'ennuie aux dominos dont George Sand est devenue experte.

Ce tempo plus heurté convient aux Parisiens toujours pressés que le cocher, Sylvain surtout, passe son temps à quérir et ramener à la gare de Châteauroux, sentinelle de Paris. Le

1. L 26 de la correspondance croisée Sand-Delacroix (Sand, Delacroix, *Correspondance. Le rendez-vous manqué*, Françoise Alexandre éd., Paris, Éditions de l'Amateur, 2005), 23 août 1841. Correspondance croisée, avec une solide introduction.

2. Sylvie Delaigue-Moins, *Franz Liszt et George Sand. Entre amour et amitié*, Vendœuvres, Lancosme, 2000, p. 257.

prince Napoléon-Jérôme fait l'aumône de quarante-huit heures. Flaubert est rare et bref. Il y a toujours beaucoup d'allées et venues à Nohant et, chaque jour, beaucoup de monde à table, du moins durant l'été. Les invités font leurs adieux à Madame le soir et partent le lendemain matin quand elle n'est pas levée. On passe à Nohant plus qu'on y séjourne. Il est un lieu de visites et d'échanges, plus que de méditation et de création. Le projet de colonie d'artistes s'est estompé au profit d'un repli sur le voisinage et sur la famille traditionnelle, sans doute inéluctable.

### *De la musique avant toute chose*

Les invitations sont fonction des sympathies personnelles, mais aussi des affinités créatrices. La musique domine les années 1837-1848. Pour Sand, c'est l'art suprême, le langage des dieux. « J'aurais été musicienne, car je comprends le beau, qui, dans cet art, m'impressionne et me transporte plus que dans tous les autres[1]. » Comparée à l'écriture solitaire, la musique est un art collectif. « La musique s'enseigne, se révèle, se communique. Quelle superbe république réalisent cent instrumentistes réunis par un même esprit d'ordre et d'amour pour exécuter la symphonie d'un grand maître ! [...] Pour moi, voyageur solitaire, il n'en est point ainsi. Je suis des routes désertes, et je cherche mon gîte en des murailles silencieuses[2]. » Selon les saint-simoniens, le musicien est l'artiste le plus capable de populariser l'idée du Beau. Liszt ouvrit la marche, avec quel brio. Les années Chopin furent des années sans pareilles, inégalées. Après lui, peu de musiciens fréquentent Nohant, même si, jusqu'au bout, Pauline Viardot incarne le sommet de l'émotion artistique. La musique est aussi l'exercice

1. *HDMV*, I, p. 626.
2. *Lettres d'un voyageur, Lettre VII (à Franz Liszt), op. cit.*, p. 817.

le plus apte à la communion des esprits et des cœurs. Charles Duvernet évoque les soirées musicales autour de Chopin, « à la brune, dans sa chambre bien garnie d'épais tapis ». Sand, étendue sur un divan, l'écoute, extasiée, et murmure parfois : « Que d'esprit tu as ce soir. » Une autre fois, Chopin, en verve et en joie, accompagne pendant cinq heures Pauline Viardot, « dans cette grande chambre du rez-de-chaussée qui est à présent celle de Maurice, près de la salle à manger, au-dessous de la chambre de Madame Sand ». Aux premiers accents de la voix de Pauline, elle fond en larmes[1].

## Franz Liszt et Marie d'Agoult, « forçats de l'amour »

Marie d'Agoult et Liszt furent parmi les premiers visiteurs de Nohant libéré de Casimir. Les Fellows, Marie et Liszt, et les Piffoël, Sand et les siens, en raison de leurs grands nez – selon les surnoms qu'ils s'étaient donnés –, s'étaient rencontrés à Paris, retrouvés à Genève et avaient fait ensemble, escortés des enfants Sand (septembre 1836), une excursion à Chamonix, devenue fameuse dans la saga sandienne par son alacrité et sa fantaisie, notamment costumière. Habillées en hommes, George et Arabelle (surnom donné par George à Marie) défiaient la sagacité des aubergistes, débordés par cette joyeuse bohème qui bouleversait les codes du genre[2]. Marie impressionne George par sa beauté, l'intimide par sa distinction, la surprend par

1. Charles Duvernet, *Écrits intimes, 1855-1874, journal, souvenirs et mémoires*, I, Claire Le Guillou éd., Clermont-Ferrand, Presses universitaires Blaise-Pascal, Celis, 2015, p. 142-143.

2. George Sand a laissé un savoureux récit de cette expédition dans *Lettres d'un voyageur, Lettre X (à Herbert)*, 15 novembre 1836, *op. cit.* Adolphe Pictet (1799-1875), écrivain et linguiste suisse, et compagnon de ce voyage, en a donné sa version, *Une course à Chamounix. Conte fantastique*, 1838.

son « âme immense, insatiable, impérieuse envers Dieu et les hommes[1] ».

L'hiver suivant, Marie est souffrante à Paris. Elle aspire à la campagne où George la convie : « Je veux voir Nohant, je veux vivre de votre vie, me faire l'amie de vos chiens, la bienfaitrice de vos poules[2]. » George lui donne sa chambre, au rez-de-chaussée, et la prépare : « Sauf les rideaux qui sont trop courts de trois pieds, votre chambre est habitable. Il n'y a pas un souffle d'air. Le garde-manger est garni de gibier. Il y a du bois sec sous le hangar[3]. » Non sans appréhension ; « J'ai une peur affreuse que ma belle comtesse se croie dans un champ de cosaques[4] », écrit-elle à Franz. Marie arrive, seule, le 5 février 1837. Le séjour se passe bien. « Ça n'a été qu'un jour beau, serein, placide, comme la plupart des jours de ma vie nouvelle, note Marie, un peu condescendante. Une promenade sur les bords de l'Indre, le long des traînes, à travers des prés couverts [...] d'orties rouges et de pâquerettes, l'escalade de maintes clôtures rustiques, la rencontre de quelques familles d'oies, et de beaux troupeaux de vaches et de bœufs ruminant majestueusement dans les pâturages, voilà les seuls évènements de la journée[5]. » Elle supporte moins bien, lors des dîners du jeudi, les plaisanteries salaces des amis berrichons. Mais elle apprécie de prolonger fort tard la soirée avec George à laquelle elle confie sa mélancolie, ses doutes, les difficultés qu'elle éprouve à Genève. Liszt les rejoint le 27 février, mais elle le laisse rentrer seul à Paris (le 5 mars) où l'appellent de nombreux concerts et

1. *Ibid.*, p. 552.

2. Marie d'Agoult à George Sand, 31 janvier 1837, in Marie d'Agoult et George Sand, *Correspondance*, Charles Dupêchez éd., Paris, Bartillat, 1995.

3. *Corr*, III, L 1353, à Marie d'Agoult, 23 janvier 1837.

4. Cité par Sylvie Delaigue-Moins, *Franz Liszt et George Sand. Entre amour et amitié*, *op. cit.*, p. 230.

5. Marie d'Agoult, *Mémoires, 1833-1854*, cité par Georges Lubin, in *OA*, II, p. 1506, note 1.

prolonge jusqu'au 15 mars ce séjour qui marque le sommet d'une intimité.

George les presse de revenir. Elle commande un piano Érard pour Franz, une selle pour Marie qui a pris goût à l'équitation. Ils arrivent le 8 mai et demeurent jusqu'au 24 juillet[1] : presque trois mois, d'une « vie pleine et sentie », dont Liszt a fait un récit enthousiaste à Pictet : lectures, discussions sur l'abolition de la peine de mort, la république, l'amour du peuple ; promenades, papillons ; mais aussi piano dont George s'enivre. Elle est à nouveau en plein désarroi amoureux ; Michel (de Bourges) ne répond plus à ses relances ardentes et, à Bourges, il la fuit. Elle décide alors de tenir un journal : « On ne fait un journal que quand les passions sont éteintes, ou qu'elles sont arrivées à l'état de pétrification[2]. » Il fait un temps superbe. « Soleil brûlant, tilleuls étincelants, immobiles. » Elle guette la musique qui monte de la chambre en dessous de la sienne. « Quand Franz joue du piano, je suis soulagé (*sic*). Toutes mes peines se poétisent, tous mes instincts s'exaltent[3]. » Un soir, elle a une quasi-vision : « Pendant que Franz jouait les mélodies les plus fantastiques de Schubert, la princesse se promenait dans l'ombre autour de la terrasse ; elle était vêtue d'une robe pâle, un grand voile blanc enveloppait sa tête et presque toute sa taille élancée. » Les mouvements de la « muette sibylle au voile blanc » accompagnent ceux de la musique, « comme si un lien mystérieux eût attaché la vie des sons à la vie de cette belle femme pâle qui semblait prête à s'envoler vers les régions de l'intarissable harmonie »[4]. Moment unique où la souffrance est transcendée par le sentiment de la beauté.

1. Sur ces séjours, cf. Sylvie Delaigue-Moins, *Franz Liszt et George Sand. Entre amour et amitié*, *op. cit.*

2. *Entretiens journaliers avec le très docte et très habile docteur Piffoël*, *op. cit.*, p. 977.

3. *Ibid.*, p. 980.

4. *Ibid.*, p. 989.

*« Les gamineries de George »*

Le journal, parallèle, de Marie montre une tout autre perception. Elle plaint George, « pauvre grande femme », qu'elle pense brisée, s'étonne de la voir se laisser courtiser par l'acteur Bocage (ils eurent une brève liaison en 1837), puis par Charles Didier, amoureux éconduit, survenu à l'improviste et qui s'obstine à rester, malgré les conseils de Franz, enfin par Mallefille, précepteur des enfants, transitoire amant, délaissé pour Chopin. Nohant virerait-il à la galanterie ? La comtesse est déconcertée par l'inconstance de George (à cette aune, que vaut son amitié ?) et choquée par l'ivresse des convives berrichons, leur forme d'humour et leurs plaisanteries scatologiques. Elle est insensible aux bons mots de Duteil et énervée par les « gamineries » de George. Celle-ci, surprise de tant de pruderie, demande à Franz d'intervenir pour que Marie cesse ses plaisanteries au sujet de Bocage, qui l'amuse, sans lui plaire vraiment. Et puis, elle a mieux à faire, elle soigne Maurice malade et achève *Mauprat*. N'empêche : elle est bien « mobile dans ses sentiments », écrit Marie, qui se demande si George l'aime toujours, et si de surcroît elle n'a pas tenté de lui voler Franz, trop sensible à son « bel écouter ». Décidément, le charme est rompu.

Franz et Marie quittent Nohant le 24 juillet ; George les accompagne à la diligence de La Châtre. Ils ne reviendront jamais. Entre Marie, déprimée et jalouse, et George, déjà repartie pour d'autres aventures, le dissentiment s'aggrave par l'intervention de Balzac et l'apparition de Chopin. Balzac publie en avril 1839 *Béatrix ou les Amours forcés* dont il avouera avoir puisé l'inspiration dans ses conversations avec George lors de sa venue à Nohant en 1838. Sand lui parle, entre autres, du couple Franz-Marie, dans lequel Balzac voit des « forçats de l'amour ». Dans son roman, Marie devient Béatrix, marquise de Rochefide, blonde, « mince et droite comme un cierge et blanche comme une hostie, élégante et dure ; elle a la figure d'un raisin sec », opposée à Félicité des Touches, l'artiste androgyne Camille Maupin, cavalière émérite, romancière à succès et hôtesse généreuse, alias George Sand. Il se vantait élégamment d'avoir « brouillé les deux femelles » [1].

La liaison de Sand et de Chopin fut pour les Fellows une blessure plus vive encore. Marie la prit comme une trahison. Franz, inconditionnel de Frédéric, se sentit délaissé. Leur couple battait de l'aile ; après une séparation temporaire en 1839, ils rompirent définitivement en 1842, malgré leurs trois enfants dont George reprochait à Marie l'abandon. Entre-temps, se situe l'histoire rocambolesque des lettres où Marie confiait à Charlotte Marliani les soupçons qu'elle nourrissait vis-à-vis de George. Choquée, Charlotte les avait montrées à Lamennais qui lui demanda de ne pas les communiquer, tout en lui conseillant de rompre avec Marie. Médiations maladroites et entrevue [2] échouèrent et chacune poursuivit sa route isolément. George se vengea par l'écriture : la comtesse de Chailly, dans *Horace* (1841), est arrogante, « sèche, reluisante et anguleuse comme un coquillage ». Marie tenta de mépriser George, une femme légère dont l'œuvre, devenue hâtive et facile, ne durerait pas. Dans une lettre à Juliette La Messine (future Juliette Adam), elle écrit, vingt ans plus tard : « Ce que je lui reproche [...], c'est ce mélange de bourgeoisisme et d'excentricités morales, ce besoin qu'elle a de ramener à leur plus simple expression ses plus folles passions [...]. Et ce que je ne lui pardonne pas, à elle qui a de la race, c'est son manque de tenue, la façon dont elle s'habille, ses

1. Propos rapportés par Marie à Franz, in Sylvie Delaigue-Moins, *Franz Liszt et George Sand*, *op. cit.*, p. 294.

2. Le 30 novembre 1839, à Paris. Cf. Charles Dupêchez, *Marie d'Agoult, le grand amour de Liszt*, Paris, Plon, 1989 ; nouvelle éd. 1994.

grosses farces de Nohant, et, à son âge, ses manières de rapin[1]. » Nohant, décidément, ne passait pas. La comtesse ne goûtait pas le débraillé de la cité d'artistes et une liberté qui n'était que licence à ses yeux. Peut-être regrettait-elle une amitié, voire un amour, perdu[2].

**Pauline Viardot, « la reine du monde »**

En mars 1849, secrètement ravagée par sa rupture avec Chopin, privée de musique, dépourvue même de piano (elle a renvoyé à Pleyel celui de Frédéric), Sand écrit à Pauline : « Je lis avec les yeux mes partitions et je me figure que je les entends. [...] Ah ! que je voudrais parfois avoir quinze ans, un maître intelligent, et toute ma vie à moi seule ! Je donnerais mon être tout entier à la musique, et c'est dans cette langue-là, la plus parfaite de toutes, que je voudrais exprimer mes sentiments et mes émotions. Je voudrais faire les paroles et la musique en même temps. Mais c'est un rêve comme celui qu'on ferait d'une île enchantée au moment où la mer va vous avaler pour toujours[3]. » Pauline lui procure un petit piano Pleyel, le seul authentique demeuré aujourd'hui à Nohant. « Mon petit piano est délicieux. C'est la seule chose qui m'absorbe entièrement[4]. »

La musique et Pauline la sauvent, comme si souvent. George avait une passion pour la voix. Naguère, la Malibran, la sœur de Pauline, morte trop jeune, l'avait transportée. Mais Pauline, c'est mieux encore. « Elle chante comme on n'a

1. Marie d'Agoult et George Sand, *Correspondance*, *op. cit.*, p. 285.

2. Janine Filloud, « Sublimation et sexualité féminine. À partir d'une lecture de la *Correspondance* de Marie d'Agoult et de George Sand », *Topique*, 2003, n° 82, p. 35-52.

3. *Corr*, IX, L 4168, à Pauline Viardot, 5 mars 1849.

4. *Corr*, IX, L 4247, à Pauline Viardot, 18 juin 1849.

jamais chanté », écrit-elle à Augustine Brault-de Bertholdi. Elle a une tessiture incroyablement étendue. Elle lui arrache des larmes. Elle la rencontre en 1839 et tombe quasiment amoureuse d'elle, anxieuse de leur différence d'âge : Pauline Garcia (1821-1910) a dix-huit ans quand elle en a trente-cinq ! « Je ne sais pas si l'abîme [dix-sept ans] que l'âge met entre nous pourra être comblé un jour. » Mais, récusant « l'étrange engouement de maladives amours », elle se revendique de cet amour maternel sublimé qui lui sert si souvent de refuge. « Il me semble que j'aime Pauline du même amour sacré que j'ai pour mon fils et pour ma fille[1]. »

*Les Viardot, un couple républicain*

Et puis, en 1840, le 16 juin, Pauline Garcia a épousé Louis Viardot, alors directeur du théâtre des Italiens, poste qu'il quittera pour se consacrer entièrement à la carrière musicale de Pauline, internationale, car elle est infiniment mieux accueillie à Vienne, Berlin, Saint-Pétersbourg, Londres, où elle triomphe, qu'à Paris, où les coteries de l'Opéra, notamment celle de l'étoile régnante, la Grisi, freinent sa progression. Louis Viardot est un républicain militant, journaliste au *Globe*, un ami de Pierre Leroux qui l'a présenté à George Sand ; ensemble, ils ont fondé (1841) *La Revue indépendante*, qui entend concurrencer la *Revue de Paris* et la *Revue des deux mondes*, de François Buloz. De quoi assurer une « mauvaise réputation » et bien des acrimonies. Sand est en partie responsable de son mariage avec Pauline, que courtisait Musset. Elle sait que Louis est cultivé, sérieux, pas drôle ; Pauline l'aime

1. *Entretiens journaliers avec le très docte et très habile docteur Piffoël*, *op. cit.*, p. 1014 (18 février 1841). Pour tous ces aspects, cf. Thérèse Marix-Spire, *Lettres inédites de George Sand et de Pauline Viardot (1839-1849)*, Paris, Nouvelles Éditions latines, 1959 ; pour la période suivante, j'ai consulté la *Correspondance* publiée par Georges Lubin.

sans passion, ce qui la laisse totalement libre pour l'art. Si elle avait un amant, George la comprendrait, la consolerait, mais elle ne le souhaite pas, redoutant la souffrance d'aimer et son pouvoir de diversion. Pour l'heure, elle chante partout les louanges de Pauline, fulminant contre la médiocrité qui contrarie son ascension. « Vous êtes ma jeunesse, ma gloire et mon avenir[1]. » Pauline est Consuelo, la plus grande, la plus prophétique de ses héroïnes. Lorsqu'en 1848, Pauline est enfin engagée à l'Opéra, Sand rêve d'en faire la cantatrice de la République. « Je compte sur vous pour faire dans l'art la révolution que le peuple vient de faire dans la politique. Il ne s'agit plus de s'user pour les bourgeois, mais de conquérir le peuple et le pouvoir[2]. » L'effondrement de la République, le retour de l'Empire dictatorial marquent la fin de ces rêves. Les Viardot, sans être chassés, sont pratiquement condamnés à l'exil. Entre 1849 et 1859, Pauline chante surtout à Londres et en Allemagne, où le couple réside quelque temps à Baden-Baden. Lorsqu'en 1859, son triomphe dans l'*Orphée* de Gluck lui ouvre à nouveau l'Opéra, elle perd sa voix, qui se brise, comme celle de son double littéraire, Consuelo. Elle devra limiter ses prestations et se tourner vers l'enseignement.

Entre Sand et les Viardot, Pauline surtout, les relations n'ont jamais cessé, malgré des éclipses, douloureusement ressenties et par la romancière, qui éprouve un sentiment d'abandon, et par Pauline, qui redoutait d'être moins aimée. Leurs six séjours à Nohant ont marqué des sommets de création et de plaisir musical, notamment les quatre premiers (1841, 1842, 1843, 1845), le temps de Chopin. Séjours toujours trop courts, aux yeux de Sand qui imagine des résidences de plusieurs mois, impossibles pour une artiste suroccupée. Les Viardot viennent

1. *Corr*, V, L 2457, à Pauline Viardot, 25 mai 1842.
2. Thérèse Marix-Spire, *Lettres inédites de George Sand et de Pauline Viardot*, *op. cit.*, p. 72.

à la fin de l'été, l'ouverture de la chasse convenant à Louis, grand chasseur devant l'Éternel ; il a laissé des *Souvenirs de chasse* (1846), maintes fois réédités[1], où les chasses françaises font piètre figure au regard de leurs homologues européennes. C'est d'ailleurs un sujet de friction. Le gibier n'est pas abondant en Berry, rien à voir avec les chasses de Hereford en Angleterre, où il est convié. « Tous nos amis honteux et mécontents de la manière dont le pays s'est conduit à cet égard pendant le séjour de Louis, disent : Il ne reviendra pas. Il trouvera là-bas des parcs foisonnants et du carnage à discrétion, tandis que nous, enfants moins gâtés de la nature, nous appelons avoir *beaucoup* de gibier, ce qu'il appelle *peu*[2]. » De fait, Louis vient seulement deux fois à Nohant (1841 et 1842) et déserte dès 1843, dédaignant la compagnie de Pistolet, le chien de la maison. Ce n'est sans doute pas le seul motif d'absence ; les parties de billard avec Hippolyte le lassent ; il se sent de trop dans le duo Pauline-Chopin, qui ravit George ; comme, vingt ans plus tard, et à plus forte raison, dans le duo Pauline-Tourgueniev (voyages de 1872 et 1873). Louis supportait mal que George lui reproche leurs « airs de grands seigneurs », le train de vie qu'ils menaient à Courtavenel, le château que les Viardot avaient acheté auprès de Rozay-en-Brie ; il lui écrivit longuement pour réfuter ces critiques qui allaient droit à son cœur de républicain. Sand n'avait-elle pas réussi à concilier le statut de châtelaine de Nohant et celui d'« un des plus fervents comme des plus éloquents apôtres de l'égalité[3] » ? « Nous conservons pieusement le culte que vous professez pour la

1. Ses *Souvenirs de chasse dans toute l'Europe* ont été réédités en 1985 chez Pygmalion. Louis Viardot était un homme très cultivé, un savant, féru de muséologie, traducteur de Cervantès et introducteur de Gogol et Tourgueniev en France.

2. George Sand, septembre 1841, in *Lettres inédites de George Sand et de Pauline Viardot, op. cit.*, p. 125.

3. Louis Viardot à George Sand, 14 août 1844, cité in *ibid.*, p. 206-207.

*sancta simplicitas.* » Bien plus tard, il s'opposerait à elle sur le plan religieux, son athéisme militant choquant le panthéisme persistant de George. Entre eux, les motifs de controverse ne manquaient pas, mais ils se rejoignaient dans un même amour, sans doute un peu jaloux, pour Pauline et sa voix sublime.

*Pauline et Frédéric*

La musique, dont on ne faisait jamais assez au goût de Chopin, qui trouvait Pauline parfois laxiste (« elle n'a fait que courir les bois et danser la bourrée »), emplissait les journées. Chip-Chip accompagnait Pauline ; avec elle, il transcrivait les ballades berrichonnes qu'ils avaient notées durant les festivités villageoises. On a perdu les transcriptions de Chopin, mais conservé quelques-unes de celles de Pauline, marque d'une ferveur ethnologique dont Sand est le témoin complice. « J'ai vu Chopin, un des plus grands musiciens de notre époque, et Mme Pauline Viardot, la plus grande musicienne qui existe, passer des heures à transcrire quelques phrases mélodiques de nos chanteuses et de nos sonneurs de cornemuse. Ce n'est pas si aisé qu'on croit[1] », écrit-elle en 1854 à Champfleury, théoricien du réalisme. Le soir, les deux artistes donnent aux invités un concert privé dans la douceur de l'été finissant. Inoubliable, désirable. Nostalgique surtout après la rupture avec Chopin et la si longue absence de Pauline. Au printemps 1849, George félicite Pauline pour son immense succès à Paris dans *Le Prophète* : « Je vous vois, je vous entends dans tous les rossignols de mon jardin[2]. »

Pauline ne reviendra pas avant 1872. Sa carrière, ses maternités – une « nichée d'enfants », trois filles et un garçon –, les choix politiques du couple la retiennent au loin. « Que vous

1. *Corr*, XII, L 6151, à Champfleury, 18 janvier 1854.
2. *Corr*, IX, L 4206, à Pauline Viardot, 6 mai 1849.

abandonnez donc longtemps votre Ninoune ! Si on ne savait vos triomphes et vos voyages dont le bruit vient jusqu'à Nohant, (et ce n'est pas peu dire), on passerait sa vie à être inquiète de vous ! » soupire George en 1859. Elle regrette que Pauline ne se produise plus en France. « Ce pays de France est devenu indigne d'avoir des artistes, il ne lui faut que des créatures. » Comme elle aimerait la rejoindre ! « Ce serait un rêve pour moi de vous retrouver dans quelque beau pays d'art et de poésie. Mais je ne peux pas quitter ceux des miens qui travaillent aussi au jour le jour[1] », Maurice par exemple, qui prépare un livre sur la commedia dell'arte. Elle ébauche un projet d'opéra sur *La Mare au diable*, dont elle écrirait les paroles et Pauline, la musique ; il n'aura pas de suite, par défaut de Pauline. Quand les Viardot s'installent en 1862 à Baden-Baden, Sand comprend mais déplore : « C'est toujours triste à penser, qu'on s'éloigne ! Mais la faute est à moi qui suis devenue par force *si sédentaire.* Je n'ai pas les moyens de courir après ceux que j'aime, l'argent manque encore plus que les jambes pour réaliser les beaux rêves de locomotion. Heureusement la vie de retraite que j'ai acceptée a de grandes compensations et le bonheur du nid[2]. » Il n'empêche. Le regret est récurrent. Elle envie sa Consuelo d'être demeurée un oiseau.

La République ramène les Viardot en France. Pauline est nommée professeure de chant au Conservatoire (août 1871). Les relations reprennent. À Paris d'abord. Sand les retrouve : Louis « tout blanc, mais pas vieilli du tout. Pauline très belle dans sa laideur, elle a pris le masque de gitane sous des traits étranges [...] elle est toujours aussi jeune de tournure et charmante de manières[3] ».

1. *Corr*, XV, L 8146, à Pauline Viardot, 14 janvier 1859.
2. *Corr*, XVII, L 9807, à Louis Viardot, 11 décembre 1862.
3. *Corr*, XXII, L 16127, à Lina, 2 juin 1872.

*Retour à Nohant avec Tourgueniev*

Nohant la réclame. Un Nohant bien changé. Chopin a disparu. Maurice, qui fut jadis amoureux d'elle, est marié à Lina Calamatta ; ils ont deux petites filles. « Nous vous attendons tous. » Tous, c'est-à-dire Pauline et ses deux filles cadettes, le 25 septembre 1872 ; Tourgueniev, par décence peut-être, seulement le 3 octobre. Séjour enivrant : « Nous avons eu, pendant tout septembre, quinze ou vingt convives, danses, marionnettes, musique surtout. Ah ! quelle musique ! Pauline et ses deux filles ! Les joies du beau que vous avez eues à Venise, nous les avons eues à Nohant[1]. » Pauline chante Mozart et des mélodies de Schubert qu'elle a éditées. « J'ai vécu d'enthousiasme à tout casser pendant dix jours[2]. » « Redescendre de l'empyrée musical pour retomber dans la littérature, c'est rude[3]. »

George aspire à réinstaurer le rite du voyage de septembre. « N'oubliez pas le mois de septembre ! Nous y pensons sans cesse[4]. » « Il faut rester *longtemps.* » On compte sur « le grand Moscove comme l'appelle Flaubert », qu'on espère. « Les pianos sont en bon état, le parquet ciré, on dansera, on fera tout ce que voudront ces demoiselles », pour lesquelles elle s'est procuré un orgue de Barbarie qui joue trente contredanses et valses. Les dames arrivent le 16 septembre 1873, Tourgueniev le 23, selon sa pratique décalée, et restent jusqu'au 29. Séjour très gai sous le signe de la jeunesse, sans Flaubert qui se décommande. « Il ne sait pas mettre ensemble le travail et la vie. C'est son malheur et c'est mon inquiétude constante pour

1. *Corr*, XXII, L 16337, à Juliette Adam, 16 octobre 1872.
2. *Corr*, XXII, L 16348, aux Lambert, 25 octobre 1872.
3. *Corr*, XIX, L 16318, à Pauline Viardot, 5 décembre 1872.
4. *Corr*, XXIII, L 16693, à Pauline Viardot, 4 juillet 1873.

lui ; il use à la fois la lame et le fourreau sans faire prendre l'air à l'épée[1] », confie-t-elle à Tourgueniev, « ce géant » dont elle assume la liaison avec Pauline. « Il est de ceux qui trouvent leur bonheur à être gouvernés, et je le comprends de reste. Pourvu qu'on soit en bonnes mains, et il y est[2]. » À peine sont-ils partis qu'elle songe à l'an prochain. Elle évoque le « salon vide et sonore de Nohant quand [elle] chant[e] ».

Quand reviendront-ils ? « Quand vient le cher mois de septembre, le cœur nous bat d'avance, et on compte les jours[3]. » Impossible pourtant en 1874 : Pauline est grand-mère et Tourgueniev a la goutte. Pas davantage en 1875. Alors en 1876 ? Le 28 décembre, en offrant ses vœux à Pauline, Sand s'enquiert, presque timidement : « Aurons-nous le plaisir de vous entendre à Nohant ? [...] Gardez-moi donc vos jours de liberté pour l'année prochaine, et je vous garderai jalousement les miens[4]. » Sa mort allait en décider autrement.

Rarement une femme aura été autant désirée par Sand que Pauline. Elle incarne à ses yeux la musique, le chant, un corps possédé, envahi par lui, un corps fait voix. Une vie vouée à l'art le plus sensible, à la fois sensuel et spirituel. Au prix de renoncements : à la passion amoureuse, à une maternité non totalement assumée. Sand savait ou devinait les problèmes de Pauline, la discrète, aux prises avec Mamita, une mère un peu envahissante, et une fille capricieuse, Louise, l'aînée, qui ressemblait à Solange ; elle la conseillait et la soutenait dans cette épreuve. Louis était un mari attentif, mais parfois ennuyeux avec une obsession de la chasse qui rappelait celle de Casimir. « Triste comme un bonnet de nuit », disait Maurice, amoureux de Pauline, au point qu'elle refusa, en juin 1845, de faire un voyage

1. *Corr*, XXIII, L 16727, à Tourgueniev, 6 octobre 1873.
2. *Corr*, XXIII, L 16590, à Gustave Flaubert, 23 mars 1873.
3. *Corr*, XXIII, L 17072, à Pauline Viardot, 20 août 1874.
4. *Corr*, XXIV, L 17660, à Pauline Viardot, 28 décembre 1875.

de retour avec lui. Courtavenel était morne. En mai 1846, Pauline confie à Sand son plaisir de s'y retrouver seule : « Vous ne sauriez croire combien je me trouve heureuse de cette solitude. Je voudrais que cela durât quelque temps. Non que ma famille me gêne, mais il me semble que je me retrouve et que je me tiens bien mieux compagnie à moi-même que lorsque je suis entourée. Est-ce de l'égoïsme ? Non, c'est une sensation trop douce pour avoir une si vilaine source. C'est plutôt un sentiment de *clarté* dans le cœur. Il me semble que je vois plus clair, que je sens plus clair, que je respire plus clair[1]. » Sand percevait des réminiscences de sa propre vie, des échos de son propre cœur, du bonheur qu'elle avait éprouvé dans Nohant libéré de Casimir, « la maison déserte », où elle s'était retrouvée, femme libre à jamais. Pauline était une autre elle-même.

### Les peintres à l'atelier

Douée pour le dessin, Sand commença son existence d'artiste en décorant des boîtes et la termina en peignant des « dendrites », innovation tachiste très originale. Son fils Maurice esquissa une carrière de peintre et fut un habile illustrateur. Pour lui et pour ses camarades – Lambert, Manceau –, elle transforme de fond en comble Nohant, doté de vastes ateliers, moyens et symboles de la création picturale. Pourtant, la peinture n'était ni son occupation ni sa préoccupation première en dépit de son sens des couleurs et des paysages. Elle préférait la plume au pinceau, les mots à la toile. Nohant compta plus de peintres pensionnaires que d'invités. Avec deux exceptions, qui trahissent un goût des avant-gardes : Eugène Delacroix et Théodore Rousseau.

1. Pauline Viardot à George Sand, Courtavenel, 31 mai 1846, in *Lettres inédites de George Sand et de Pauline Viardot*, *op. cit.*, p. 224.

### *Delacroix et le chat Cupidon*

Pour décider Delacroix (1798-1863)[1], qu'elle vénère, à venir, Sand déploie des trésors d'éloquence. Il a envie de bains de mer à Trouville ; elle tente de le dissuader ; cela risque de lui faire du mal en cet été froid (1841) ; il dépensera de l'argent et « vous vous ennuierez *peut-être*. Ici vous ne vous ennuierez peut-être pas. Pauline y sera d'abord [...]. Et puis nous serons bien gentils et nous ferons aimables tant que nous pourrons. Ensuite, vous vous y porterez bien ; notre pays est très sain et l'automne y est magnifique. Si vous aimez le billard, *on en a mis partout* ! Si vous voulez de la musique, il en pleuvra et de la 1ère qualité. Si vous aimez les chiens, il y en a de magnifiques [...]. Si vous voulez apporter votre chat Cupidon, il y sera reçu comme vous-même[2] », y compris par l'incomparable Pistolet. Qu'il vienne, tout le monde l'attend, Maurice surtout, son nonchalant élève. « Vous avez là un fameux *séide*. » Elle lui donne précisément itinéraire et horaires.

Delacroix a fait trois séjours à Nohant, en 1842, 1843, 1846. Dans les communs, une plaque indique « L'atelier de Delacroix », qu'il a peu occupé en fait. Du moins pas autant que George l'aurait souhaité dans son rêve de communauté artistique. De retour à Paris, il l'en remercie : « Je vous vois à table, dans le jardin ; je me vois moi-même dans ce cher petit cabinet si frais, si retiré où je pensais de si loin à tout ce qui m'accable ici[3]. »

1. Sand, Delacroix, *Correspondance. Le rendez-vous manqué*, *op. cit.* Entre 1834 et juillet 1863, Sand et Delacroix ont échangé 177 lettres et billets.

2. *Corr*, V, L 2292, à Eugène Delacroix, 23 août 1841.

3. Eugène Delacroix à Sand, Paris, 16 juillet 1842, in *Correspondance. Le rendez-vous manqué*, *op. cit.*, p. 127.

Durant ce premier séjour, le plus long et le plus dense, il a apprécié monsieur Hippolyte (Chatiron), « mon professeur de billard *après vous*. Je vois encore d'ici ses grands coups de queue et j'en frémis encore ». Il a aimé surtout la musique et les conversations avec Chopin, « le plus vrai artiste que j'aie rencontré ». Delacroix goûte la vie quotidienne de Nohant, un « accord de nonchalance dans lequel [il se] berce avec grand plaisir ». On reçoit peu de visites : « Dans ce pays chacun reste chez soi et s'occupe de ses bœufs et de ses terres. » Cela convient à ce sédentaire peu mondain. Sand essaie de le convertir à l'équitation, mais sans succès. Elle a acheté un âne, Margot, qui convient à Chopin, et dont elle lui vante les mérites. « Margot vous attend de pied ferme. » Le peintre de tant de cavaliers fougueux à dos d'ânesse[1]...

Ils communient dans la nature, qui laisse Chopin indifférent, dans l'amour des bêtes (il préfère les chats et elle, les chiens), des arbres et surtout des fleurs. Au jardin de George, dans son herbier, il les observe, les dissèque, les peint. Il lui enverra ultérieurement un tableau de vase de fleurs qu'elle contemple dans la chambre où elle écrit. Il observe les paysannes, dont Françoise Meillant, servante d'Aurore : elles sont les modèles de « Sainte Anne apprenant à lire à la Vierge » ; ce tableau, refusé au salon de 1845, regagnera Nohant (il est actuellement au musée Delacroix). Comme Sand, il n'est heureux que dans le travail et s'ennuie rapidement de l'inaction. Par contre, ils ne partagent pas les mêmes inquiétudes sociales. « J'ai en ce moment mon ami Delacroix qui est un charmant et excellent homme, mais qui me croit folle au 40ème degré, quand par hasard je dis que nous sommes tous des scélérats[2] », écrit-elle à Bocage, convaincu comme elle d'être « dans le camp des injustes ».

1. *Ibid.*
2. *Corr*, VI, L 2687, à Bocage, 20 juillet 1842.

Le dernier séjour (16 août-29 août 1846) est plus mélancolique. Cet été brûlant est propice aux bains. Mais les récoltes sont mauvaises, les paysans souffrent, le pain est cher (émeutes de Buzançais[1]). Solange est déprimée, Maurice travaille mollement, même s'il y a « progrès dans les bêtes ». Eugène est dévoré par « les bêtes rouges », dites aoûtas. « Comme c'est inévitable et que tout le monde est occupé à se gratter, on finit par n'y plus songer[2]. » La rupture avec Chopin est proche et plane sur l'atmosphère. Pour l'un et l'autre (Chopin et Delacroix), c'est le dernier été à Nohant. Dans sa lettre de retour, Delacroix conseille à Solange de se soigner et à Maurice de bosser. « Mille choses à Maurice avec prière de travailler davantage[3]. »

Delacroix parle toujours de revenir. « Il faut vieillir pour apprécier un Nohant [...] Que n'ai-je une patrie, c'est-à-dire un lieu où je sois attaché par les habitudes de toute ma vie[4]. » Pour lui c'est cela, Nohant : un refuge, un lieu stable, où s'enracinent les souvenirs et la vie, où reposer un jour dans une terre familière.

George espère fermement son retour ; le 30 août 1851, elle lui conseille une fois de plus horaires, itinéraire. Qu'il vienne en octobre, l'automne est beau en Berry. « Je serai (*sic*) bien triste de vous attendre encore un an[5]. » Il semble sincèrement hésiter. Mais les finitions de la galerie d'Apollon au Louvre l'accaparent ; il ne viendra pas.

1. Les troubles toucheront de nombreuses communes dont la plus proche de Nohant était Villechère, commune de Saint-Chartier, à deux kilomètres. Tout près et très loin. Cf. Yvon Bionnier, *Les Émeutes de la faim de 1847 dans l'Indre,* Châteauroux, La Bouinotte, 2008.

2. Delacroix à Frédéric Villot, 22 août 1846, in *Correspondance. Le rendez-vous manqué, op. cit.*, p. 39.

3. *Corr*, VII, L 3509, à George Sand, 11 octobre 1846.

4. Delacroix à George Sand, 11 août 1851, in *ibid.*, p. 121.

5. *Corr*, X, L 5020, à Eugène Delacroix, 30 août 1851.

Il ne viendra plus. Il a acheté une propriété à Champrosay plus près de Paris. Il est fréquemment malade. Il n'est désormais plus beaucoup question de voyages dans une correspondance moins intense. Sand continue à l'inviter, sans grande conviction : « Je suis libre ici, vous attendant, vous désirant plus que je vous espère, car je n'ose pas vous *exiger*. » Elle sait que cela ne se fera pas et lui donne rendez-vous à Paris fin septembre : « mais on se voit si peu à Paris ! »[1]. Elle lui commande des « épluchures » de ses œuvres qu'elle veut offrir en étrennes à Maurice. Il lui fait des cadeaux. « Nohant se peuple avec amour de ces beaux souvenirs de vous, et m'en devient plus cher. C'est un bon nid dont les murailles me parlent, et où je voudrais être le jour où je rendrai l'âme, en regardant votre pensée écrite autour de moi[2]. » Pourtant Sand vendra la plupart des œuvres de Delacroix quelques mois après sa mort. Maurice a besoin d'argent et la cote de Delacroix est au plus haut. Elle ne gardera que les plus personnelles[3].

Le *Journal* de Delacroix rend compte assez régulièrement de leurs rencontres à Paris, plus espacées. Il n'apprécie guère son théâtre, pas plus que celui de Dumas fils. « Ses paysans vertueux sont assommants. Elle manque du tact de la scène, comme celui de certaines convenances dans ses romans[4]. » Il a des doutes sur la longévité de ses œuvres. Il faudrait ne pas céder à la mode et travailler davantage. Dans l'affaire du mariage de Solange, il est perplexe ; il n'aime pas Clésinger, mais trouve George trop dure avec sa fille. Dans la rupture avec

1. *Corr*, XIII, L 6757, à Eugène Delacroix, 27 juillet 1855.

2. *Corr*, XI, L 5753, à Eugène Delacroix, 21 décembre 1852.

3. Françoise Alexandre donne la liste des œuvres vendues et conservées (*Correspondance. Le rendez-vous manqué*, *op. cit.*, p. 285, note 1).

4. Eugène Delacroix, *Journal (1822-1863)*, I, nouvelle éd. intégrale établie par Michèle Hannoosh, José Corti, 2009, p. 716, 28 novembre 1853, à propos de la représentation de *Mauprat*. Il n'est pas plus tendre avec *Maître Favilla*.

Chopin, qu'il adore, il ne comprend pas Sand. Elle devient plus souvent « ma pauvre amie », « la pauvre Mme Sand », si souvent malheureuse, qu'il aime bien pourtant, mais qu'il a cessé d'admirer vraiment. Il désapprouve aussi son choix de vie avec de jeunes artistes dont elle pourrait être la mère. Charlotte Marliani, assez mauvaise langue, lui décrit les soirées de Nohant comme obsédées par le domino. « Charlotte a passé un mois à Nohant et y a été malade. Mme Sand est triste, ennuyée. Elle a maintenant la fureur du domino ; elle grondait tout de bon *cette pauvre Charlotte* de ne point sentir toutes les profondeurs de combinaisons que renferme ce sublime jeu. On fait aussi des charades où elle fait sa partie. Les costumes l'occupent[1]. » Nohant qu'il avait tant apprécié. Rendez-vous manqué ? Oui, d'une certaine manière.

### *Rousseau, un gendre manqué*

Théodore Rousseau (1812-1867), elle l'avait rencontré par Théophile Thoré, garantie républicaine, et par Maurice, camarade d'atelier, qui l'avait incité à venir en Berry ; ce qu'il fit entre 1842 et 1847. George apprécie l'homme, simple, travailleur, ami des bûcherons ; elle goûte les tableaux du « plus grand paysagiste français » et de ses émules, comme Jules Dupré et Charles Jacque. Elle communie avec lui dans son amour de l'arbre et le juge injustement méconnu de jurys obtus. Elle fait acheter par l'État un de ses tableaux, *Allée de châtaigniers*, aujourd'hui à Orsay. Elle l'invite à Nohant pour le mariage de Solange ; elle lui confie qu'elle avait songé à lui pour gendre, mais qu'il pourrait le devenir en épousant Augustine Brault, sa « fille adoptive », qu'elle promet de doter. Elle esquisse son rêve de cohabitation créatrice : « Nous ne nous quitterions plus, vous pourriez passer les trois quarts de

1. *Ibid.*, p. 474, 24 octobre 1849.

votre vie à la campagne, avec nous, à l'abri de tout souci matériel, et plongé dans votre art, au milieu d'une famille qui saurait vous apprécier[1]. » Rousseau fait sa déclaration, à laquelle Augustine répond favorablement. Les bans allaient être publiés (on était expéditif en mariage à Nohant). Mais une lettre anonyme, sans doute œuvre des Clésinger, calomnieuse pour Sand, accusée de promesses malhonnêtes, et pour Augustine, soupçonnée de légèreté, conduit Théophile à demander des explications sur l'argent et sur la vertu d'Augustine de laquelle il exige « des preuves de pureté – ou l'aveu sincère et complet des fautes commises[2] ». Interloquée, Sand lui répond, fermement : « Laissez-moi croire que vous êtes sujet à des accès de désordre mental[3] », incapable d'amour et enfermé dans la « monomanie égoïste du vieux garçon ». La rupture était consommée. Il s'éloigna de Nohant. Ils se perdirent de vue. Sand partageait pourtant ses convictions écologiques et, après sa mort, poursuivit la défense efficace qu'il avait entamée pour la forêt de Fontainebleau, victime des aménagements de Denecourt[4], un « carnage » destiné selon lui aux promenades bourgeoises. Le fondateur de l'école de Barbizon aurait pu être le gendre de George Sand, et le peintre du Berry auquel il a consacré quelques toiles[5]. Encore un rendez-vous manqué. Elle en resta là, côté peinture, heurtée aussi par les difficultés de Maurice à être exposé. Elle n'apprécia pas du tout Courbet, et ne perçut pas Manet, ni l'impressionnisme, qui couvait.

1. *Corr*, VII, L 3614, à Théodore Rousseau, 7 mai 1847.
2. *Corr*, VII, lettre donnée en note 1, p. 745, par Georges Lubin.
3. *Corr*, VII, L 3687, à Théodore Rousseau, 25 juin 1847.
4. Claude-François Denecourt (1788-1875) : vétéran de l'armée napoléonienne qui consacra sa vie à faire connaître et aménager la forêt de Fontainebleau, ce que désapprouvèrent les amoureux de la nature sauvage.
5. Théodore Rousseau, *La Mare près de la route, ferme dans le Berry*, entre 1842 et 1847, musée d'Orsay.

## Des écrivains à Nohant

L'écriture, la littérature régnaient à Nohant. Sand y consacrait ses nuits. Pourtant les écrivains y furent relativement rares. L'écriture est un exercice solitaire et on parle mieux de son travail par écrit que dans la conversation. Flaubert ne vint que deux fois, mais il échangea avec Sand une merveilleuse correspondance.

### *Balzac et « le camarade Georges »*

Le premier écrivain visiteur est Honoré de Balzac, venu (du 24 février au 2 mars 1838), en quasi-voisin, de chez Zulma Carraud près d'Issoudun, par curiosité plus que par amitié. Il avait assisté à l'éclosion fulgurante de George et la voyait souvent à Paris. Il admirait son talent mais désapprouvait la liberté de ses mœurs. Il avait d'abord pris parti pour Jules Sandeau, devenu son secrétaire, jusqu'à sa brouille avec cet auxiliaire incompétent. La châtelaine de Nohant l'intriguait. Il ne fut pas déçu et garda de cette rencontre un souvenir inoubliable. « J'ai plus vécu pendant ces quatre causeries, le mors aux dents, que je n'avais vécu depuis longtemps », avoue-t-il à Mme Hanska, à laquelle il décrit longuement la tenue et les manières de son hôtesse. « J'ai abordé le château de Nohant le samedi gras vers 7 heures et demie du soir, et j'ai trouvé le camarade Georges (*sic*) Sand dans sa robe de chambre, fumant un cigare après le dîner, au coin de son feu, dans une immense chambre solitaire. Elle avait de jolies pantoufles jaunes ornées d'effilés, des bas coquets et un pantalon rouge », telle « une femme d'Alger dans son appartement »[1]. Au physique, elle a pris de l'embonpoint,

1. Yves Gagneux, « Portrait de George Sand par Balzac : l'écrivain à travers le prisme de la littérature », in Musée de la vie romantique, catalogue

« doublé son menton comme un chanoine [...], son teint bistré n'a pas varié, ses beaux yeux sont tout aussi éclatants ». Elle fume « démesurément », fait goûter à Balzac du tabac lataki et du houka, qu'il demande à Mme Hanska de lui procurer et auquel il deviendra « accro » toute sa vie. Mais elle travaille tout autant que lui, avec des horaires décalés : elle est noctambule, et lui, plus diurne. « Elle mène à peu près ma vie. Elle se couche à six heures du matin et se lève à midi, moi je me couche à six heures du soir et me lève à minuit. » Elle travaille pour payer ses dettes, mais aussi par ambition, artistique et morale. Selon elle : « Par nos écrits nous préparons une révolution pour les mœurs futures. ». Au centre de leurs conversations, la condition des femmes, que Sand voudrait éduquées et libres, ce que conteste partiellement Balzac : « Je suis tout à fait pour la liberté de la jeune fille et l'esclavage de la femme » dans le mariage dont Honoré défend l'intangibilité, espérant y avoir converti son interlocutrice. « Elle y croira, j'en suis sûr, et je crois avoir fait du bien en le lui prouvant. » Propos destinés sans doute à rassurer Mme Hanska sur la pureté de ses intentions dans cette dangereuse mission, où il n'a éprouvé pourtant « aucune galanterie d'épiderme ». Mais est-elle bien une femme ? Décidément, non. « Enfin c'est un homme, et d'autant plus un homme qu'elle veut l'être, qu'elle est sortie du rôle de femme et qu'elle n'est pas femme. » « Elle est garçon, elle est artiste, elle est grande, généreuse, dévouée, *chaste*, elle a les grands traits de l'homme, *ergo* elle n'est pas femme. » Elle est pourtant « une excellente mère, et adorée de ses enfants, mais elle met sa fille Solange en petit garçon et ce n'est pas bien »[1]. La pensée de la différence des sexes, qui taraude le siècle, les préoccupe

de l'exposition *George Sand. Une nature d'artiste*, Paris, Musées, 2004, p. 51-54.

1. Lettre à Ève Hanska, 2 mars 1838, reproduite intégralement dans *Mon cher George. Balzac et Sand, histoire d'une amitié*, Paris, Gallimard, p. 118-120.

également et les sépare profondément. De tout cela, Balzac se souvint en écrivant *Mémoires de deux jeunes mariées*, du reste dédié à George Sand qui tint à bien marquer ses préférences : « J'admire celle qui procrée, mais j'*adore* celle qui meurt d'amour[1]. »

### *« Mon fils Alexandre »*

L'écrivain le plus assidu fut Alexandre Dumas fils[2] ; cinq séjours entre 1861 et 1867, souvent assez longs, surtout au début : un mois et demi en 1861 (12 juillet-10 août, puis 25 septembre-9 octobre) ; trois semaines en 1862 (12 juillet-8 août), neuf jours en 1863 (3-12 septembre), deux jours seulement en 1867 (10-12 janvier). Dumas avait fait une fulgurante irruption dans la vie de George, en retrouvant ses lettres envoyées à Chopin ; à sa demande, il les récupéra, les lui remit ; elle les brûla. C'était d'emblée un secret partagé. Elle est la confidente des « idées noires » qui l'envahissent dans les années 1860. « Il est bien frappé, mais il guérira », note Manceau dans l'*Agenda* du 12 juillet 1861. « Madame passe sa journée en grande partie avec Dumas » (13 juillet). Malgré une humeur souvent maussade (« je ne parviens pas à le désennuyer », « il ne supporte rien »), Dumas s'intègre bien à la vie de Nohant, accepte de partager sa chambre avec le gros Marchal, va aux champignons avec Solange, qui flirte aimablement avec

1. Cité par Christine Planté qui souligne tout ce que ce livre doit à George Sand et aux conversations de Nohant, in *ibid.*, p. 76-81. Balzac, s'il ne fut pas un familier de Nohant, ni un inconditionnel de George Sand, dont il ne partageait pas les idées politiques, appréciait son talent. Il lui demanda de fonder avec lui la Société des gens de lettres pour la défense du droit d'auteur, et d'écrire une préface pour la *Comédie humaine*, qu'elle donna effectivement, après la mort de l'écrivain, à l'édition Houssiaux.

2. Marianne et Claude Schopp, *Dumas fils ou l'Anti-Œdipe, biographie*, Paris, Phébus, 2017. Nombreuses références aux rapports Dumas fils-Sand surtout à partir de la *Correspondance*.

lui, participe aux balades à Gargilesse, et aux bains, introduit un nouveau jeu, le cochonnet, auquel il initie Théophile Gautier. Avec Maurice, les relations sont plus difficiles et ils finiront brouillés, sans qu'on sache bien pourquoi. Lecteur intarissable des veillées, il assiste aux représentations théâtrales, à La Châtre où on donne une parodie de sa *Dame aux camélias*, et à Nohant, où *Le Drac* fait salle comble fin septembre 1861 ; il envisage d'écrire une petite pièce, *Le Précepteur*, auquel il renonce car il est lunatique. Le théâtre, où il excelle (il rapporte d'éclatants succès), est leur passion commune. En 1863, il aide Sand à tirer une pièce du *Marquis de Villemer* : « C'est étourdissant. Quel travail[1] ! » admire Manceau. Il la conseille et elle obtempère, consciente de sa supériorité. « Comme il voit clair et comme il sait trouver le remède[2] ! » Entre 1868 et 1870, elle le rencontre à Paris, au restaurant Magny et aux spectacles. Elle assiste aux triomphes de celui qu'elle n'appelle plus que « mon fils Alexandre » qui répond à « Maman ». Ils se brouillent quelque peu à propos de *L'Homme-Femme*. « Ce soir, on lit le nouvel ouvrage de Dumas qui veut qu'au nom du *bon* Jésus, on tue sa femme. *Strange indeed*[3]. » Elle lui répondra vivement. Elle se réjouit de sa réception à l'Académie française et juge son discours de premier ordre. En mars 1876, elle lit sa comédie, créée au Théâtre-Français, *L'Étrangère*. « Ça me plaît et m'intéresse beaucoup[4]. » Dernière mention d'un long compagnonnage scénique et personnel. Conscient de cette perte, Alexandre fait le voyage de Nohant pour son enterrement : le *sixième* et dernier.

1. *Agendas*, III, 4 septembre 1863 (AM).
2. *Agendas*, III, 4 février 1866. À propos d'une pièce dénommée *Jean*, œuvre de Maurice.
3. *Agendas*, V, 15 juillet 1872. Le livre de Dumas est paru en 1872, chez Michel Lévy.
4. *Agendas*, V, 23 mars 1876.

*« Un couvent des frères moraves »*

Théophile Gautier (1811-1872) est venu une seule fois à Nohant, du 7 au 12 septembre 1863, en même temps que son ami Dumas fils. Manceau mentionne son séjour avec une certaine ironie, d'où il ressort que Gautier a beaucoup joué au cochonnet, discuté avec Manceau et s'est empoigné avec lui : « Mais moi, je lui donne raison à Manceau[1]. » Il est reparti le 12 avec Dumas par la voiture des maçons, le véhicule normal ayant fait défaut. Le récit de Gautier aux Goncourt est beaucoup plus sarcastique : Nohant, c'est amusant « comme un couvent des frères moraves ! J'y suis arrivé le soir, c'est loin du chemin de fer. On m'a mis ma malle dans un buisson. Je suis entré par la ferme avec des chiens qui me faisaient peur. On m'a fait dîner. La nourriture est bonne mais il y a trop de gibier et de poulets. [...] On déjeune à dix heures. Au dernier coup, quand l'aiguille est sur dix heures, chacun se met à table sans attendre. Mme Sand arrive avec un air de somnambule, reste endormie tout le déjeuner. Après le déjeuner, on va dans le jardin, on joue au cochonnet, ça la ranime. Elle s'assied et se met à causer. On cause généralement à cette heure-là de choses de prononciation ; par exemple de *d'ailleurs* et de *meilleur*. Mais le grand plaisir [...], ce sont les plaisanteries stercoraires. [...] Oui, la merde, les pets, c'est le fond de la gaieté. Marchal a beaucoup de succès avec ses vents. Mais par exemple, pas le moindre petit mot sur le rapport des sexes ! Je crois qu'on vous flanquerait à la porte si vous y faisiez allusion [...]. À trois heures, Madame Sand remonte faire de la copie jusqu'à six heures. On dîne[2]. » Gautier était un homme à chats, réservé sur l'œuvre et les goûts littéraires de Sand. Il ne revint pas.

1. *Agendas*, III, 9 septembre 1863 (GS).

2. Marianne et Claude Schopp, *Dumas fils ou l'Anti-Œdipe*, *op. cit.*, p. 166 ; tiré du *Journal* des Goncourt.

Eugène Fromentin (1820-1876), à la fois peintre et romancier, plaisait beaucoup à Sand. Elle lui écrit son enthousiasme pour *Un été dans le Sahara* (1857) qu'on lit en famille, avec le sentiment d'être dans le désert. Fromentin lui dédie *Dominique* (1863), et elle, *Monsieur Sylvestre* (1866). Entre-temps, il séjourne à Nohant du 11 au 17 juin 1862, et sympathise beaucoup avec Maurice qui retrouvait en lui un « frère », dans la double aspiration à l'écriture et à la peinture. Il vient en célibataire, sans sa femme. « Il faudrait que votre femme n'eût pas peur de nous », lui écrit Sand. Elle devrait apprécier Nohant, « endroit simple et médiocre par lui-même, mais où beaucoup de souffrances et d'inquiétudes se sont amorties et où il s'est consommé beaucoup de bonheur intime, grâce à je ne sais quelle influence de l'air et du lieu »[1]. En dépit d'invites réitérées, Mme Fromentin ne vint jamais, effarouchée sans doute par la liberté d'allures des familiers. Les écrivains ne sont pas nécessairement des « artistes », ils aspirent à plus de respectabilité. Une frontière subtile les sépare dont Nohant est le témoin.

### *Flaubert et le bélier Gustave*

Quant à Flaubert, sans cesse invité, il se récuse tout le temps sous prétexte de son travail. Il résiste même au « grand Moscove » (Tourgueniev) qu'il adore. « Je serais *perdu* si je bougeais d'ici à la fin de mon roman. Votre ami est un bonhomme en cire : tout s'imprime dessus, s'y incruste, y rentre. Revenu de chez vous je ne songerais plus *qu*'à vous et aux vôtres, à votre maison, à vos paysages, aux mines des gens que j'aurais rencontrés, etc. Il me faut de grands efforts pour me recueillir. À chaque moment je déborde[2]. » Il pourrait venir à l'été ou

1. *Corr*, XVII, L 9623, à Eugène Fromentin, 18 juin 1862.
2. Gustave Flaubert-George Sand, *Correspondance*, Alphonse Jacobs éd., Paris, Flammarion, 1981, L 105, Flaubert à Sand, 19 mars 1868.

l'automne 1869. Finalement, c'est pour Noël, entre le 23 et le 27 décembre, Sand lui ayant enjoint de venir avec ses pantoufles et sa robe de chambre pour ne pas être astreint à la toilette. Il prend à Paris le train de 9 heures du matin avec « le bon Plauchut ». Très en forme, il joue avec les petites-filles qu'il comble de cadeaux. Le 25, il lit sa *Féerie* « qui fait grand plaisir, mais qui n'est pas destinée à réussir », note Sand. Le 26, « on sort au jardin, même Flaubert qui veut voir la ferme [...]. On lui présente le bélier Gustave », ainsi nommé en son honneur. Il apprécie les marionnettes. Le 27, il neige intensément ; même Fadet, le petit bouledogue, ne veut pas sortir. « Flaubert s'habille en femme et danse la cachucha avec Plauchut. C'est grotesque, mais on rit comme des fous »[1]. Ce qui aurait peut-être choqué Mme Fromentin. Il revient entre le 12 et le 19 avril 1873, avec Tourgueniev cette fois. Durant six heures, il lit son *Saint Antoine*. « C'est splendide » ; Maurice est empoigné. Il se refuse à jouer aux dominos. « On casse la tête à Flaubert qui veut toujours tout empêcher pour parler littérature. » Il anime la soirée, « mais il n'y en a que pour lui et Tourgueneff (*sic*) qui est bien plus intéressant a peine à placer un mot ». Après son départ, elle commente : « Je suis fatiguée, *courbaturée* de mon cher Flaubert. Je l'aime pourtant beaucoup et il est excellent mais trop exubérant de personnalité. Il vous brise[2]. »

### « J'aime les comédiens »

Les comédiens étaient parfaitement à l'aise dans ce lieu qui leur était de plus en plus dédié. « J'aime les comédiens. Leur société me distrait toujours [...] il me semble vivre

1. *Agendas*, reproduit in *ibid.*, p. 263-264. Sand fit trois séjours heureux à Croisset, qu'elle adorait, en 1866 et 1867.
2. *Agendas*, V, 12 au 19 avril 1873.

avec des enfants, et j'ai l'amour des enfants[1]. » « J'aime les comédiens : cela scandalise pourtant quelques esprits austères. On m'a reproché aussi d'aimer les paysans. Ce sont deux travers dont je ne rougis pas [...] je les connais bien, j'ai passé ma vie avec eux [...]. Les uns nous donnent, au grand soleil, le pain du corps ; les autres, à la lueur du gaz, nous donnent le pain quotidien de la fiction, si nécessaire à l'esprit inquiet et troublé de la réalité[2]. » Bérengère, Sylvanie Arnould-Plessy, Rose Chéri... vinrent, mais toujours en coup de vent, happées qu'elles étaient par la scène parisienne, comme actrices en tournée dans le « grand » théâtre de Nohant. On les y retrouvera. Pierre Bocage (1799-1862) est à cet égard exemplaire. Sand avait eu avec le grand comédien, en 1837, une brève, mais intense liaison, dont elle aimait se ressouvenir. « Bien loin de me repentir du passé, c'est un de mes plus doux et plus chers souvenirs de ma vie, de vous avoir aimé[3] », lui écrivait-elle huit ans plus tard, ce qui rendait Chopin jaloux. Il était son acteur et metteur en scène fétiche. Ils partageaient des vues identiques sur le théâtre et la politique, pareillement épris de justice sociale. « C'est une grande question de savoir si nous avons le droit d'être heureux au détriment des misérables[4]. » Ils ont échangé une importante correspondance, source de premier ordre pour l'histoire du théâtre à cette époque[5]. Bocage en tournée dans le Berry, en 1842, ils se virent à peine : « Je l'ai vu un instant, il courait de triomphe

1. *Corr*, XII, L 6416, aux Fleury, 10 octobre 1854.

2. Cité par Patrick Boussel, « George Sand et la technique dramatique », *Europe*, juin-juillet 1954.

3. *Corr*, VI, L 3093, à Bocage, 20-21 février 1845.

4. *Corr*, VI, L 2687, à Bocage, 20 juillet 1843.

5. Olivier Bara cite abondamment cette correspondance dans sa magistrale étude, *Le Sanctuaire des illusions. George Sand et le théâtre*, Paris, PUPS, 2010.

en triomphe. Il a fait verser des baquets de larmes aux bourgeoises de La Châtre[1]. » La jalousie de Chopin le dissuade de venir à Nohant. « Je ne vous engage guère à venir me voir. » En 1849, cet obstacle n'existe plus. Sand le presse : « Il s'agit de mieux que de parler comédie, il s'agit de nous voir. La campagne vous est nécessaire aussi[2]. » D'autant plus qu'il vient d'être révoqué de la direction du théâtre de l'Odéon pour ses opinions républicaines. Il fait un saut, le 21 août, dont son hôtesse regrette la brièveté. Elle voudrait le voir jouer *Marielle* (*Claudie*) chez elle. « Voulez-vous venir monter et jouer la pièce à Nohant, sur le *théâtre de Nohan*t, avec *les acteurs de Nohant* ? Cela vous fera rire aux larmes ». « C'est une joie pour nous de vous voir en souliers et bas de soie escalader nos buissons et nos barrières[3]. » « Tous les enfants rêvent de jouer devant vous une pièce *apprise*. Et en même temps, ils en ont la colique de peur[4]. » Projet sans suite. En mars 1851, représentation de *Claudie* à La Châtre, avec Bocage dans le rôle du père Rémy ; immense succès ; toutes les places sont louées, même celles à 3 francs. « Nous avions une vingtaine de paysans dans notre public. » « Le *peuple* commence à croire que les rouges ne sont pas si gredins qu'on le croit »[5]. « Succès pyramidal », écrit George à Hetzel ; « cela a fait une grande impression sur les ouvriers, plus que leurs chers bourgeois n'auraient voulu »[6]. Bocage fait à peine halte à Nohant et n'y reviendra pas, en dépit du soutien inconditionnel de Sand – « Je vous suivrai partout » – dans ses vicissitudes théâtrales, liées à son républicanisme et aussi à

1. *Corr*, V, L 2481, à Charlotte Marliani, 15 juillet 1842.
2. *Corr*, IX, L 4243, à Bocage, 12 juin 1849.
3. *Corr*, IX, L 4254, à Bocage, 11 juin et 1er juillet 1850.
4. *Corr*, IX, L 4258, à Bocage, 7 juillet 1850.
5. *Corr*, X, L 4846, à Bocage, 27 mars 1851.
6. *Corr*, X, L 4855, à Pierre-Jules Hetzel, 3 avril 1851.

son indécision. Elle réussit à l'imposer dans *Les Beaux Messieurs de Bois-Doré*, en 1862. « Le vieux lion a secoué sa crinière *et* [...] jamais vous n'avez été plus grand artiste[1]. » Son dernier triomphe : il meurt le 30 août 1862. « Malgré tous ses travers de caractère, c'était un grand artiste et un homme de cœur[2]. »

## Savants et politiques

Il faudrait évoquer les savants : le géologue Léon Brothier, l'entomologiste Alphonse Depuiset qui séjourne à Nohant trois semaines en 1857, coauteur avec Maurice du *Monde des papillons*[3] (1866). Il faudrait parler des politiques, gens pressés et pas nécessairement à l'aise dans la bohème de Nohant, en outre surveillés : Louis Blanc, Pierre Leroux, dont la dernière visite en novembre 1859 est une « longue causerie très intéressante sur *le fluide raison* et *la raison impersonnelle*[4] » ; Mazzini, qui voudrait la voir en exil, « protestant dans la tempête » ; le prince Napoléon-Jérôme... Celui-ci vint trois fois, toujours en éclair. Sa première incursion (6-8 septembre 1857) suscita l'inquiétude des autorités. « Cette visite dans un château qui ne compte pour hôtes habituels que des actrices de boulevard et les hommes les plus compromis du parti socialiste [...] a produit un déplorable effet dans le

1. *Corr*, XVI, L 9518, à Bocage, 30 avril 1862.
2. *Corr*, XVI, L 9702, à Émile Aucante, 2 septembre 1862.
3. Maurice Sand, *Le Monde des papillons, promenade à travers champs*, Paris, Rothschild, 1867, préface de George Sand.
4. *Agendas*, II, 11 novembre 1859 (GS). « Il dit grand mal d'Hugo et griffe plus que jamais. Il est énorme, pas vieilli de figure ni de cheveux, mais il n'a plus de dents et sa parole a beaucoup vieilli physiquement [...]. Il est tout de même bien remarquable. » Cf. Jean-Pierre Lacassagne, *Histoire d'une amitié, d'après une correspondance inédite, 1836-1866. Pierre Leroux-George Sand*, Paris, Klincksieck, 1973.

pays[1] », écrit le procureur impérial à son supérieur. On murmurait que le prince était venu assister aux couches de son amie Sylvanie qui, en fait, jouait à Nohant ! Informée de ces cancans, George Sand congédia un « grand idiot de valet de chambre » suspect. Les visites suivantes (1861, 1868) furent plus détendues. Le 15 décembre 1868, le prince assista au baptême protestant de la petite Aurore, dont il avait accepté d'être le parrain, George étant marraine[2]. Les deux « compères » partageaient les mêmes convictions politiques et anticléricales. Au cours du temps, leurs relations s'étaient resserrées, devenues plus intimes au point que George se permit de sermonner le prince lors de sa rupture avec Sylvanie. « Ne la punissez pas de vous avoir aimé. » « Chère amie/Cher ami » avait succédé dans la correspondance au « Chère Madame Sand/Cher Prince », voire « Monseigneur », des premières années. Ultime voyage : en 1876, le prince retrouva Renan, Dumas, Flaubert dans l'église de Nohant, aux obsèques de George.

Bien des visiteurs fréquentèrent Nohant durant quarante ans, de 1836 à 1876. Les dîners de quinze couverts étaient monnaie courante, ce que la maîtresse de maison trouvait assez lourd à la fin de sa vie[3]. Sur deux mille correspondants, deux cents peut-être firent le voyage, sans compter les curieux que la célébrité de Sand attirait et qu'elle jugeait souvent bien fâcheux. Il n'est pas question de les suivre tous, mais de nous interroger sur la nature du lien qui les unissait entre eux et

1. Bernard Hamon, *George Sand et le prince Napoléon. Histoire d'une amitié*, Vendœuvres, Lancosme, 2008, p. 79. Hamon publie la correspondance croisée des deux protagonistes, riche de 307 numéros, d'un grand intérêt politique.

2. *Ibid.*, p. 286.

3. *Corr*, XXIII, L 16296, à Solange, 27 septembre 1872. « Je deviens trop vieille pour m'occuper de plusieurs hôtes à la fois. [...] On ne se repose pas avec une table de quinze couverts. » « Je suis très fatiguée, car il fallait travailler quand même. »

surtout à Sand. Tous n'étaient pas nécessairement des « amis », mais leur désir, leur complicité ou leur curiosité leur avaient fait accomplir le voyage. Ils étaient entrés dans l'orbite de Sand, dans cette communauté des goûts, des intelligences et des cœurs qu'elle rêvait de constituer.

Aux Viardot, réfugiés à Baden-Baden, elle écrit en 1863 : « Les grosses capitales vont être de grands bazars où chaque jour l'art sérieux sera plus difficile et moins apprécié. Les artistes vont y faire de temps en temps leurs affaires, mais ils mettront leur vie ailleurs et se regrouperont dans des oasis. [...] L'art se perdrait certainement, s'il ne se créait pas des sanctuaires pour se retremper[1]. » Une oasis, un sanctuaire : la vocation idéale de Nohant.

1. *Corr*, XVII, L 10300, à Pauline Viardot, 19 juillet 1863.

# Les amis berrichons

## « Mes vieux camarades »

Le « noyau berrichon », ancien, dur et relativement stable, joue dans la configuration sandienne un rôle central, môle rassurant, garde rapprochée que, « les circonstances aidant, je devais retrouver toujours[1] ». Il s'est constitué progressivement, de strates successives. D'abord celle des amis d'enfance, fils de familles de La Châtre ou du voisinage, liés à sa grand-mère ou à son père, qui partageaient ses jeux : Alphonse Fleury (1809-1877), dit « le Gaulois », fils d'un capitaine ami de Maurice Dupin, « est resté un frère pour moi » ; Charles Duvernet (1807-1875), « mon vieux ami, bien qu'il soit plus jeune que moi » ; Gustave Papet (1812-1892) « était encore en robe quand nous fîmes connaissance » ; il est devenu son médecin de famille. « Les deux aînés [Duvernet et Papet] sont déjà un peu chauves et moi je grisonne », écrit-elle vers 1850[2]. Plus âgée qu'eux, elle les tenait dans ses bras pour qu'ils cueillent des cerises dans le jardin. « Dès mon enfance, j'ai aimé les petits enfants avec une passion maternelle. » C'était en 1812,

1. Outre *HDMV* et la *Correspondance*, les *Écrits intimes* de Charles Duvernet, publiés par Claire Le Guillou, apportent de nombreuses informations sur ce sujet. Cf. Claire Le Guillou, « Amis de jeunesse berrichons », *Dictionnaire George Sand*, *op. cit.*, I, 26-33.

2. *HDMV*, I, p. 734.

sur fond de campagne de Russie, de l'incendie de Moscou, dont elle se souvient comme d'un acte de résistance héroïque de la part des Russes. L'Histoire n'est jamais loin.

### *La bande de La Châtre*

Devenue Mme Dudevant en 1822, Aurore fréquente, avec Casimir qui se montre d'abord bon cavalier, les festivités de La Châtre, théâtre, bals, déguisements du Carnaval, dont elle raffole. La bande s'étoffe de tout ce que la petite ville compte d'esprits libres et délurés, désireux d'en découdre avec le conformisme ambiant, qui réprouve leurs excès, leurs mots d'esprit et leurs chansons satiriques. S'y adjoignent le savant Stéphane Ajasson de Grandsagne (1802-1845), Alexis Duteil (1796-1852), « l'un des hommes les plus charmants qui aient existé, lorsqu'il n'était pas à moitié gris[1] », Jules Néraud (1795-1855), « le Malgache », initiateur d'Aurore en botanique, Gabriel Planet (1808-1853), dont elle loue « l'âme naïve et tendre », Jules Sandeau (1811-1883), le poète du groupe. Nohant les accueille pour de joyeuses soirées que Casimir, Hippolyte et Duteil arrosent copieusement, et qu'Aurore aimerait plus artistiques. De temps à autre, la bande excursionne dans les environs. Duvernet raconte : « Je me vois encore, jeune homme de dix-huit ans, paraissant devant mon amie d'enfance, femme charmante de vingt et un ans, alors qu'elle me passait familièrement la main dans les cheveux, comme à un frère que l'on retrouve après plusieurs années d'absence. Elle me traita comme un *vieux camarade*, et, dans les premières lettres que j'ai d'elle, me conserve ce nom. Dans l'été, elle m'associa avec Fleury à une course dans la Creuse en compagnie de quelques-uns de ses amis qui, depuis, sont les miens. C'étaient Néraud, Dutheil (*sic*), Laisnel, puis

1. *HDMV*, II, p. 219.

son frère adoptif Chatiron et enfin son mari. » On visite Chateaubrun, Gargilesse, Crozant. Enjouée, Aurore, selon sa pratique, affuble ses comparses de sobriquets qu'ils garderont longtemps : Charles est « l'Oiseau », et Fleury, « la Fleur ». Ambiance ternie par une « vive altercation » entre M. et Mme Dudevant[1]. Le ménage bat de l'aile. Casimir lutine les servantes, Aurore a des amants : Ajasson de Grandsagne, Jules Sandeau, rencontré au Coudray chez Duvernet, dont « les camarades » protègent les incursions galantes dans le jardin de Nohant, en faisant le guet.

### *Le club berrichon de Paris*

Le soleil de Juillet 1830 et son incroyable souffle de liberté[2] achèvent de dissoudre le couple et resserrent d'autant plus la bande autour d'Aurore. Rapidement déçus par Louis-Philippe, ces jeunes gens se convertissent à la République ; elle aussi. Lorsqu'elle part pour Paris avec Sandeau en 1831, où ils étudient la médecine ou le droit, s'essaient au journalisme, grâce à Henri de Latouche, autre Berrichon qui les recrute et les promeut, et participent à l'effervescence politique de la capitale, ils la chaperonnent et l'encadrent. Avec eux, habillée en étudiant, portant redingote et bottes, elle fréquente les théâtres – tellement plus brillants que ceux de La Châtre, dont la mesquinerie lui apparaît de plus en plus – et les cénacles politiques. Planet, étudiant en droit, « avait formé un petit club berrichon où, pour une très modique rétribution mensuelle, on pouvait lire les journaux et travailler dans un local passablement chauffé[3] ». Il lui présente Michel de Bourges, avocat du

1. Charles Duvernet, *Écrits intimes*, I, *op. cit.*, « Excursions à travers la Vallée Noire et sur les bords de la Creuse », en 1827.
2. Maurice Agulhon, « 1830 dans l'histoire du XIXe siècle », *Romantisme*, vol. 10, no 28, 1980, p. 15-27.
3. *HDMV*, II, p. 119.

« procès monstre » des républicains, et elle, Pierre Leroux, qui vient dîner dans la mansarde bleue du quai Malaquais. Ils discutent doctrines. Planet les exhorte à « poser la question sociale ». Ce « médecin de l'âme », conseiller de toute la bande, incite Aurore à quitter son mari. « Votre intérieur à Nohant n'est possible qu'à la condition d'y être comme en visite. Votre mari est aigri maintenant par votre présence [...]. Il faut vous éloigner du spectacle et des causes de vos souffrances. Il faut sortir de ce cercle d'ennuis et de déboires [...] Fuyez[1] ! » Il lui conseille un voyage en Orient qu'elle ne fera pas. Elle publie *Indiana*, devient George Sand. Elle aime passionnément Musset. *Elle et Lui* fuient à Venise.

Lorsqu'elle rentre en 1834, dans la débâcle que l'on sait, dans un foyer dévasté par les amours ancillaires et les beuveries de Casimir, c'est encore vers eux, ses « vieux camarades », qu'elle se tourne. Ils font rempart autour d'elle, à Paris comme à Nohant, lors des scènes conjugales violentes qui la décident à demander la séparation. Ils l'assistent et l'hébergent à La Châtre quand elle doit quitter la maison en attendant le jugement du tribunal. Elle demeure trois semaines chez Duteil, qui renonce pour elle à la complicité avinée qui l'unissait à Casimir, chez Roxane Bourgoing[2] et chez les Tourangin. « J'avais donc tout mon cher Berry autour de moi. » Les soirées s'éternisent, ce qui convient à cette noctambule. Grâce à Michel, elle gagne son procès. Nohant est à elle. Tous les jeudis, elle y reçoit ses amis, dans des soirées très libres, enfumées, dont le style masculin, leste et un peu débraillé, choquait tellement Marie d'Agoult. Dans la cinquième *Lettre d'un voyageur*, dédiée à Rollinat, prince de l'amitié, elle célèbre ces moments de grâce.

1. *HDMV*, II, p. 311.

2. Roxane Bourgoing (1807 ?-1892), femme du directeur des contributions directes de La Châtre, femme cultivée et progressiste, était une fervente amie de George Sand qu'elle hébergea en 1836.

« Est-il beaucoup de mortels qui aient eu dans leur vie le bonheur de réunir sous le même toit, presque tous les jours, pendant un mois, douze ou quinze créatures nobles et vraies, et toutes unies entre elles d'une sainte amitié ? Ô mes amis, mes chers amis, savez-vous ce que vous êtes dans la vie d'un infortuné ? » « Ceux-là, ce sont mes vieux, mes anciens »[1].

Les liens qui cimentent la petite bande sont multiples. Le voisinage, certes, et d'abord l'horizon mesquin d'une petite ville sale, cancanière et « réac » (Sand), qu'ils rêvent de fuir ou de transformer. L'âge ensuite, et le sentiment très vif d'appartenir à une même génération, notion romantique chère à George Sand. Les alliances enfin, tissées par des mariages qui resserrent les relations. Alphonse Fleury épouse Laure Decerfz, « ma charmante amie d'enfance » ; Duteil, Agasta Mollier, autre et fragile amie ; Charles Duvernet se marie, sur les instances de son père, avec Eugénie Ducarteron, une bonne grosse Berrichonne de seize ans, d'abord moquée, mais bientôt adoptée, qui demande à George de la tutoyer, marque d'une intimité qui ne se démentira pas. Plus tard, Adèle Néraud, la fille du Malgache, épouse Ernest Périgois (1819-1906), et leur couple plus jeune est un pilier des soirées de Nohant.

### *Pour l'amour d'Aurore*

La séduction d'Aurore opère. Ces jeunes gens sont tous plus ou moins amoureux d'elle. Certains, en vain, comme Jules Néraud, dont la femme, fort jalouse, fit à ce propos une tentative de suicide. D'autres, en s'en défendant : Germain Laisnel de La Salle (1801-1871), futur folkloriste du Berry, et auteur de *Souvenirs du vieux temps. Le Berry, croyances et légendes* (1875), auquel George Sand donna une préface, « un grand

1. *Lettres d'un voyageur, Lettre V (à Rollinat)*, février 1835, *op. cit.*, p. 760.

blond à figure douce, parlant peu [...], sachant entretenir notre gaieté par un sourire », se retire du groupe en 1828 après son mariage avec Euphrasie Rousseau, réticente. D'autres, enfin, avec succès : Stéphane Ajasson de Grandsagne, Jules Sandeau, le bref compagnon d'années décisives (1830-1832), celles du départ à Paris, de la « mansarde bleue », de l'entrée en littérature, de la mutation d'Aurore en George Sand : une métamorphose qui tue.

L'amour est au fond l'antidote de l'amitié, dont George exclut finalement la sexualité, comme sut le faire Charles Duvernet qui mérite dans cette constellation une place à part, de compagnon et grand témoin. « Madame Sand », sa voisine du Coudray, fut « la femme de sa vie[1] », son astre, son modèle, sa confidente, la compagne de toutes ses entreprises, politiques, théâtrales, romanesques, car il brûlait d'écrire, et elle le soutenait, en dépit d'une cécité survenue en 1856 et qui l'obligeait à dicter ses textes : « George Sand, cette femme si excellemment bonne, si puissamment douée, m'a souvent dit que ce n'était pas un travail inutile que de se rendre compte à soi-même de certaines impressions et de résumer certaines idées[2]. » Ce qu'il fit pour notre plus grand intérêt. Fort chaste, cette amitié n'est pas dépourvue de passion exclusive ; Duvernet, qui n'avait jamais oublié la main d'Aurore dans ses cheveux d'adolescent, jalousait Rollinat dont il enviait le rôle de Pylade que sa mort ne lui donna pas. Il se plaignait de n'être pas assez considéré, compris, pas assez aimé en somme. Agacée, Sand éprouve parfois le besoin d'une mise au point. En 1869, excédée de ses récriminations, elle écrit à Eugénie, médiatrice habituelle : « J'ai su hier par les enfants que Charles me reprochait – quoi ? Il y a trente ans que cela dure et je n'ai jamais pu le

1. Selon l'expression de Claire Le Guillou, éditrice de ses *Écrits intimes*, *op. cit.*

2. *Ibid.*, p. 104.

savoir [...]. Ce ton d'amertume avec moi me refroidit et me gêne plutôt qu'il ne me ramène. » Elle y voit une « idée maladive, une sorte d'humiliation à laquelle il me deviendrait impossible de me résigner ». Elle réitère son invitation à dîner. « Que les visions et les folies soient enterrées, qu'on s'aime et qu'on n'en parle plus »[1]. La guerre de 1871 allait rapprocher les deux vieux amis ; les Duvernet hébergent Sand et les siens à La Châtre, puis au Coudray ; et ils se régalent de longues causeries au coin du feu où se mêlent souvenirs et réflexions sur le malheur des temps[2]. Les petites rivalités entre amis fissurent le groupe. Lors de la crise de 1847 avec le couple Clésinger, Fleury reproche à la romancière de ne pas s'appuyer sur sa vieille garde, mais sur « des foutriquets indignes et âpres », tels Borie, Simonnet, Pagnerre. Mais la politique surtout les divisera.

Ce qui unit ces jeunes gens, c'est un désir de contestation, morale et politique, une communauté de vues, des aspirations partagées. Ils ne supportent plus les œillères de leur *juste* milieu, les prétentions d'une aristocratie rétrograde, le dogmatisme clérical. Ils sont pour la plupart libres-penseurs et voltairiens, parfois adeptes de la franc-maçonnerie. « Parmi les huit ou douze personnes dont s'était composée cette vie intime et fraternelle, presque toutes rêvaient un avenir de liberté pour la France, sans se douter qu'elles joueraient un rôle plus ou moins actif dans les évènements soit politiques, soit littéraires de la France[3]. » Ces amis entretiennent leurs idées par d'intenses conversations, qui se prolongent dans d'interminables

1. *Corr*, XXI, L 14240, à Eugénie Duvernet, 2 avril 1869.
2. George Sand, *Journal d'un voyageur pendant la guerre*, *op. cit.*, p. 165. « Depuis plusieurs années qu'il est aveugle, il a beaucoup acquis ; il voit plus clair avec son cerveau qu'il n'a jamais vu avec ses yeux. »
3. *HDMV*, II, p. 219.

déambulations à Bourges ou à Paris. Tard dans la nuit, ils refont le monde.

*La politique unit et divise*

Ils sont les propagandistes des idées progressistes et républicaines en Berry. Autour de procès, comme celui des républicains de 1835, dont Michel de Bourges est l'un des avocats. Autour de revues comme la *Revue du Cher*, dont Michel de Bourges est, avec Fleury, l'inspirateur et Planet, le rédacteur en chef. Ce dernier « était très ignorant et ne savait pas écrire. Mais il avait l'esprit fin, délié, beaucoup d'entrain et d'audace et d'à-propos dans l'occasion[1] ». « Poser la question sociale » l'obsède, au point que ses amis l'en plaisantent[2]. Convaincus de l'importance de la presse locale, ils fondent des journaux – *L'Éclaireur de l'Indre*, *Le Travailleur de l'Indre* – dont ils sont les rédacteurs, Sand, la principale contributrice littéraire et monétaire, et Pierre Leroux, l'inspirateur et l'imprimeur, sur les presses coopératives de Boussac, un gouffre financier que comble George. Ce petit groupe est aussi à l'origine des premiers banquets réformistes dont La Châtre et Châteauroux ont été dès 1839 les cités pionnières, plus même qu'en 1847, dominé par les troubles de Buzançais.

La « République démocratique et sociale » de 1848 les enchante et ils la soutiennent pleinement. Ils en forment les premiers cadres locaux. Avec l'aide de George Sand, qui veille au grain, attentive au placement des siens. Duteil est nommé procureur général à Bourges, Alphonse Fleury, commissaire de la République, contre Michel de Bourges auquel (par rancune ?) elle s'oppose fermement. Fleury choisit Ernest Périgois comme secrétaire général, au grand désappoin-

1. *HDMV*, I, p. 251.
2. *HDMV*, II, p. 325.

tement de Charles Duvernet, qui, devenu sous-commissaire de La Châtre, est confronté aux rivalités des factions et des clubs, et à l'impopularité de « la communiste George Sand », chahutée par les ouvriers ! Nohant n'échappe pas à l'histoire politique, et nous y reviendrons. Ce qui nous importe ici, c'est de saisir le rôle et les avatars du « noyau berrichon » dans les tempêtes.

La politique, qui les avait unis, les disperse et les divise. La répression du Second Empire s'abat sur eux. Destitués, emprisonnés, condamnés à la prison ou à l'exil, ils restent pour la plupart profondément fidèles à la République, sauf Duteil, devenu conservateur, et qui meurt peu après. Sand s'efforce d'intervenir pour eux, activement mais sans grand succès. Elle se heurte même à leur réprobation. Fleury, notamment, n'admet pas qu'elle s'abaisse ainsi devant la dictature. Il refuse son intervention, se brouille, s'exile durant huit ans, se réconcilie après son retour en 1859. La guerre de 1870 les sépare définitivement. Fleury, comme Duvernet, soutient activement Gambetta et le gouvernement de la Défense nationale qui le nomme préfet de la Loire en 1870-1871. Hostile à la prolongation de la guerre, favorable à l'armistice, Sand voit en Gambetta un dictateur qui ne tient pas compte du résultat des élections [1].

La politique et la mort ont eu raison de la petite bande des amis berrichons. « Mon cœur est un cimetière », écrivait Sand en 1853, évoquant la première vague disparue autour de 1850 : Duteil, Planet, Néraud. La seconde s'efface vingt ans plus tard : Laure Decerfz en 1870 [2], Duvernet en 1875 – Sand, qui n'a pu aller à son enterrement, lui consacre un article

1. Sur cette brouille, cf. Claire Le Guillou, in Charles Duvernet, *Écrits intimes*, II, *op. cit.*, p. 692 : sur l'épisode Clésinger de 1847, « Histoire d'une amitié brisée » ; I, p. 461-462, sur les brouilles entre Fleury et la romancière.

2. George Sand, *Journal d'un voyageur pendant la guerre*, *op. cit.*, p. 166, sur la mort et l'enterrement de Laure Decerfz. « Les nuages rampent sur la terre incolore et détrempée. Atroce journée, chagrin affreux ! »

navré ; Sand en 1876, Fleury en 1877. En 1876, c'est Ernest Périgois, de quinze ans plus jeune, que Sand avait sauvé de l'exil en Tunisie après l'attentat d'Orsini en 1858, qui prononce son oraison funèbre, au nom des Berrichons. Naguère, sa mère, bourgeoise huppée de La Châtre, avait mené bataille contre la jeune et excentrique baronne Dudevant. Belle revanche en somme d'un « vieux camarade ».

## La place des femmes

Si les amis parisiens viennent le plus souvent en célibataires, les Berrichons fréquentent Nohant en couples : les Duvernet, les Fleury, les Périgois… sont les convives assidus des dîners et des soirées théâtrales. Les femmes jouent leur rôle habituel d'auxiliaires et de médiatrices. Charles Duvernet loue les qualités d'Eugénie, respectueuse de Mme Sand, qui la blague pour sa corpulence : « J'espère que ma grosse Eugénie ne va pas perdre ses couleurs et son embonpoint berrichons[1]. »

### *Ursule Josse, amie et couturière*

Deux figures cependant se détachent ; elles illustrent le statut ambigu des femmes dans cet univers masculin : Ursule Josse et Éliza Tourangin. Geneviève Godignon, dite Ursule (1803-1881), née et morte à La Châtre, était la nièce d'une femme de chambre de Mme Dupin, laquelle souhaitait donner une compagne à sa petite-fille Aurore ; de dix-huit mois son aînée, elle fut associée pendant plusieurs années à ses jeux et ses apprentissages, y compris aux leçons de Deschartres, aux côtés d'Hippolyte le diable. Ursule était intelligente, dépourvue de toute servilité, fort bavarde, surnommée *Caquet bon bec* et trai-

1. *Corr*, XI, L 5791, à Charles Duvernet, 30 janvier 1851.

tée en égale. « Nous nous aimions tant que nous ne pouvions vivre un instant séparées. Ursule mangeait à notre table comme elle y a toujours mangé depuis. Elle couchait dans notre chambre et souvent avec moi dans le grand lit » : un sacrement. Elle consolait Aurore quand elle avait de la peine, lui montrant les avantages de sa situation : « avec ta bonne-maman, tu auras toujours de l'*âge d'or* et toujours du *richement* ». Elle fut ensuite mise en apprentissage, seconda Aurore après son mariage, puis, mariée elle-même à un cordonnier, devint sa couturière. « Nous ne nous sommes jamais perdues de vue, et notre amitié, toujours plus éprouvée par l'âge, a maintenant quarante ans de date : c'est quelque chose », écrit Sand vers 1850[1]. Ce n'est pas fini. En 1849, le mari d'Ursule est très malade (il mourra en 1858) ; la *chétivité* d'Eugène, son fils unique, lui interdit les travaux manuels ; le rêve d'Ursule serait qu'Eugène devienne instituteur primaire à Nohant-Vic, près d'elle. Sand, soucieuse du bonheur de celle qui est « plus ma sœur que ma couturière », soutient cette candidature auprès du comité d'instruction primaire de l'arrondissement ; mais en 1849, son nom est un handicap plus qu'un soutien ; elle tente de faire intervenir localement le docteur Gustave Papet et, en haut lieu, l'acteur Pierre Bocage. En vain. « C'est contre moi qu'on travaille en lui refusant ce qu'il demande. » Le nouveau sous-préfet, le marquis de La Jonquière, est à la manœuvre. « Il doit savoir que je ne fais pas de politique, encore moins de socialisme dans mon village. [...] Je ne sais pas prêcher les paysans directement. » Elle a beau dire que le pauvre Eugène, peu avisé « quand on le sort de son affaire »[2], n'est pas un sujet dangereux, rien n'y fait. Il n'ira pas à Nohant-Vic. La République démocratique et sociale est bien finie.

1. *HDMV*, I, p. 600-603.
2. *Corr*, IX, L 4326, à Pierre Bocage, 26 octobre 1849 ; également L 4314, à Gustave Papet, 13 octobre 1849.

*Éliza Tourangin ou « l'histoire d'une vieille fille »*

Tout différent est le cas d'Éliza Tourangin (1809-1889), autre « sœur chérie », femme malheureuse que, durant quarante ans, Sand a tenté de faire advenir à la république des lettres. Les Tourangin étaient une famille nombreuse de La Châtre, que l'incurie de son chef, Félix, manufacturier malchanceux, avait réduite à la précarité. Éliza eut le sort habituel des aînées privées de mère : s'occuper du père, bientôt retiré à Saint-Florent-sur-Cher, et des sept frères et sœurs, les soigner, subvenir à leurs besoins, tenter de les caser, ce qui n'était pas le plus simple en raison de leur manque de qualifications et de leur indécision. Sand intervient pour aider Alfred à obtenir son baccalauréat, dont il ne fait rien, hésitant entre les Eaux et Forêts et les chemins de fer. Elle conseille la jeune nièce, Claire, qui voudrait un emploi dans le commerce. Ignorant la comptabilité, elle pourrait tout juste être « demoiselle de comptoir » ; « ce n'est ni ennuyeux ni difficile [...], mais mince comme ressource »[1]. Elle s'occupe surtout de Gustave (1815-1872), dit *Micro*, naturaliste, ami et collaborateur de Maurice, qu'elle voudrait faire entrer au Muséum d'histoire naturelle. En 1838, elle mobilise Geoffroy Saint-Hilaire avec lequel Gustave manque un rendez-vous alors que « jamais protecteur ne s'était montré plus chaud ». Après la mort du « bonhomme » Geoffroy, elle récidive avec son fils ; mais Gustave traîne, « met un an à faire quelques pages ». Le fils meurt, puis sa sœur Stéphanie. « Toute cette famille a disparu, vieux et jeunes. » Sand n'a plus d'interlocuteurs et se décourage, déplorant l'éloignement de Gustave. Il faut être aux portes de la Science et l'assaillir pour y entrer. « Croire que de Saint-Florent, Gustave peut rationnellement tirer parti de sa

1. *Corr*, XIII, L 6865, à Éliza Tourangin, 3 octobre 1855.

science, c'est une illusion et il n'a pas tort de ne pas la partager »[1]. En 1863, il a quarante-huit ans, c'est trop tard. Lorsqu'il meurt en 1872, Sand écrit dans l'*Agenda* : « Notre pauvre *Micro* n'est plus. Les belles âmes s'en vont, lasses de la vie, les nobles et pures intelligences nous quittent, comme si elles étaient lasses de nous. Et pourtant au milieu de sa douceur résignée, il a regretté les choses de la nature qu'il aurait voulu encore apprendre[2]. »

Sauver la famille Tourangin, ravagée par la tuberculose, est une impossible gageure. « La phtisie et la mort sont dans cette malheureuse famille[3]. » Mais Éliza ? Elle est intelligente, cultivée, sensible, connaît l'anglais et l'allemand. Pourquoi ne ferait-elle pas des traductions ? Éliza propose *Kourroglou*, d'Alexandre Chodzko, auquel Sand donnerait une préface. L'œuvre commence à paraître dans *La Revue indépendante*, mais ne sera jamais achevée. Éliza est lente, négligente, ne respecte pas les délais, remet des traductions approximatives *et* des manuscrits illisibles, sans ponctuation ni pagination. « C'est un rude travail que de lire votre manuscrit. Il n'y a ni points ni virgules. […] Vous n'observez pas les alinéas, les guillemets, tout ce qui constitue, en un mot, la précision et le sens de votre travail[4]. » Sand lui donne des conseils précis, très professionnels, sur la manière de présenter un texte, d'en compter le nombre de lettres, ce que les éditeurs ne font pas. Elle l'encourage à ne pas faire des traductions trop littérales, mais à chercher le sens. « Tâchez que ce soit bien écrit plutôt que littéralement traduit[5]. » Cahin-caha, Éliza fera quelques autres traductions d'auteurs allemands, Hoffmann et Wilhelm Hauff, sans grand succès. Sand lui suggère d'écrire. « Vous

1. *Corr*, XVII, L 9845, à Éliza Tourangin, 2 janvier 1863.
2. *Agendas*, V, 1er février 1872.
3. *Corr*, XI, L 5807, à Solange, 18 février 1853.
4. *Corr*, VI, L 2555, à Éliza Tourangin, janvier 1843.
5. *Corr*, XIII, L 6798, à Éliza Tourangin, 23 décembre 1855.

devriez écrire n'importe sur quoi, sur la vie intime, sur la famille, sur le renoncement, sur la rêverie, sur vos lectures, sur vos affections et vos occupations intérieures. Et cela sous la première forme venue, des lettres, une sorte de journal, sans plan et sans effort de forme, tout ce qui vous viendrait, sans songer à un livre [...] Le simple récit de votre vie [...] serait une très belle chose et vous soulagerait d'autant[1]. » L'écriture comme gagne-pain, thérapie, témoignage. Elle lui suggère même un sujet, voire un titre, de roman. « Si j'étais vous, je raconterais résolument l'histoire d'*une vieille fille* et je parlerais à la première personne sans mettre aucun nom. On a coutume de croire les vieilles filles désolées de leur célibat. Je montrerais comment le célibat devient plus beau et plus grand que la maternité[2]. » Beau projet, que ne désavoueraient pas les féministes d'aujourd'hui. Mais Éliza n'en fera rien. Elle tergiverse, doute d'elle-même – « Votre incertitude provoque celle d'autrui » –, n'est fiable ni dans son écriture ni dans ses rendez-vous. « Aujourd'hui vous êtes venue à 3 h au lieu de 2. Rien n'est possible ici (à Paris) sans exactitude »[3]. Elle pose un lapin à Sainte-Beuve, si bien disposé à l'égard de Mlle Tourangin que Sand pensait vaguement à un possible mariage[4]. « Je veux vous faire travailler et gagner de l'argent malgré vous. Mais il faudra vous dégourdir, ma berrichonne ! »

La Berrichonne reste sourde à ces objurgations, au point que George lui écrit : « Vous pourriez faire tout ce que vous voudriez, mais voudrez-vous jamais quelque chose ? [...] Je crois qu'il y a dans l'irrésolution une cause d'apathie, et dans l'apathie un certain charme intérieur de résignation et d'abnégation qui compense les rudes et douloureuses victoires de l'âpre acti-

1. *Corr*, XII, L 6109, à Éliza Tourangin, 14 décembre 1853.
2. *Corr*, XII, L 6109, à Éliza Tourangin, 14 décembre 1853.
3. *Corr*, VI, L 2255, à Éliza Tourangin, janvier 1843.
4. Hypothèse de Georges Lubin, *Corr*, VII, p. 12, note 2.

vité », celle que George déploie pour elle-même et sur laquelle elle s'interroge : « Quand je me suis jetée à 26 ans dans une vie de hasards et de misères, je me sentais l'ardeur de tous les combats, et j'en ai traversé de tous genres, le tout pour arriver à ne rien regretter et ne rien désirer pour moi-même. Vous êtes au départ, un peu comme je suis au but. Alors pourquoi faut-il que vous passiez par l'orage[1] ? » « Moi qui ne conçois pas l'immobilité, je m'agite pour vous dans ma pensée. » Mais c'est une erreur. Elles ne se ressemblent pas et il faut respecter ces différences. « C'est le calme qu'il vous faut, et point de hasards. Ma vie intellectuelle est une course et je ne saurais m'arrêter. Aimons-nous quand même, vous aux *eschafauds* comme *anges de Paradis* des anciens tournois, moi dans l'arène, dans la sueur et la poussière[2]. » Éliza a un tendre cœur, « mais il est trop mou. Mettez un peu de pierre dans cette gélatine[3] », lui écrit-elle dix ans plus tard. Après cette date, les relations s'espacent. Quoique enregistrées dans le cahier d'expédition, la plupart des lettres de Sand à Éliza nous manquent. Nous n'en avons aucune d'Éliza, qui avait demandé à son amie de les brûler, dans un effacement d'elle-même qui caractérise cette existence sacrifiée. À l'image de tant de vies de femmes dont George refusait l'autodafé.

1. *Corr*, VI, L 2682, à Éliza Tourangin, 6 juillet 1843.
2. *Corr*, VII, L 3244, à Éliza Tourangin, septembre 1845.
3. *Corr*, XIII, L 6913, à Éliza Tourangin, 27 novembre 1855.

# Les domestiques

## *Des inconnus dans la maison*

Une maisonnée comme celle de Nohant suppose une importante domesticité. « J'ai onze personnes, seulement comme domestiques, à loger, sans compter les ouvriers et ouvrières allant et venant », écrit en 1844 Sand à une amie qu'elle dissuade d'amener sa femme de chambre qu'elle ne saurait où coucher[1]. En un demi-siècle, une centaine de domestiques au moins seraient passés par Nohant plus ou moins longtemps. D'eux, il est beaucoup question dans la *Correspondance* et les *Agendas*. Mais sans qu'on sache grand-chose de leurs individualités, perçues à contre-jour, dans leurs mots rapportés, souvent avec ironie, leurs prouesses ou leurs bévues, leur résistance aux normes, parfois leurs amours (mariages surtout), le besoin qu'on en a. Peu alphabétisés, ils n'ont que rarement laissé des traces scripturaires. Exception : Mme Veuve Martine, qui, partie en Avignon, a longtemps échangé avec Sand une correspondance, pieusement déposée par elle au musée Calvet. Rareté dans un monde de mots et de gestes éphémères. On voit les domestiques à travers les yeux de George Sand, prise à cet égard dans d'insurmontables contradictions. Fondamentalement hostile à la dépendance, surtout de

1. *Corr*, VI, L 293, à Charlotte Marliani, 25 juin 1844. « Je ne peux guère loger et nourrir ici un domestique de plus. »

type aristocratique, elle se trouve confrontée aux difficultés classiques d'une maîtresse de maison bourgeoise qui dit son embarras à se faire servir, non sans un certain malaise. Elle aime ses « gens », mais voudrait n'en point avoir. Et la proximité, la familiarité n'empêchent pas une profonde altérité, notamment culturelle. Cette frontière, elle a constamment cherché à l'abolir, dans son rêve de communauté égalitaire, notamment par l'alphabétisation et le théâtre. Sans toutefois y parvenir, excepté dans le roman et la figure triomphante de *Nanon* (1872), au reste paysanne plus que domestique. De cette condition, on sort difficilement.

*Des emplois spécialisés*

Jardiniers, cuisinières, cochers tiennent le sommet de la hiérarchie. Les valets de chambre, à la campagne, remplissent l'office d'hommes à tout faire, ce qui hérissait Jean, le domestique polonais de Chopin, attaché au service personnel et, pour ses prétentions, moqué par ses collègues berrichons. Les femmes de chambre s'occupent aussi du linge et des vêtements. Les nourrices, dites souvent « bonnes », soignent les enfants auxquels elles laissent des souvenirs mêlés. Aurore Dupin avait souffert de la tyrannie de Rose ; Aurore Lauth, de celle de Jeanne, mais elle avait adoré Solange Marié, dite Nounou, une fidèle qui a fermé les yeux de George. Ce personnel représente une demi-douzaine de personnes en permanence, et beaucoup plus en cas de séjour prolongé des hôtes. Il entraîne une dépense importante, même si les gages sont modestes. Un train de vie que critique vivement Hippolyte Chatiron ; il dénonce « gabegie » et coulages, et incite sa sœur à plus de rigueur, ce qu'elle s'efforce de faire après 1850, en rationalisant le service et en réduisant le nombre des agents. À cet égard, le modèle parisien à deux, voire à un seul domestique, exerce un pouvoir entraînant.

*Un recrutement local*

Le recrutement s'opère à la campagne, au village plutôt qu'à la ville. « Je ne veux point prendre de péronnelles de La Châtre, dit Aurore en 1827 à son mari qu'elle charge de lui trouver une femme de chambre : J'ai le plus essentiel besoin d'une bonne ménagère qui ne soit plus jeune ni coquette et qui travaille bien »[1]. Elle recrute rarement à Paris, ou alors pour des tâches spécialisées dont elle estime les titulaires trop rustiques. « L'art culinaire le plus élémentaire est inconnu dans nos campagnes[2]. » Mais les Parisiens considèrent le Berry comme un exil ; ils s'y ennuient. L'inverse est vrai et Sand déplore le manque de mobilité des Berrichons. « Ici, je n'en trouve aucune qui veuille me suivre à Paris. Le berrichon, surtout le berrichon femelle, ne peut pas perdre son clocher de vue[3]. » Les familles répugnent à laisser partir leurs filles à la capitale, lieu de perdition, où de surcroît on se moque de la coiffe ou du parler berrichons. Dans la seconde moitié du siècle, les chemins de fer changent les perspectives.

Recrutement étroit, donc, souvent dans les mêmes familles dont les patronymes reviennent sans cesse : les Biaud (on dit la Biaude, une Biaude), Brunet, Moreau, Meillant (fermiers et domestiques à Nohant de père en fils), les Caillaud si nombreux que même Georges Lubin se perd dans les Marie Caillaud ou Cailleau. « Ce patronyme pullule à Nohant. » Des dynasties se forment, renforcées par les intermariages. Les familles cherchent à servir au château, à y placer leurs enfants ; les frères font entrer leurs frères ou leurs sœurs, neveux et nièces ; les gens s'épousent. Une véritable endogamie

1. *Corr*, I, L 162, à Casimir Dudevant, 17 octobre 1827.
2. *Corr*, X, L 4810, à René de Villeneuve, 2 mars 1851.
3. *Corr*, V, L 2521, à Louis Viardot, 10 octobre 1841.

domestique constitue un milieu assez clos, dessine un horizon d'interconnaissances où l'on se noie parfois. Le bouche à oreille, la recommandation prévalent pour des engagements qui se concluent à la Saint-Jean.

Quelles qualités demander à un domestique ? Qu'est-ce qu'un « bon sujet », expression que Sand emploie avec une certaine ironie ? Outre les qualités de fond – honnêteté, propreté, sobriété, fidélité –, il y a les aptitudes techniques, spécialement utiles pour le jardin, la cuisine ou les chevaux. À Maurice qui cherche (pour Paris) un valet de chambre, sa mère conseille un véritable entretien d'embauche : « Tu verras d'abord quelle figure il a, s'il a l'air propre et tu lui demanderas – s'il ne se grise jamais – s'il aime l'ordre et la propreté – s'il a fait le service de valet de chambre – s'il sait enlever les taches, cirer les chaussures, brosser les habits, frotter les parquets, mettre le couvert, faire les lits, – si, par-dessus le marché, il savait conduire les chevaux, *à l'occasion*, et s'il avait quelques notions ordinaires, *encore à l'occasion*, ce serait excellent, mais nous ne pouvons exiger ces talents-là d'un valet de chambre[1]. » Parmi les qualités attendues, deux reviennent avec insistance : la sobriété (l'ivrognerie est une cause fréquente de renvoi) et la propreté. Exigence croissante ou retard réel ? Sand se plaint de plus en plus de la saleté des Berrichonnes. La Tomate est particulièrement récalcitrante. « Elle ne sait pas qu'on doit balayer sous le lit et sous les tables et tout le reste à l'avenant[2]. » « Je n'ose pas regarder le salon, la salle à manger et la chambre de Maurice[3]. » Avec le temps, les exigences se font plus précises, plus détaillées, avec une attention croissante apportée à « la figure » et à l'alphabétisation. À la discrétion aussi, notamment sous le Second Empire

1. *Corr*, XIII, L 7126, à Maurice, 4 mai 1856.
2. *Corr*, XXII, L 16060, à Lina, 23 avril 1872.
3. *Corr*, XXII, L 16066, à Lina, 26 avril 1872.

dont on redoute l'espionnite et le cléricalisme. S'exprime aussi la crainte des maternités excessives. Cherchant une cuisinière, Sand souhaite « une femme en bonne santé [...], ne faisant pas d'enfant tous les ans, détail très incommode dans la fonction culinaire[1] ».

### *« La vieille Marie a la monomanie des poules »*

La mobilité est variable. Il y a un fort *turnover* des femmes de chambre et des jardiniers, qui restent quelques mois, silhouettes qui passent. Et les renvois sont fréquents, surtout pour vols. Mais il existe aussi des gens très stables, dont la vie est quasiment liée à Nohant. Aurore a hérité des domestiques de sa grand-mère : « Je donne les invalides à la vieille Marie [Guyard], active, laborieuse, propre et fidèle, mais grognon au-delà de ce qu'on peut imaginer. » En outre, « La vieille Marie a la monomanie des poules. Elle les aime tant qu'elle ne veut jamais retrancher, il y a dans ma cour des volailles qui ont au moins 300 ans et qui ne mordent plus depuis la régence. Il faut leur faire tordre le cou, vu qu'elles mangent beaucoup et déracinent tous mes œillets[2] ». Logée à demeure dans la maison, elle y restera jusqu'à sa mort, exemple de servante au « cœur simple » qui a peut-être inspiré Flaubert pour Félicité dans la nouvelle dédiée à Sand.

Autre héritage de Marie-Aurore : le jardinier Pierre Moreau. L'aïeule a recommandé Pierre à Aurore sur son lit de mort et lui a légué une pension qu'un homme d'affaires véreux a cherché à subtiliser, et que Sand continue à verser. Pierre et sa femme Marie gardent la maison déserte au moment du procès en séparation des époux Dudevant ; froussards, ils ont peur. George aime bien Pierre, mais se méfie de lui, surtout après

1. *Corr*, XXV, S 817, 16 août 1856.
2. *Corr*, V, L 2077, à Hippolyte Chatiron, fin juin 1840.

son mariage avec Marie Cailleau, « une mauvaise coquine, capable de voler et d'archivoler[1] ». Pierre doit, en principe, être nourri chez lui, mais il s'attable le plus souvent, trafique avec les légumes qu'il devrait vendre pour le compte de la maison, non pour le sien. Il est renvoyé au printemps 1846, ce qui indigne Chopin, hostile au départ d'un vieux serviteur et, de manière générale, à l'instabilité domestique. « Il ne supporte pas qu'on ne supporte pas toute sa vie ce qu'on a supporté vingt ans[2]. »

Autre cas de stabilité : Catherine Tourny (1797-1861), dite la Tournite, au service de George Sand d'avril 1842 à sa mort, le 10 mai 1861. La vieille Marie lui a appris à cuisiner ; par ces femmes, se transmet une cuisine de terroir, dont George (et surtout Maurice) se lasse parfois sans en méconnaître les qualités. « La Tournite a fait ce soir des meringues succulentes[3]. » « La Tournite s'est tellement piquée d'honneur qu'elle est passée cordon bleu[4]. » Ou encore Jeanne X, née en 1825 dans l'Indre, épouse Caillaud, dite Sylvie (on change souvent les prénoms), cuisinière et femme de confiance, de 1852 à la mort de Sand. Elle avait épousé André Caillaud en 1842, lequel décède de la variole à Nohant en 1870. À « ma grosse Sylvie », « ma vieille Sylvie », Sand confie la maison en ses absences, et des missions personnelles : chercher dans ses tiroirs, lui retrouver telle lettre ou tel objet et les lui expédier.

1. *Corr*, IV, L 1829, à Hippolyte Chatiron, 15 février 1839.
2. *Corr*, VII, L 3429, à Marie de Rozières, 18 juin 1846.
3. *Corr*, IX, L 4690, à Maurice, décembre 1850.
4. *Corr*, IX, L 4693, à Maurice.

*« Tu diras à Sylvain »*

Sylvain Brunet (1816-1907) est « un homme de cheval sans pareil », formé dans l'armée, instance d'apprentissage appréciée. Durant plus de trente ans (1845-1876), il est un pilier de la maison, celui qui a le plus de références dans les index, en raison des transports et des commissions dont il a la charge. « Tu diras à Sylvain », « dis à Sylvain » est un leitmotiv de la *Correspondance.* « Modèle d'imprévoyance et de fidélité, de douceur, d'attachement, de volonté de cœur et d'impuissance d'esprit[1] », Sylvain est capable, avec sa « patience berrichonne », d'attendre indéfiniment des voyageurs à Châteauroux (quinze jours, selon George Sand !) si on ne le prévient pas. Sensible à la jeunesse des filles de cuisine qu'il protège, Sylvain, parce qu'il sait lire et écrire, joue parfois le rôle de régisseur, y compris auprès des fermiers. Sand lui donne des consignes précises, ainsi en février 1855, avant de partir à Paris, pour le linge, la cuisine, les couvreurs, la treille, la provision de bois, etc.[2]. Dix ans plus tard, en 1864, elle rédige à son intention une convention sur les conditions qui lui sont faites comme régisseur du domaine[3], véritable promotion. D'où sans doute sa déception lorsque celle-ci est remise en cause par le départ de Sand et l'avènement de Maurice et de Lina. Avec déférence, Sand lui demande de faire bon accueil à ses enfants, « dans tout ce qui ne dérangera pas les soins de sa régie[4] ». Sylvain consent à rester à leur service, non sans réticences ; il demande une augmentation de gages et refuse de servir à table ;

1. *Corr*, VIII, p. 777, notice de Sylvain Brunet, établie par Georges Lubin qui cite George Sand.
2. *Corr*, L 116, à Sylvain Brunet, 24 février 1855, in *Lettres retrouvées*, publiées par Thierry Bodin, Paris, Gallimard, 2004.
3. *Corr*, XVIII, L 10916, à Sylvain Brunet, 9 juin 1864.
4. *Corr*, XVIII, L 11187, à Sylvain Brunet, 5 octobre 1864.

sans doute s'y sent-il malhabile, voire déshonoré. Méconnaissant les hiérarchies du service domestique, Sand le trouve un peu « enfant gâté ». En définitive, il reste et on le retrouve jusqu'à la fin, malgré tout plus négligent et détaché. « Sylvain ne se donne plus la peine de s'assurer de rien. Les vieux domestiques[1] ! » soupire George en 1871. Au même moment, le frère de Sylvain, le « vieux Jean », employé depuis 1858, dont la physionomie et les défauts de prononciation font la joie de la famille, expert en chenilles, compagnon des expéditions de Maurice, est renvoyé par lui pour vol de vin et ivrognerie. Rien ne va plus chez les Brunet, rien ne va plus à Nohant, où la gestion de Bouli a introduit des tensions inhabituelles. Sylvain quittera le service de Nohant après la mort de Sand et mourra en 1907, immortalisé par une photo prise en 1904 au moment du centenaire, témoin ultime d'une longue histoire.

### *Condition domestique*

Nohant est considéré comme une « bonne maison », dont les conditions sont néanmoins représentatives de la situation locale. Les gages sont conclus à l'année, versés à terme échu, mais avec des « avances » possibles. Ils varient selon les emplois. Jardiniers et cochers sont les mieux payés : autour de 300 francs ; 200 francs pour une cuisinière ; 150 pour un valet ou une femme de chambre. Les rémunérations sont plus élevées en Loir-et-Cher et surtout à Paris, où elles représentent plus du double. En 1827, la venue d'une Parisienne à Nohant met la maison en ébullition : « Les uns me demandaient à solder leur compte pour aller à Paris où elle se faisait fort de les placer ; les autres voulaient le double de leurs gages, etc., etc.[2]. » En 1866, Sand dit dépenser plus de 1 000 francs par

1. *Corr*, XXII, L 16673, à Solange, 11 septembre 1871.
2. *Corr*, I, L 162, à Casimir Dudevant, 17 octobre 1827.

an pour une bonne dans la capitale. Les gages haussent lentement : Sylvain Brunet gagne 300 francs en 1847 comme en 1864, date à laquelle il demande et obtient une augmentation. En 1867, Sand cherche à remplacer son jardinier, Jean Renaud, qui est là depuis dix ans, a épousé la cuisinière Rose Michel et fait deux enfants ; à cette famille coûteuse, elle préférerait un célibataire et propose 500 francs, « bien nourri, chauffé, éclairé, etc., soins gratuits en cas de maladie » ; c'est plus cher à Paris, mais la vie est plus douce à la campagne[1]. Elle ne trouvera pas, signe d'une lente, mais sûre amélioration d'un marché que le chemin de fer a notablement élargi.

La plupart des domestiques sont nourris, pas tous, ce qui pose parfois problème ; ainsi pour Pierre Moreau qui devrait manger chez lui et pas à la cuisine, comme il le fait constamment. Trop de gens émargent à la cuisine commune : « En notre absence, il y a table ouverte chez nous, parents, amis et connaissances, et je voudrais mettre là une bonne réforme[2] », écrit-elle en 1846 au moment d'une crise domestique majeure. Ils sont logés, pas tous. La vieille Marie, les femmes de chambre, les cuisinières demeurent sur place ; certaines domestiques après leur veuvage, comme Françoise Meillant. Peu d'informations sur les chambres de domestiques. La femme de chambre attitrée, la mieux lotie, est proche de la chambre de sa maîtresse. On manque de place au château, mais aussi dans le pays où les chambres sont rares. « Toutes les familles sont entassées dans une seule pièce, et quant aux écuries, il n'y en a que pour les cochons[3] », écrit Sand en 1851 à Solange en lui demandant qu'elle n'amène pas femme de chambre, chevaux et palefrenier. Elle répugne au doublage des chambres. En cas

1. L 295, à Édouard André, 8 septembre 1867, in *Lettres retrouvées*, *op. cit.*
2. *Corr*, VII, L 3419, à Maurice, 3 juin 1846.
3. *Corr*, X, L 4926, à Solange, 29-30 mai 1851.

d'urgence, on utilise soupentes, dessous d'escalier, où l'on met des « matelas de domestique », moins coûteux. Côté vêtements, les femmes portent la coiffe et les hommes, la blouse traditionnelle, la biaude.

Renvois et départs supposent un mois de préavis. Les premiers paraissent plus nombreux. Sand congédie assez facilement, et par vagues. Parmi les motifs les plus fréquents, l'incompétence, la négligence, la saleté, mais aussi le vol et l'ivrognerie. L'abus de boisson est coutumier en Berry et dans tous les milieux ! Les domestiques « se pochardent » aisément et on le tolère jusqu'à un certain point. Jean Brunet est renvoyé en 1871 pour ce fait. Sand écrit à Plauchut : « Tu ne verras plus à ton réveil ici, la figure du vieux Jean et tu auras la bonté de le regretter, malgré sa laideur et sa malpropreté. Moi aussi, je le regrette, l'habitude ? Mais il a fallu se fâcher. Depuis longtemps, à notre insu, il s'adonnait à la boisson… de notre vin ; tous les soirs, il était ivre, et nous le croyions à demi somnambule […]. Enfin Maurice l'a pris sur le fait et lui a retiré les clefs de la cave. » Vexé, Jean demande son compte. *Dessaoulé*, il regrette, mais c'est trop tard ; ainsi se dénoue un service de treize ans[1].

Enfin, plus rares ou moins avouées, des affaires de mœurs, comme celle qui concerne Jean Hubert, jardinier de 1851 à 1854. Il est parti « pour cause de querelles et d'*insociabilité* ». En réalité pour homosexualité. Ce mot n'est jamais employé. Sand parle de « vice ». « Le plus beau de l'affaire, c'est que ce triple cochon avait essayé tous les garçons du pays, prenant la taille à l'un, le derrière à l'autre, les faisant saouler pour les convaincre ; et cherchant noise à tous les ouvriers récalcitrants. » En fait, elle ne le renvoie pas ; il demande son compte, elle ne le retient pas. Elle déplore la « lâcheté » et le silence des « gas ». Le jeune Joseph Coret (ou Corret), quatorze ans, enfant

1. *Corr*, XXII, L 15664, à Edmond Plauchut, 8 septembre 1871.

naturel d'une prostituée de campagne – le Joseph l'« ébervigé » des *Maîtres Sonneurs* –, le pleure comme un père et « nie bien des choses[1] ». Drame de la solitude et de l'amour. Il faut de tels « faits divers » pour qu'on perçoive quelque chose de la vie sentimentale ou sexuelle des domestiques, ces inconnus.

## *Orages domestiques*

Certains conflits illustrent les malentendus, l'intensité des tensions sous-jacentes. Ils jalonnent l'histoire d'une maisonnée qu'on aurait tort de croire idyllique. En voici quelques-uns. Angélique Appé (1789-1869), fille d'un sellier de La Châtre, fut de 1838 à 1842 quasi-gouvernante de Nohant ; elle avait la confiance de George, moins d'Hippolyte qui dénonce à maintes reprises son arbitraire et ses ragots. Elle passe des commandes inconsidérées de vin (tant pis, on le boira, dit Sand, indulgente), veut se faire un page du jeune Chérami qu'elle confisque à son profit, etc. George admet son renvoi. Mais il faut lui faire son compte ; or, on ne l'a pas payée depuis trois ans (ses gages étaient de 300 francs) et, de plus, elle a avancé de l'argent ! Elle demande 2 300 francs pour solde de tout compte, ce que Sand trouve exagéré ; elle propose d'abord 1 200 à 1 500 francs, à retenir sur les fermages et à verser à la Saint-Jean, puis parle de 600 à 700 francs et dit pis que pendre de la chère Angélique qu'elle appelle désormais « Mademoiselle Appé », « une voleuse et une folle ». Cette affaire montre la confusion des conventions monétaires, l'absence de contrats clairs, l'archaïsme d'une situation d'Ancien Régime[2].

L'affaire Biaud illustre la complexité des relations. Née en 1827, filleule de Maurice, Solange Biaud entre en service en

1. *Corr*, XII, L 6176, à Maurice, 19 février 1854.
2. Plusieurs lettres à Hippolyte Chatiron concernent cette affaire, *Corr*, V, L 2074, L 2077, L 2083, en juin-juillet 1840.

1845. La voyant amoureuse du sabotier François Joyeux, Sand la dote et prend à ses frais la noce qui se déroule au château et sert de modèle au récit intitulé « La noce de campagne », ajouté à *La Mare au diable*. Mais les choses se gâtent. Une fois mariée, Solange chaparde dans de grandes proportions : linge, chandelle, savon, farine... disparaissent, avec l'aide du mari qui, les jours de fournée, vient subtiliser de la farine. Elle est « inexcusable, impardonnable. [...] Toute la famille était complice. [...] Ces Biaud sont de la canaille et le meilleur n'en vaut rien », écrit George, furieuse. Elle décide de renvoyer Solange. Mais elle ne souhaite pas donner de publicité à cette affaire ; elle réunit les domestiques en « tribunal secret à *huis clos* » et leur demande de ne rien ébruiter. Elle estime impossible de ne pas sévir, mais elle ne veut pas déshonorer la famille et introduire le regard extérieur dans sa maison[1]. Ironie de l'histoire : on est en février 1848. Les liens néanmoins ne sont pas rompus. Solange Biaud-Joyeux entre en 1851 au service de Solange Clésinger pour s'occuper de Nini. Solange redoute ses cancans. « Ne t'en occupe pas, lui conseille sa mère, elle ne vient jamais dans la maison et n'y est pas très estimée. » Elle la réintègre néanmoins : « elle ne veut plus quitter sa place chez moi »[2].

### *La lassitude de servir*

Plus pénible encore est l'affaire Aucante, en raison de la personnalité de Françoise et des liens tissés avec les siens. Françoise est une Meillant, vieille famille paysanne, fermiers ancestraux de la Chicoterie, puis de la Porte, sœur de Denis, que George considère comme très avisé. Née en 1810, quasi contemporaine d'Aurore, elle entre tôt à son service. Le

1. *Corr*, VIII, L 3825, à Maurice, 18 février 1848.
2. *Corr*, X, L 4842, à Solange, 23 mars 1851.

12 février 1827, à dix-sept ans, elle épouse André Caillaud qui avait été longtemps le « groom » d'Aurore ; tandis que Fanchon, sœur d'André et « bonne » de Maurice, épouse le même jour le beau Sylvain Biaud : mariages croisés, rustiques, festifs. André et Françoise restent au château. Leur fille Lucie, dite « Luce », naît le 28 septembre 1828, quinze jours après Solange dont elle devient une compagne de jeux. Sand lui apprendra à lire, étonnée de son intelligence et de ses progrès. Françoise, elle, est illettrée et redoute une possible rivale ; quand arrive la femme de Pierre Moreau, Marie Cailleau, elle craint d'être remplacée. « Dis-lui que cela n'est pas et que jamais je ne me séparerai d'elle, c'est une digne créature et que j'aime sincèrement[1] », écrit Aurore à son frère auquel elle demande de rassurer Françoise. Celle-ci devient au contraire sa femme de confiance, détentrice des clefs, pouvoir suprême, gardienne du linge et des locaux. Elle est scrupuleuse et attentionnée. George la donne en exemple à Solange qui l'est si peu : « Elle a pleuré toute la matinée parce qu'elle a cassé l'anse de ma petite cruche de grès. Cependant, je ne lui avais pas dit un mot de reproche et j'ai été obligée de la consoler. [...] Et qu'ai-je fait de ma vie pour Françoise en comparaison de ce que j'ai été pour toi[2] ? » écrit George à sa fille. À Françoise, « une amie de cœur, une amie véritable[3] », elle dédie son roman, *Jeanne* (1844). « Tu ne sais pas lire, mais ta fille et la mienne ont été à l'école. Quelque jour, à la veillée d'hiver, pendant que tu fileras ta quenouille, elles te raconteront cette histoire qui deviendra plus jolie en passant par leurs bouches. » Jeanne ou la revanche de Françoise ? En tout cas, le rêve de justice de George, sa vision du progrès par l'instruction des filles.

1. *Corr*, IV, L 1829, à Hippolyte Chatiron, 15 février 1830.
2. *Corr*, VI, L 2669, à Solange, 15 juin 1843.
3. *Corr*, VI, L 2950, à Charles Poncy, 31 juillet 1844.

André Caillaud meurt. Françoise se remarie le 12 septembre 1843 avec Jean Aucante. Les noces durent trois jours. Pauline Viardot chante, Chopin compose une mazurka. C'est l'apogée de l'alliance de la musique, des paysans et de l'amour. Le 26 juillet 1844, naît un petit Jean-Gabriel, et le surlendemain, Françoise va faire ses relevailles à l'église : « les femmes sont très catholiques et fortes comme des chevaux », commente George, admirative et réticente. Jean Aucante est « un homme excellent que j'ai pris chez moi ». Mais c'est « un paysan qui n'est jamais sorti de son village », ce qui le rend impropre aux voyages. En avril 1845, il est atteint du typhus. Sand fait tout pour le sauver et y parvient. Le Cante (*sic*) guérit, mais il a changé, devient paresseux, craintif, quoique gras et bien nourri. La famille a pris possession de la cuisine, vrai lieu de pouvoir. Françoise devient acariâtre. « À peine arrivée, elle m'a fait une scène de poissarde parce que je lui disais d'aider à la Luce [sa fille] qui était morte de fatigue. » Triste et lucide, elle pense que Françoise en a assez de servir. « Elle voudrait profiter de la maison que je lui ai donnée, car elle me cherche pouille et me menace de partir à chaque instant. Soit. Je souhaite qu'elle soit heureuse et moi je le serai beaucoup plus de ne pas voir sa mauvaise humeur »[1]. Elle congédie le couple pour la Saint-Jean 1846. Elle garde la Luce, mais la remerciera à son tour un an plus tard. Luce qu'elle a enseignée, emmenée au théâtre, choyée en quelque sorte, se mue en « un souvenir désagréable », « un de ces personnages qu'on peut facilement oublier ». La déception est sans doute à la mesure de l'investissement affectif et culturel. George Sand est habitée par un désir de transformation, voire de fabrication, par la culture, des identités populaires, notamment féminines. Expression d'une utopie domestique sincère, mais illusoire, fondée sur un

1. *Corr*, VII, L 3401, à Maurice, 8 mai 1846.

malentendu, l'oubli du poids du social, et dont les retombées peuvent être cruelles, de part et d'autre.

### *Apprendre à lire aux domestiques*

Éduquer les domestiques, c'est d'abord leur donner de bonnes habitudes ménagères par la répétition de gestes quotidiens. La propreté n'est pas innée. Il y faut beaucoup de patience et de pédagogie. « Il faut pendant plusieurs jours, tout faire *de visu et par ordre de fait.* Autrement c'est insensé ! » conseille-t-elle à Lina. Les Berrichonnes n'ont aucune notion de balayage, mais « elles sont douces et font tout ce qu'on leur dit, quand on a la patience de leur dire huit jours de suite »[1].

C'est aussi tenter de leur apprendre à lire, par utilité et par conviction, l'instruction étant la clef de l'émancipation. Sand l'a essayé non systématiquement, mais au cas par cas. En 1843, elle délivre à Luce des leçons quotidiennes de lecture, tandis que l'oncle Denis Meillant lui enseigne le calcul. « Je voudrais du moins lui apprendre les mots les plus usuels pour tenir des comptes et faire des notes. Je verrai si elle a l'intelligence assez soutenue pour lui apprendre un peu de grammaire[2]. » On trouve aussi mention d'élèves masculins, comme Jean Brunet qui voudrait apprendre à lire sans apprendre à écrire, et auquel son frère Sylvain fait copier des exemples. « Jugez de cette calligraphie ! Ça ressemble à des caractères runiques[3]. » Ou Alphonse Châteaufort, garçon meunier, que Sand initie aussi au solfège parce qu'il est clairon des pompiers : « Il est intelligent, il apprendra[4]. » D'autres la secondent,

1. *Corr*, XXIII, L 16066, à Lina, 25 avril 1872.
2. *Corr*, VI, L 2665, à Solange, 6 juin 1843.
3. *Corr*, XIV, L 7737, à Maurice, 10 février 1858.
4. *Corr*, XXI, L 14107, à Juliette Adam, 10 janvier 1870.

Manceau, Émile Aucante, surnommé le don Juan des cuisines parce qu'il donne des leçons à une jeune cuisinière.

Mais c'est avec Marie Caillaud, la tant aimée *Marie des Poules* (1840-1914), que l'enthousiasme culmine. En 1858, Nohant se transforme en école. Tandis que Manceau alphabétise Jean Brunet par la méthode traditionnelle, George enseigne Marie par la méthode Laffore, dont elle vante les mérites. Formulée à la fin de la Restauration par Pierre-Jules Bourrousse de Laffore, médecin de l'hospice d'Agen, la *statilégie* se veut méthode de « lecture immédiate », globale et auditive, plus qu'analytique et alphabétique, fondée sur les sons (Laffore a aussi écrit un essai sur *la voix*). Selon l'auteur, vingt-huit leçons suffisent. Sand défend cette pratique, que lui a fait connaître avec succès Jules Boucoiran, précepteur de Maurice. Elle en demeurera adepte toute sa vie[1] et donnera ultérieurement une préface à l'opuscule de Laffore[2]. « La méthode Laffore a fait des merveilles avec Marie, l'automne prochain elle lira son scénario. Elle commence l'écriture aujourd'hui, nous tenons classe le soir, et cela en trente leçons d'une demi-heure chacune. » Il y a là un progrès décisif à ses yeux et de grande portée pour les classes populaires. Elle adhère aux principes et aux démarches de l'enseignement mutuel[3]. Il faut dire que les écoles fondées en vertu de la loi Guizot (1833) n'ont guère prospéré dans le pays (l'établissement créé à Saint-Chartier a fermé faute d'élèves), et de toute manière, destinées aux garçons, elles ne concernent

1. George Sand, « Les idées d'un maître d'école » (1872), repris dans *Impressions et Souvenirs* (1873), Paris, Éditions d'Aujourd'hui, 1976.

2. Sur cette méthode par ailleurs controversée, cf. l'article d'Eugène Brouard dans le *Dictionnaire Ferdinand Buisson.* Le catalogue de la BNF mentionne la deuxième édition (1878) de M. de Bourrousse de Laffore, *Statilégie ou Méthode lafforienne pour apprendre à lire en quelques heures*, avec une préface de George Sand, Paris, Garnier frères, 2e éd., 1878.

3. Jacques Rancière, *Le Maître ignorant. Cinq leçons sur l'émancipation intellectuelle*, Paris, Fayard, 1987 : sur Jacotot, grand maître de l'enseignement mutuel.

pas les filles[1]. D'où le surcroît d'analphabétisme féminin. Comme livre de lecture, Sand utilise un manuel de Marie Pape-Carpantier, *Histoire et Leçons de choses pour les enfants*, auquel elle prend autant de plaisir que son élève[2]. Sand voit en Marie un modèle et un espoir : « De la laveuse de vaisselle qu'elle était, je l'ai élevée d'emblée à la dignité de femme de charge que sa bonne cervelle rend très propre à remplir. Mais un grand obstacle était qu'elle ne savait pas lire. Ce grand obstacle n'existe plus[3]. »

Autre moyen d'éducation : le théâtre, dont Olivier Bara a montré l'importance dans l'œuvre sandienne comme dans la vie de Nohant, à partir de 1846. Les domestiques garnissent les rangs des spectateurs, sauf les jours où il y a affluence, et où ils sont priés de céder leurs places. On teste leurs réactions, leurs émotions, le baromètre de leurs larmes. Ils fournissent des réserves de figurants, voire d'acteurs. Lors des embauches, il arrive qu'on jauge leur plastique ou leurs aptitudes à ce sujet. Certains deviennent des familiers des planches et semblent y trouver un réel plaisir. Ainsi Jean Brunet, dont la figure de Polichinelle « qu'on ne peut regarder sans avoir envie de rire » et le parler berrichon inspirent Maurice. Il devient « meo Pattaca », personnage de la comédie italienne que Maurice reproduit dans *Masques et Bouffons*. Sand écrit à son intention un dialogue qui le met en scène dans des situations ménagères cocasses. Le comique de mots joue sur la prononciation pseudo-berrichonne et les difficultés langagières de Jean qui « n'a jamais pu dire *calorifère*, c'est tantôt *colorifère* et tantôt

1. Michèle Hecquet (éd.), *L'Éducation des filles au temps de George Sand*, Arras, Artois Presses Université, 1998.

2. *Corr*, XIV, L 7846, à Stéphanie Bourjat, 3 juin 1858. Cf. Colette Cosnier, *Marie Pape-Carpantier, de l'école maternelle à l'école des filles*, Paris, L'Harmattan, 1993.

3. *Corr*, XIV, L 7742, à Charles Duvernet, février 1858.

*colibrifère*[1] », ou encore *colifère*. Assez comédien en effet, le serviteur zélé sait donner le change. Il se relève à deux heures du matin pour voir si *rien ne branle* ; on le croise en bonnet de coton « frais comme une rose et le sourire de l'innocence aux lèvres[2] », jusqu'à ce que Maurice le surprenne en train d'apprécier les vins de la cave. On connaît la suite.

## *L'histoire de* Marie des Poules

Mais la star, c'est Marie qui débute à seize ans et joue dans trente-neuf pièces différentes entre 1856 et 1863[3]. Sa jeunesse et sa grâce font merveille. « Marie est charmante. » Dans *Le Pavé*, « Marie est adorable. Elle a une tête angélique et une diction qui prend le cœur d'un bout à l'autre[4]. » Dans une pièce grecque, elle incarne un *jeune barbare* : « Elle a passé garçon [...] Elle a en homme une grâce et une aisance étonnantes. Quelle drôle de fille[5] ! » Marie revêt des tenues de princesse. Maurice dessine son portrait. Dumas l'admire et lui offre une robe. Édouard Cadol (homme de théâtre) lui fait la cour. À l'issue d'une représentation, George tend le bouquet qui lui était destiné « à sa bonne et chère enfant ». Marie séduit et l'est peut-être. D'où une grossesse imprévue qui va briser sa destinée. Jusqu'où peut-on sortir de sa condition ?

L'histoire de Marie Caillaud, dite des Poules, montre les limites de la transgression sociale, la persistance des assignations et des distances, et les souffrances qui en résultent. Née en 1840 à Nohant, Marie entre à onze ou douze ans au

1. *Corr*, XXI, L 13889, à Juliette Adam, 12 novembre 1868.
2. *Corr*, XIV, L 7712, à Maurice, 10 février 1858.
3. La liste de ces pièces est donnée par Solange Dalot, *Marie des Poules. Marie Caillaud chez George Sand*, Saint-Cyr-sur-Loire, Alan Sutton, 2007, p. 153.
4. *Corr*, XVI, L 9200, à Alexandre Dumas fils, 9 septembre 1862.
5. *Corr*, XVII, L 9743, à Alexandre Dumas fils, 23 octobre 1862.

service de George Sand. Elle s'occupe de la basse-cour, d'où son surnom. Son intelligence et sa grâce séduisent Sand, toujours en quête de fille. Elle devient sa femme de chambre, son actrice fétiche, sa femme de confiance, « notre petite Marie, la gouvernante de céans ». Elle l'accompagne à Paris, fréquente les théâtres et le milieu des comédiens, est de tous les voyages, en Auvergne, à Gargilesse, dans le Midi. À Tamaris, « elle couche auprès de moi » et administre la maison. « La princesse Marie de Nohant donne des ordres et fait marcher le ménage de façon assez pittoresque. » « Notre grande berrichonne se plaît beaucoup en mer »[1]. Dans une lettre à Christine Buloz, George vante les mérites de celle qui est « une sorte de fille pour moi, d'une nature si distinguée et réservée qu'elle vous intéressera comme un type[2] ». « La grande Marie, un être d'une grande valeur sous sa cornette paysanne[3]. »

À Nohant, elle participe aux soirées de lecture, se baigne dans la rivière avec George qui s'émerveille de sa hardiesse. Elle se passionne pour la minéralogie et entreprend une collection, partage l'intimité de la famille, non sans tensions. Maurice la taquine au point de la faire pleurer. « Dans les petits groupes repliés sur eux-mêmes, il est bien difficile qu'il n'y ait jamais des accrocs à la bonne entente », note l'*Agenda* (1862). Pourtant l'année 1863 se passe sous le signe de « la Marie-en-or ». « Marie est toujours en or de la tête aux pieds[4]. » Mais les choses se gâtent. Maurice et Manceau se disputent à propos de Marie, et Maurice prend ce prétexte pour congédier Manceau à la Saint-Jean, ce qui décide George à quitter Nohant. Avant de partir, elle tente de caser Marie à la Manufacture des tabacs de Châteauroux et la recommande au directeur Bixio. « Est-

1. *Corr*, XVI, L 8993, à Charles Poncy, 1er mars 1861.
2. *Corr*, XVI, L 9075, à Christine Buloz, 28 mai 1861.
3. *Corr*, XVII, L 9623, à Eugène Fromentin, juin 1862.
4. *Corr*, XVII, L 10130, à Charles Marchal, 27 avril 1863.

elle fille de soldat ? » s'enquiert ce dernier, arguant des protections dont, dans ce cas, on bénéficie. « Ma *Fadette* n'est pas fille de soldat. Elle n'a aucun titre, celle-là », lui répond Sand, consciente du dénuement social de Marie. Manceau rentre d'une visite à la Manufacture, convaincu que « la vie d'atelier et la société qui s'y trouve étaient impossibles pour notre jeune Marie ». En définitive, Marie reste à Nohant, femme de confiance avec Sylvain Brunet, et passe au service de Maurice et de Lina, auxquels Sand recommande de ne pas trop la charger et de faire appel à Sylvie pour la cuisine. Visiblement, elle voudrait lui conserver une position d'intendante que Lina n'a guère envie de lui consentir. Elle la remet aux fourneaux, et Marie occupe cette fonction de cuisinière quand, après la mort de Manceau, Sand revient à Nohant. Le théâtre bat de l'aile, et les références à Marie se raréfient.

Lorsque, coup de théâtre, Marie est enceinte. « Évènement domestique, aveu d'une grossesse mystérieuse, que tout le monde savait excepté nous [1] », note Sand. Le 10 mai 1868, Marie met au monde une petite fille, prénommée Marie-Lucie. « On n'a jamais su qui était le père » de cette enfant conçue durant l'été 1867, écrit Lubin. Selon Solange Dalot, native de Nohant, qui a mené une minutieuse enquête tant auprès des descendants que dans les textes, ce serait Maurice. Son hypothèse se fonde principalement sur le fait que Marie a été écartée de Nohant immédiatement après cette naissance. Elle l'interprète comme la volonté de Sand de sauver le ménage de Maurice et Lina. Non que Sand réprouve Marie ; après tout, elle était accoutumée à la bâtardise. Elle manifeste au contraire une grande sollicitude. Elle s'occupe de la placer dans de bonnes conditions financières, mais loin, à Paris, lui offrant le choix entre Juliette Adam et Mme Villot, laquelle l'embauche pour 50 francs par mois, plus que ses gages à

1. *Agendas*, IV, 28 janvier 1868.

Nohant. Dès juin 1868, Marie la suit dans la capitale, laissant sa petite fille au village, dans sa famille. Toutefois, elle ne disparaît ni de Nohant où elle revient parfois, ni de la vie de Sand, qu'elle voit régulièrement à Paris et qui lui donne des nouvelles de l'enfant.

Lorsqu'un peu plus tard, Solange, devenue propriétaire de Montgivray, songe à engager Marie, Sand se montre réticente. Selon elle, Marie a d'autres objectifs : « Elle voudrait être à la tête d'un établissement. Elle a l'intelligence et l'activité qu'il faudrait pour tenir un hôtel, une maison de bains et si elle quitte ses fonctions de *cordon bleu*, ce sera pour monter d'un cran et gagner 1 200 ou 1 500 francs[1]. » Sand conserve toute son estime pour Marie et voudrait l'aider à réaliser ses projets. Le retour au pays serait une régression, un piège, qu'elle redoute. Pourtant, lorsque Marie entre finalement au service de Solange, en 1872, Sand feint de s'en féliciter et vante « la vertu merveilleuse de sa cuisine ». Étrange répétition : elle apprend à lire à la petite Marie-Lucie, compagne des jeux d'Aurore et de Gabrielle. Le jour des obsèques de Sand, c'est Marie qui distribue aux assistants des brins de buis en hommage à celle qu'elle avait tant aimée.

La thèse de la paternité de Maurice est contestée. Lubin n'a jamais pris le risque d'une telle affirmation, et Aline Alquier, sandienne avertie, met en doute la démonstration de Solange Dalot[2]. Nohant n'a certes pas échappé aux amours ancillaires. Hippolyte Chatiron en était né. Casimir était coutumier de la séduction des servantes : Pépita, puis Claire Mathelin, à laquelle il avait sans doute fait un enfant, bien qu'elle confessât que ce pouvait être lui ou un autre. La sexualité de Maurice nous demeure inconnue. Sand, qui aimait Lina, devait veiller

1. *Corr*, XXII, L 15978, à Solange, 3 mars 1872.

2. Cf. son compte rendu du livre de Solange Dalot in *Les Amis de George Sand*, n° 30, 2008, p. 34-40.

à la paix du ménage. Le drame de Marie n'en reste pas moins fort sombre. Elle ne s'est jamais remise de George, de l'embellie miraculeuse que Nohant et son théâtre, les rôles qu'elle y a joués, les rêves de beauté et d'amour qu'ils ont engendrés, ont constitué dans sa vie. Ce fut une échappée merveilleuse, mais sans issue. Marie a sombré dans l'alcoolisme. « La pauvre fille est perdue », note Sand dans l'*Agenda*. Solange vire la « belle soiffarde » qui n'en finit plus de ruminer et de remémorer les temps d'autrefois. En 1904, lors du centenaire de la naissance de Sand, Gabrielle la prend en photo avec Sylvain Brunet devant la maison de ce dernier : deux vieillards, d'allure paysanne, témoins d'un âge révolu, dont on se demande même s'il a pu exister.

*Altérité de la condition domestique*

Au-delà du cas individuel, l'histoire de Marie illustre les ambiguïtés de cette condition. Les domestiques demeurent les autres[1]. Beaucoup d'indices manifestent cette altérité : les prénoms ou les surnoms qu'on leur donne, le jugement qu'on porte sur eux, la manière amusée dont on décrit leur physionomie ou dont on rapporte leurs propos, qu'il s'agisse du parler berrichon ou de leur façon d'écorcher les mots. On s'esclaffe de leurs bévues qui préfigurent celles de Bécassine. Ursule Josse accompagnant Sand en Suisse confond Martigny et Martinique, pense trouver un grand soleil et rapporter un bon café. Le langage du vieux Jean est pour George un perpétuel sujet d'étonnement et d'observation. « Je jardine comme un nègre, en compagnie de Jean dont j'étudie l'esprit et le langage

1. Cf. Anne-Martin Fugier, *La Place des bonnes. La domesticité féminine à Paris en 1900*, Paris, Grasset, 1979 ; rééd., Paris, Perrin, 2004 ; Geneviève Fraisse, *Femmes toutes mains. Essai sur le service domestique*, Paris, Seuil, 1979.

comme une curiosité recommandable. Ça tient le milieu entre l'ammonite fossile et l'*ostrea gigantea*. Et dire qu'il est heureux d'être au monde, et que nous en cherchons si loin pour ne pas être comme lui[1] ! » On se gausse des bourdes de Jacques Chérami, dit *Cher ami*, qui porte du courrier sans savoir ni pour qui ni pour quoi, et est capable de se battre avec un chiot dont il prend peur, « comme avec un chien enragé ». « Ton petit Pisto [le chien de Solange] a été malade. On a fait croire à Chérami qu'il savait lire et écrire et qu'il faisait les commissions. Il le croit et le salue quand il le rencontre, parce qu'on lui a dit aussi qu'il boudait quand on ne le saluait pas[2]. » « Braves », les domestiques sont souvent « bêtes » et pas toujours susceptibles d'apprendre. Et puis ils sont crédules et superstitieux. Pierre Moreau et sa femme croient voir des revenants dans la maison déserte qu'ils gardent. Les marionnettes inspirent des sentiments mêlés ; on les soupçonne de conciliabules nocturnes. Les nourrices racontent aux enfants des contes à dormir debout. Sand apprécie les contes, et pour cette raison, elle en écrira, mais à sa façon, délivrés de l'obscurantisme, non du merveilleux.

Certes, George Sand, surtout quand elle est Aurore (mais à Nohant, elle le demeure), aime ses « gens » qui la rattachent à sa famille, à son enfance, à cette maison qui constitue ses racines et son indépassable horizon. Lorsqu'elle décide, fin 1830, de venir à Paris, laissant lieux et enfants aux soins de Casimir, elle s'oppose à leur dispersion. « Je ne voudrais pas que ma maison soit vidée par mes domestiques qui m'ont vu (*sic*) naître et que j'aime presque comme des amis[3]. » « Presque » : elle les compare aussi à des animaux familiers. Sous l'angle des gages et des conditions de vie, elle est plutôt

1. *Corr*, XVII, L 9922, à Édouard Cadol, 20 février 1862.
2. *Corr*, V, L 2274, à Solange, 18 juillet 1841.
3. *Corr*, I, L 328, à Jules Boucoiran, 1^er^ décembre 1830.

une « bonne patronne », et se flatte d'avoir la réputation d'une « bonne maison ». Elle s'intéresse aux projets de ses serviteurs et soutient ceux qui souhaitent s'émanciper ou améliorer leur sort. Elle voudrait les arracher à l'ignorance et à la rusticité, au manque d'hygiène, promouvoir l'égalité. Un de ses derniers romans, *Nanon*, célèbre les mérites d'une « paysanne parvenue » qui a su, par son travail et son initiative, échapper à son destin, comme Marie aurait pu le faire, sans la séduction, ce poison des femmes, sans l'hystérie, cette maladie qui les pousse à consentir[1]. Mais en même temps, elle mesure l'obstacle que crée la culture.

À cet égard, une longue lettre à Jules Boucoiran[2] est significative de ce mélange de proximité et de distance qu'elle ressent vis-à-vis de la maisonnée. Boucoiran, après avoir servi chez le général Bertrand à Châteauroux, est devenu précepteur de Maurice à Nohant. Le soir, le jeune homme s'ennuie et s'attarde à la cuisine. Trop, selon Aurore. Elle-même se sent très proche de ses « gens ». « Je ne les traite pas comme des domestiques, et un de mes amis remarquait avec raison que ce n'était pas des valets, mais une classe de gens à part qui s'étaient engagés par goût à faire aller ma maison, mais qui y vivaient aussi libres, aussi chez eux que moi-même. » Souvent, elle s'assied au fond de la cuisine « en regardant rôtir le poulet du dîner et en donnant audience à mes coquins et à mes mendiants. Mais je n'irai pas passer un quart d'heure avec eux lorsqu'ils sont rassemblés ». Cela l'ennuie et elle craint de les gêner. Elle incite Boucoiran à faire de même. « Vous ne devez pas être avec eux comme avec un égal. » Il faut tenir « son rang », se conduire en Monsieur. « L'éducation établit entre

1. Sand emploie ce terme à propos de Marie, qui se laisse aller aux cajoleries d'un valet chez Solange. La soupçonne-t-elle d'avoir cédé à la séduction ? C'est ce qu'elle pense généralement des femmes séduites.

2. *Corr*, I, L 278, à Jules Boucoiran, 15 mars 1830.

les hommes la seule véritable distinction. » Au lieu de « niaiser avec des gens qui ne parlent pas le même français » que lui, il ferait mieux de « prendre un livre », comme le font les héros du théâtre tchékhovien.

Cet obstacle de la culture et du langage, elle a rêvé de l'abolir, par l'alphabétisation et par le théâtre, qui constitue de ce point de vue une expérience exceptionnelle, culminant avec Marie Caillaud. De manière plus traditionnelle, elle tente de gérer le domestique par les pratiques d'une famille élargie. Valets et jardiniers courtisent femmes de chambre et cuisinières. Entre eux, les unions sont fréquentes et célébrées en grande pompe, comme nous l'avons vu avec le double mariage d'André Caillaud avec Françoise Meillant et de Fanchon avec Sylvain Biaud. « Après les noces et les festins, les émotions du chant de Pauline, la bourrée, les promenades et les longues flâneries, je tombe de fatigue. Sa noce a duré trois jours et trois nuits, avec toutes les cérémonies du vieil usage, fort enjouées et fort curieuses[1]. » Le scénario se reproduit le 9 septembre 1845, pour les noces de Solange Biaud dont Sand livre à Hetzel un récit enthousiaste : « Il faudrait pourtant que vous vissiez cela pour vous faire une idée de l'âge d'or[2]. » Elle vante la politesse innée des convives. En groupe, ces paysans retrouvent une dignité que, d'une certaine manière, la domesticité leur fait perdre.

### *Abolir la condition domestique*

Elle perçoit davantage, au fil du temps, la perversité de la condition domestique, l'aliénation réciproque des maîtres et des serviteurs. Elle se lasse des « orages domestiques, ces *18 brumaire* de cuisine [...] si ennuyeux, si répugnants ». Quelle attitude prendre ? « Nous dépendons de nos domestiques plus

1. *Corr*, VI, L 2707, à Marie de Rozières, septembre 1843.
2. *Corr*, VII, L 3281, à Pierre-Jules Hetzel, 15 novembre 1845.

que de nos amis. Quand nous sommes bons et indulgents nous sommes tout aussi volés et beaucoup plus mal servis. » Et puis, les domestiques sont un regard ; ils pénètrent une intimité qu'ils côtoient quotidiennement. En cas de conflits conjugaux, ils sont juges et partie. Casimir, dans le procès en séparation qui l'oppose à Aurore, a mobilisé les servantes, Pépita, Claire Mathelin ou Julie Dorville, pour rédiger des « griefs », tels que celui-ci : « Julie Dorville rend compte que Madame A. Dudevant, couchée avec ce dernier [Gutave Planche], faisait venir sa fille âgée de quatre ans dans le même lit[1]. » On se croirait au procès de Marie-Antoinette. Toujours la sexualité est en cause. Accusé de violences contre sa femme, Casimir plaide le dévergondage de celle-ci, selon un procédé éprouvé. Les domestiques sont convoqués comme témoins de moralité.

Il y a quelque chose de vicié dans cette relation. « Les meilleurs cœurs s'aigrissent de la servitude. » Il faudrait traiter les domestiques « comme des fonctionnaires de notre intérieur, leur témoigner plus d'égard que de tendresse[2]. » Pour commencer, il faudrait remplacer les engagements annuels, trop rigides pour les deux parties, par un système plus souple, mensuel. « Ce que je vois de mieux avec tous les domestiques indigènes, c'est de les prendre à l'essai. Moi je les engage *au mois* et pour cela je les engage un peu plus cher, et cette convention du mois ne fait pas règle pour le cas où je les prendrai à l'année ensuite. De cette manière je les renvoie quand bon me semble. Ce serait même un bon usage à introduire dans le pays[3]. » En somme, elle préconise le passage à la mensualisation, au salariat, en l'occurrence sans garantie pour

1. *Corr*, III, p. 343, note 2 de Georges Lubin qui reproduit, en annexe de ce tome III, les « Griefs contre Aurore Dudevant ».

2. *Corr*, VIII, L 3764, à Charlotte Marliani, fin novembre 1847.

3. *Corr*, IV, L 1549, à Charles Duvernet, 19 juin 1837.

l'employé et tout au bénéfice de l'employeur. C'est une rupture dans les « engagements permanents[1] », caractéristiques des économies traditionnelles dont la domesticité est un témoin : un pas franchi vers l'individualisation du salariat.

Il convient par ailleurs de réduire le nombre des domestiques. Le modèle parisien exerce un pouvoir d'entraînement. Sand n'emploie jamais plus de deux ou trois personnes à Paris ; à Palaiseau, un couple et un jardinier intermittent. C'est encore trop. Après la mort de Manceau, seule dans son appartement de la rue Gay-Lussac, Sand estime qu'une unique bonne, voire une « femme de ménage », lui suffirait grandement. « La nuit, je n'ai besoin de personne. Je ferai mettre une sonnette chez le portier. » Ce serait « une économie et aussi un souci de moins »[2]. Des onze domestiques des années 1840 à Nohant, à la « femme de ménage » envisagée vingt-cinq ans plus tard à Paris, l'évolution est considérable. Bien entendu, il y a un fort contraste entre l'individuation parisienne et la maisonnée campagnarde où se survit l'Ancien Régime. Mais la tendance gagnante se dessine nettement. Sand y aspire. Ne plus être servie serait un soulagement dont elle jouit à Gargilesse. Pour des raisons économiques, mais aussi éthiques. À Poncy qui, dans la *Chanson du domestique*, refusait au domestique la qualité de « travailleur », Sand oppose une autre vision des choses[3] : « Se charger du soin d'un ménage, de la salubrité et de la propreté d'une maison, de la

1. Selon l'expression de Frédéric Le Play, fondateur de l'économie sociale, chaud partisan de ce système jugé plus protecteur que le salariat.

2. *Corr*, XX, L 12224, à Maurice, 2 septembre 1866. L'expression « femme de ménage » est utilisée ici pour la première fois.

3. *Corr*, IX, L 4438, à Charles Poncy, 4 mars 1850. Poncy avait composé une *Chanson du domestique*, où il écrit « qui se fait domestique n'est pas travailleur », ce que conteste Sand. Cf. également *Le Diable aux champs*, où c'est un thème central des dialogues entre Florence, le jardinier-fleuriste et Diane, sa patronne, ou Gérard. Qu'est-ce que commander ? Qu'est-ce que servir ?

confection des aliments communs, de l'entretien d'un jardin ou d'une écurie, c'est travailler, fonctionner, ce n'est pas servir. […] Il nous faut établir avec les domestiques des relations nouvelles et qui soient tout le contraire de celles du passé[1]. »

Comme toutes les Cerisaies, Nohant appartient à un monde révolu.

1. Cité sans référence précise par Christiane Sand, *À la table de George Sand*, *op. cit.*, p. 70.

# Animaux familiers

*« … ces humbles amis, compagnons discrets et fidèles de notre vie intime*[1] »

George Sand croyait à l'unité du vivant, à la proximité des humains, des plantes, et des animaux. Sans toutefois s'y identifier, comme le faisait Michelet. « Son sentiment de la nature s'appuie sur une vue plus *scientifique* des lois qui régissent la préservation de la vie de chaque espèce, elle y met moins d'anthropomorphisme[2]. » Elle rêve de liberté, de protection pour les bêtes. Après les brûlantes journées de Juillet 1830, Aurore retrouve avec plaisir leur compagnie. « Je m'occupai d'un projet de constitution pour les chiens et je commence à donner l'essor à une grande pensée de liberté qui m'occupe en faveur des chevaux. Puisque je n'ai pu acquérir la gloire parmi les hommes c'est parmi les bêtes que je voudrais la chercher[3]. » Elle ne doute guère qu'elles aient une intelligence, une sensibilité, peut-être une âme, qui demeure toutefois mystérieuse, inaccessible, faute d'un langage commun[4].

1. *Corr*, X, L 4869, à René de Villeneuve, 14 avril 1851.
2. Mariette Delamaire, *George Sand et la vie littéraire dans les premières années du Second Empire*, *op. cit.*, p. 407. Elle s'appuie principalement sur *Autour de la table.*
3. *Corr*, I, L 320, à Mme Gondouin de Saint-Agnan, septembre 1830.
4. *Corr*, XVII, L 10030, à Auguste Vacquerie, 8 mars 1863. Elle a lu son livre et s'est intéressée à tout, même au chien et au chat, « ces âmes

Mais, dans la vie pratique, elle maintient les barrières : « [...] la bête en général m'est sympathique, mais pourvu que la bête mange et boive, je suis d'avis que la bête doit servir l'homme[1] ».

Hommes et bêtes sont unis par des affinités dont elle perçoit les composantes sociales : « J'ai eu une servante qui avait la passion des cochons, et qui s'évanouissait de désespoir quand elle les voyait passer entre les mains du boucher[2]. » Lorsque meurt sa jument Georgette, « qu['elle a] regrettée presque comme une personne, Sylvain, voyant [s]on chagrin, a voulu [la] faire apitoyer sur la mort d'un de ses cochons, mais [elle] n'[a] pu consentir à cela[3] ». Pour elle, le cochon est bien ce « cousin mal aimé » dont parle Michel Pastoureau[4].

## L'oiseau, « être supérieur »

Oiseaux, chevaux, chiens composent sa trilogie de prédilection. L'oiseau en occupe le sommet et son éloge ouvre quasiment *Histoire de ma vie*. « L'oiseau est l'être supérieur dans la création. Son organisation est admirable. Son vol le place matériellement au-dessus de l'homme, et lui crée une puissance vitale que notre génie n'a pu encore nous faire acquérir. » Sa morphologie, ses pratiques familiales (égalité sexuelle, soin des enfants), sa fidélité, son art domestique en font un modèle pour l'homme. « Son nid est un chef-d'œuvre d'habileté, de sollicitude et de luxe délicat. » Et puis, c'est un musicien subtil,

---

mystérieuses dans lesquelles nous ne pouvons pas plus rentrer que nous ne pouvons devancer le temps et lire clairement dans celles que nous serons ».

1. *Corr*, III, L 1272, à Alexandre Duteil, 28 septembre 1836. Elle est à Genève et demande à Duteil de soigner ses chevaux.
2. *HDMV*, I, p. 17.
3. *Corr*, XV, L 8585, à Tony Faivre, 20 février 1860.
4. Michel Pastoureau, *Le Cochon. Histoire d'un cousin mal aimé*, Paris, Gallimard, 2009.

il chante. Il est surtout merveilleusement libre. « L'homme-oiseau, c'est l'artiste[1]. » Un modèle, un compagnon. George parle des oiseaux qu'elle a aimés : les fauvettes Jonquille et Agathe, un rouge-gorge d'une prodigieuse mémoire, un milan royal qui se perchait au bord du berceau de Maurice sans jamais l'effleurer, le sansonnet noyé de Venise… La *Correspondance* en mentionne bien d'autres : la serine Jonquille, « étranglée par un horrible et détestable chat[2] », la grive Christophe qui couche dans la salle à manger, vole dans le jardin et vient lui rendre visite dans sa chambre[3], un épervier, dit Birrichino, qu'elle domestique. Rossignols et bengalis (serins), dont elle déplore la fragilité, la régalent de leurs chants. Elle attribue à son ascendance maternelle son penchant pour les oiseaux. Son aïeul était maître oiselier sur le quai aux Oiseaux où il vendait des serins et des chardonnerets. Sa mère attirait tous les oiseaux du jardin. « Quant à moi, la sympathie des oiseaux m'est si bien acquise, que mes amis en ont été frappés comme d'un fait prodigieux. […] Les oiseaux sont les seuls êtres de la création sur lesquels j'ai jamais exercé une puissance fascinatrice[4]. » Deux de ses héroïnes, la Madeleine de *Teverino* (1845), qui apprivoise les aigles, et Consuelo, visitée par un rouge-gorge à la prison de Spandau, incarnent ce pouvoir.

### La jument Colette

Avec les chevaux, cette excellente cavalière noue une relation très personnelle, notamment avec « [s]a chère Colette, qui est bien l'animal le plus adroit et le plus intelligent qu['elle]

1. *HDMV*, I, p. 18.
2. *Corr*, XXV, S 66, à Jane Bazouin, 27 avril 1827.
3. *Corr*, XXV, L 5697, à Eugène Lambert, 22 mai 1852.
4. *HDMV*, I, p. 16.

connaisse », capable de retrouver seule son chemin. « Je suppose au cheval une intelligence plus relevée. Je le place au-dessus de tous les animaux, immédiatement après l'homme, et faisant un bien meilleur usage d'une plus petite part de raison. Je passe des heures entières à l'écurie, je fais la conversation de Colette. Je suis sûre qu'elle m'entend »[1]. La jument Colette, dite Mademoiselle Deschartres parce que dressée par son précepteur, l'accompagne durant quatorze ans (1821-1835). Dans son autobiographie, elle vante « son adresse et son esprit auquel rien ne pouvait être comparé[2] ». Colette l'avait sauvée du suicide auquel son attraction mortifère de l'eau l'avait conduite dans sa jeunesse[3]. En 1835, Colette est aveugle, mais Sand n'a pas voulu s'en séparer. « Eh bien ! Colette, tes beaux jours ne sont plus ; mais on a fait une bonne action en te conservant un coin et une botte de paille dans l'écurie[4]. » Car « ce qui a été est quelque chose de respectable ». Désormais, Colette broute l'herbe près du cimetière.

On n'en trouvera guère d'équivalent. Bignat lui procure quelque temps le plaisir d'ardentes chevauchées où elle cherche à conjurer la rupture avec Michel de Bourges. « Je l'ai dressé à franchir cent toises par seconde ; le ciel et la terre disparaissent quand il m'emporte sous ces longs berceaux de pommiers en fleurs[5]. » Il a à peine cinq ans, est craintif, mutin, noir comme l'aile du corbeau. « C'est une créature admirable, intelligente, forte, aimante. Si mon cheval mourait aujourd'hui, je ne sais pas à quelle folie le chagrin me pousserait. » Mais il se blesse, devient terrible. Il faudra s'en débarrasser. En 1859, « la pauvre, la belle, la bonne, la brave Georgette est morte ce matin à 5 heures après 5 jours de maladie. On ne la remplacera jamais. C'est un chagrin

1. *Corr*, I, L 89, à Aurélien de Sèze, 24 octobre 1825.
2. *HDMV*, I, p. 1035.
3. *HDMV*, I, p. 1096, récit de cet épisode marquant.
4. *Lettres d'un voyageur, Lettre V (à Rollinat)*, 1835, *op. cit.*, p. 761.
5. *Corr*, IV, L 1498, à Michel de Bourges, 20 mai 1837.

véritable dans toute la maison », note Manceau dans l'*Agenda*[1]. Et Sand : « Je l'ai regrettée presque comme une personne[2]. » Par ailleurs, elle monte moins, n'ayant pas trouvé de cavalier à sa mesure, et plus du tout après 1862. Ce qu'elle recherche désormais, ce sont des chevaux d'attelage pour les carrioles de tous genres – calèche, bagotière, tilbury... – qui font la liaison avec La Châtre ou Châteauroux. L'utilitaire efface l'affectif.

## Les chiens plus que les chats

Les chiens prennent alors un avantage qu'elle juge excessif. « Le chien joue un rôle exorbitant dans la vie de l'homme, et il y a bien là quelque mystère qu'on n'a pas sondé entièrement[3]. » À vingt ans, elle abhorre les animaux de compagnie. « J'aime voir les animaux à leur place, les oiseaux voler sur les arbres, les chiens chasser et coucher au chenil ; mais je déteste m'entourer de chiens et de chats. Le babil d'un perroquet ou les importunités d'un roquet me rendent imbécile[4]. » La détestation demeurera pour les chats, qu'elle exècre – « moi qui ne peux pas souffrir les chats[5] » – pour leur cruauté oiselière, leurs miaulements enamourés, et leur mauvaise odeur. Théophile Gautier a sept chats. « On sent la pisse de chat au bout de la rue[6]. » Alors, « le moins de chats possible, je ne les aime qu'en peinture. Là ils ne font que du plaisir et point de mal. Fais-en donc beaucoup[7] », écrit-elle à Lambert, devenu peintre

1. *Agendas*, II, 31 décembre 1859 (AM).
2. *Corr*, XV, L 8585, à Tony Faivre, 20 février 1860.
3. *HDMV*, I, p. 17.
4. *Corr*, I, L 89, à Aurélien de Sèze, 24 octobre 1825.
5. *Corr*, XII, L 6329, à Champfleury, 10 juin 1854, qu'elle félicite pour son roman, *Histoire de Mariette*, et le récit de la mort du petit chat.
6. *Agendas*, III, Paris, 3 mars 1864 (GS).
7. *Corr*, XXIII, L 16348, aux Lambert, 25 octobre 1872.

animalier. Il lui fallait beaucoup désirer la venue de Delacroix, et la longanimité de Pistolet, pour accepter ses chats, Amour ou Cupidon.

Par contre, en 1829, elle demande à Casimir de lui procurer « un chien pour moi. Par conséquent pas un chien de chasse ou de basse-cour ». Ni même un chien des Pyrénées, comme Brave, courageux, mais agressif, dressé à se battre contre les loups. « Je voudrais m'en faire une société dans mon cabinet et non pas pour avoir un chien de manchon »[1]. Elle précise : soit un lévrier, soit un petit danois moucheté, soit un loup blanc ou gris ; surtout pas de chien noir à longue barbe, ni de roquet aboyeur. « C'est un caprice qui me tient depuis longtemps », et qu'elle réitérera. Lorsqu'en 1876, à quelques semaines de sa mort, Henri Amic lui apporte un griffon écossais, « gros comme le poing », « un vrai bijou », baptisé Claymore, elle remercie chaleureusement : « Il y a si longtemps que je rêve d'avoir un toutou à moi, et tout petit[2]. »

Une cohorte de chiens traverse Nohant : Ralph, si désagréable en voyage[3], Simon, Tom, Mops, le roquet de Chopin, Carillo, Léda, Jessy, Dash, Mouche, Fox, le terrier de Plauchut, bien d'autres. Mais trois s'imposent vraiment : Pistolet, Marquis, Fadet. Pistolet, d'abord dévolu aux enfants, devient la coqueluche de la maison, voire du pays. George vante à Pauline Viardot les mérites de cet animal « *sublime* d'intelligence qui chasse comme un homme et nage comme un poisson ». Et pour attirer Louis : « Malgré sa petite mine de chien de salon, il est plus ardent et plus fin à la proie que ceux du pays. Il est généralement adoré dans les environs pour ses

1. *Corr*, I, L 265, à Casimir Dudevant, 16 décembre 1829.

2. *Corr*, XXIV, L 17838, à Henri Amic, 26 avril 1876.

3. *Corr*, II, L 513, à Émile Regnault, 1er août 1832 : « Il a dégueulé dans les jambes de tout le monde ; il a pissé sur les robes des femmes, sur la tête du conducteur, sur le dos de son maître. C'est une véritable infamie qu'un chien pareil. »

qualités morales et physiques »[1]. Pistolet ne quitte guère George, il couche dans sa chambre ; il a des rêves : « La nuit dernière, il avait froid et pour le réchauffer je l'avais enveloppé d'une vieille robe de chambre sur sa chaise. Il a rêvé de quelque chose qui lui a fait peur. Il a voulu sauter à terre, il est tombé tout *à l'envers*, une *bourdonnée* que la chambre en *sounnait*, quoi[2]. » Aux intimes, on donne de ses nouvelles et on associe « Pisto » aux salutations.

Marquis, chien havanais, élégant et fragile, cadeau de la comtesse de San Isidro, lui succède. Il assiste aux débuts du théâtre de Nohant, dont il est quelque temps le seul spectateur. Chopin, dont il est le préféré, lui dédie la *Valse opus 64*, dite « *du Petit Chien* ». Marquis est un tendre : « Il s'est évanoui de joie à mon arrivée[3]. » Durant ses absences, elle le confie aux Duvernet : « Je n'ai pas encore perdu l'habitude de le chercher derrière moi à chaque instant[4]. » Adopté par eux, il meurt au Coudray en 1857[5].

Fadet est un petit bouledogue qu'elle a sans doute acquis à Palaiseau et qu'elle rapatrie à Nohant après la mort de Manceau. « Une bonne petite bête qui m'a bien tenu compagnie dans les chagrins[6]. » « Une bête qui vaut de l'or. » Il s'acclimate très bien à Nohant et devient « l'enfant gâté de la maison ». Elle remue ciel et terre pour le guérir d'un ténia persistant, et pour lui trouver une compagne digne de lui. On l'éduque politiquement. « Quand on l'appelle Badinguet, il se couche honteux et désespéré, et boude toute la soirée[7]. » Il devient le compagnon des petites-filles. La petite Aurore, dite

1. *Corr*, V, L 2265, à Pauline Viardot, 8-9 juillet 1841.
2. *Corr*, VI, L 2740, à Maurice, 2 novembre 1843.
3. *Corr*, X, L 4917, à Solange, 24 mai 1851.
4. *Corr*, X, L 5211, à Charles Duvernet, 22 janvier 1852.
5. Charles Duvernet, *Écrits intimes*, I, *op. cit.*, p. 166 ; II, note 315.
6. *Corr*, XX, L 12197, à Maurice et Lina, 3 décembre 1865.
7. *Corr*, XX, L 13375, à Gustave Flaubert, 21 décembre 1867.

Lolo, en raffole. Sand fixe leur souvenir commun dans une aquarelle.

Les animaux tiennent une place réelle dans la maison. On les nomme. On les soigne. On les marie. On donne des nouvelles de leurs faits et gestes. Ils sont l'objet de désirs, voire de jalousies. Maurice et Solange se disputent âprement une jument blanche. On les pleure quand ils disparaissent. « J'ai bien pleuré des chiens et bien des oiseaux en cachette, parce qu'on se moquait de moi[1]. » Par contre la mort d'une tortue laisse indifférent. « Ce trépas ne fait pas grand vide dans notre existence, heureusement[2]. » On n'enterre pas, mais on « encave » certains chiens préférés, comme la Nérina de Marie-Aurore dont on retrouve le collier dans le grenier. Par des liens mystérieux, cette histoire personnelle des animaux s'inscrit dans une nouvelle vision de la nature[3].

1. *Corr*, XV, L 7909, au prince de Villafranca, 7 août 1858.

2. *Corr*, XV, L 8652, à Maurice, 31 mars 1860.

3. Dans l'abondante historiographie d'une histoire en plein essor, on retiendra les travaux pionniers de Keith Thomas, d'Éric Baratay, *Le Point de vue animal. Une autre version de l'histoire*, Paris, Seuil, 2012, Damien Baldin, *Histoire des animaux domestiques, XIXe-XXe siècle*, Paris, Seuil, 2014, et Quentin Deluermoz et François Jarrige (dir.), *La Part animale du XIXe siècle*, numéro spécial de la *Revue d'histoire du XIXe siècle*, n° 54, 2017/1 ; entretien avec Philippe Descola.

# Les lieux

Nohant est un lieu. Hérité par Aurore Dupin, adopté et investi par George Sand qui en a fait non seulement une habitation et un mode de vie, mais un projet : celui d'une maison d'artiste, seule identité qu'elle se reconnaisse, enracinée dans un pays, le Berry, pauvre et laid, et pourtant oasis dans les tempêtes, « ma Capoue », où les printemps sont plus beaux qu'ailleurs. Un lieu infiniment désirable, où l'on revient toujours, cristal de souvenirs, porteur d'une mémoire relativement longue, lié à l'histoire d'une famille et plus largement à celle de la France centrale, confluente, protégée et protectrice.

Nohant est une trilogie de lieux emboîtés : une maison, un jardin, une terre, qui se complètent et se nourrissent. La demeure aux grandes pièces du temps de Marie-Aurore de Saxe a vu se multiplier les chambres destinées aux familiers et aux amis. Elle s'est transformée pour laisser place aux ateliers et au théâtre, espaces de travail et de création. Maison vivante, aux frontières intérieures fluctuantes, où le grand escalier, les espaces de réception, la cuisine surtout, figurent les éléments les plus stables. Maison foisonnante des allées et venues des habitants qui y laissent leurs traces matérielles et celles de leurs souvenirs.

Le jardin, ouvert, naturel, sans cesse enrichi des plantes les plus diverses, enveloppe la maison d'herbes folles, de fleurs « à mort », d'arbres qu'il faut sans cesse défendre contre les mutilations. Le plan du jardin, fixé très tôt, a moins changé que celui de la maison et pourtant il a incorporé bien des modifications liées aux jeux enfantins et à l'imaginaire baroque. Théâtre des saisons sans cesse recommencées, il ouvre à la nature, horizon des corps vifs ou morts, des espèces parentes dans la grande famille du vivant dont les mystères hantent ses allées et ses taillis.

Une terre de 200 hectares fait de Nohant un domaine vaste pour le pays, dont les revenus modérés servent à peine à entretenir la maison, mais qui ancre la famille dans le monde rural, ces paysans qui veulent qu'on les appelle « gens de la campagne », par un souci de dignité qui cimente leur indépendance. « Je suis un paysan », disait Sand : son autre identité. Faute d'être une bonne exploitante, elle a puisé dans cette terre la connaissance d'un milieu qu'elle a aimé, et auquel elle a donné vie dans ses romans. Une terre qui irrigue son œuvre.

# La maison

*« Ces souvenirs d'enfance ont eu le secret de m'attacher à ma maison par des liens d'affection et de bien-être qui font que je ne m'en éloigne jamais sans pleurer de regret et que j'y rentre point sans pleurer de joie*[1]*. »*

Joie, tristesse, pleurs… Entre Sand et sa maison, les liens sont forts, émotionnels, presque organiques. Pourtant, dans sa vie et son œuvre, la maison est infiniment moins présente que le jardin. Muriel Caors avait remarqué la rareté, voire la quasi-absence, de descriptions d'intérieurs. « Cette absence de maisons à caractère heureux étonne d'autant plus que l'on sait quelle affection George Sand portait à sa propre maison […]. Il semble paradoxal qu'aucun de ses romans ne puisse rendre compte de l'existence d'une maison qui n'apparaisse comme un symbole de dépravation de la société humaine[2]. » Outre les partis pris littéraires – le refus d'un réalisme balzacien –, il existe peut-être aussi des motifs existentiels, des raisons éthiques et des goûts personnels.

1. *Corr*, XXV, S 63, à Jane et Aimée Bazouin, 30 octobre 1826.
2. Muriel Caors, *Le Berry de George Sand. Géographie et imaginaire*, ronéoté, 1989, p. 233.

## Une maison héritée…

Nohant n'est pas sa maison natale, comme Saint-Sauveur l'a été pour Colette, mais un héritage qu'elle se sent le devoir de transmettre. « Je n'ai rien choisi, je n'ai presque rien créé autour de moi. J'ai été élevée dans le lieu où je vis, mes souvenirs d'enfance font pour moi tout son charme et je n'y donne guère d'autre soin que celui d'y conserver tout ce qui peut être conservé du passé[1]. » Pour Marie-Aurore de Saxe, Nohant n'avait pas été davantage « un choix libre et réfléchi », mais affaire de circonstances. « Fuir Paris [...], se réfugier dans quelque province où le choc social vient s'amortir dans le calme des habitudes et la douceur des relations » l'avait conduite vers ce paisible coin du Berry qui, au sein des troubles de la Révolution, figurait une « oasis ». Marie-Aurore appréciait-elle seulement cette maison ? « Elle y fut longtemps fort gênée [...] ; mais la maison est saine, aérée et bien disposée pour contenir une famille »[2]. Fonctionnelle en somme. Une maison plus qu'un château, aux yeux de George Sand, qui, au rebours de son entourage, récuse cette appellation comme le statut de châtelaine. « Le château, si château il y a, car ce n'est qu'une médiocre maison du temps de Louis XVI », fournit « une habitation simple et commode », « médiocrement spacieuse pour une maison de campagne et infiniment trop petite pour être un château »[3] et de plus dépourvue de tourelles, blasons et pièce d'eau. Rien à voir avec Chenonceau, prestigieuse demeure des cousins Villeneuve[4]. Elle se souvient pourtant de son premier contact, de l'émerveillement qu'elle éprouva en 1808, au

1. George Sand, *Le Théâtre et l'Acteur* (1858), in *OA*, II, p. 1238.
2. *Ibid.*, p. 1240.
3. *HDMV*, I, p. 122.
4. Ceci étant, bien des demeures relativement modestes des environs s'enorgueillissaient au contraire du titre de « château ».

retour d'Espagne (elle a quatre ans et la gale). « Ce n'était pas aussi beau, à coup sûr, que dans les palais de Madrid, mais cela me fit le même effet, tant une grande maison est imposante pour les enfants élevés dans de petites chambres[1] », à l'instar de celles qu'elle occupait à Paris chez ses parents. Marie-Aurore la couche dans sa chambre et dans son lit : « chambre fraîche et aérée où je n'entendais plus l'agaçant bourdonnement des moustiques de l'Espagne ». Espace, fraîcheur, aération, silence : ces premières impressions la poursuivront toute sa vie, et longtemps elle dormit dans le lit conservé de son aïeule.

### … *marquée par la violence et le chagrin*

Pourtant, cette maison est marquée aussi par la violence et le chagrin : la mort brutale du père, les dissensions entre la grand-mère et Sophie, sa belle-fille, l'enfant écartelée, éloignée de Nohant durant de longues années, furent autant de blessures initiales qui en brouillèrent provisoirement l'image. Il fallut du temps pour qu'elle se l'approprie, pour qu'elle en fasse son lieu d'élection : les libertés de l'enfance champêtre, l'adoption de l'aïeule qui, croyant voir revivre son fils Maurice en la turbulente petite Aurore, se prit pour elle d'une vive tendresse. Les sentiments comptent plus que les objets, ou du moins leur donnent sens en les transformant en reliques. « *Être de la maison*, c'est-à-dire de la famille[2] », dit-elle bien plus tard à Henri Amic, un nouveau venu à Nohant, établissant entre les deux une parfaite adéquation.

George Sand n'était pas une « femme d'intérieur ». Elle avait adoré les jeux enfantins avec les petits paysans voisins, puis les chevauchées à perdre haleine dans la campagne du Boischaut, matrice de la Vallée Noire, les parcours bottés dans le domaine avec ses fermiers, les travaux en sabots avec les ouvriers dans son jardin.

1. *HDMV*, I, p. 585.
2. *Corr*, XXIV, L 17170, à Henri Amic, 16 décembre 1874.

« Je ne rentre à la maison que le soir », écrit-elle en 1845 à l'issue d'une journée de trimard. Elle ne goûtait ni le luxe ostentatoire ni le confort bourgeois. Elle confessait cependant un attrait de l'intérieur que lui auraient légué ses parents : « Ils ne se trouvaient heureux que dans leur petit ménage. Partout ailleurs, ils étouffaient de mélancoliques bâillements, et ils m'ont légué cette secrète sauvagerie qui m'a rendu toujours le monde insupportable et le *home* nécessaire[1]. » Une maison pour le retrait, l'accueil des amis avec lesquels elle désirait communiquer, voire communier, les soirées de lecture, les récitals de musique, le travail nocturne dans la chambre close. Une maison pour l'art et la création. Au départ, Nohant n'est guère adapté à ces multiples fonctions. Il faudra le transformer.

Marie-Aurore n'avait eu ni le temps ni les moyens d'accommoder la demeure qu'elle avait achetée en 1793 : solide maison XVIIIe, fort simple, couverte d'ardoises, totalement dépourvue de confort et peu articulée, comportant beaucoup de grandes pièces et peu de petites chambres. Sa seule contribution fut la création de l'escalier monumental, dont elle était très fière : « Mon escalier qui déshonorait mon château sera fait, et il est très beau », écrit-elle en 1802. Quelques années plus tard, la petite Aurore en déplore l'acoustique : « La maison est d'une sonorité effrayante, grâce à une immense cage d'escalier où vibre le moindre souffle. » On entend tout et la petite fille éprouve toutes les peines du monde à glisser à sa mère le billet qu'elle veut lui faire parvenir secrètement[2]. George Sand, quant à elle, n'a cessé d'aménager la maison, perpétuellement en chantier, où elle dépense une énergie et un argent considérables. Si elle a peu modifié les pièces de réception du rez-de-chaussée ou l'emplacement de la cuisine, mieux équipée au fil du temps, elle a opéré de nombreux changements dans la dimension et la distribution des pièces pour créer des espaces

1. *HDMV*, I, p. 502.
2. *HDMV*, I, p. 759.

de travail : ateliers, bibliothèques, théâtre… – et multiplier les chambres au gré des besoins familiaux et amicaux. Nohant, surtout après 1836 et la séparation d'avec Casimir qui rend George maîtresse des lieux, est toujours en travaux, confiés à des artisans locaux dont certains, comme Pierre Bonnin le menuisier, sont logés quasiment sur place.

## Les mutations de l'intérieur : une maison toujours en chantier

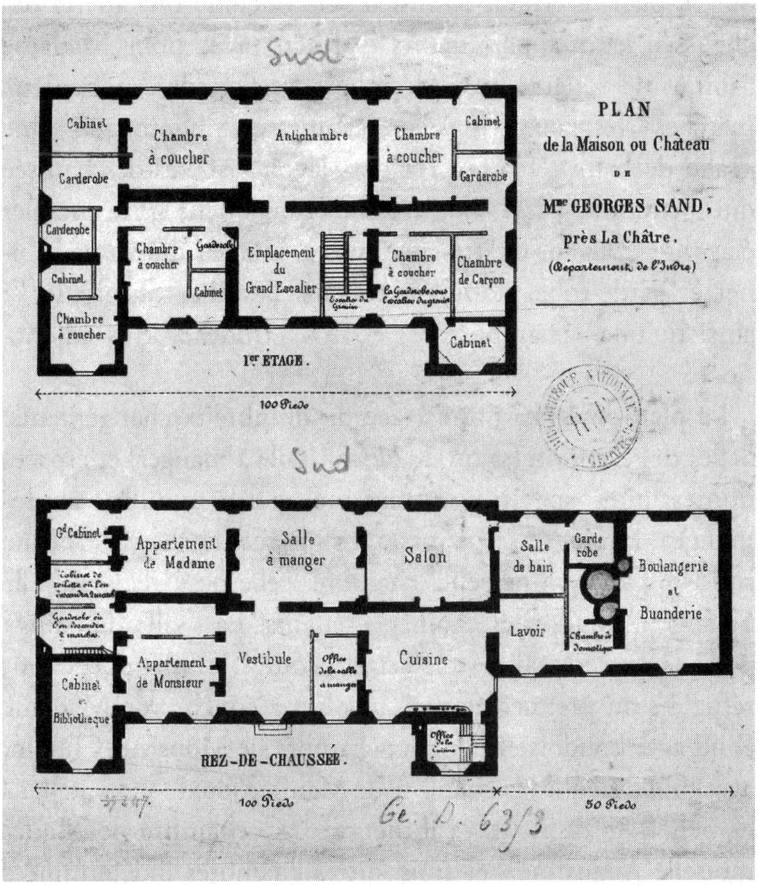


*Plan de la Maison ou Château de Mme Georges* (sic) *Sand, près La Châtre (Département de l'Indre)*, vers 1833-1835, Paris, Bibliothèque nationale de France.

Il n'est pas toujours facile de repérer ces changements, faute de sources iconographiques. Les artistes peignent le jardin ou la façade, les photographes (tardifs, comme Verdot) préfèrent les personnes, et les plans sont rares. À ma connaissance, on en possède deux, reproduits par Georges Lubin : l'un de 1833-1835, levé par un architecte peu avant la séparation du couple ; l'autre, dessiné à la diable par Maurice en 1846, à l'intention du maçon Charles Poncy, en vue de l'installation d'un calorifère[1]. L'un et l'autre méritent attention. Sur le plan de 1835, Monsieur et Madame ont au rez-de-chaussée leurs appartements distincts, avec pour Madame cabinet de toilette et garde-robe « où l'on descendra deux marches », et pour Monsieur, cabinet et bibliothèque. Une « salle de bains » figure près du « lavoir » au rez-de-chaussée qui mentionne aussi « boulangerie et buanderie ». Au premier étage, se trouvent quatre chambres à coucher dotées de cabinet et garde-robe, dont l'une « sous l'escalier du grenier » ; ainsi qu'une « chambre de garçon », étroite et sans adjonctions.

Le plan de 1846 porte trace de nombreux changements. Salles de réception (salon de *billard*, salle à manger) et espaces domestiques spécifiques (cuisine, garde-meuble, garde-manger, lavoir, serre) se partagent le rez-de-chaussée où ne subsiste plus qu'une seule chambre, celle de « Mademoiselle Solange », boudoir et cabinet attenants. La « salle de bains » persiste entre escalier et cuisine. Toutes les chambres sont réfugiées au premier étage : chambre à coucher de Madame Sand avec boudoir et cabinet ; chambre de Monsieur Chopin, avec bibliothèque ; la chambre de Maurice jouxte son « atelier » et bénéficie de deux « cabinets ». La « chambre de Mademoiselle Augustine » et trois autres chambres indéterminées

1. Le premier dessin est à la BNF, le second au British Museum ; l'un et l'autre sont reproduits par Georges Lubin, *Corr*, III et VII.

sont toutes dotées de « cabinet », qui a remplacé l'ancienne garde-robe d'antan : toilette, rangement et sans doute seaux hygiéniques[1]. L'individualisation des chambres et un certain souci du confort corporel se lisent dans ces plans qu'on aimerait plus nombreux. Les mutations de l'intérieur, il faut les rechercher dans la *Correspondance* et les *Agendas* après 1850[2].

## « Nous n'avons pas assez de chambres »

Deux soucis majeurs président aux aménagements : trouver des chambres pour tout le monde ; pourvoir aux besoins de travail et de création de chacun. « Nous n'avons pas assez de chambres pour loger notre famille et nos amis[3]. » La plainte est récurrente. Chaque arrivage plonge la maîtresse de maison dans l'anxiété. Il faut trouver des chambres, des lits, des matelas pour les maîtres et leurs domestiques, même s'ils ne sont pas logés à la même enseigne. Pour les premiers, on se décarcasse. Les seconds se contenteront d'une soupente ou d'un recoin. En avril 1843, confrontée à un débarquement « en nombre », elle demande à Hippolyte d'être son « maréchal des logis » et de l'aider à caser tout le monde. La cuisinière couchera sous l'escalier du grenier. Le domestique de Chopin, « un polonais grave et stupide », se contentera de peu. On pourra le mettre à côté de la sellerie. « Encore faut-il des matelas à tout ce monde. Donc, s'il en manque fais-en faire. En général ce sont les matelas de domestiques qui nous manquent, nous en avons

1. Sur la garde-robe, cf. Pascal Dibie, *Ethnologie de la chambre à coucher*, Paris, Métailié, 2000.

2. Vinciane Esslinger, experte d'un intérieur dont elle est guide depuis plusieurs années, m'a transmis de nombreuses informations et a bien voulu relire ce chapitre. Je lui exprime ici ma profonde gratitude.

3. *Corr*, VII, L 3325, à Charles Poncy, 1er janvier 1846.

beaucoup de première qualité. Fais acheter de la laine peu chère, de la grosse toile et mets les ouvriers à l'œuvre. Je payerai tout en arrivant[1]. » Pour les domestiques, on recourt parfois au logement chez l'habitant, souvent fort médiocre. Au cours du temps, lits et matelas se multiplient. À la vente aux enchères qui suit la mort de Maurice Sand en 1889, on dénombre quatorze lits garnis et autant de tables de toilette[2].

On manque de place, mais aussi de confort. Sommaire, il est peu favorable à l'accueil d'amis raffinés. Comment recevoir dignement Liszt et Marie d'Agoult, les premiers invités de Sand après sa séparation ? « Je fais rapproprier ma chambre le mieux que possible pour y loger Marie. Jamais je n'ai eu tant de souci de la propreté. Je m'aperçois de mille inconvénients qui ne m'avaient jamais frappée. Je crains que les appartements ne soient froids et incommodes. Je fais faire des rideaux, chose inconnue dans ma chambre jusqu'à ce jour. Si j'avais le temps, je ferais bâtir une aile à mon castel. Enfin mes amis me demandent si j'ai attrapé quelque maladie en Suisse pour prendre tant de soins et de précautions[3]. » Le confort helvète, qu'elle a goûté récemment avec eux, fait ressortir la rusticité berrichonne.

La venue de Chopin posa des problèmes encore plus complexes. Non qu'il fût exigeant : il avait l'habitude de l'inconfort polonais et détestait les changements. D'un été sur l'autre pendant sept ans, il rêvait de retrouver le même espace et les mêmes gens. Mais il avait besoin de silence pour son travail de composition qui le retenait de longues heures dans sa chambre. Il fallut l'insonoriser par des portes capitonnées, d'autant plus qu'elle donnait au-dessus de la salle à manger et sur le bruyant escalier de Marie-Aurore, la retapisser pour

1. *Corr*, VI, L 2617, à Hippolyte Chatiron, 8 avril 1843.
2. Marie-Louise Vincent, *George Sand et le Berry*, *op. cit.*, p. 545.
3. *Corr*, III, L 1278, à Franz Liszt, 16 octobre 1836.

chasser des odeurs qui incommodaient Chip-Chip. Recevoir des hôtes de marque, comme Delacroix, Théophile Gautier, les Viardot, le prince Napoléon-Jérôme…, posait à chaque fois des problèmes délicats et entraînait un véritable jeu de chaises musicales.

### *Chambres individuelles*

Excepté pour les enfants et les domestiques, la chambre individuelle est la règle, y compris pour les membres d'un couple. Il n'y a pas de chambre conjugale à Nohant, qui ignore les conseils de Balzac dans la *Physiologie du mariage* (« le lit est tout le mariage »), et s'inscrit plutôt dans la tradition aristocratique de l'appartement distinct. Dès 1828, Aurore avait imposé la séparation avec un mari qui la trompait (elle aussi). « Depuis la naissance de ma fille [13 septembre 1828, comme si cette date était un défi], nos appartements furent séparés et nous vécûmes étrangers l'un à l'autre. Il y avait longtemps que j'espérais obtenir ce droit. » Le droit pour une femme de se soustraire au devoir et au lit conjugaux. Elle l'exige en entendant les ébats de Casimir avec la bonne de Solange « dans la chambre contiguë à la mienne ». « Le silence de mes nuits fut si souvent interrompu par le vacarme de ses plaisirs que le séjour de ma maison me devint insupportable. » Cette rare allusion aux conduites sexuelles à Nohant figure dans un texte destiné à Michel de Bourges[1]. Trente ans plus tard, Maurice et Lina ont d'emblée chacun leur « appartement », à savoir une chambre et un cabinet. La contiguïté suffit à garantir l'intimité. La chambre de Sand jouxte celle de Chopin, comme, plus tard, elle communique avec celle de Manceau. On se rejoint, on se retrouve, on s'aime, sans dormir nécessairement

1. *Corr*, III, L 996, manuscrit destiné à Michel de Bourges, 22 octobre 1835.

ensemble, chose inconcevable pour Sand qui écrivait la nuit. D'autre part, il n'y a pas d'appropriation personnelle des chambres. En cas de réception, ou d'aménagement, elles valsent. Solange en fit l'expérience amère lors de l'instauration du théâtre, pris en partie sur sa chambre du rez-de-chaussée : raison supplémentaire de se sentir exclue. En 1860, les chambres, dotées de sonnettes à domestiques, sont numérotées. « La chambre numéro 5 est recarrelée à neuf. Les croisées sont refaites à petits carreaux[1]. »

*Chambres d'enfants*

Les mutations familiales sont un autre facteur de changement. Décès et naissances, mariages et séparations entraînent des redistributions. George Sand occupa longtemps la chambre de sa grand-mère, dont elle conserva le lit et recopia indéfiniment les tentures. Le souci d'une chambre d'enfant se profile lentement. Aurore Dupin couchait avec sa mère, jusqu'au jour où l'aïeule, estimant qu'il « n'était ni sain ni chaste qu'une fille de neuf ans dormît à côté de sa mère[2] », contraignit la petite fille à émigrer dans un lit individuel, dans « une chambrette donnant sur un long couloir », heureusement face au cabinet de toilette par lequel sa mère passait pour rentrer chez elle. « Et je ne pouvais manquer de la saisir au passage » : son obsession dans ce jeu de cache-cache qui marqua son enfance[3].

En 1836, Maurice, treize ans, bénéficie d'une pièce à lui. « Nous avons passé ces jours-ci à coller du papier dans mon cabinet de toilette[4] ; nous en avons fait une pièce charmante où Maurice installe ses joujoux, ses livres et ses crayons. »

1. *Agendas*, II, 19 janvier 1860 (GS).
2. *HDMV*, I, p. 743.
3. Sur cette affaire, révélatrice à plus d'un titre, cf. *HDMV*, I, p. 759.
4. Selon le plan de 1835, ce cabinet était au rez-de-chaussée.

Solange, neuf ans, et pensionnaire, n'en aura pas autant : « Tes joujoux sont bien serrés dans la chambre de ton frère. Nous demeurons dans la chambre du haut [...] Tu y auras ton lit quand tu viendras avec nous », lui écrit sa mère, peu consciente de la distinction qu'elle établit[1]. Trente ans plus tard, le choix de la chambre d'Aurore donne lieu à tout un débat. George recommande à Lina d'éviter l'exposition au nord : « Ce n'est pas bon pour un enfant d'être privé de l'influence du soleil, même en hiver. » Pourquoi ne pas prendre la chambre de Manceau, contiguë à la sienne ? « Le bruit d'un enfant ne gêne pas du tout. » Cette chambre est « triste, sale, dégarnie et encombrée à la fois ». Il faudrait peindre le carrelage et les lambris, mettre un nouveau papier clair, que George se propose d'offrir en étrennes : « Ce sera plus utile que des bibelots[2]. » « Je voudrais là un papier neuf, des rideaux bien blancs, et en outre du chlore plusieurs jours avant de s'y installer. On ne peut pas trop purifier l'air[3]. » Les réticences de Maurice, qui redoute pour sa fille la contagion tuberculeuse, sont si fortes, que George décide de prendre elle-même la chambre de Manceau et de donner la sienne à Aurore (Lolo), que, deux ans plus tard, Gabrielle (Titite) rejoindra.

### *Les chambres de George Sand*

George Sand a plusieurs fois changé de chambre – cinq fois en soixante ans –, et il n'est pas toujours facile de savoir où elle dormait et travaillait. Pas nécessairement dans la même pièce. Elle a occupé la chambre de sa grand-mère au rez-de-chaussée, puis celle de sa mère au premier étage côté sud. « Je vis enfin le

1. *Corr*, III, L 1348, à Solange, 20 janvier 1837.
2. *Corr*, XIX, L 1203, à Lina, 18 octobre 1865.
3. *Corr*, XIX, L 12054, à Maurice, 15 octobre 1865. D'autant plus que Manceau était tuberculeux.

soleil entrer dans cette chambre déserte où j'avais tant pleuré. [...] J'allais ouvrir ma fenêtre et retournai me mettre au lit[1]. » Ces chambres lui rappellent les gens et les temps d'autrefois. Elles sont associées au départ, à la mort, ce qui accentue leur double aspect, de lieu de passage et de cristal de la mémoire. Il est souvent question de réaménagement, dont la pose d'un nouveau papier peint constitue l'acte essentiel. En 1847, elle arrange sa chambre (au premier étage, sur le jardin), « la plus sale de la maison ». Elle a retrouvé une perse semblable à celle qui tapissait la chambre de sa grand-mère. « Je me suis fait une joie d'enfant de garnir ma chambre et mon lit de ces ramages dont chaque branche, chaque fleur me rappelle un monde de rêvasseries et de souvenirs »[2].

*La chambre bleue*

Vingt ans plus tard, après l'épisode de Palaiseau et le retour définitif à Nohant, elle s'installe au premier, côté sud, dans une chambre jadis destinée aux invités (la sœur de Chopin et son mari y résident en août 1844), avant de devenir, de 1850 à 1864, la chambre de Manceau. Elle cloue toute la journée, coud rideaux et courtepointes, « le tout à l'effet de [s]'installer ici dans une chambre plus petite et plus chaude que celle où [elle est][3]. » « Je me suis tapissée en bleu tendre parsemé de médaillons blancs où dansent de petits personnages mythologiques. [...] Je n'aurai là que des idées douces et bêtes. » « Voilà, je pense, ma dernière installation, mon dernier *Robinsonnage*. Quand cette chambre sera à renouveler, je n'aurai certes plus la force de manier le marteau »[4]. Elle l'inau-

1. *HDMV*, I, p. 1015.
2. *Corr*, VIII, L 3731, à René de Villeneuve, 7 octobre 1847.
3. *Corr*, XX, L 13019, à Henry Harrisse, 19 février 1867. Elle laisse sa propre chambre à Aurore et sa nourrice.
4. *Agendas*, IV, 15 janvier 1867.

gure le 20 janvier 1867 et note, le 21 : « Excellente nuit dans ma nouvelle chambre. J'y éprouve un sentiment de bien-être et de repos extraordinaire. Cette couleur douce a un effet sensible sur l'esprit[1]. » Dans cette chambre bleue, inspirée de celle de sa grand-mère, elle mourra le 8 juin 1876.

George Sand avait moins besoin d'une chambre à elle que d'un espace à soi, isolé, retranché, tranquille, silencieux, propice au rêve et surtout à l'écriture[2]. Au couvent des dames anglaises, à Paris, elle avait éprouvé les inconvénients du dortoir. « N'être pas *chez soi*, ne pas se sentir seule une heure dans la journée ou dans la nuit, c'est quelque chose d'antipathique pour ceux qui aiment à rêver et contempler. » Quand on lui octroie une modeste cellule, « la plus mauvaise du couvent », elle ressent une joie intense. « Je ne saurais dire quel monde de rêveries semblait lié pour moi à cette petite niche poudreuse et misérable. C'est là seulement que je me retrouvais et que je m'appartenais »[3]. Ce désir, lié à la construction de l'espace intérieur[4], a traversé sa vie. Le retrait est nécessaire à son repos et à sa création. Mais il lui suffit d'un espace modeste. Gargilesse, lieu d'échappée offert par Manceau, le lui procure. « N'avoir à s'occuper de rien au monde en fait de choses matérielles, m'a toujours paru un idéal et je trouve cet idéal dans ma chambrette où il y a tout juste la place de dormir, de se laver, et d'écrire[5]. » Une chaumière plutôt qu'un château,

1. *Agendas*, IV, 21 janvier 1867.

2. Cam-Thi Doan-Poisson, *Poétique de la mobilité*, Amsterdam, Rodopi, 2000, consacre un chapitre à « la recherche d'un espace à soi », chez George Sand : la quête de l'espace clos, du petit cercle dans le grand, la mansarde, la cellule de couvent, etc. Pour Sand, la chambre n'est pas une prison, mais un lieu protecteur.

3. *HDMV*, I, p. 944.

4. Sur ce point, cf. Jean-Louis Chrétien, *L'Espace intérieur*, Paris, Minuit, 2014.

5. Cité par Christiane Sand, *À la table de George Sand*, *op. cit.*, p. 62 (lettre à Solange, 1858).

une chambrette plutôt qu'une chambre. Pour écrire, une table, une écritoire, une planche dans un placard suffisent.

Dans les pièces de réception, on change le mobilier : en 1846, le billard est évacué au garde-meuble, tandis que s'installe la « drôle de table » de Bonnin. On les retapisse périodiquement. On change les rideaux, devenus indispensables[1]. Sand y attachait assez peu d'importance, mais respectait les conventions. Lorsqu'en 1875, Verdot, photographe castelroussin, vient faire une série de photos d'intérieur, George donne à Lina des consignes révélatrices de ce que doit être à ses yeux un salon : « Fais-le ranger avec intelligence. Faire disparaître les vilains livres et les vilaines boîtes. Meubler la table et la console des jolis objets qui y sont avec un bouquet ou une plante dans le gros pot de faïence. Le grand piano avec une chaise et un tabouret, un cahier de musique comme pour la leçon des enfants. Tu peux laisser quelques journaux, des livres propres sur la table. Les chaises *non* rangées en cercle comme pour un conseil municipal, mais groupées sans apprêt. Veille à cela, je t'en prie. Une des petites au piano, l'autre dessinant sur la table, feraient très bien peut-être, tu verras[2]. » Lutte contre le désordre ambiant ; mise en scène assez convenue du théâtre qu'après tout est un salon ; construction de l'espace photographique à une époque où la photo, au rebours de toute spontanéité, donne à voir l'ordre du monde : ce petit texte dit bien des choses sur la représentation.

1. *Corr*, XXV, S 687, à Lambert, 9 avril 1852 : elle le charge d'acheter « deux paires de petits rideaux de vitres pour mettre dans le salon pour empêcher le soleil de brûler mes grands rideaux. On en trouve de tout faits, soit en mousseline brodée, soit en gros tulle broché ».

2. *Corr*, XXIV, L 17349, à Lina, mardi soir, 25 mai 1875. Sand se levant tard donne ses consignes pour le lendemain matin, moment où viendra Verdot.

## Atelier : la « cathédrale » de Maurice

Il fallait adapter la maison « aux nécessités de nos occupations », qui se sont multipliées au cours du temps, en fonction des résidents, compagnons de George et jeunes artistes camarades de Maurice. Musique, peinture, gravure, théâtre, collections… exigent plus de place que l'écriture. Deux espaces surtout ont profondément modifié la distribution : l'atelier et le théâtre. L'atelier, c'est le laboratoire et le sacre de l'artiste : un haut lieu du XIXe siècle célébré par tant de toiles. Maurice avait expérimenté à Paris ce lieu de sociabilité incomparable, creuset de la modernité[1]. Dans cette vie de rapins, qu'il appréciait, il nouait des amitiés (Eugène Lambert, Alexandre Manceau…), il s'émancipait, cherchait sa propre voie. Il avait quitté la rive gauche pour s'établir rive droite, rue Boursault, dans le quartier des Batignolles, en plein essor sous le Second Empire[2]. Il manquait à sa mère. Comment l'attirer à Nohant, lui fournir un instrument de travail et, de surcroît, l'ambiance juvénile et créatrice que Paris lui offrait ? L'atelier est la solution. Mais où trouver la place nécessaire ? George avait longtemps pensé au grenier, qu'elle arpente toise à la main. Mais il s'avère inadapté faute de la hauteur convenable. « Je ne crois pas qu'il y ait un moyen de faire là autre chose que de mauvaises petites chambres et d'atelier point. On ne peut toucher à la charpente[3]. » Elle avait envisagé de confier ces transformations à Charles Poncy, le maçon poète de Toulon. Quelle fête ce serait ! Il viendrait s'installer à Nohant avec sa femme Désirée et sa fille, Solange. « On courra les champs le dimanche et

1. Anne-Martin Fugier, *La Vie d'artiste au XIXe siècle*, Paris, Louis Audibert, 2007.

2. Sur ce que cette expérience constitua pour Maurice, cf. Lise Bissonnette, *Maurice Sand. Une œuvre et son brisant au XIXe siècle*, *op. cit.*

3. *Corr*, VII, L 3407, à Maurice, 15 mai 1846.

les jardins le soir. On dînera ensemble, chacun ayant fait sa tâche. Maurice en blouse berrichonne apportant des croquis d'après nature, moi ayant fait un chapitre de roman, vous ayant remué des pierres et des hémistiches, Chopin ayant composé des mazurkas et des mélodies déchirantes et mélancoliques selon l'intensité du soleil, Désirée ayant son petit amour, et ma Solange à moi, la plus paresseuse de tous, ayant éreinté son cheval noir ou déchiré son voile aux buissons. [...] Est-ce que nous n'aurions pas une heureuse vie[1] ? » écrit-elle à son ami pour le convaincre, esquissant ce qui représente pour elle l'idéal de cette communauté d'artistes dont l'atelier serait le ferment. Victime d'un coup de pied de cheval, peut-être intimidé par ce programme, Poncy ne vint pas, et l'installation de Maurice fut remise à plus tard. Elle fut confiée à des artisans locaux sous la conduite de Manceau qui se tracasse beaucoup pour cet atelier. Il se relève la nuit « pour méditer sur quelque planchette ou mécanique de son invention ; les ouvriers tirent la langue d'un pied. Madame Caillaud fait des stores et Jean fait le tapissier[2] ». Après bien des vicissitudes, l'atelier est achevé le 30 avril 1853. « On vient de La Châtre pour voir l'atelier de Maurice[3] », lequel, arrivé quelques jours après, désinvolte, ne paraît pas tellement ébloui et « cherche par toute la maison un endroit pour loger ses chenilles », devenues son obsession. Maurice traîne les pieds, réticent à quitter Paris où il commence à s'implanter. En ces années de repli politique, George Sand investit davantage Nohant qui subit de multiples transformations. « J'ai fait le diable dans ma maison. Il fallait ouvrir des logements, car avec mes trois ateliers de peintres[4], je n'avais plus à donner que deux ou trois chambres, et j'étais

1. *Corr*, VII, L 3325, à Charles Poncy, 1er janvier 1846.
2. *Corr*, XI, L 5568, George Sand à Maurice, 18 avril 1853.
3. *Agendas*, I, 3 mai 1853 (GS).
4. Maurice, Lambert, Manceau.

privée de recevoir un quatrième ami. » « Tout ce travail me ruine, surtout l'atelier de Maurice qui tourne à la *cathédrale*. Mais j'arriverai à installer tout mon monde. On passe sa vie à cela, et quand tout est bien arrangé, on meurt. Mais quand on a des enfants, c'est égal », dit-elle, atténuant sa mélancolie de l'éphémère dans la continuité de la transmission[1]. En 1858, elle se félicite. « Nous avons trouvé le moyen d'y faire [dans la maison] deux ateliers de peinture, un atelier de gravure, une petite bibliothèque, un petit théâtre avec vestiaire et magasin de décors[2]. »

### Théâtre d'amateurs, théâtre de marionnettes

L'aménagement des théâtres (amateurs, marionnettes) est un chapitre particulièrement mouvementé de la mutation artistique de Nohant. Il suit les étapes de la création scénique que nous retrouverons par ailleurs. D'abord un théâtre d'amateurs, purement privé et improvisé dans la grande chambre occupée par Maurice au rez-de-chaussée ; puis un théâtre plus ambitieux et doté des principales caractéristiques d'un théâtre : coulisses pour les acteurs, séparation public-scène par un rideau. Plus tard, le théâtre de marionnettes, œuvre de Maurice, bricoleur de génie. Le théâtre, c'était la réponse autarcique au besoin de peupler les si longues soirées d'hiver, dans une campagne isolée où il faut se suffire à soi-même. C'était aussi l'ouverture au public, aux autres, la rupture avec la maison « bourgeoise » repliée sur elle-même, l'amorce de la communauté artistique dont Nohant devait être le creuset et à laquelle Sand rêvait d'associer poètes, ouvriers et paysans.

1. *Corr*, XI, L 5625, à Stanislas d'Arpentigny, 21 septembre 1852.
2. George Sand, *Le Théâtre et l'Acteur*, *op. cit.*, p. 1238.

## Le calorifère enrhumé

Autre impératif : rendre la maison plus confortable, notamment la chauffer. « Le froid est mon ennemi personnel », disait Sand, obstacle dissuasif qui la détournait de venir à Nohant l'hiver. L'hiver 1846-1847 est rigoureux : « Le salon est excellent, la salle-à-manger passable et on peut vivre et travailler au rez-de-chaussée. Le premier étage est glacial [...]. Ma chambre ne peut arriver à 12 degrés, et, dans nos jours de grande gelée, ce n'est pas suffisant pour rester assis à écrire 5 ou 6 heures de suite. Aussi je n'y suis que pour dormir[1] », écrit-elle à Poncy, qu'elle voudrait convaincre de venir lui installer un calorifère qu'elle a vu à Paris et qui lui paraît nouveau : « C'est un vaste poêle dans une cave, avec des tuyaux montant dans la maison » et diffusant la chaleur. Ayant elle-même des yeux « trop stupides pour comprendre », elle lui demande son avis. Désarçonné, ce méridional, peu familier du chauffage « central », se dérobe. Elle se tourne vers Montilier, un installateur de Moulins. Mais quel chantier ! « Je bouleverse Nohant : on me fend en mille morceaux pour établir un calorifère. Cela devient indispensable, puisque je passe ma vie ici, hiver comme été. [...] Je rêve d'avoir chaud et de pouvoir travailler dans une chambre sans être forcée de penser à entretenir mon feu, attention dont je suis incapable quand je travaille[2]. » Les travaux s'éternisent et la mise en marche ne s'opère qu'en décembre 1850, dans l'enthousiasme : « Le calorifère chauffe comme un diable. C'est joliment commode et économique. Et ce qu'on n'avait pas prévu, ni espéré, c'est qu'il chauffe toute la maison, le vestibule, le corridor, par la chambre des bains, qui donne avec le

1. *Corr*, VII, L 3566, à Charles Poncy, 7 janvier 1847.
2. *Corr*, IX, L 4220, à Maurice, 18 mai 1849.

bouilleur une chaleur d'étuves[1]. » Dans la foulée, elle a fait installer fourneau de cuisine, fourneau à repasser, « enfin toutes sortes de choses économiques qui me feront une grande épargne à ce qu'on dit, mais qui me ruinent pour le moment, et surtout qui m'ennuient bien par le bruit et la saleté des travaux[2] », en dépit du talent de Montilier, « un homme de génie pour toutes ces choses-là ». Mais l'enthousiasme sera toutefois tempéré par les malheurs de « cet infernal calorifère » dont les *Agendas* tiennent la chronique navrée. « Le calorifère est éteint », il est « enrhumé ». La fumée a envahi la maison. « La cloche du calorifère est cassée. C'est le diable qui s'en mêle. » « Le calorifère a un courant d'air froid. La fumée quand elle se rabat dans les grands vents pénètre dans la chambre chaude et nous infecte en dépit de toutes les fissures bouchées d'ailleurs. Il ne faut pourtant pas supprimer ce courant[3]. » « On ne peut pas se réchauffer dans cette diable de maison. […] On passe la nuit au calorifère », note Manceau le 29 décembre 1856. Les chambres du premier étage demeurent vraiment difficiles à chauffer. Dix ans plus tard, Sand renâcle à quitter Palaiseau, plus douillet. Elle a eu trop froid cet hiver « en trouvant le calorifère mort et les chambres d'en haut glacées ». Et puis, elle travaille la nuit, contrairement à Lina : « Tu te couches à neuf heures ou à dix heures, et tu ne sais pas comme il fait froid de minuit à deux heures »[4]. Elle envisage la pose « d'une cheminée à système […] qui enverrait sa chaleur dans mon cabinet de travail ». L'atelier *cathédrale* de Maurice est impossible à isoler. On y gèle l'hiver et on y suffoque l'été (40 degrés le 19 mai 1870). Et, au théâtre, on grelotte.

1. *Corr*, IX, L 4711, à Maurice, 24 décembre 1850.
2. *Corr*, X, L 4762, à Augustine de Bertholdi, 23 janvier 1851.
3. *Corr*, XXV, S 748, à Eugène Lambert, 3 janvier 1854.
4. *Corr*, XIX, L 12646, à Lina, 15 mai 1866.

Avec le temps, la situation semble s'être améliorée. En 1872, « nous avons dû renouveler le vieux calorifère qui, à présent, chauffe partout et même dans le théâtre où nous gelions en contemplant les marionnettes[1] ». En 1874, il « fume et pue. On est gelé[2] ». Le dernier hiver à Nohant, il fait froid, il neige, mais tout de même, on est bien dans la maison. « Nous sommes ensevelis sous la neige : c'est un temps que j'adore[3]. » Elle jouit au chaud de ce « monde féerique dont une vitre vous sépare ».

## S'éclairer

De l'éclairage, il est beaucoup moins question, paradoxe pour ces noctambules. En 1826, Aurore Dudevant commande bougies, chandelles et huile à quinquet. En 1842, George requiert un tourillon de 20 litres d'hydrogène liquide. « Je ne pourrais plus me passer pour travailler de cet admirable éclairage[4]. » En 1851, elle demande à Camus (à Châteauroux) un prix avantageux pour de grandes quantités d'huile à brûler : « Il [lui] faudrait de l'huile épurée très bonne qui ne crasse pas les lampes », qu'elle voudrait en barriques, « vu qu'on se couche tard chez nous et qu'on fait une grande consommation de cette denrée »[5]. En 1871, elle vante les mérites du pétrole : « Malgré les horreurs du pétrole [allusion aux incendies de la Commune], je ne sais plus me passer de cet éclairage pour travailler. » Il est « si propre, si pur et si vite obtenu »[6].

1. *Corr*, XXII, L 16465, aux Lambert, 4 janvier 1873.
2. *Agendas*, IV, 17 février 1874.
3. *Corr*, XXIV, L 17707, à Gustave Flaubert, 12-15 janvier 1876.
4. *Corr*, V, L 2469, à Charlotte Marliani, 24 juin 1842.
5. *Corr*, XV, L 5639, à Alexis Camus, 10 juillet 1851.
6. *Corr*, XXII, L 15800, à Pauline Villot, 1er décembre 1871.

## Le propre…

Quant à l'eau, la maison, dotée en puits et rivière, ne semble pas en manquer[1]. George recommande au jardinier de ne pas l'économiser pour les plantations. Mais sa distribution demeure sommaire et les « commodités », aussi. Les plans de 1835 et de 1846 mentionnent une « salle de bains » au rez-de-chaussée, non loin de la cuisine ; en 1850, un bouilleur y est installé par Montilier sans doute pour alimenter une baignoire ; il permet d'avoir rapidement de l'eau chaude. En 1851, signe d'estime, on décore la chambre de bains qui « sera digne de Pompeia quand Lambert y aura fait les peintures du boudoir de Laïs dans *Diogène*[2] ». Chaque chambre est dotée sinon d'un cabinet, du moins d'une table de toilette, pourvue de cuvettes, pots et seaux (Chopin se rasait dans sa chambre). En 1829, Aurore demande à Casimir de lui rapporter de Limoges divers ustensiles : « Nous manquons de pots de nuit et de cuvettes et pots à l'eau pour les chambres. Si tu peux m'en procurer tu me feras plaisir[3]. » Puiser l'eau, la distribuer, froide ou chaude, représente, surtout l'été en raison de l'affluence, une tâche domestique considérable. Il en est pourtant peu question, encore moins de l'évacuation des eaux usées. Dans l'arrière-cuisine, une « bassie », pierre placée sous une petite fenêtre et toujours visible, permettait l'évacuation des eaux sales (vaisselle, lavage des légumes…).

1. Sur l'hygiène corporelle, cf. Georges Vigarello, *Le Propre et le Sale. L'hygiène du corps depuis le Moyen Âge*, Paris, Seuil, 1985 ; édition en « Beaux Livres », Seuil, 2015 ; avec Nadeije Laneyrie-Dagen, *La Toilette. Naissance de l'intime*, exposition du musée Marmottan et catalogue, Paris, Hazan, 2015. Sur l'histoire des « lieux », cf. Roger-Henri Guerrand, *Les Lieux. Histoire des commodités*, Paris, La Découverte, 1997.

2. *Corr*, X, L 4747, à Maurice, janvier 1851. *Diogène* est une pièce de Félix Pyat jouée à l'Odéon en 1846.

3. *Corr*, I, L 129, à Casimir Dudevant, 16 juillet 1829.

### … et le sale

Sur les *excreta*, Nohant est aussi discret que Versailles. Il y avait des « lieux », au rez-de-chaussée et au premier, correspondant au numéro 100 (terme assez souvent usité pour désigner les « petits coins ») du plan de 1846. Leur contenu se déversait dans une « certaine fosse *non inodore* mal construite infecte d'un côté » qu'il faudrait assainir. « Ces travaux que je commande tous les ans depuis quatre ans sont toujours oubliés ou mal faits en mon absence »[1]. C'était tout de même mieux qu'à Chenonceau, où Maurice avait été fort surpris, en 1845, de voir que, dans cette aristocratique demeure, on vidait les pots de chambre par la fenêtre[2] ! À l'occasion du mariage de Maurice et de Lina (17 mai 1862), on aménage des lieux d'aisances, avec une cuvette à l'anglaise, notée comme très rare en Berry, avec de nouvelles évacuations. « Ce que Madame appelle *thermomerde* est simplement un *merdoscope*[3] », note Manceau, ironique. Il l'avait devancée dès 1857 : « Tout Argenton sait qu'il y a à Gargilesse un Mr Manceau qui aura des lieux avec une cuvette à l'anglaise[4]. »

Soucieuse de propreté – une « hermine », dira d'elle Henry Harrisse –, maniaque d'hygiène, toujours en quête pour elle-même, qui souffrait de constipation, de « commodités » convenables, George Sand ne mesurait certainement pas l'eau à ses invités. En visite chez Alexandre Dumas fils (au Puy en pays de Caux), elle déplore la rusticité de cette maison, sans eau

1. *Corr*, VI, L 2722, à Charlotte Marliani, 28 octobre 1843.
2. *Corr*, VII, L 3311, à Hippolyte Chatiron, 14 décembre 1845 : « Chenonceau est une merveille. L'intérieur est arrangé à l'antique avec beaucoup d'art et d'élégance. On y jette toujours son pot de chambre par la fenêtre, ce qui faisait le bonheur de Maurice. »
3. *Agendas*, III, 7 mai 1862 (AM).
4. *Agendas*, II, 19 août 1857 (AM).

pour la toilette, avec une seule bougie pour lire, alors qu'on se couche à 8 heures du soir ! « Quelle histoire pour faire sa toilette et *le reste* ! Dieu qu'on est mal ici. » Remarques analogues sur l'accueil hygiénique de Théophile Gautier. Quelle différence avec la maison de Flaubert à Croisset, « très confortable, jolie et bien arrangée, et un bon service, de la propreté, de l'eau, des *prévisions*, tout ce qu'on peut souhaiter ». Y compris – luxe suprême, ordinaire de l'artiste – un coucher à 2 heures du matin[1].

Les travaux d'entretien et d'aménagement sont onéreux. George Sand se dit à sec. Ses romans n'y suffisent pas. Elle doit emprunter. Ils sont en outre désagréables. La peinture surtout dégage des odeurs qui incommodent Chopin et Maurice, sujets aux migraines. « Nous puons une lieue à la ronde[2]. » Chopin déteste ces perpétuels bouleversements au contraire de George qui aime entreprendre et participer. « Je vis avec les ouvriers autant pour les étudier et deviner leur monde intérieur que pour avoir un prétexte de rester en sabots au milieu des pierres et de la terre fraîche[3]. » Elle fait appel aux artisans locaux, qualifiés, mais lents, et qui « se pochardent », au point qu'on doit parfois les remercier. D'où son désir de requérir Charles Poncy, le maçon poète, et de créer autour de lui une communauté de travail. Beau rêve irréalisé, mais tenace chez l'auteur de *La Ville noire*.

### « Le goût me charme »

Meubler, décorer est autrement agréable et Sand s'y emploie activement. Elle, si longtemps rebelle aux « ouvrages de

1. *Agendas*, III, 26 et 28 août 1866.
2. *Agendas*, IV, 12 juin 1873.
3. *Corr*, VII, L 3281, à Pierre-Jules Hetzel, 15 novembre 1845.

dames », auxquels ni sa grand-mère ni sa mère ne l'avaient entraînée, est devenue une couturière émérite. Son amie d'enfance, Ursule, l'avait initiée aux travaux d'aiguille – l'ourlet, le surjet… – lors de la confection de la layette pour Maurice. La maternité revalorise une production féminine trop négligée. L'aiguille, c'est l'équivalent de la bêche des hommes : l'instrument d'un travail, une « peine » que les femmes auraient tort de sous-estimer. C'est une noblesse aussi. Dans les romans de George Sand (*André*, *Horace*), les ouvrières de la couture sont des femmes émancipées et utiles. Pendant les veillées, en écoutant la lecture de tel ou tel texte savant ou distrayant, George coud sans arrêt, des rideaux, des courtepointes, habille les marionnettes, brode des coussins, des surtouts de cheminées ou des garnitures de divans. Les rideaux, inconnus dans les chambres avant elle, deviennent indispensables. Elle commande à Paris, ou à Châteauroux, d'imposants métrages de tissus ou de galons soigneusement choisis, notamment pour les couleurs auxquelles cette visuelle est très attentive. « J'aime à examiner les parures, les étoffes, les couleurs : le goût me charme[1]. » Elle néglige les afféteries de la mode vestimentaire, mais apprécie la sensualité des étoffes et l'harmonie des décors.

En 1846, elle refait complètement le salon. À Marie de Rozières, sa commissionnaire habituelle, elle passe commande de quantités impressionnantes de fournitures dont elle connaît précisément les prix[2] : 50 mètres de perse gris et rose à 22 sous pour recouvrir le meuble du salon ; 150 mètres de galons en coton mêlé blanc et noir, ou rose et noir, à 3, 4 ou, au plus, 5 sous, le mètre. « Car je pleure de mettre 35 f à cette bêtise qui n'a rien de joli et qui est

1. *HDMV*, cité par François Kerlouégan, « La mode et le vêtement dans l'œuvre de George Sand », *Cahiers George Sand*, n° 38, 2016, p. 14.
2. *Corr*, VII, L 3437, à Marie de Rozières, 26 juin 1846.

pourtant indispensable. Le galon plus cher que l'étoffe du meuble serait une folie. » Pour les rideaux, il faut 35 mètres de mousseline rayée rose à 15 sous ; pour les housses de la salle à manger, 12 mètres de coton gris et blanc. Pour la grande table de famille de Bonnin, un tapis serait trop cher ; elle préconise un damas de laine doublé et garni d'un lambrequin[1] ; et 30 mètres de crête de soie pour le lambrequin et la cheminée. 200 francs devraient suffire à ces achats dont il convient de faire un ballot remis d'urgence à la diligence. « Moyennant quoi, mon salon sera prêt dans une quinzaine. » Car elle est pressée, comme toujours. Elle a donné à réparer à Paris la pendule Boulle qu'« un animal de La Châtre a retouchée cent fois ». Un peu plus tard, elle charge Marie de trouver une bordure large de 10 à 15 centimètres, « rappelant les couleurs bois, gris et rose » pour s'harmoniser avec le papier gris clair du salon. « Je voudrais quelque chose d'extrêmement simple et *bon enfant* qui meublât pourtant un peu car les murailles sont hautes. » Pas de guirlande de fleurs, d'arabesques gothiques, « généralement criardes et bonnes pour les auberges ». « Je n'aime que les torsades, les grecques ou les crêtes imitant la passementerie » qui ne se démodent pas. Et le moins d'or possible. Pas de clinquant, comme l'aime tant la mode Second Empire. Pour les 24 rouleaux de papier du salon, il faut 2 rouleaux de cinq bandes chaque[2]. Elle veut « un vrai salon de famille bien clair et bien simple », sans prétention, un salon « bonhomme » et sans apprêt où les paysans puissent entrer sans être intimidés.

1. Un lambrequin est une découpure d'étoffe constituée d'une bordure à festons garnis de franges.
2. *Corr*, VII, L 3443, à Marie de Rozières, 1er juillet 1846.

*Papiers peints*

Dans ces aménagements, les papiers peints jouent un rôle majeur. Renouveler une pièce, c'est nécessairement la retapisser à la fois par hygiène, esthétique et désir de se la réapproprier. Une chambre, surtout, a besoin d'être personnalisée et Sand veille à celle de Chopin, comme, trente ans plus tard, à celle de l'ami Plauchut, qui veut du joli et du blanc. Excepté le bleu, pérenne, les couleurs changent avec les modes. Vers 1840, le vert impérial cède devant les couleurs pastel, les gris et les roses. Vers 1870, le blanc séduit. Femme d'images, Sand raffolait des papiers peints qui ont modelé son imagination enfantine. Autour de la bacchante de la chambre où elle dormait enfant, elle a beaucoup rêvé : « Je n'osais plus rester seule dans la chambre. [...] J'avais presque huit ans que je ne pouvais pas encore regarder tranquillement la bacchante avant de m'endormir[1]. » En 1847, comme en 1867, elle recourt à des tentures identiques à celles de la chambre de sa grand-mère, décidément son modèle caméral.

Les nouveaux papiers peints étaient la plupart du temps collés sur les anciens. Leur superposition transformait les murs de Nohant en témoins géologiques de l'évolution des goûts. Un conservatoire qui a fasciné les spécialistes du patrimoine et des arts décoratifs. Dès 1952, dans le cadre d'une restauration intérieure, on avait songé à effectuer des sondages. Ils ont été effectués quarante ans plus tard en 1993. Deux chambres ont paru spécialement intéressantes : la chambre de Marie-Aurore de Saxe, au rez-de-chaussée, devenue celle de George, a révélé neuf couches superposées, dont la première datant de 1771 ; la chambre n° 11 au

1. *HDMV*, I, p. 530.

premier étage en comporte huit[1]. Les auteurs ont pu retrouver dans les écrits de Sand de nombreuses références permettant de dater les poses successives[2]. Delacroix, qui « avait pour les papiers peints une admiration enfantine », s'extasiait devant les échantillons qu'elle avait sélectionnés pour en faire des tapisseries, « ces bouquets, ces semis et ces guirlandes de fleurs d'un effet si puissant et d'un travail si sobre »[3].

### *« Le vide et l'immobile me glacent »*

En ce qui concerne l'ameublement, George Sand est partagée entre culte du passé et goût du changement, entre désir de conserver et besoin de vider. Elle déteste l'immobilisme des intérieurs aristocratiques ou bourgeois, figés dans l'immuable. À Majorque, elle déplore l'ordre nu des palais : « J'ai particulièrement horreur d'une pièce peu meublée et très bien rangée. [...] Je m'imagine que l'hôte de cette demeure est une tête vide et un cœur froid. Je ne comprends pas que, lorsqu'on habite réellement entre quatre murailles, on n'éprouve pas le besoin de les remplir [...]. Le vide et l'immobile me glacent d'effroi, la symétrie et l'ordre rigoureux me navrent de tristesse ; et si mon imagination pouvait se représenter la damnation éternelle, mon enfer serait certainement de vivre à jamais dans certaines maisons de province où règne l'ordre le plus parfait, où rien ne change jamais de

1. La chambre n° 11 est la grande chambre à l'étage sud, occupée par Sophie-Victoire, puis par George Sand de 1837 à 1867, enfin par Lolo et Titite (renseignements fournis par Vinciane Esslinger).

2. Véronique de Bruignac-La Hougue, « Nohant : la restauration des décors intérieurs », *Les Amis de George Sand*, n° 25, 2003, p. 76-82. Un panneau présente des échantillons des divers papiers peints.

3. George Sand, *Le Théâtre des marionnettes de Nohant* (1877), in *OA*, II, p. 1272.

place, où l'on ne voit rien traîner, où rien ne s'use ni ne se brise, et où pas un animal ne pénètre, sous prétexte que les choses animées gâtent les choses inanimées. Eh! périssent tous les tapis du monde, si je ne dois en jouir qu'à la condition de n'y voir jamais gambader un enfant, un chien ou un chat[1]. » Vive la liberté et la fantaisie. Une maison est un organisme vivant, un théâtre, expression des désirs, témoin de l'histoire des occupants.

Les meubles sont des compagnons. Elle entend les choisir elle-même. « Ne meublez pas encore ma chambre, écrit-elle à Maurice en novembre 1866. J'aime autant la meubler moi-même avec toi, nous consultant et faisant *nos embarras*. Ça amuse. Par exemple, on pourrait tendre en blanc, pareil à la doublure le dessous du ciel de lit, et mettre les rideaux partout[2]. »

Nohant est encombré de meubles venus de toutes parts, et d'abord de Marie-Aurore : le cartonnier de son mari, Dupin de Francueil, la grande pendule Boulle qui « a marché cinquante ou soixante ans comme un vrai tournebroche sans jamais se déranger » et qu'il faut se résigner à confier à un horloger local dépassé ; les meubles venus de l'appartement de la rue Thiroux[3], y compris le grand tapis Louis XV « qui [les] amusait tant Pauline [une amie] et [elle] ». « Tel rond était une île, telle partie du fond un bras de mer à traverser. » Des fleurs pourpres figuraient l'enfer, des guirlandes le paradis, la bordure, la forêt Hercynia[4].

Chaque déménagement (de Maurice lorsqu'il liquide son atelier de la rue Boursault, de Palaiseau) apporte ses alluvions, son lot de meubles, d'objets, de linge aussi. George

1. George Sand, *Un hiver à Majorque*, in *OA*, II, p. 88.
2. *Corr*, XX, L 12905, à Maurice, 24 novembre 1866.
3. Appartement de Marie-Aurore Dupin de Francueil à Paris.
4. *HDMV*, I, p. 727.

Sand conserve les tableaux, les portraits surtout, qui ornent sa chambre (Marie-Aurore de Saxe) ou le salon (maréchal de Saxe). Des tableaux de Delacroix, George Sand s'est séparée à regret, après la mort de l'artiste, par besoin d'argent; elle conserve cependant la « Sainte Anne apprenant à lire à la Vierge », inspirées de paysannes de Nohant, et quelques tableaux de fleurs. Le tri est inéluctable. De Palaiseau, elle garde le canapé et les deux fauteuils tapissés d'indienne sur fond rouge, deux glaces, une pour sa chambre, une pour celle de Lina; mais « j'ai vendu tous les lits, ils étaient mangés aux vers ». Elle hésite pourtant à se défaire des vieux lits de Nohant, mémoire des corps, tel « cet immense lit à grenades dorées qui me rappelait toutes les tendresses et toutes les rêveries de mon enfance[1] »; ou encore le grand lit jaune de ses parents, où, orpheline, elle rejoignait sa mère en catimini. Sa mémoire des objets est affective. « Je ne tiens qu'aux choses qui me viennent des êtres que j'ai aimés. Alors, j'en suis avare quelque peu de valeur qu'ils aient. »

Les meubles nouveaux – bibliothèques, casiers de rangement pour les collections de pierres et de papillons de Maurice[2], armoires, tiroirs pour les marionnettes... – ont été exécutés par les artisans, dans des bois fruitiers, noyer, merisier, ou chêne, notamment par le menuisier Pierre Bonnin, fantasque, buveur, mais fidèle, « grand inventeur de formes incommodes et inusitées ». De la célèbre table ovale du salon, témoin de tant de soirées animées, symbole de la sociabilité de Nohant, George Sand a donné un inoubliable portrait[3]. Bonnin avait également exécuté le dernier bureau de George Sand,

1. *HDMV*, I, p. 1015.

2. *Agendas*, II, 2 juin 1859: « Jardinet livre 16 belles boîtes pour le meuble des *exotiques (papillons et coléoptères)*. Il en livrera 12 plus tard. »

3. George Sand, *Autour de la table*, Paris, Dentu, 1862.

longtemps conservé par Henri Amic, ami de la dernière vague, et aujourd'hui disparu.

Instrument majeur de cette demeure de musiciens, le piano est l'objet de préoccupations constantes, surtout à l'époque de Chopin. L'hiver nuit aux cordes. À chaque saison, George Sand fait livrer, non sans problème épique de transport, un nouveau piano pour l'été. Au retour de Majorque, elle écrit de Marseille à Camille Pleyel : « Je désirerais le [Chopin] surprendre agréablement en lui faisant trouver dans sa chambre un de vos pianos ; à queue ; car il est las des pianinos[1]. » Le piano arrive. « Il est très beau et Chopin en a été d'autant plus enchanté qu'il ne s'attendait pas à trouver un si bel instrument dans les déserts du Berry[2]. » Ordinairement, le transport annuel du piano était réglé par contrat entre la maison Pleyel et Chopin ; il fallait compter de cinq à huit jours de transport. À plusieurs reprises, elle s'en procure pour son compte par les Viardot, qui pouvaient la conseiller et obtenir des prix intéressants. En 1873, dans le salon renouvelé, on déballe le piano, « charmant, exquis » ; un Pleyel qu'on met au salon après un formidable rangement pour se débarrasser de l'armoire à musique, submergée de partitions. « À présent le salon est parfait et bonhome (*sic*) comme je l'entends[3]. »

### L'accumulation des choses

Avec le temps, les choses s'accumulent. Il faut incorporer les œuvres que le sculpteur Luigi Calamatta a léguées à sa fille,

1. *Corr*, XXV, S 5197, à Camille Pleyel, 2 avril 1839.
2. *Corr*, IV, L 1879, à Camille Pleyel, 10 juin 1839.
3. *Agendas*, IV, 26 août 1873. Ce piano n'est donc pas celui de Chopin, comme on le dit parfois.

Lina, les collections proliférantes de Maurice, les revues, les papiers de toutes sortes, manuscrits de plus en plus nombreux soumis à la bienveillance de l'écrivaine, lettres surtout, et bientôt photos, dont George Sand est friande. En 1866, quittant Palaiseau, elle trie la correspondance. « J'ai brûlé une masse de choses insignifiantes et il y a encore les 19/20ᵉ qui ne signifient rien[1]. » Au printemps 1870[2], fièvre de rangement, comme s'il fallait se préparer à la gravité des événements. Aux prises avec ses minéraux, Maurice peint et place une étagère supplémentaire. « Il range et remue. » « Je range aussi dans mes buffets. Je trie des lettres. » « Ce soir nous trions et regardons des masses de photographies. » En juin, elle entreprend de ranger la bibliothèque avec Plauchut, tandis qu'on construit une volière. En 1876, la maison déborde de toutes parts, comme le jardin, où les arbres ont tant poussé que Sand ne voit plus aucun paysage, sans se résigner pourtant à les couper.

Sans doute a-t-elle éprouvé un sentiment de satiété, de trop-plein, d'étouffement. Périodiquement, elle tente de résister à la submersion des choses, en vidant son cabinet de travail, dont la nudité étonnait Flaubert : « Quel misérable cabinet de travail tu as, me dit-il à Nohant. Quelques cailloux, des brins d'herbe, un oiseau en font tout l'ornement. » Cela me suffit, répondit-elle. « La nature est partout, et si je traduis bien les impressions qu'elle me communique, c'est que je les revêts du sentiment qui leur est propre et qui aide à les faire percevoir. » Une nature à laquelle Flaubert se sent étranger. Il ne sort jamais dans son jardin et se confine dans son antre. De ses voyages, il a rapporté une foule d'objets, il brocante sans cesse. « Il a tout accumulé pêle-mêle dans son magnifique cabinet de travail. » « Ma vue était

1. *Corr*, XIX, L 12674, à Maurice, 27 mai 1866.
2. *Agendas*, IV, mai 1870.

offensée et fatiguée de tant de richesses », raconte Sand à Duvernet qui rapporte ce dialogue où s'affrontent deux conceptions de l'intérieur, de l'esthétique, de la nature et de la littérature[1].

## La maison déserte

Contre l'envahissement de Nohant, Gargilesse ou Palaiseau ont pu constituer des contre-modèles, des refuges délivrés de contraintes et exempts d'obligations de toutes sortes. Sand a fait aussi l'expérience de la « maison déserte », notamment en 1836, dans une maison inconnue de Bourges, et à Nohant, vacant après le procès de séparation d'avec Casimir. Expérience qu'elle a évoquée comme un moment heureux, unique, de remémoration autant que de libération. « Nohant fut donc en ce temps-là, c'est-à-dire en ce moment-là [...] un idéal pour ma fantaisie. Je m'amusai à le ranger, c'est-à-dire à le déranger moi-même. [...] Je disposais les vieux meubles comme je les avais vus dans mon enfance » ; car c'est toujours elle qui gouverne son usage des lieux. Elle déambule dans les pièces du rez-de-chaussée, à la lueur des bougies qui se reflètent dans les glaces, elle revoit « les riants et doux souvenirs de mes jeunes années », les silhouettes familières, « comme si l'ombre de Deschartres se fût glissée derrière moi »[2]. Des revenants qui peuplent le cimetière qu'est la maison.

1. Charles Duvernet, *Écrits intimes*, I, *op. cit.*, p. 427. Sur cabinet de travail et bibliothèque, voir *infra*, « Lire et écrire à Nohant », p. 331 *sq.*
2. *HDMV*, II, p. 377.

## Comment vider Nohant…

Est-ce le sentiment d'étouffement, de submersion physique et morale, qui est à l'origine des grandes ventes de 1890 ? Après la mort de sa mère, Maurice coupe les arbres qui envahissent le jardin et déserte Nohant pour Paris, avec son théâtre et des meubles. « Et cette brave maison qu'il eût fallu conserver comme une relique, comme une gloire… est démantelée peu à peu [1] », déplore Solange.

George Sand avait rêvé de transmettre à ses descendants la maison qu'elle tenait de Marie-Aurore. Une maison qu'elle avait faite sienne, tout en l'ouvrant à tous. Son empreinte était si forte que le rêve s'est révélé irréalisable. Son absence était une intolérable présence dont il fallait se libérer. Il faut toujours « vider la maison de ses parents [2] ».

« J'avais la maison de mes souvenirs pour y abriter les futurs souvenirs de mes enfants. A-t-on bien raison de tenir tant à ces demeures pleines d'images douces et cruelles, histoire de votre propre vie, écrite sur tous les murs en caractères mystérieux et indélébiles qui, à chaque ébranlement de l'âme, vous entourent d'émotions profondes ou de puériles superstitions [3] ? »

Non, sans doute. Les maisons sont fugitives et les souvenirs qui s'y attachent ne survivent pas à leurs habitants. Une chambre est désertée quand son occupant la quitte. Une maison se vide et devient décor de plus en plus énigmatique. Presque rien n'est transmissible. Excepté par l'écriture, seule capable d'en fixer quelque chose et de l'inscrire dans l'éternité des mots.

1. À Charles Poncy, 23 avril 1877, cité par Christine Chambaz-Bertrand, *George Sand était leur mère*, *op. cit.*, p. 214.

2. Lydia Flem, *Comment j'ai vidé la maison de mes parents*, Paris, Seuil, « La Librairie du XXI^e siècle », 2004.

3. Cité par Georges Lubin, préface à Christiane Sand, *À la table de George Sand*, *op. cit.*, p. 18.

**1. Eugène Delacroix, *George Sand habillée en homme*, huile sur bois, Paris, Musée national Eugène-Delacroix.**
Désespérée d'avoir rompu avec Musset, George Sand se coupe les cheveux et envoie sa chevelure à son amant dans l'espoir de le reconquérir. François Buloz, son éditeur, qui était à l'origine de la rencontre, commande alors ce portrait à Delacroix (novembre 1834). Restée longtemps dans la famille de Buloz, cette œuvre a été préemptée en 2016 par le Musée Delacroix (Paris), où elle se trouve aujourd'hui.

**2. Auguste Charpentier et George Sand, *Éventail des caricatures : « George Sand et ses amis »*, gouache et aquarelle, vers 1838, Paris, musée de la Vie romantique.**
« Maurice est un ange, Solange est un lion », disait Sand de ses enfants, ainsi figurés dans cet éventail, œuvre composite (Charpentier, Gavarni, Sand), qui représente sous forme allégorique et facétieuse les habitués de Nohant : Delacroix, Liszt, Bocage, Michel de Bourges, Emmanuel Arago, Charles Didier, etc. Au centre, Sand trône en bergère, Chopin à ses pieds, à l'aube de son règne.

**3. Aurore Dupin, dite George Sand, *Château de Nohant*, dessin au crayon, Paris, bibliothèque de l'Institut.**
Ce dessin de Nohant, côté sud, c'est aussi l'esprit du lieu : une maison simple et spacieuse, un jardin touffu, les arbres plantés pour la naissance de Maurice et celle de Solange. Nohant vu par Sand : « la maison de mes souvenirs ».

**4. *Nohant, la cour de ferme*, photographie de Placide Verdot, 1875.**
Nohant est aussi une ferme. Cette photographie de Verdot, avec Plauchut, un fermier, un chien, une vache, revendique ce caractère rural. Aujourd'hui, la grange transformée en salle de concerts abrite chaque été les concerts Chopin.

**5. François Biard, *M. et Mme Dudevant*, La Châtre, Musée George-Sand et de la Vallée-Noire.**

On ignore dans quelles circonstances François Biard (1799-1882) a réalisé, sans doute avant 1830, cette esquisse distanciée, voire ironique, des époux Dudevant, aux regards divergents. Formé à l'école des beaux-arts de Lyon, ce peintre baroudeur a donné une œuvre originale de paysagiste exotique, du Spitzberg à la forêt amazonienne. Sa femme fut emprisonnée à Saint-Lazare pour adultère… avec Victor Hugo.

**6. Eugène Delacroix, *Portrait de George Sand, écrivain français*, huile sur toile, 1838, Copenhague, Ordrupgaard Museum.**

**7. Eugène Delacroix, *Portrait de Frédéric Chopin, musicien*, huile sur toile, 1838, Paris, musée du Louvre.**

En 1838, Delacroix avait entrepris un double portrait de Chopin et de Sand, lui jouant du piano, elle l'écoutant en cousant (et fumant ?). Inachevée, cette toile est restée dans son atelier jusqu'à sa mort (1863). Elle a été ensuite scindée et gravement mutilée par un propriétaire qui espérait sans doute tirer un meilleur parti de ce dédoublement. Frédéric est au Louvre ; George, au Ordrupgaard Museum de Copenhague, séparés dans l'art comme dans la vie. Les voici réunis.

**8. Nancy Mérienne, *Maurice et Solange Sand*, 1836, Paris, musée de la Vie romantique.** Nancy Mérienne (1793-1860), portraitiste suisse réputée, a réalisé plusieurs portraits de Sand et des siens. Voici Maurice, treize ans, et Solange, huit ans, en 1836, l'année de la séparation de leurs parents et du voyage alpestre avec Liszt et Marie d'Agoult. « Ce que j'ai vu de plus beau à Chamounix (*sic*), c'est ma fille », écrit Sand. Elle est « grave et intrépide », Maurice est « tendre et doux ».

**9.Thomas Couture, *Portrait de Maurice Sand au chapeau, fils de George Sand*, fusain, lavis d'encre, Paris, musée de la Vie romantique.**
Portrait de Maurice Sand, dandy mélancolique, longtemps confondu avec celui de George Sand habillée en homme. « Mon fils encore imberbe avait été souvent pris pour moi. » Il entre à dix-sept ans à l'atelier de Delacroix (février 1840), travaille « comme un nègre » et « oublie un peu la toilette ».

**10. *Portrait de Mme Clésinger, née Solange Dudevant, fille de George Sand*, crayon de Jean-Baptiste Clésinger dit Auguste, 1849, Paris, musée de la Vie romantique.**
Portrait de Solange par son mari, le célèbre sculpteur Auguste Clésinger, en 1849, deux ans après leur mariage. Elle a vingt et un ans.

**11. Aurore Dupin, dite George Sand,** ***Paysage avec une rivière coulant entre deux rives escarpées et boisées*****, aquarelle et gouache, Paris, musée du Louvre.**
En broyant de fins cristaux minéraux, George Sand fabriquait une pâte dont elle tirait des taches, puis des paysages, comme celui-ci. Ces *dendrites*, nom donné à ces compositions, furent un des derniers plaisirs créateurs de la fin de sa vie, en compagnie de Maurice et des petites-filles.

**12. Eugène Delacroix,** ***L'Éducation de la Vierge*****, huile sur toile, Paris, Musée national Eugène-Delacroix.**
Delacroix a peint ce tableau durant son séjour à Nohant dans l'été 1842, sans doute en hommage à Sand éducatrice. Françoise Meillant et sa filleule servirent de modèle. D'abord destinée à l'église de Nohant (pour laquelle Maurice fit une copie), la toile fut donnée à George Sand qui la vendit en 1864 à son ami Édouard Rodrigues. Elle est maintenant au Musée Delacroix.

**13. Maison de George Sand, hall d'entrée, grand escalier.**
Le grand escalier dont Marie-Aurore était si fière était très sonore. Impossible d'échapper à l'écoute de l'aïeule. Pour préserver le travail de Chopin, Sand fit capitonner la porte de sa chambre au premier étage.

**14. Maison de George Sand, chambre de George Sand.**
Dans la célèbre « chambre bleue », qu'elle avait fait tapisser « en bleu tendre parsemé de médaillons blancs », où elle n'aurait que « des pensées douces et bêtes », George Sand vécut les dernières années de sa vie, de 1867 à 1876. Elle y mourut le 8 juin 1876, à 9 h 30 du matin.

**15. Maison de George Sand, atelier de Maurice Sand.**
Sand avait fait aménager en 1852 sous les combles, pour Maurice, un atelier « cathédrale » où il passait plus de temps à classer ses collections de pierres et de papillons, qu'à peindre. Œuvre de menuisiers locaux, les tiroirs soigneusement étiquetés attestent de ces passions.

**16.** ***Salon du château de Nohant*, photographie de Placide Verdot, Paris, bibliothèque de l'Institut.**
Placide Verdot (1827-1889), ancien peintre en bâtiment devenu photographe, 54 rue Grande, Châteauroux, vint en 1875 à Nohant, à la demande de George Sand. Il réalisa plusieurs portraits des petites-filles et des photos d'extérieur et d'intérieur, dont elle fut satisfaite. Voici le salon, avec le pianino, le lustre vénitien, la fameuse table de Pierre Bonnin, l'encombrement d'époque. Le salon aux portes de la légende.

**17.** ***Pauline Viardot*****, photographie de Heinrich Graf, Berlin, 1866, Paris, Bibliothèque nationale de France.**
La sœur de la Malibran fut l'idole de George Sand, qui l'immortalisa en Consuelo, et une familière de Nohant autant que sa carrière internationale de cantatrice mezzo-soprano le lui permettait. Chopin admirait cette excellente pianiste, photographiée ici à Berlin en 1866, à une date où elle avait abandonné la scène pour la composition et pour l'enseignement qu'elle délivra fort tard.

**18.** ***Pierre Leroux, philosophe*, photographie, tirage de démonstration, atelier de Nadar, Paris, Bibliothèque nationale de France.**
Cette photo de Nadar a été prise peu après le retour de Pierre Leroux, exilé en Angleterre depuis 1850. Les 11-12 février 1859, il vint à Nohant pour une ultime visite, « énorme », sans dents, mais « tout de même bien remarquable », écrit Sand, toujours fascinée par celui qu'elle avait soutenu durant tant d'années. Leroux mourut pauvre et assez isolé durant la Commune, qui rendit hommage à un des plus importants théoriciens socialistes du siècle.

**19.** ***Pierre Bocage*, photographie de Delbarre, 1862, Paris, Bibliothèque historique de la Ville de Paris.**
D'origine ouvrière, rebelle, talentueux, Pierre Bocage (1799-1862) fut un des acteurs fétiches de George Sand et, un temps, son amant. Dans le rôle du vieux duc des *Beaux Messieurs de Bois-Doré*, il triompha à l'Ambigu-Comique en 1862 : « ... le vieux lion a secoué sa crinière et jamais vous n'avez été plus grand artiste », lui écrit George. Il meurt peu après.

**20.** ***L'Assemblée générale du théâtre des marionnettes*, caricature de Maurice Sand, janvier 1850. Reproduction et transcriptions dans Christiane Sand et Sylvie Delaigue-Moins, *Maurice Sand, fils de George*, Lancosme, Éd. du Patrimoine, 2010, p. 133.**

« Manceau, dès le début, se pose en directeur de la troupe de Nohant. Lecture du règlement. Vives et nombreuses réclamations. » De haut en bas et de gauche à droite : Nancy (« quel autoritaire »), Eugène, Mme Eugénie, Valentine, Bertha, Fleury (« je demande la parole au nom de ma famille »), Mme Fleury, Ch. Duvernet (« si vous nous mettez à l'amende, donnez-nous des appointements »), Gressin, Manceau (« et ceux qui manqueront aux répétitions, à l'amende ! »), Mme G. Sand (« trop de zèle »), Augustine (« il n'est pas drôle »), Maurice, Borie (« ce n'est plus un jeu, c'est une corvée »), Muller (« trop réactionnaire »), Lambert, C. Aucante (« moi ! je n'en suis plus ! »), Villevielle.

**21.** ***Le Jeu des bonshommes, Nohant, 1838, Balzac et George Sand comme spectateurs*, par Maurice Sand, collection privée.**

Sous l'œil attentif de Sand et de Balzac, en visite à Nohant du 24 février au 2 mars 1838, Maurice, Solange et la petite Luce, fille de Françoise Meillant et d'André Caillaud, jouent au jeu des « bonshommes ». Elle : « Les enfants s'amusent. » Lui : « C'est très intéressant, c'est la comédie humaine. »

**22. Maurice Sand, *Réouverture du théâtre de Nohant, le 6 septembre 1857*, aquarelle, Paris, Bibliothèque nationale de France.**
Représentation du *Bail à Jeannette* le dimanche 6 septembre 1857, en présence du prince Napoléon-Jérôme. « Grand succès [...]. On se couche à minuit. Les gendarmes passent la nuit dans le bourg, ils sont très intrigués » (*Agendas*, II, p. 62).

**23. *Balandard, figure principale du théâtre de marionnettes*, photographie de Placide Verdot, 1875, collection privée.**
Balandard, directeur de la troupe des marionnettes, espèce de double de Maurice, toujours en conflit avec le régisseur Bocquillon (Manceau ?), photographié par Verdot en 1875 avec son chapeau.

**24.** ***George Sand à soixante ans*****, photographie de Nadar, mars 1864.**
Peu soucieuse de son physique, George Sand l'était de son image, qu'elle a de plus en plus contrôlée. À partir de 1864, elle recourt à Nadar. « Il recommencera jusqu'à qu'il réussisse. » Cette photo où elle est en robe noire moirée provient de ces séances de pose, qu'elle partageait avec Manceau.

# Le jardin

> *« Le jardin, c'est la plus petite partie du monde. Et puis, c'est la totalité du monde. »*
>
> Michel Foucault

Un grand jardin de 5 hectares (un « parc », disaient certains, à l'agacement de George, qui refusait les fastes de l'aristocratie) enveloppe la maison de Nohant de son enceinte végétale, sonore et mémorable. Il en est l'inséparable vêtement, protecteur, exigeant, mystérieux. Fragment du Berry et de la Vallée Noire, plongée dans une nature qu'il capte et tient à distance en la transformant et la peuplant, il assure une transition entre l'intérieur et l'extérieur, l'intime et le social. Le jardin est le théâtre du quotidien et de l'imaginaire, un lieu de beauté, d'action et de souvenirs, de rencontres sans cesse renouvelées avec les saisons, un croisement de toutes les temporalités. Il est plus présent dans la littérature personnelle (*Correspondance* ou *Agendas*) et dans l'œuvre (*André*, *Marianne*, *Isidora*, romans du jardin et des fleurs) que la maison elle-même. Il appartient à cette sphère du vivant, dans laquelle Sand se sent si bien : « Il y a des heures où je m'échappe de moi, où je vis dans une plante, où je me sens herbe, oiseau, cime d'arbre, nuage, eau courante, horizon, couleur, forme et sensations changeantes, mobiles, indéfinies ; des heures où je cours, où je vole, où je nage [...], où je vis enfin dans tout ce qui est le milieu d'un développement qui est comme une dilatation de mon être[1]. » Un lieu de l'aventure et de la métamorphose.

## Expériences féminines du jardin : la tante, la mère

Le goût du jardin vient de loin, et des femmes. D'abord, il y eut le jardin de la tante Lucie à Chaillot : « [...] un carré long, fort petit en réalité, mais qui me semblait immense, quoique j'en fisse le tour deux cents fois par jour. Il était régulièrement dessiné à la mode d'autrefois ; il y avait des fleurs et des légumes ; pas la moindre vue car il était tout entouré de murs ; mais il y avait au fond une terrasse sablée à laquelle on montait par des marches en pierre [...] et c'était sur cette terrasse, lieu idéal pour moi, que se passaient nos grands jeux de batailles, de fuite et de poursuite[2] ». À Nohant, Marie-Aurore, sur les conseils de Maurice, son fils, avait fait abattre les murs qui entouraient la propriété : geste du père libérateur, homme des Lumières, qui abolit les limites et transforme le clos en ouvert, selon les canons esthétiques et politiques d'une époque résolument hostile aux murailles qui bornent et qui séparent. Un legs que sa fille n'oubliera jamais. Hors les murs pour toujours.

Mais l'autre filiation est maternelle. Sophie avait « une intuition vraie de la poésie des champs, l'amour et le talent du jardinage[3] ». Dans l'étendue ouverte, elle excelle à recréer des clos plus restreints, dédiés aux jeux enfantins d'Aurore, Ursule et Hippolyte : « Nous avions chacun notre petit jardin dans le

1. George Sand, *Impressions et Souvenirs*, cité par Christiane Sand et Gilles Clément, photographies d'André Martin, *Le Jardin romantique de George Sand*, Paris, Albin Michel, 1998, p. 56.

2. *HDMV*, I, p. 544-545.

3. *HDMV*, cité par Évelyne Bloch-Dano, qui souligne cette filiation maternelle du jardin, in *Jardins de papier. De Rousseau à Modiano*, Paris, Stock, 2015 ; « George Sand ou le jardin naturel », p. 94-113.

jardin de ma mère qui était lui-même si petit qu'il aurait bien dû nous suffire[1]. » Dans leur puérile satisfaction, elle discerne un penchant inné, sinon à la propriété, du moins à l'intime. Rocailles, grottes, cascade achèvent de transformer cet espace en Trianon, modèle du jardin miniature pour George Sand qui recommencera, quarante ans plus tard, l'expérience avec sa petite-fille Nini. Perspicace, Manceau suggère alors que « Madame » cherche Sophie et sa propre enfance. Le temps perdu, toujours.

### *Souvenirs de jardin*

Souvenirs de jardin plus que vestiges de jardin. Celui-ci ne garde pas nécessairement les traces matérielles du passé, la végétation se renouvelle, le paysage se modifie, même les arbres, témoins plus durables, meurent aussi. De la tombe du petit frère Louis[2], tendrement enseveli au retour d'Espagne, il ne reste presque rien ; même « le gros arbre creux a disparu » : un poirier n'est pas un chêne. En dépit d'une certaine constance du paysage liée surtout à l'eau et à la reproduction des espèces : « La rivière coule toujours roide, les prés sont toujours jolis. L'aristoloche est toujours dans le même coin »[3]. Le « toujours » s'oppose au « jamais plus » auquel Sand est tellement sensible. La pérennité relative de la nature a quelque chose de rassurant. Du moins peut-elle identifier des « coins » : le talus où elle se réfugiait quand elle avait du chagrin, le buisson où Jules Sandeau la caressait au nez et à la barbe de

1. *HDMV*, I, p. 690 ; George Sand voit dans ce goût enfantin du petit jardin l'expression du sentiment de la propriété individuelle, qui s'oppose à la réalisation d'un communisme absolu.

2. Le petit Louis, second enfant de Maurice et Sophie, était né en Espagne ; très malade, aveugle de naissance, il est décédé à Nohant le 8 septembre 1808.

3. *Agendas*, V, 23 mai 1872.

son mari, le chêne sous lequel Michel de Bourges lui prêchait la bonne parole révolutionnaire, les allées des interminables conversations avec François Rollinat, son cher « Pylade ». Le jardin bruisse de mots et d'histoires singulières. Il est pétri du souvenir des êtres qu'on y a connus, des événements qu'on y a vécus, des silhouettes qu'on y a croisées, comme celle du fou qui cherchait la tendresse au fond du puits, des conversations qu'on y a tenues, des larmes qu'on y a versées. Le temps s'accroche aux branches du jardin mémoriel, indissolublement lié au jardin naturel, qu'il enveloppe et transfigure.

**« Le jardin sans clôture et sans culture »**

Sa conception du jardin, Sand l'a exprimée dans de nombreux textes et dans ses pratiques, où se croisent des désirs contradictoires. Elle n'aime ni les solennités ennuyeuses et ordonnées du jardin à la française, ni le désordre factice de son homologue anglais. Fille de Jean-Jacques, elle goûte le « jardin naturel » dépourvu d'artifices et accordé à l'écologie locale : « Le jardin sans clôture et sans culture qui était et qui est encore pour moi un idéal de jardin, puisqu'il se lie au paysage et le complète[1]. » Sans clôture, comme son père l'avait voulu (tout de même en empêchant les dégâts des chèvres ravageuses). Sans culture : « Je préfère aux jardins arrangés et soignés ceux où le sol, riche par lui-même de plantes locales, permet le complet abandon de certaines parties, et je classerais volontiers les végétaux en deux camps, ceux que l'homme altère et transforme pour son usage, et ceux qui viennent spontanément[2]. »

1. George Sand, *Nouvelles Lettres d'un voyageur* (1878) *(à Tourangin)*, Paris, Éditions d'Aujourd'hui, 1976, p. 101.

2. « Le pays des anémones », in *ibid.* Cf. Yvon Le Scanff, « La poétique du jardin naturel dans les *Nouvelles Lettres d'un voyageur* », in Simone Bernard-Griffiths et Marie-Cécile Levet (dir.), *Fleurs et Jardins dans l'œuvre*

Herbes folles dans jardin fou : un idéal édénique largement corrigé par l'implantation de cent espèces nouvelles ardemment recherchées, recueillies et reproduites, du magnolia au dahlia, aux anémones et à tant d'autres.

## *La Vallée Noire*

Le paysage, c'est celui de la Vallée Noire, que Sand a largement inventé, en le nommant, en le décrivant et où elle voit l'horizon indépassable du bonheur. « Pour moi, je l'avoue, il n'est point d'amertumes que la vue de mon horizon natal n'ait endormies, et, après avoir vu l'Italie, Majorque et la Suisse, trois contrées au-dessus de toute description, je ne puis rêver pour mes vieux jours qu'une chaumière un peu confortable dans la Vallée Noire[1]. » Non que la « vue » soit sublime : « Le pays n'est pas beau généralement chez nous, terrain calcaire très fromental, mais peu propice au développement des arbres ; des lignes douces et harmonieuses, beaucoup d'arbres, mais petits, un grand air de solitude, voilà tout son mérite[2]. » Et puis les ovins mangent tout. « Excepté le noyer et quelques ormes séculaires [...], tout est ébranché impitoyablement pour la nourriture des moutons. » Grâce à cela, justement, il y a des « vues ». « Quand le voyageur embrasse les hauteurs de Corlay... l'immensité de cet abîme de sombre verdure, relevé à l'horizon par les montagnes bleues de la Marche et du Bourbonnais, il croit entrer dans le paradis terrestre[3]. » « *Voir loin* c'est la rêverie du paysan ; c'est aussi celle du poète. Le

---

*de George Sand*, Clermont-Ferrand, Presses universitaires Blaise-Pascal, 2006, p. 105.

1. George Sand, *La Vallée Noire*, Saint-Cyr-sur-Loire, Christian Pirot, 1998, p. 22.
2. *Corr*, XX, L 13038, à Henry Harrisse, 14 février 1867.
3. George Sand, *Le Cercle hippique de Mézières-en-Brenne*, cité par Georges Lubin, *George Sand en Berry*, Paris, Hachette, 1967, p. 131.

paysagiste aime mieux un coin bien composé que des lointains infinis[1]. » Entre l'arbre et la vue, le conflit est constant et Sand oscille entre sa prédilection pour le premier et son admiration pour la seconde. Au Coudray, chez son ami Charles Duvernet, auquel elle reproche pourtant ses interventions jardinières intempestives, la vue « est splendide. Dans cette vallée, il se produit à chaque fois des effets de lumière et d'ombre qui font à chaque instant changer les tons et les nuances du tableau[2] ». Nohant, elle le sait, « manque de vue ». De temps en temps, la tentation la prend d'en créer une et, alors, elle ébranche et déracine, au grand étonnement de Maurice et de Manceau, médusés. Cette amie des peintres succombe aux séductions de leurs tableaux qui enferment le paysage dans les limites d'un cadre. Mais, en même temps, elle en ressent l'artifice et se rebelle.

### *« J'aime la campagne de passion »*

Le jardin représente beaucoup pour Sand. Le temps de la vie, celui du quotidien. Un plaisir esthétique qu'elle veut faire partager à ses invités, en créant des serres et une orangerie qui agrandissent la maison. Mais c'est aussi un fragment de cette nature qu'elle cherche obstinément. « J'aime la campagne de passion[3] », écrit-elle à Jules Janin en 1837 et cette passion ne se démentira pas. Paris lui a donné la liberté personnelle et la reconnaissance publique. Pourtant cette ingrate ne l'aime pas vraiment, l'éprouve noir et sale. À Nohant, « il fait le même temps gris qu'à Paris, mais c'est gris-gris, et non pas gris-noir[4] ». « Notre climat est plus clair et plus chaud que celui

1. George Sand, *La Vallée Noire*, *op. cit.*, p. 20-21.
2. Charles Duvernet, *Écrits intimes*, I, *op. cit.*, p. 435.
3. *Corr*, III, L 704, à Jules Janin, 26 février 1837.
4. *Corr*, L 6095, à Maurice, Nohant, 7 décembre 1853.

des environs de Paris[1]. » Tout est plus beau à la campagne, même dans cette campagne berrichonne – « notre nature fraîche et mignonne du bas-Berry » –, qu'elle n'idéalise pas à l'extrême, mais qu'elle préfère à tout, y compris aux splendeurs méridionales. Elle n'apprécie pas le climat du Midi, qu'elle trouve excessif dans sa chaleur et son mistral ravageur, et qui nivelle les saisons. Surtout au printemps. « La transition de l'hiver à l'été n'est pourtant pas aussi belle et aussi frappante ici [à Tamaris] que chez nous. La végétation n'y éclate pas avec la même splendeur. L'absence de gelées sérieuses n'y fait pas ressortir le réveil de la vie, et on n'y sent guère en soi-même ce réveil si intense et si subit qui s'opère chez nous par crises énergiques. Le vent de mer contrarie l'essor général. Le mistral est un petit hiver qui recommence presque chaque semaine[2]. » Quel plaisir de trouver, au retour « chez nous », « un vrai printemps de France, humide et chaud ». Décidément, elle se sent femme du Nord, amoureuse des bruines et des brouillards. À Solange, qui l'invite, elle répond : « Je n'irai plus dans le Midi que je sache. Le climat m'est très contraire. C'est le Nord qu'il me faut, le Nord voilé, la brume[3]. »

### *Plaisirs des saisons*

Le jardin est le théâtre privilégié des saisons que Sand apprécie inégalement, avec une prédilection pour le printemps, moment vibrant de renaissance végétale. Elle se souvient de son retour émerveillé à Nohant en 1820, au sortir du couvent : « Les arbres étaient en fleurs, les rossignols chantaient, et j'entendais au loin la classique et solennelle cantilène des

1. *Corr*, XX, L 13038, à Henry Harrisse, 14 février 1867.
2. *Nouvelles Lettres d'un voyageur (à Gustave Tourangin)*, *op. cit.*, p. 116-117.
3. *Corr*, XII, L 15094, à Solange, 20 juin 1870.

laboureurs qui résume et caractérise toute la poésie claire et tranquille du Berry [...]. Le jardin était un immense bouquet[1]. » Une scène primitive qui se reproduira souvent. À chaque printemps, le miracle recommence et sa célébration se répète, identique à travers le temps. Mai 1831 : « La campagne est bien belle ici, le soir il vient dans ma chambre des bouffées de parfums, de lilas, de muguet, puis des papillons jaunes rayés de noir, des rossignols qui chantent sous ma fenêtre et des hannetons qui se jettent le nez en travers dans ma lampe. Cela est délicieux[2]. » 1er avril 1872, la palette florale s'est enrichie : « Je me laisse aller au plaisir de voir tout le jardin en fleurs, les stellaires holostées sont en fleurs déjà. Les anémones Sylvie et tous les arbres fruitiers et les gazons déjà très hauts, des jacinthes à plein pré[3]. » « Tout pousse », et c'est superbe.

Elle aime l'été pour les dîners dehors, qu'on prend sur la terrasse au sud, accessible depuis le perron de la salle à manger. Elle l'aime pour la liberté du corps, les courses à cheval ou pédestres et la jouissance des bains dévêtus. En juillet 1836, elle marche durant trois à quatre lieues par 30 degrés, rentre dans la rivière tout habillée, ou en peignoir après avoir ôté sa robe, sans croiser personne. « Il ne passe pas un hanneton que je ne coure après [...]. Admirable saison qui permet tout le bien-être de la vie primitive[4] », écrit à Marie d'Agoult cette éprise de naturisme. Dans sa maturité, elle goûte le juillet des moissons et de son anniversaire dans les longues nuits berrichonnes, où le ciel, qu'elle aimerait tant savoir mieux déchiffrer, est si beau. L'astronomie : une science désirée qui lui a manqué. Elle supporte très bien la chaleur propice aux bains de rivière qu'elle pratique avec ferveur, même si l'eau est froide, et dont elle sort « régénérée »,

1. *HDMV*, I, p. 1015-1016.
2. *Corr*, I, L 380, à Émile Regnault, 2 mai 1831.
3. *Agendas*, V, 1er avril 1872.
4. *Corr*, III, L 1215, à Marie d'Agoult, 10 juillet 1836.

« revigorée », fière de son endurance supérieure à celle de ses compagnons, qu'elle juge frileux et timorés. En juin 1868, il fait « une chaleur de Tolède » qui l'enchante. « J'aime la chaleur[1] », écrit-elle à Flaubert. « La chaleur est mon élément et le bain de rivière tous les jours m'a donné beaucoup de force[2]. »

Elle est moins enthousiaste de l'automne, malgré l'agrément des champignons, étant totalement étrangère aux plaisirs de la chasse, privilège aristocratique ravageur des cultures. L'ami Plauchut mérite toute son indulgence, car ce maladroit ne tire que quelques lapins. Les temps doux permettent la cueillette tardive des fleurs. Elle appréhende le froid, « mon ennemi personnel ». L'aménagement relativement tardif du calorifère, et sa marche souvent chaotique l'insupportent. Pourtant, elle goûte la sociabilité de l'hiver, les jeux, les conversations, les lectures près de l'âtre : « J'ai toujours aimé passionnément l'hiver à la campagne et je n'ai jamais compris le goût des riches » pour l'hiver à Paris. « Je reste à Nohant le plus tard que je peux. J'y passerais les hivers si l'éducation des enfants le permettait »[3]. « C'est au coin du feu que la nature nous convie en hiver à la vie de famille[4]. » Assez peu lyrique sur le gel et la neige, qu'elle déteste dans la capitale, et partout au moment du dégel (un « *gâchis* »), elle les apprécie davantage dans les derniers hivers, qu'elle passe en Berry, « cloîtrée » à la maison et spectatrice de sa fenêtre. « Beauté d'hiver, le givre pend en perles et en cristaux à tous les arbres, à toutes les herbes. Je ne sors pas. J'admire à travers la vitre[5]. » L'hiver 1876 est rude. « Superbe neige : avec le clair de lune c'est magnifique. Les pins sont blancs, épais jusqu'à la pointe des branches[6]. » « Que Nohant est beau dans

1. *Corr*, XXI, L 13774, à Gustave Flaubert, 31 juillet 1868.
2. *Corr*, XXI, L 13807, aux Lambert, 17 août 1868.
3. *Corr*, VII, L 3216, à René de Villeneuve, 14 août 1845.
4. *HDMV*, I, p. 837.
5. *Agendas*, V, 10 décembre 1873.
6. *Agendas*, V, début janvier 1876.

ce moment-ci ! » écrit-elle à Charles-Edmond[1] ; « C'est une vraie nappe de neige avec les pins et les cèdres blancs jusqu'aux pointes des rameaux »[2]. Et à Flaubert : « Nous sommes ensevelis sous la neige ; c'est un temps que j'adore : cette blancheur est comme une purification générale, et les amusements de l'intérieur sont plus intimes et plus doux. Peut-on haïr l'hiver à la campagne ? La neige est un des plus beaux spectacles de l'année[3]. » Il fut somptueux, son dernier hiver immaculé.

### *« Je jardine avec fureur »*

Le jardin n'est pas seulement objet de contemplation, mais de création et d'action. L'espace du possible pour le citoyen ordinaire qui, depuis les Lumières, Rousseau en tête, a fait de la culture du jardin un modèle éthique et politique que Sand reprend à son compte[4] : « [...] plantons dans notre jardin vingt-sept variétés de dahlias, et tâchons d'approfondir les mœurs du cloporte », écrit le *Voyageur*, au sortir d'une visite à Talleyrand dont l'histoire tortueuse incite à « cette existence bornée où la probité est facile ». « Soyons purs, puisque tout nous y convie au sein de nos familles et sous un toit rustique. » La maison, modèle de la bonne vie, le jardin, espace de l'utopie.

Spacieux, doté de recoins, d'allées ombreuses, d'un petit bois, celui de Nohant permet transformations et expériences, une diversité d'usages et de visions. Le jardinage constitue un travail analogue et parfois préférable à l'écriture. « J'écris comme on

1. Charles-Edmond Chojecki (1822-1899), écrivain et journaliste polonais, devenu bibliothécaire au Sénat, critique littéraire, notamment à *La Presse* et au *Temps*. Ami du prince Napoléon-Jérôme, il l'accompagna plusieurs fois à Nohant, dont il devint un familier.

2. *Corr*, XXIV, L 17703, à Charles-Edmond, 9 janvier 1876.

3. *Corr*, XXIV, L 17707, à Gustave Flaubert, 12-15 janvier 1876.

4. George Sand, *Lettres d'un voyageur, Lettre VIII (Le Prince)*, *op. cit.*, p. 855.

jardine[1] », écrit Sand à Juliette Adam. Elle s'y investit pleinement. Avec le jardinier – Moreau, Renaud et les autres –, homme majeur dans la domesticité dont il occupe l'échelon supérieur ; seule ou avec des enfants qui partagent son plaisir, comme elle le faisait jadis avec sa mère. « Je sème, je plante, je fume mes plates-bandes, je fais des massifs, j'enfonce des pieux, je relève des murs, je fais venir de la terre légère d'une demi-lieue. Je suis en sabots toute la journée et ne rentre que pour dîner[2] », écrit-elle à Delacroix à l'automne 1843. C'est mieux encore quand on a un projet, qu'autorise la configuration du jardin. Tel celui du « Trianon » qu'elle entreprend en 1853 avec Nini, dont la vigueur l'éblouit, et le jeune Coret, un « champi » qu'elle protège. « Je jardine avec fureur. J'ai une bêche, une brouette, des arrosoirs, un râteau, etc., etc. tout cela à mon usage et à ma taille. Coret et Nini travaillent, portent de la mousse et des cailloux, et Manceau fait des choses *inouïes*[3]. » « Les grandes eaux, deux jets d'eau de huit pieds de haut, une cascade, une nouvelle rocaille, tout cela charmant. Je suis épatée, ébahie [...] J'orne et bibelote ce lieu enchanté[4]. » « C'est superbe ; il y a des statues et des vases », à la manière des fabriques de la fin du XVIIIe siècle. Tout un monde en miniature où se mêlent références pompéiennes, versaillaises et suisses. Un jeu de l'enfance et de l'histoire.

### *La bêche plutôt que la plume*

À peine interrompus par l'été, les travaux reprennent début 1854 : « Trianon à mort », note Manceau qui rêve d'offrir à

1. Cité par Marie-Louise Vincent, *George Sand et le Berry*, *op. cit.*, p. 588. Cette auteure pense qu'on surestime le jardin de Sand : « Il offre certains agréments, mais il n'a rien d'exceptionnel », écrit ce proche témoin de l'espace sandien (p. 554).
2. *Corr*, VI, L 3137, à Eugène Delacroix, 4 novembre 1843.
3. *Corr*, XI, L 5897, à Maurice, 6 mai 1853.
4. *Agendas*, I, 3 mai 1853 (GS).

Madame un ajoupa, comme celui de Néraud, ou à défaut un chalet couvert de zinc, inauguré en grande pompe le 13 mars 1854. Sand « triannonne » (*sic*) avec acharnement. « Je travaille à la terre, quatre ou cinq heures par jour avec une passion d'abrutie [...]. C'est que je travaille avec la tête autant qu'avec le corps. C'est une rage et je tourne positivement à la monomanie[1]. » Plaisir enfantin, dépense salutaire du corps, jouissance amoureuse et esthétique, création sensorielle, le jardinage constitue pour elle une thérapie, un dérivatif à l'écriture qui lui pèse parfois. Elle est alors plongée dans la rédaction de ses « Mémoires » (qui deviendront *Histoire de ma vie*), assurément « un jardin plus difficile à piocher[2] ». À Hetzel, elle confesse : « [...] j'avoue que *les lettres* ne donnent pas moitié tant de plaisir que la bêche, et que j'aspirerais à avoir ou de l'argent ou pas de *charges*, ce qui reviendrait au même pour moi. Et alors, je voudrais oublier que j'ai été auteur, et me plonger dans la vie physique, avec une vie morale de rêverie, de contemplation, de lectures modérées et choisies, une ou deux heures par jour pour l'esprit, dix ou douze heures pour le mouvement. Voilà mon rêve[3] ». Troquer la plume contre la bêche, l'écritoire contre les plates-bandes. « S'il ne s'agissait que de moi, j'aimerais beaucoup mieux le jardinage que la littérature[4] », confie-t-elle à une amie.

Dans les années suivantes, la transformation du jardin se poursuit, avec davantage d'ambitions et de moyens. « J'ai une masse d'ouvriers sur les bras[5]. » Un vrai chantier. Il s'agit de créer un lac, de consolider une île où l'on place des rochers, des bancs, un pont en pierre, de restaurer d'anciennes maisons de jardinier, d'édifier un pavillon, lieu du secret, de la musique

1. *Corr*, XII, L 6142, à Pierre-Jules Hetzel, 12 janvier 1854.
2. *Corr*, XI, L 5897, à Maurice, 6 mai 1853.
3. *Corr*, XII, L 6142, à Pierre-Jules Hetzel, 12 janvier 1854.
4. *Corr*, XII, L 6269, à Emma de La Roche-Aymon, 8 mai 1854.
5. *Corr*, XV, L 8244, à Adolphe Lemoine-Montigny, 4 avril 1859.

et de l'écriture[1], prosaïquement couvert de tuiles. « J'ai été étonnée de la simplicité du procédé[2]. » Il y a même des « projets de jardin anglais ». Terrain d'expériences multiples, espace du possible, le jardin s'écrit comme un roman.

## *Planter des arbres*

Trois éléments principaux structurent le jardin : les arbres, les fleurs, l'eau. Sand avait la passion des arbres, comme M. de Boisguilbaut, héros du *Péché de Monsieur Antoine*, qui ne permettait point à ses tenanciers d'en abattre, à moins qu'ils ne fussent complètement morts. « Le bruit d'une cognée lui faisait donc toujours dresser l'oreille et il ne pouvait, alors, résister au désir d'aller voir, par ses yeux, si ses ordres n'avaient pas été enfreints[3]. » Des arbres, elle aime « la douceur de l'ombre[4] », les fourrés secrets, la profondeur mystérieuse, la durée mémorielle. Détruire des arbres, c'est un attentat, une blessure et elle a gardé à jamais le souvenir douloureux de Mme de Bérenger qui avait entrepris de transformer le « vieux jardin » de Marie-Aurore, malade, en jardin anglais doté d'une « vue ». « Idée saugrenue », estime George, et il faudra une trentaine d'années pour « refermer les brèches de ses *points de vue* »[5]. Cette « vieille comtesse » mène par ailleurs les ouvriers comme des soldats ; incapable de les nommer, elle les désigne par des numéros en leur donnant des ordres quasi militaires : peu impressionnés, ils en rient sous cape !

1. Claudine Grossir, « Le pavillon dans le parc : variations sur un motif littéraire », in *Fleurs et Jardins dans l'œuvre de George Sand*, *op. cit.*, p. 115-129.
2. *Agendas*, II, mars 1859 (GS).
3. *Le Péché de Monsieur Antoine*, cité par Gérard Chalaye, « Boisguilbaut-Chateaubrun (1845) : le jardin romantique et utopique », in *Fleurs et Jardins dans l'œuvre de George Sand*, *op. cit.*, p. 156.
4. Alain Corbin, *La Douceur de l'ombre*, Paris, Fayard, 2013.
5. *HDMV*, I, p. 749-750.

Arracher des arbres est une violence matérielle, physique, voire mentale, une brisure du temps. Dans un pays où les arbres sont lents à pousser, « ce qu'il y a de mieux à faire, c'est de conserver précieusement ceux qui s'y trouvent ». Souci constant pour George. À Hippolyte Chatiron, auquel elle a confié la gestion de Nohant, elle recommande : « Je ne te demande qu'une chose, c'est de ne pas faire couper d'arbres dans le jardin. Je rêve toujours mon pauvre jardin comme le paradis où j'irai crever en paix »[1]. L'idée du cimetière n'est pas loin. Elle se méfie des pulsions destructrices de Pierre Moreau, le jardinier, et plus encore des fermiers qui ont la manie de l'élagage. « On a pris à Châteauroux une flopée d'arbres pour les domaines et le jardin. Nous en avons pour près de 300 f. mais ce sont de beaux arbres, frênes, ormeaux à larges feuilles, noyers etc., tous grands, droits, et de belle venue. J'ai défendu aux fermiers de les étêter, ce qu'ils allaient faire tout de suite. Il faudra y veiller, ainsi que dans tous les baux que nous ferons, afin que nous ne fassions pas de la dépense sans que tu en retires pour l'avenir la vue de quelques beaux arbres que tes enfants peindront et mangeront selon leur bon plaisir[2] », écrit-elle à Maurice, encore et pour longtemps célibataire. L'arbre est un bien durable et transmissible, un investissement, une projection, un pari sur l'avenir. Tous les baux comportent en effet des clauses protectrices. « Couillard fera chaque année des prairies artificielles et plantera chaque année des peupliers. » Il ne pourra « faire abattre que le bois mort. Il lui sera interdit de couper les arbres vivants, même pour faire des instruments de labour »[3]. En 1864, avant de partir pour Palaiseau, elle signe avec Sylvain Brunet, devenu

1. *Corr*, V, L 2083, à Hippolyte Chatiron, 1er juillet 1840.
2. *Corr*, IX, L 4693, à Maurice, 11 décembre 1850.
3. Cité par Pierre Remérand, « George Sand, propriétaire terrienne », in Noëlle Dauphin *et alii*, *George Sand. Terroir et histoire*, Actes du colloque international de l'université d'Orléans (2004), Rennes, Presses universitaires de Rennes, 2006, p. 38.

régisseur, une convention obsédée par la préservation des arbres[1]. Consciente des raisons économiques de ces pratiques, elle rêve d'une petite propriété qui « n'aura pas de raisons pour abattre les arbres et priver le sol de verdure » et qui serait respectueuse de la nature, alliée et non ennemie.

Planter des arbres, donc. Ormes, frênes, chênes, noyers, tilleuls, peupliers…, enfants du pays ; des arbres fruitiers, solides et rustiques, pas trop sophistiqués comme le voudrait une « pomologie perfectionnée », inadéquate « sous nos climats »[2] ; plus exceptionnellement, des cèdres, comme ceux qui commémorent la naissance de Maurice et celle de Solange, selon une tradition qui remonte à l'Antiquité, vaillants bicentenaires toujours visibles aujourd'hui. Associés aux événements de la vie, les arbres ont et racontent une histoire. Tels le peuplier de la mort du père, sur la route de La Châtre, le poirier du petit frère enseveli, les érables encadrant une petite salle de verdure où pleurait et rêvait la jeune Aurore, les tilleuls des interminables causeries avec Rollinat. On ne saurait abattre ces témoins vivants du passé.

### *Créer des « vues »*

Et pourtant, Sand a des bouffées délirantes, des désirs irrépressibles de « vues » qui la poussent au crime réprouvé, à la grande surprise de Manceau, médusé et toujours enclin au calembour : « On abat une masse d'arbres sur la pelouse pour faire *une vue.* On abat dans les prés pour faire une *autre vue.*

1. Voir *infra*, p. 278.
2. *Corr*, XIV, L 7256, à Charles Duvernet, 22 octobre 1857, auquel elle confie une commande pour Baratin, pépiniériste local : « Je voudrais du solide, du rustique, de ces espèces classiques anciennes comme beurrée, crisanne, bon-chrétien qui florissent chez nous, et qui, remplacées par les fruits plus beaux et pas du tout meilleurs de la *pomologie* perfectionnée, ne font que jaunir et dépérir dans nos climats. »

Madame a probablement une idée en vue. Que va dire Maurice de cette vue qui va lui retirer la vue des arbres qu'il était habitué à voir ? » Madame s'obstine : « elle en profite pour jeter encore quelques arbres à terre. La vue s'agrandit ; dans quelques jours tous les passants verront jusque dans les lieux »[1]. En 1860, nouvel accès de panorama : « Je passe toute la journée jusqu'à cinq heures à faire avec Jean [Jean Renaud, le jardinier], à grands coups de serpe un immense paysage en face du jardin. Je n'abats pourtant que quatre arbres, mais on en ébranche une masse. J'achèverai demain. J'ai obtenu un superbe résultat[2]. » « Elle appelle ça faire des percées », note Manceau, résigné devant les méfaits de « la fameuse vue »[3].

George rejoindrait-elle Mme de Bérenger ? Pas tout à fait. En 1876, à quelques semaines de sa mort, elle se pose à nouveau la question. « De ma fenêtre, je n'ai plus d'horizon, mes arbres ont grandi et quand je les ai vus comme cela, je ne me suis pas senti le droit de les abattre[4]. » « Laisser verdure » seront ses derniers mots. Et la défense de la forêt de Fontainebleau, une de ses dernières actions[5].

### *« Des fleurs à mort »*

« Je veux des fleurs en quantité et toute l'année autour de la maison. » Des légumes, certes, pour la cuisine quotidienne,

1. *Agendas*, II, 20 et 22 août 1857 (AM).
2. *Agendas*, II, 16 octobre 1860 (GS).
3. *Agendas*, II, 14 juin 1861 (AM).
4. *Corr*, XXIV, L 17871, à Charles-Edmond, 22 mai 1876.
5. On n'oubliera pas sa défense de la forêt de Fontainebleau, en 1837, 1850 et surtout 1872-1873, pour des raisons écologiques : les arbres « brassent l'air », action favorable à la santé. Cf. Alain Corbin, *La Douceur de l'ombre*, *op. cit.*, p. 210 ; Bernard Hamon, « La nécessaire défense de l'équilibre de la nature », in *Fleurs et Jardins dans l'œuvre de George Sand*, *op. cit.*, p. 287-299 ; Christine Planté, communication au colloque de Bourges sur « George Sand et les sciences naturelles », octobre 2016, à paraître.

qui puise au potager les produits de saison, mais pas trop et pas n'importe lesquels. « Point d'asperges. Personne chez nous ne les aime [...], mais force salade, artichaud (*sic*), petits pois, concombres, haricots verts et melons, des fleurs à mort »[1] : telles sont les consignes réitérées données au jardinier, Pierre Moreau, qui, selon la coutume, ayant le droit de vendre le surplus de légumes, tend à les favoriser, au détriment des fleurs. « L'important, pour moi, c'est d'avoir des fleurs[2]. » Des fleurs pour la beauté du jardin. Des fleurs pour des bouquets souvent renouvelés et savamment composés. 18 décembre 1852 : « Bouquet cueilli au jardin : roses du Bengale ; roses thé blanches et couleur de chair, réséda, giroflée double violette, une scabieuse, tucilage (*sic*) odorant, violettes, roses noisette, verveine, valériane, mufliers, primevères, pervenches dans le bois, une dernière rose trémière, laurier, thym, fleurs de fraisier caperon, feuilles de lierre nuancées de rouge et de jaune[3]. » Février 1869 : « J'ai sur ma table un bouquet composé de hépatique (*sic*) rose et bleue, crocus varié, perce-neige, primevère cultivée et *rustique*, pêcher en fleurs, bellis, bursa pastoris, *ornithogale des champs jaune*, jacynthe (*sic*), pervenche grande *et petite*, veronica dydima, *ficaria renonculoïdes* du Japon, *corchorus*, *cognassier du Japon*, laurier thym, violette variée, cinéraire variée, œillets de Chine en boutons, toutes plantes de pleine terre, sauf les cinéraires ; première primevère coucou fleurie dans le jardin, dans les champs l'ornithogale jaune[4]. » Le plaisir de l'énumération redouble celui de la cueillette bien que Sand décline toute aptitude à cet égard : « Je ne sais pas retenir un nom en dehors de la botanique de nos champs, et je trouve que les

1. *Corr*, V, L 2074, à Hippolyte Chatiron, Paris, 18 juin 1840.
2. *Corr*, XVI, L 9388, à Charles Poncy, 11 février 1862.
3. Cité par Évelyne Bloch-Dano, *Jardins de papier*, *op. cit.*, p. 96.
4. *Agendas*, IV, 15-16 février 1869.

jardiniers et les amateurs baptisent mal leurs produits[1]. » D'une date à l'autre, on retrouve les mêmes fleurs, mais la palette s'est enrichie d'espèces et de noms savants, venus d'une quête botanique sans cesse plus étendue, des variétés indigènes aux exotiques, apportées ou envoyées parfois de très loin, par Néraud, Maillard, habitué de l'île Bourbon, ou Plauchut, l'explorateur tahitien. Le paysagiste Gilles Clément a identifié cent quatre-vingt-quinze espèces, mentionnées par George Sand, dont il a sélectionné soixante-quatorze, soigneusement décrites et accompagnées de textes tirés de la *Correspondance* et des *Agendas*. Un extraordinaire florilège botanique et poétique. « Le jardin de George Sand apparaît comme un ensemble de végétaux repérés en voyage, récoltés dans la nature (l'herbier) ou cultivés à Nohant[2]. » On est loin du jardin « naturel », des herbes folles de ses premières amours. Depuis les dahlias, volés à Néraud, puis donnés par lui, son initiateur en botanique, les plantations se sont multipliées, dont George surveille soigneusement l'éclosion. Charles Veyret, riche propriétaire à Marly, lui a expédié de précieuses plantes de serre, orchidées, achimènes ; elle s'inquiète de savoir s'il faut les dépoter « pour les mettre plus au large et quand il sera bon de le faire ». Le degré de chaleur la préoccupe et elle compte améliorer sa serre grâce au nouveau calorifère[3]. « Floraison de l'*asedasac melia sempervirens*, graine envoyée par Maillard de Bourbon ; plante charmante, fleur lilas cette année, après avoir été blanche à sa première floraison l'année dernière. Odeur très suave[4]. » Les plants de magnolias exigent un compost convenable. Les câpriers et les orangers venus du Toulonnais Charles Poncy sont délicats à

1. *Corr*, XVI, L 9202, à Alphonse Karr, 10 septembre 1861.
2. Christiane Sand et Gilles Clément, *Le Jardin romantique de George Sand. op. cit.*
3. *Corr*, VII, L 3415, à Charles Veyret, 26 mai 1846.
4. *Agendas*, II, 11 juin 1858 (GS).

transplanter en Berry ; elle n'en escompte pas de fruits, mais « l'important pour moi c'est d'avoir des fleurs[1] ». « L'anémone Sylvie que j'ai apportée des bois dans le jardin et que j'ai eu de la peine à acclimater, pousse enfin des milliers d'étoiles blanches et roses dans la pervenche bleue[2] », écrit-elle, soulagée, à Flaubert. Tout ne « prend » pas, chaque transplantation ou greffe est un risque où elle s'aventure le cœur battant et où, la loupe à la main, elle scrute les secrets de la vie.

Les fleurs, elle les apprécie pour leur couleur, leur forme, leur structure, leur vigueur, leur résistance au gel, leur parfum auquel cette olfactive est très sensible. Elle les aime toutes, les champêtres et les exotiques, avec une préférence pour les roses. « Ce que j'ai de plus beau, écrit-elle à Veyret dont elle sollicite de nouvelles greffes, c'est une *rose, rose* vif, énorme, vigoureuse en feuillage [...] sur laquelle j'ai compté 310 pétales l'année dernière, une *thé* safranée, une autre *thé* blanche à cœur vert jaunâtre, et enfin, une *thé* couleur de chair rosée. Si vous avez autre chose, faites-m'en part[3]. » À Alphonse Karr, qui prépare un livre sur « l'histoire de la rose », et lui demande des informations littéraires (qu'a-t-elle dit sur les roses dans ses romans ?), elle répond par de vifs encouragements et un vibrant hommage : « J'adore les roses, ce sont les filles de Dieu et de l'homme, des beautés champêtres délicieuses dont nous avons su faire des princesses incomparables. [...] Ma favorite, à moi, est une rose modeste, d'un blanc rosé, à feuille de pimprenelle [...]. Après elle, vient pour moi la rose-thé, blanche, à cœur verdâtre ; celle-ci ne sent que le thé, mais elle brave la gelée, la glace, et j'ai une grande

1. *Corr*, XVI, L 9388, à Charles Poncy, 11 février 1862.
2. Gustave Flaubert-George Sand, *Correspondance*, *op. cit.*, L 69, Sand à Flaubert, 14 mars 1867, p. 132.
3. *Corr*, VII, L 3415, à Charles Veyret, 26 mai 1846.

reconnaissance pour ces courageuses beautés qui charment généreusement nos tristes hivers de France[1]. »

Des fleurs pour l'art qui redoublent le plaisir des yeux, comme celles que Delacroix a peintes avec tant de soin[2]. « Je ne plante pas un brin d'herbe sans penser à vous, sans me rappeler comme vous aimez et comme vous *appréciez* les fleurs, et comme vous les *sentez*, et comme vous les comprenez, et comme vous les peignez. Mon beau vase peint par vous est encadré [...]. Je le vois de mon lit en m'éveillant et de ma table en écrivant, et de partout. C'est mon point de mire. Il n'y a pas une fleurette, un détail qui ne me rappelle tout ce que nous disions pendant que vous étiez à votre chevalet. J'ai fait multiplier dans le jardin le *mérite modeste*, la mauve jaune pâle à cœur violet et à étamines d'or. Elle a conservé le nom que vous lui avez donné. J'ai enrichi, non pas mon cerveau, mais mon parterre de pensées qui auront votre approbation[3] » ; et elle lui en envoie un échantillon.

### *Le langage des fleurs*

Des fleurs pour l'expression des sentiments et le langage du cœur. Avec les amis des fleurs, Sand noue un rapport plus intime. Ainsi avec Néraud ou Delacroix. Solange l'avait compris qui, toujours en quête de reconnaissance maternelle, lui envoyait des échantillons de fleurs à planter ou pour son herbier. Des envois mal ficelés qui lui valent les observations

1. *Corr*, XVI, L 9202, à Alphonse Karr, 10 septembre 1861. Curieusement, cette lettre est reproduite à l'identique tome XVIII, L 10555, 10 décembre 1863. Depuis 1976, selon Georges Lubin, il existe une rose « George Sand », rose tendre au centre et vif à l'extérieur, créée par une rosiériste lyonnaise, mais originaire du Berry.

2. Delacroix, *Bouquet de fleurs dans un vase*, musée du Belvédère, Vienne.

3. *Corr*, VI, L 2734, à Eugène Delacroix, 4 novembre 1843.

critiques de sa mère, réticente à l'admettre dans la confrérie botanique. Fleurs et jardins jouent un grand rôle dans la poétique sandienne[1]. Les fleurs sont la trame du roman d'amour entre Geneviève et André, dans le roman éponyme (*André*, 1835). C'est par sa culture florale, ses leçons, ses cadeaux, les lieux de leur rencontre, qu'André conquiert le cœur de Geneviève, entraperçue alors qu'elle cueillait des fleurs servant de modèles à son travail de brodeuse. Geneviève s'identifie aux fleurs, son gagne-pain, sa science, son plaisir et sa grâce, et jusqu'à son enveloppe dernière. Sachant sa mort prochaine, elle demande à André d'inonder son lit de fleurs.

Au-delà de l'esthétique, les fleurs ont une signification éthique et une fonction scientifique. Elles sont le signe d'une relative aisance qui permet le plaisir. George Sand se félicite du paysage floral de la Vallée Noire. « Autour de chaque maisonnette verdoie un petit jardin, où les œillets et les roses commencent à se montrer autour des légumes. C'est là un signe notable de bien-être et de sécurité : l'homme qui pense aux fleurs a déjà le nécessaire et il est digne de jouir du superflu[2]. » « Du pain et des roses » pourrait être une devise sandienne.

Mais les fleurs sont aussi un chemin du savoir. Elles disent beaucoup de choses. La botanique – « ô sainte botanique ! » – constitue la voie royale de la connaissance du vivant ; en tout cas, la science naturelle préférée de George Sand.

1. Comme le montre admirablement *Fleurs et Jardins dans l'œuvre de George Sand*, *op. cit.*

2. George Sand, *La Vallée Noire*, in George Sand, *Deux articles sur le paysage de George Sand : La Vallée Noire & Le Cercle hippique de Mézières-en-Brenne*, Saint-Benoît-du-Sault, Payse éditions, 2005, p. 35.

*L'eau, délectable et redoutable*

Le Berry est un pays de rivières, de mares, de gués, d'écluses et de moulins. L'eau irrigue la vie et l'œuvre de Sand, comme l'a montré Murielle Caors[1]. L'eau, nécessaire, indispensable, est redoutable aussi. On s'y englue, on s'y embourbe. Les inondations détruisent les chemins, ravagent les récoltes. Les paysans craignent ce fléau et Sand y fait souvent écho, notamment en 1845. Les rivières – la Bouzanne, l'Igneraie, la Vauvre, la Creuse… – sont pourtant modestes, mais mal canalisées, pas toujours entretenues, elles débordent aisément. Pour Sand, « notre rivière », c'est l'Indre, dispensatrice des plaisirs de l'été, les bains, dont elle raffole, par tous les temps, même froids. On a aménagé une « cabiole » pour se déshabiller. Le bain estival est un plaisir collectif, quasi obligatoire, occasion de farces et de plaisanteries pour les poules mouillées qui n'osent s'y aventurer. « Madame prend son premier bain froid ; elle est enchantée… Il y fait un froid de chien[2] », note Manceau, transi, le 12 juin 1856. En 1857, il écrit, fièrement : « Madame a été dans le grand bain en se tenant à l'épaule de Manceau. » Et Sand, ironique : « Manceau reste au bain un tiers de minute, Maurice nage une minute et demie et se prétend courbaturé. L'eau n'est pas chaude, mais qu'elle est bonne[3] ! » Dix ans plus tard : « On va au bain, l'écluse est en ruines, l'eau est froide et trouble […]. Je m'y délecte car c'est la vie, cette rivière glacée et rapide, malgré l'orage qui l'a ensablée[4]. » L'été 1868 est chaud et propice aux bains qu'elle note avec délice, jusqu'au

1. Murielle Caors, *George Sand et le Berry. Paysages champêtres et romanesques*, Paris, Royer, 1999, p. 142 *sq.*, « Le pouvoir de l'eau ». Cet ouvrage provient de l'essai ronéoté de 1989, *Le Berry de George Sand*, refondu et remanié.
2. *Agendas*, I, 12 juin 1856 (AM).
3. *Agendas*, II, 6 juin 1857 (GS).
4. *Agendas*, IV, 4 juin 1868.

23 septembre. Mais elle n'a plus l'épaule de Manceau, décédé, et ses compagnons sont réticents : « Je vais au bain toute seule. La rivière est encore très haute et froide et rapide. Je m'y trouve comme dans le paradis[1] », note-t-elle, au cinquante-huitième et dernier bain de la saison. Non sans regret des joyeuses baignades d'antan. Mais elle préfère son « Indre glacée » et tonique aux bains de mer qu'elle n'a jamais vraiment appréciés. « La mer, nuit et jour, on s'en lasse. On a la nostalgie de la terre et des arbres[2]. » Cette terrienne a résisté aux attraits du rivage, si bien décrits par Alain Corbin[3].

## La beauté des sciences naturelles

« L'histoire naturelle, voilà un amour qui tient toujours ses promesses [...]. Quand pourrai-je m'y enfoncer tout à fait[4] ? », écrit Sand à Solange en 1873, à trois ans de sa mort. Elle regrettait d'être restée un amateur, mangée par la littérature. Que d'efforts déployés, pourtant, surtout après 1850 et le retrait de la vie politique imposé par la dictature impériale ! La botanique, découverte tôt de manière empirique, puis de plus en plus scientifique grâce à Néraud et quelques autres, est pour Sand la science naturelle majeure, celle qu'elle pratique avec un souci croissant de rigueur et un plaisir intact. « Je me porte comme un charme. Je bois de la botanique », écrit-elle à Flaubert. Elle participe au goût de Maurice pour l'entomologie et écrit une préface pour son livre, *Le Monde des papillons*, sans toutefois être une fanatique des *miellées*,

1. *Agendas*, IV, 23 septembre 1868.
2. *Corr*, XXIII, L 16723, aux Lambert, 1er septembre 1873.
3. Alain Corbin, *Le Territoire du vide. L'Occident et le désir du rivage, 1750-1840*, Paris, Aubier, 1988 ; rééd. Paris, Flammarion, coll. « Champs », 1990.
4. *Corr*, XXIII, L 16576, à Solange, 6 mars 1873.

collectes systématiques par filets enduits de miel. C'est elle qui l'initie aux mystères de la minéralogie, grâce notamment à Léon Brothier, savant et philosophe devenu son hôte à Nohant. Mais elle s'en lasse : c'est difficile, lourd, fatigant, coûteux aussi.

Toute la famille, sous le Second Empire, est saisie par la fureur des sciences naturelles, à laquelle même les amis doivent se soumettre. Théophile Gautier, de passage à Nohant, s'esclaffe auprès des Goncourt de devoir prendre un piolet pour récolter des cailloux dans une carrière voisine. Nohant se transforme en laboratoire-musée, submergé par les collectes de toutes sortes, qu'il faut ensuite classer, étiqueter, ranger dans les meubles et tiroirs prévus à cet effet et commandés à des artisans locaux. Elles envahissent même le modeste cabinet de George. Ce goût, que Sand qualifie elle-même de « tocade », participe des controverses du temps sur l'origine de la Terre, la création du monde, le métamorphisme, le transformisme… dont on discute durant les soirées. Nohant est ainsi un témoin des interrogations scientifiques et philosophiques de l'époque, modeste bouillon de culture du darwinisme[1].

Il y a bien des manières de s'instruire et Sand les emprunte toutes. Les livres d'abord, les traités de botanique ou de géologie dont la pédagogie de l'époque est fertile. Elle charge ses amis, Aucante ou Buloz, de lui procurer les classiques que, propagandiste zélée, elle recommande à son tour. À Alexandre Dumas fils, qui veut herboriser, elle conseille le *Guide du botaniste* (1852) en deux volumes du docteur Germain de Saint-Pierre, chez Masson place de l'École-de-Médecine ; puis « pour herboriser véritablement dans les campagnes, les serres chaudes et les jardins », le *Manuel général des plantes*, quatre volumes de Jacques, Hérincq et Duchartre (1847-1857), qui « se vend chez

1. Je renvoie sur ce point au colloque de Bourges, octobre 2016, sur « George Sand et les sciences naturelles », à paraître.

Dusacq, rue Jacob, 26 ». Des ouvrages récents, au fait des classifications modernes. Conseil d'une botaniste chevronnée à un débutant : « On fera bien de s'en tenir pour commencer à un seul ouvrage vu que chaque savant déclasse ou reclasse à sa guise, et mieux vaut adopter une méthode et s'y tenir assez longtemps pour juger ensuite quelle est la meilleure. Celles de Linné, Candolle et Jussieu etc., étaient bien bonnes, mais la quantité des importations est telle aujourd'hui, qu'il faut bien agrandir les cadres, et admettre aussi les découvertes d'organisations variées, dues au microscope[1]. » Lorsqu'elle se met à la géologie, elle charge Aucante de lui procurer les ouvrages de Léon Brothier, notamment son *Histoire de la Terre* (1860), paru dans la « Bibliothèque utile », qui l'aide à se libérer de « ce vieux farceur de Boubée » et de son créationnisme. En 1863, l'*Ébauche d'un glossaire du langage philosophique* alimente les veillées de Nohant ; elle le diffuse auprès des siens. Tous ces livres prennent place dans sa bibliothèque et figurent dans le catalogue de la vente de 1890, où Georges Lubin les a pour la plupart identifiés. Ils donnent une idée de la culture scientifique que George Sand avait cherché à se donner : une culture sérieuse puisée aux meilleures sources, celles des savants.

### *Léon Brothier, « mon géologue »*

Elle avait pour eux le plus grand respect et a très tôt recherché leur contact, notamment avec ceux du Muséum d'histoire naturelle de Paris, où l'introduit Stéphane Ajasson de Grandsagne, et dont elle fréquenta les cours, non sans quelque ennui. Elle noua une relation très personnelle avec Geoffroy Saint-Hilaire, enchanté de l'attention d'une célèbre écrivaine, dont il aurait volontiers fait sa muse ; il lui envoyait des plantes rares et l'entretenait de sa vision du monde. Leur

1. *Corr*, XVI, L 9232, à Alexandre Dumas fils, 15 octobre 1861.

correspondance, conservée à la Bibliothèque historique de la Ville de Paris (BHVP), sera prochainement publiée par Martine Watrelot. Geoffroy Saint-Hilaire ne vint jamais à Nohant. Par contre, Léon Brothier fut son hôte à trois reprises entre 1860 et 1863, lors de sa grande « tocade » géologique, lorsque, après notamment un voyage en Auvergne, elle découvre la beauté des pierres[1]. Elle veut alors s'initier à la géologie, plus complexe que la botanique. « Il faudrait bien des choses et des ficelles qui nous manquent. » D'où l'idée de faire appel à un étudiant qu'on hébergerait pendant un mois. « J'aimerais à être dirigée dans quelques idées de classement, en même temps qu'instruite de procédés de vérification des minéraux. Sous ce rapport mon esprit est une table rase[2]. » Finalement l'élu est Brothier, « savant parmi les savants », mais pour seulement quelques jours, en raison de ses occupations professionnelles d'ingénieur des chemins de fer à Montluçon. Le premier séjour surtout (8-14 juillet 1860) est intense et fructueux. Brothier l'initie à la nomenclature géologique, à l'identification de certains minéraux, aux dendrites, dont elle devait, dix ans plus tard, faire le fondement d'une création originale. Les *Agendas* rendent compte des conversations quotidiennes : « Causerie avec M. Brothier sur les pierres. Il m'apprend à reconnaître le mica d'avec le talc et la tourmaline d'avec l'amphibole, les grès bigarrés, les cristaux calcaires, les corps calcaires qui se rayent, etc.[3] » En outre, élève attentive, Sand tient un carnet de notes, six feuillets conservés à la BHVP[4], qui témoignent de « causeries » décontractées, abordant les sujets les plus divers, notamment celui des superstitions. Les séjours suivants s'avèrent plus décevants, Sand étant absorbée par

1. Michelle Perrot, « La beauté des pierres. George Sand et Léon Brothier, le géologue philosophe », communication au colloque de Bourges.
2. *Corr*, XV, L 8709, à Émile Aucante, 29 mai 1860.
3. *Agendas*, II, 11 juillet 1860.
4. BHVP, Fonds Lauth-Sand, 0 86.

d'autres préoccupations et quelque peu rebutée sans doute par les difficultés, matérielles et intellectuelles, de la minéralogie. Décidément, la botanique est plus simple et, surtout, elle en dit plus sur l'évolution du vivant. « Chaque plante est un individu ayant son histoire, sa fonction, son rang, ses mœurs et ses habitudes[1] », lui écrit Brothier, conscient d'une certaine déception devant l'aridité des cailloux. Après 1863, il ne reviendra pas à Nohant, mais continuera d'entretenir avec Sand une correspondance assez régulière, plus philosophique que scientifique[2]. La pensée de Brothier eut pour elle une grande importance. En outre, il lui fit découvrir, lors d'un voyage, la grande industrie métallurgique de Montluçon : un éblouissement, en même temps qu'une initiation à la peine des hommes.

### *Pierres et papillons*

Les excursions botaniques, géologiques, entomologiques sont une autre forme d'exploration de la nature et de constitution des collections. Jules Néraud, dit « le Malgache », avait été l'initiateur de la jeune Aurore. « Je me souviens d'un automne qui fut tout consacré à l'étude des champignons et d'un autre automne qui ne suffit pas à l'étude des mousses et des lichens. Nous avions pour bagage une loupe, un livre, une boîte de fer-blanc destinée à recevoir et à conserver les plantes fraîches et par-dessus tout cela mon fils, un bel enfant de quatre ans, qui ne voulait pas se séparer de nous et qui a pris là et conservé la passion de l'histoire naturelle[3]. » Une initiation

1. BHVP, Fonds George Sand, G 3587, Brothier à George Sand, Montluçon, 10 août 1860.
2. Dix-huit lettres, conservées à la BHVP. Par contre, les lettres de Sand à Brothier ont disparu.
3. Sand, *Lettres d'un voyageur, Lettre VI (à Éverard)*, 11 avril 1835, *op. cit.*, p. 779.

dont Solange ne bénéficia pas et dont elle ressentit le manque toute sa vie. Après 1850, et plus encore après 1860 et le resserrement des liens autour de Nohant, les excursions prennent une place de plus en plus importante et les *Agendas* rendent compte de ces sorties collectives, dans des endroits repérés à l'avance pour leur richesse potentielle. Occasions de pique-niques et de chasses au trésor dans une émulation plaisante. On compare les trouvailles des uns et des autres. Mais les cailloux sont lourds et Sand se lasse des excursions géologiques devenues par contre l'obsession de Maurice. « Le voilà plongé dans la géologie et me forçant à m'en occuper aussi [...]. Sa petite femme est forcée de le suivre dans les carrières et de rapporter des moellons plein la voiture, et on rit : voilà le plus beau de l'affaire, écrit-elle à Eugène Fromentin. Il me semble que Bouli s'endort dans la géologie[1] », passion qu'elle ne partage plus. De même, elle n'a jamais adhéré pleinement à son goût pour les papillons, tout en admirant sa persévérance et la beauté de ses trouvailles. Elle coopère à sa quête et demande à Plauchut, grand voyageur, de lui apporter des insectes et des papillons, « les plus humbles, les plus chétifs qui me seront encore une richesse [...]. La meilleure manière de les apporter, c'est de ne pas chercher à les préparer. Quand le papillon est tué et piqué dans la bonne épingle, ses ailes se ferment et il se dessèche ainsi. [...] À leur arrivée, on les ramollit, on les ouvre et on les étale par des procédés très simples dont je me chargerais (*sic*)[2] ». En 1853-1854, la fièvre entomologique emporte la maison Sand. Toutes les soirées sont occupées à classer les produits des chasses. Maurice a des prétentions scientifiques que George mentionne avec une certaine ironie : « Maurice est toujours dans une fièvre d'entomologie. Il prétend faire une méthode nouvelle, rien

1. *Corr*, XVII, L 9923, à Eugène Fromentin, 28 janvier 1863.
2. *Corr*, X, L 4864, à Edmond Plauchut, 11 avril 1851.

que ça[1] ! » « Maurice papillonne dans les livres avec fureur. » Il classe aussi beaucoup de chenilles qui détrônent les papillons. « On parle éclosion, préparation, nourriture des chenilles, etc. » On a livré deux boîtes dites « d'élèves » pour elles, et soixante boîtes neuves pour les papillons. Leur capture, leur tri, leur classement, leur identification envahissent les soirées et les *Agendas*. « Dîner, miellée : 3 000 papillons, c'était fantastique ; nous en fourrons 60 dans une boîte », note Manceau. Et George : « Maurice change de cartons, il classe et déclasse, reclasse et redéclasse. Manceau veut qu'on mette un sujet et 379 étiquettes dans chaque boîte. » En décembre 1869, elle recommande à Paul Nadar un envoi de 70 papillons de choix « qu'il faudra retirer avec beaucoup de soin, sans briser ni pattes ni antennes, et placer à l'aise avec leur numéro dans chaque boîte. [...] Aie bien soin *d'Amphypyra Livida 58* que l'on ne trouve pas souvent[2] ». Elle se lasse un peu, mais encourage Maurice à élargir ses collections aux variétés exotiques, qu'alimente Plauchut (en 1866, magnifique envoi de papillons des îles Philippines), et surtout à écrire. Elle préface en 1866 *Le Monde des papillons* par une leçon de méthode. Elle prend ses distances : « ces études-là sont de véritables *pieuvres* qui vous enlacent et vous ouvrent je ne sais quel infini », confie-t-elle à Flaubert. Maurice est rafraîchi et rajeuni quand il retourne à ses bêtes et à ses cailloux[3] ». Passion durable qui suscite chez sa mère une indulgence amusée : en 1874, il va dans le Cantal, « le tout pour attraper le soir sur les hauteurs des papillons microscopiques[4] », écrit-elle à Juliette Adam.

1. *Agendas*, I, 30 mai 1853 (GS).
2. *Corr*, XXI, L 14712, à Paul Nadar, 28 décembre 1869.
3. *Corr*, XX, L 13126, à Gustave Flaubert, 9 mai 1867.
4. *Corr*, XXIV, L 17029, à Juliette Adam, 8 juillet 1874.

*« Ô sainte botanique ! »*

La vraie passion de George Sand fut la botanique, dont Deschartres lui avait légué de premières collections constituées pour son père – « J'ai respecté les étiquettes jaunies qui gardent fidèlement son écriture[1] » – et inculqué quelques principes, dépourvus toutefois de toute perspective reproductive que lui interdisait sa pudeur. « Pour comprendre la botanique (qui n'est point du tout une science à la portée des demoiselles), il faut connaître le mystère de la génération et la fonction des sexes, c'est même tout ce qu'il y a de curieux et d'intéressant dans l'organisme des plantes. Comme on le pense bien, Deschartres me faisait sauter à pieds joints par là-dessus, et j'étais beaucoup trop simple pour m'aviser moi-même de la moindre observation en ce genre. La botanique se réduisait donc pour moi à des classifications purement arbitraires [...] et à une nomenclature grecque et latine qui n'était qu'un aride travail de mémoire. [...] Cette botanique aux noms barbares me semblait la fantaisie des pédants[2]. » Elle n'eut d'abord que mépris pour les herbiers de jeunes filles, tels que le pratiquait son amie Jane Bazouin. Le véritable initiateur fut Jules Néraud, familier de l'île Maurice, qui l'aima sans retour, mais avec lequel elle partagea « un amour immense et minutieux de la nature[3] ». Il lui enseigna l'art de la cueillette : « Le voilà sous

1. *Nouvelles Lettres d'un voyageur*, *op. cit.*, p. 87.

2. *HDMV*, I, p. 774.

3. *Lettres d'un voyageur, Lettre VI (à Éverard)*, avril 1836, *op. cit.*, p. 796. Elle y donne un remarquable portrait de Jules Néraud, savant et républicain. Sur lui, cf. Jean-Pierre Leduc-Adine, « George Sand et Jules Néraud, botanistes » (in *Fleurs et Jardins dans l'œuvre de George Sand*, *op. cit.*, p. 301-311), qui donne en annexe la préface de George Sand non reprise dans l'édition de « La Botanique de ma fille », publiée en 1866 par Hetzel ; Michèle Hecquet, « Présence de Néraud : "J'y rêvais de vous, mon ami" », *Les Amis de George Sand*, nouvelle série, n° 32, 2010. Néraud fait partie du noyau

ma fenêtre ; mais diable ! il s'arrête ; il vient d'apercevoir une violette difforme, il la cueille, et cela lui donne à penser » ; mais aussi celui des classifications (il lui recommande celle de Linné) et celui de l'observation microscopique. Néraud avait écrit une *Botanique de l'enfance*, que Sand préface (1847) : « La botanique est peut-être de toutes les sciences celle où l'analyse offre le plus de charme », écrit-elle. Elle lui fut en tout cas d'une fidélité sans cesse ravivée par les découvertes nouvelles, notamment en Provence, et par la connaissance des plantes exotiques que lui envoyaient ses amis voyageurs. « Ce que j'aimerais, ce serait de me livrer absolument à la botanique, ce serait pour moi le paradis sur la terre[1] », écrit-elle à Flaubert en 1872. Au fil du temps, la botanique devint sa forme d'ouverture au monde, une prise de conscience de la variété des espèces, la science qu'elle célèbre, tant dans les *Lettres d'un voyageur* (1834-1836) que dans les *Nouvelles Lettres d'un voyageur* (1868), reprenant la même invocation : « Et toi, botanique, ô sainte botanique ! »

### *« L'herbier est un exercice de la mémoire »*

Sand voulait sortir de l'amateurisme pour approcher une connaissance scientifique. Après la collecte, venaient la nomination, l'identification, le classement. Toutes opérations à suivre méthodiquement. La collecte ne devait pas se faire n'importe comment, et elle reprochait à Solange de manquer de soin dans sa récolte des plantes (il fallait veiller à leur intégrité) et dans leur envoi. Nommer, c'était identifier, grâce aux nombreux livres dont elle s'était constitué une bibliothèque, tel le monumental ouvrage de Jaume Saint-Hilaire, *Plantes de*

---

républicain berrichon que Sand entraînera dans l'aventure de *L'Éclaireur de l'Indre*.

1. *Corr*, XXIII, L 16419, à Gustave Flaubert, 8 octobre 1872.

*la France décrites et peintes d'après nature* (1808-1822, 10 tomes). Elle ne répugnait plus à utiliser les mots latins dont elle se moquait dans sa jeunesse : c'était le langage de la science et, pour la botanique du moins (sa mémoire butait sur la nomenclature géologique), elle s'en régalait, prenant un plaisir quasi musical aux énumérations savantes qui, surtout après 1860, envahissent *Correspondance* et *Agendas*.

Le classement exige des références précises. Il est « le fil d'Ariane dans le dédale de la nature. Adoptons une méthode et n'ergotons pas[1] ». « Nous sommes forcés de diviser et de classer sans cesse, sous peine de marcher à tâtons et de perdre notre vie entière en de stériles recherches », écrit-elle dans sa préface aux *Papillons* de Maurice. « La science est une rampe qui nous préserve du vertige, et ses classifications sont autant de paliers commodes où nous pouvons reprendre haleine avant de monter plus haut. [...] Le poète et l'artiste ne peuvent que gagner dans les études naturelles, et les lois de la vie sont tellement harmonieuses dans leur enchaînement, que, pour bien comprendre l'énigme de la vie humaine, il faut comprendre celle du moindre atome admis dans le privilège de la vie. » « La nature ne classe pas, mais elle est classifiable. Elle suit une ligne d'invention que nous pouvons constater et qui est d'une admirable logique dans sa fécondité toujours originale[2] », écrit-elle à Solange pour l'inciter à suivre la méthode de Linné.

Classer, étiqueter, conserver, constituer des collections qui permettent l'accumulation des connaissances, leur conservation, leur transmission. Elle qui avait été si rétive à l'herbier des jeunes filles le célèbre en 1868 comme un cimetière, un reliquaire des moments et des gens disparus. « Chaque plante

1. *Nouvelles Lettres d'un voyageur, lettre III (à Juliette Lamber)*, Nohant, 7 avril 1868, *op. cit.*

2. *Corr*, XXV, S 1003, à Solange, fin 1871.

rappelle une heure de calme ou d'accalmie. Elle rappelle les beaux jours des années écoulées. » Elle revoit Deschartres, Néraud, Delacroix, ce dernier acharné à peindre les fleurs qui lui échappent parce qu'elles changent tout le temps et lui demandant des fleurs d'herbier dont il apprécie les silhouettes « déliées et charmantes ». « Les plantes d'herbier, disait-il, c'est la grâce dans la mort[1]. » L'herbier est « un exercice de la mémoire ». L'écrivaine, la poète ne sont jamais loin chez George Sand.

*Comprendre l'histoire de la Terre*

Mais elle avait une autre ambition : comprendre le monde, l'histoire du vivant dont elle percevait la profonde unité. La botanique disait la reproduction, les mutations, la génération, les mystères de la vie. L'entomologie faisait exploser la variété des espèces dans leur fulgurante beauté. La géologie révélait la lente accumulation des sédiments qui, dans les océans, avaient peu à peu constitué la Terre, produit d'un processus de millions d'années, au vrai non mesurables, et non objet d'une création immédiate et ordonnée par un Dieu improbable. Sous cet angle, la rencontre de Léon Brothier, la lecture de ses livres – *Histoire de la Terre* (1860), *Ébauche d'un glossaire du langage philosophique* (1863) –, leurs échanges entre 1860 et 1870 eurent une importance décisive. « Le Père Brothier a fait un livre de philosophie qui est de *première force* et je m'y absorbe[2] », écrit-elle à propos du *Glossaire*. Brothier, qui se voulait plus philosophe que savant, dont on redécouvre aujourd'hui la portée[3], l'a aidée à penser l'histoire naturelle de

1. *Corr*, XXV, S 1003, à Solange, fin 1871.
2. *Corr*, XVII, L 9979, à Maurice et Lina, 12 février 1863.
3. Notamment grâce aux travaux d'Emmanuel Gléveau qui, en marge de sa thèse en cours, a publié un inédit de Brothier, *Utopie (1852). Le saint-simonisme réformé à la veille du Second Empire*, Paris, L'Harmattan, 2016.

la Terre et du genre humain, produit de l'évolution, à faire sa conversion au darwinisme, sans toutefois éliminer la possibilité d'une croyance en Dieu, « administrateur de la grande république des êtres » dont il est « le premier citoyen ». Charles Duvernet prête à George ces propos : « De tous les philosophes que j'ai lus, Brothier est celui qui m'a le plus frappée par la justesse de ses raisonnements. C'est lui qui a le plus corroboré ma foi dans le sentiment religieux. [...] Ne pas croire, c'est nier le progrès, c'est nier l'immensité du monde[1]. »

Un monde immense dont le jardin de Nohant était une parcelle et un belvédère. Un balcon en forêt.

1. Charles Duvernet, *Écrits intimes*, I, *op. cit.*, p. 414.

# La terre

> *« Je suis paysan au physique et au moral. Élevée aux champs, je n'ai pas pu changer*[1]. »

Nohant n'est pas seulement une maison de campagne, mais une « terre » : une propriété foncière, un héritage qui a enraciné George Sand dans le Berry, car elle éprouvait la transmission comme un devoir. Cette province, elle ne l'avait pas spécialement choisie. Venue au monde à Paris en juillet 1804, elle n'y était pas même née. La situation de propriétaire ne l'enchantait pas. De cette terre, elle a tiré une faible part de ses revenus, tout à fait insuffisante pour assurer le train de vie généreux et dispendieux qu'elle s'était donné. Sans doute aurait-elle pu être une « dame de campagne », une châtelaine raisonnable, comme le lui conseillait son demi-frère Hippolyte Chatiron. Mais cette vie rangée, parcimonieuse, monotone, c'est tout ce qu'elle abhorrait. Pour faire vivre Nohant, ce « boulet », il fallait écrire. La littérature ne fut pas seulement une vocation, mais une nécessité économique. La « pioche » l'avait libérée et s'imposait comme un labeur productif dont elle mesure constamment l'apport. Sand, qui détestait compter, et y

1. *Corr*, XX, L 13106, à Henry Harrisse, 9 avril 1867. Elle ajoutait : « Nos paysans d'alors ressemblaient encore pas mal à des Indiens. À présent ils sont plus civilisés et je suis moins sauvage. »

procédait sans doute maladroitement, n'a cessé d'interroger sa balance « recettes-dépenses » sans jamais y voir très clair, consciente seulement que la terre ne pouvait suffire.

Ce domaine, sa grand-mère, Marie-Aurore de Saxe, devenue veuve du riche receveur des finances Dupin de Francueil, l'avait acquis en août 1793 – en plein cœur de la Révolution – d'un certain Pierre-Philippe Péarron de Sérennes, lui-même d'implantation récente. C'est lui qui avait fait construire, dans les années 1770, sur l'emplacement d'un vieux château féodal, la maison, telle que nous la voyons aujourd'hui. Selon George Sand, il avait essayé de récupérer des redevances tombées dans l'oubli, d'où l'hostilité des paysans qui auraient tenté de brûler ses papiers durant la Grande Peur. Il avait alors quitté le Berry et la France. Récit sans doute quelque peu mythique, mais en somme rassurant, comme un certificat de baptême citoyen pour de nouveaux propriétaires qui, eux, n'émigraient pas[1]. Pourtant, Marie-Aurore avait été quelque temps enfermée à la Conciergerie : les veuves de fermier général sont suspectes. Après le 9 Thermidor, elle se retira sur son domaine et entreprit de grandes transformations dans le jardin, qu'elle modifia de fond en comble, confiant à Deschartres la gestion des terres.

Celles-ci représentent alors près de 200 hectares, ce qui est considérable dans un pays de petites tenures : dans l'arrondissement de La Châtre, au début du XIX$^{e}$ siècle, 43 % des exploitations ont moins de 5 hectares, 90 % étant cultivées en faire-valoir direct et 11 % en métayage et fermage[2]. Elles se décomposent en trois fermes, équivalentes : la Porte (63 hectares), la Chicoterie (66 hectares), Laumières (70 hectares),

1. Claire Le Guillou, « Nohant », *Dictionnaire George Sand*, II, *op. cit.*, p. 837-841.

2. Pierre Remérand, « George Sand, propriétaire terrienne », art. cité ; article fondamental. Les métayers dépendaient souvent des fermiers, qui sont les seuls interlocuteurs de Sand.

auxquelles Casimir tentera d'ajouter une quatrième, la Côte-Noire (37 hectares). Les baux se concluent et se renouvellent à la Saint-Martin. George Sand est donc une assez grande propriétaire, mais elle n'en a pas l'âme. Pour elle, comme pour sa grand-mère, le revenu des terres, dont il ne faut pas trop attendre, est dévolu à l'entretien de la maison et du jardin. Deschartres, son précepteur régisseur, avait pourtant essayé de lui inculquer de bons principes ; mais elle était rebelle aux « leçons de propriétaire » du Grand Homme. Elle voyait la poésie des scènes champêtres quand il ne s'intéressait qu'au marché. « Je prenais en exécration mon rôle de *propriétaire* et de *maître*, qui, tôt ou tard, devait me faire haïr. [...] Les paysans de chez nous ont un grand mépris pour mon incurie, et je passe parmi eux depuis de longues années pour une espèce d'imbécile[1]. » Sa nature d'artiste répugne à ce statut. « Je ne voyais dans cette petite fortune, qu'on voulait me faire compter et recompter sans cesse, qu'un *embarras* dont je ne saurais jamais me tirer, et je ne me trompais nullement. » Les terres lui importent peu. « Pour rien au monde je n'eusse vendu la maison et le jardin de Nohant, mais bien une partie des terres, afin de me faire un revenu en rapport avec la dépense qu'entraînait l'importance relative de l'habitation. Je savais que ma grand-mère avait toujours été gênée à cause de cette disproportion »[2]. Mais sa mère s'y oppose fermement, se déclarant favorable à un régime dotal qui rendrait inaliénable la propriété familiale. « Cette mesure conservatoire de la propriété a presque toujours pour résultat de sacrifier la liberté morale de l'individu à l'immobilité tyrannique de l'immeuble[3] », ce qu'Aurore supporte très mal. Elle s'y conformera néanmoins, soucieuse de transmettre à ses

1. *HDMV*, I, p. 827.
2. *HDMV*, II, p. 31.
3. *HDMV*, II, p. 31.

enfants le patrimoine foncier, comme d'ailleurs le patrimoine intellectuel de ses droits d'auteur.

À Nohant, elle ne doit rien et tout. Cette implantation rurale a eu sur son œuvre une influence décisive. Elle a façonné son identité, lui a permis de connaître de l'intérieur les mœurs paysannes de cette campagne du Centre qu'elle a eu tendance à idéaliser, y voyant la matrice d'une culture très ancienne, immémoriale, qu'elle a cherché à recueillir, moins en ethnologue qu'en poète, en humaniste aussi, éprise de la qualité des paysans rencontrés, qu'elle connaissait depuis toujours et dont elle percevait les aspirations. Ces paysans que la Révolution avait rendus conscients d'eux-mêmes en favorisant leur accès à la propriété rejetaient du même coup les désignations d'autrefois ; ils ne voulaient plus qu'on les appelle « paysans », vocable entaché à leurs yeux de boue, de fumier et de mépris, mais « gens de campagne », qui exigeaient respect et considération.

## La question d'argent

Préalablement, il nous faut parler ici de la lancinante « question d'argent ». Elle excède largement Nohant, mais elle est récurrente et Nohant y est central. Les difficultés avaient commencé au lendemain de son mariage. Casimir lui allouait 10 000 francs et elle en dépensait 14 000. « Je rendis mon portefeuille[1]. » Impossible de « vivre à Nohant et avec Nohant », disait Casimir, et il avait raison. Elle pratique alors toutes sortes de menus travaux : peinture de boîtes, fabrication d'objets. Mais c'est à l'écriture qu'elle est le plus habile. Le besoin d'argent autant que son désir d'indépendance sont à l'origine de son départ pour Paris. Elle refuse d'être « asservie ». Casimir, libéral et en somme soulagé, accepte de lui

1. *HDMV*, II, p. 102.

verser une pension. « Mon mari a fixé ma dépense particulière à 3 000 f. Vous savez que c'est peu pour moi qui aime à donner et qui n'aime pas compter, écrit-elle à Boucoiran. Je songe donc uniquement à augmenter mon bien-être par quelques profits et comme je n'ai nulle ambition d'être connue, je ne le serai point[1]. » L'écriture comme gagne-pain, tel est son objectif.

Elle entre dans la spirale des comptes, des dettes et des revendications incessantes qui traverse sa correspondance. Casimir est toujours en retard dans ses versements. Elle achète à crédit, emprunte à droite et à gauche, tente d'obtenir des avances de ses éditeurs, lents et d'abord réticents. Il faut se faire un nom. *Indiana* l'impose, mais ne règle pas pour autant ses problèmes financiers. La crise de 1832 la réduit au chômage. Elle n'a plus d'argent quand elle ne travaille pas. Elle ne peut pas même se payer le voyage de Nohant et demande à Casimir de lui faire une avance. « Adieu mon vieux, je te prierais de me faire le compte exact de ce que tu as mangé de ta fortune pour boucher les trous de la mienne[2]. » La plainte est répétitive. C'est désormais François Buloz, directeur de la *Revue des deux mondes* et son éditeur, qui la reçoit. Il exige des manuscrits, elle réclame des avances. Le voyage à Venise avec Musset, sa maladie, leur rupture sont des catastrophes financières. La séparation d'avec Casimir clarifie les choses mais ne l'enrichit pas. Elle demande à son frère Hippolyte Chatiron des comptes semestriels qu'il a bien du mal à lui fournir. Elle mesure mieux l'inconfort de sa situation. « Je suis écrasée de travail, pour faire face à tous mes engagements et à mon train de vie qui excède mes revenus de deux tiers au moins. Il faut que *j'abatte* beaucoup d'ouvrage cet hiver[3] », écrit-elle à Charlotte Marliani. À Chatiron, qui

1. *Corr*, I, L 355, à Jules Boucoiran, 12 février 1831.
2. *Corr*, I, L 499, à Casimir Dudevant, 30 juin 1832.
3. *Corr*, II, L 1627, à Charlotte Marliani, mi-novembre 1837.

l'exhorte à rentrer, elle rétorque que c'est impossible. « Il me faut soit à la campagne soit à la ville tirer de mon cerveau 20 000 f par an. C'est bien dur[1]. »

*« Je vis au jour le jour »*

Ce manque d'argent chronique, en quelque sorte structurel, est plus ou moins criant, selon les crises, les circonstances économiques ou politiques. En janvier 1849, pour consoler Augustine Brault-de Bertholdi, sa fille adoptive fort gênée, elle lui confie : « Je fais toutes sortes d'économies ; je me lève sans feu, je fume du tabac de la régie, et je me suis fait faire de grosses chemises de percale. Je n'use pas de chaussures. Je passe l'hiver en sabots[2]. » En mai 1851, elle aimerait venir applaudir Pauline Viardot qui interprète son « Molière ». Mais impossible de quitter Nohant, « parce que [elle est] sans le sou, littéralement, comme cela [lui] arrive quelquefois, même assez souvent[3] ». À Hetzel, devenu son éditeur et interlocuteur, elle parle de ces « affaires » pour lesquelles elle se sent si peu faite. « Endos, escompte » : notions et mots barbares. « Songez donc que ces choses-là ne sont pas mon métier, et que j'ai besoin du repos de l'esprit [...] pour pouvoir travailler à autre chose. Manquer d'argent est un petit mal. En devoir, c'est pour moi l'enfer. Compter avec les usuriers, cela m'humilie, préjugé d'enfance si vous voulez[4]. » Six ans plus tard : « Je vis au jour le jour depuis 25 ans, *et ça ne peut pas être autrement et ce n'est pas ma faute* ; si bien que je n'ai pas pu m'acheter un manteau et une robe d'hiver cette année[5]. » Ses enfants ne lui facilitent pas les choses. « Mes enfants ne me pardonnent pas d'être pauvre.

1. *Corr*, V, L 2083, à Hippolyte Chatiron, 1er juillet 1840.
2. *Corr*, XXV, S 475, à Augustine de Bertholdi, 30 janvier 1849.
3. *Corr*, X, L 4885, à Pauline Viardot, 28 avril 1851.
4. *Corr*, XI, L 5440, à Pierre-Jules Hetzel, 10 mai 1852.
5. *Corr*, XIV, L 7718, à Charles-Edmond, 9 janvier 1858.

Solange me méprise pour cela, Maurice, meilleur cent fois, ne dit rien mais il se plaint de mille choses qui ne peuvent pas être et qu'il voudrait que je pusse tirer de la lune[1]. » « La maison entraîne de continuelles dépenses et des imprévus de réparations que vous savez bien. [...] Il me reste zéro pour tout mon hiver ou des rentrées insignifiantes. » Manceau « offre son petit boursicot, mais j'y ai déjà trop puisé ». Ne vaudrait-il pas mieux emprunter ? 10 000 francs à 5 % par exemple[2] ? Elle éprouve de plus en plus le désir de se désengager. Gargilesse, la maison achetée par Manceau, constitue alors un contre-modèle : la chaumière, économe, cénobitique, solitaire, opposée à la grande maison peuplée et dispendieuse. « Le jour où j'aurais (*sic*) devant moi dix mille francs que je ne serai pas obligée de dépenser tout de suite pour les autres, je réaliserai mon rêve et j'irai refaire ma santé qui s'épuise à trop de travail. Je laisserai Nohant à gouverner à mes enfants. J'irai les voir bien souvent, je serai près d'eux et ces enfants gâtés prendront en main une régie qu'ils me laissent un peu trop sur le dos[3]. » Vœu qui allait se réaliser peu après, dans des circonstances dramatiques.

À Édouard Rodrigues, dont elle connaît les compétences financières (il est banquier) et sollicite les conseils, elle expose assez clairement sa situation financière, en 1863. Les terres de Nohant rapportent 9 000 francs (5 000 pour Maurice, 4 000 pour elle) ; ses ouvrages anciens donnent environ 5 000 à 6 000 francs, et 14 000 pour les nouveaux durant cinq ans. Certes, ce n'est pas si mal. Et elle ne parle pas des revenus du théâtre dont Olivier Bara a montré l'importance croissante. « Mais il ne faut ni s'arrêter un jour, ni être malade, ni s'*épuiser*. [...] Le revenu net est court et il

1. *Corr*, XV, L 8051, à Émile Aucante, 25 novembre 1858.
2. *Corr*, XV, L 8007, à Émile Aucante, 30 octobre 1858.
3. *Corr*, XVIII, L 10561, à Édouard Rodrigues, 13 décembre 1863.

faut regarder à l'aumône[1]. » Quant à la valeur de Nohant, elle n'a jamais pu en obtenir une évaluation sérieuse. En 1860, elle estime néanmoins les terres entre 300 000 et 400 000 francs[2]. Elle est toujours « juste » dans ses disponibilités. En 1867, à Flaubert qui lui propose de lui prêter 1 000 francs pour aller dans le Midi, elle répond que c'est inutile ; elle a toujours une « réserve » de 2 000 francs dont elle lui propose la moitié puisque lui-même se dit « embêté » financièrement. Du reste, ce serait au « seigneur Buloz, qui a acheté des châteaux et des terres avec mes romans », de lui prêter[3].

Vers 1870, la situation s'est néanmoins améliorée. Elle écrit à Flaubert : « Tant que je travaille, je joins maintenant sans effort les deux bouts. Il n'y a pas plus de trois ans qu'il en est ainsi, ce qui prouve que notre état n'est pas lucratif, à moins d'être mille choses que nous ne pouvons pas être toi et moi. Prenons-en notre parti[4]. » Charles Duvernet, ami intime et observateur avisé, avance alors que George Sand aurait gagné, depuis qu'elle écrit, près de 2 millions. Pourtant, aussi généreuse que désintéressée, elle n'économise rien. Quoique sans luxe, la gestion de Nohant est lourde. Famille et amis absorbent tout. Et l'écrivain refuse de conclure un traité littéraire pour ses œuvres complètes. Elle veut transmettre à ses enfants ses droits d'auteur, qu'elle considère comme inaliénables[5].

1. *Corr*, XVII, L 9874, à Édouard Rodrigues, 12-13 janvier 1863.

2. *Corr*, XVI, L 8838, à François Buloz, 5 octobre 1860 : « J'ai un capital peu productif mais inaliénable et représentant 3 à 400 000 f en terres. Vous ne courrez donc aucun risque avec moi. » Mis à prix 200 000 francs en 1889, Nohant ne trouvera pas preneur.

3. *Corr*, XX, L 13036, à Gustave Flaubert, 8 février 1867.

4. Gustave Flaubert-George Sand, *Correspondance*, *op. cit.*, L 247, George Sand à Flaubert, Nohant, 1er mai 1870.

5. Charles Duvernet, *Écrits intimes*, I, *op. cit.*, p. 444.

Tout cela s'intègre dans une attitude plus globale vis-à-vis de l'argent[1], qui s'enracine dans son enfance. Elle ressentait « une sorte de terreur vague de la richesse dont [elle] étai[t] menacée[2] ». Il y a chez elle un refus de la thésaurisation, un mépris de l'épargne comme de la spéculation qui marquent son appartenance à la bohème, son éthique profondément antibourgeoise. Aristocratique ? Non, car elle refuse de « vivre noblement », c'est-à-dire « sans rien faire ». Sa fierté, c'est de gagner sa vie, par sa plume, par le nom qu'elle s'est forgé. « Aujourd'hui, comme il y a vingt ans, je vis, au jour le jour, de ce nom qui protège mon travail et de ce travail dont je ne me suis pas réservé une obole[3]. » Tel est son honneur. Sa façon de rejoindre ce peuple dont elle se sent comptable, et peut-être coupable.

## Gérer la terre

« La terre n'est ingrate que parce que le génie de l'homme a été paresseux[4]. »

Il faut gérer au mieux, tenter d'améliorer les méthodes routinières des cultivateurs berrichons, qui ont le culte presque exclusif du *bled* (blé). Deschartres, gérant de Marie-Aurore, puis d'Aurore, avait des intentions et des prétentions botaniques et agronomiques. « Il avait toujours sur les rayons de la bibliothèque une quantité de petits sacs de graines qu'il expérimentait dans le jardin, rêvant sans cesse du moyen d'acclimater quelque nouvelle plante fourragère, fromentale ou légumineuse

1. Cf. *Cahiers George Sand*, « George Sand et l'argent », n° 33, 2011. En particulier, article de Marie-Claude Schapira, « Vivre sa vie en la gagnant ».
2. *HDMV*, I, p. 604.
3. *HDMV*, II, p. 140.
4. George Sand, *Promenades autour d'un village*, Saint-Cyr-sur-Loire, Christian Pirot, 1997, p. 82.

dans le département, et se flattant d'éclipser la gloire de ses concurrents au comité d'agriculture. » Les enfants facétieux (Aurore, Hippolyte, Ursule) mélangent ces graines, « si bien qu'[elles] poussaient tout de travers et qu'il récoltait de la luzerne là où il avait semé des raves. Il entassait manuscrits sur manuscrits pour prouver à ses confrères de la Société d'agriculture que M. Cadet de Vaux était un âne et M. Rougier de la Bergerie un veau »[1]. Il avait publié en 1811 le *Moniteur rural ou Traité élémentaire de l'agriculture en France*, dont il aurait voulu appliquer les principes à Nohant. Mais sa gestion pratique laisse fort à désirer. Les fermiers ne l'apprécient pas, se moquent de ses prétentions, et ne paient guère. Deschartres non plus. À la mort de Marie-Aurore, il doit trois ans de fermages, que le conseil de famille lui réclame. Témoin navré de cette scène, où le Grand Homme risque sa réputation et la prison pour dettes, Aurore fait mine d'avoir omis de lui remettre quittance pour l'argent (soi-disant) versé. Il lui en sut beaucoup de gré. Deschartres avait acheté un petit domaine dans les landes proches de Nohant. « Il avait rêvé là, à tort, une fortune ; non qu'il aimât l'argent, mais parce que toute sa science, tout son amour-propre s'engouffraient dans la perspective de transformer un terrain maigre et inculte en une terre grasse et luxuriante. Il s'était jeté dans cette aventure agricole avec la foi et la précipitation de son infaillibilité. » Il échangeait les bêtes et les produits d'une terre à l'autre sans profit pour aucune. « En somme, sa terre lui avait peu rapporté, et Nohant encore moins, relativement. » Contraint de vendre son bien, il remit à la Saint-Jean 1823 la gestion de Nohant aux époux Dudevant. Il vint habiter Paris, et tenta de spéculer sur les produits agricoles (huiles de navette et colza). « Il ne voulait plus semer et récolter, il voulait acheter et vendre. » Ce physiocrate converti au commerce échoua, et mourut peu après

1. *HDMV*, I, p. 713.

(1828), à l'asile des pauvres, peut-être suicidé. Le Grand Homme « avait disparu tout entier, emportant le secret de son ambition déçue et de sa confiance trahie [...]. Je sentis que j'étais un peu plus orpheline qu'auparavant »[1].

### *Casimir,* gentleman-farmer

Casimir se voit en *gentleman-farmer* et entreprend de réformer Nohant, ce qu'Aurore supporte mal. « Nohant était amélioré, mais bouleversé ; la maison avait changé d'habitudes, le jardin avait changé d'aspect. Il y avait plus d'ordre, moins d'abus dans la domesticité [...]. C'était mieux, à coup sûr. » Mais elle est désorientée. « Je ne retrouvai plus les coins sombres et abandonnés où j'avais promené mes jeux d'enfant et les rêveries de mon adolescence »[2]. En outre, Casimir construit « des granges qui nous ruinent », agrandit le domaine par l'achat d'une nouvelle ferme, la Côte-Noire, qui sera revendue peu après. Aurore lui reproche de se faire avoir en affaires, parce qu'il boit. « On ne doit conclure d'affaires à la suite d'un repas quand on a le malheur de n'être pas sobre, et je suis persuadée que tu as fait celle-là le verre à la main[3]. » Elle lui conseille de placer son argent en rente sur l'État. « Tu achèteras tous les ans si tu veux et si tu peux quelques boisselées de terre. Cependant je dois t'avertir que tout le monde dit dans le pays que tu as le secret d'acheter plus cher que personne[4]. » Puis, Casimir s'ennuie, avoue à Aurore qu'il « ne se plaisait point du tout en Berry, et qu'il aimerait mieux essayer de vivre partout ailleurs[5] ». Toutefois, après le départ d'Aurore à Paris (1830), il

1. *HDMV,* II, p. 54-55.
2. *HDMV,* II, p. 38.
3. *Corr,* I, L 582, à Casimir Dudevant, 19-20 décembre 1829.
4. *Corr,* I, L 585, suite de la précédente.
5. *HDMV,* II, p. 39.

reste à Nohant avec les enfants. Le vin, la chasse, les servantes le retiennent plus que la gestion du domaine.

### *Les conseils d'Hippolyte : consentir à « être une dame de château »*

Après la séparation du couple, consommée en 1836, Aurore s'efforce d'être une bonne maîtresse de maison et de voir plus clair dans sa situation. Elle s'appuie sur son frère Hippolyte Chatiron et les lettres qu'ils échangent, surtout à partir de 1839, sont pleines d'informations. « J'aimerais à avoir mes comptes à chaque trimestre, lui demande-t-elle. Je te les enverrais après en avoir pris connaissance et tu m'expliquerais ce que je ne trouverais pas clair. Enfin parle-moi un peu de mes intérêts, car ici personne n'étant fondé à s'en occuper spécialement, il arrive que personne ne s'en occupe[1]. » Chatiron compte, chiffre, dénombre le « chetel » (*sic*, pour « cheptel »), récrimine contre les consignes souvent contradictoires de sa sœur, son laxisme envers les domestiques qui la grugent, sa crédulité à l'égard des paysans qui l'arnaquent. « J'enrage et si ce n'était ce sentiment animal qui m'attache à toi comme un chien j'enverrai (*sic*) le tout au diable. Comment veux-tu toucher un sol de tes revenus jamais, jamais. Je nommerai ces dépenses idiotes, stupides[2]. » Il l'exhorte à plus de fermeté. Angélique Apé, responsable de dilapidations avérées, doit déguerpir. « Ne va pas fléchir. » Il propose des améliorations agronomiques. Avec de l'engrais, on améliore les rendements céréaliers. Il l'a fait sur ses terres, et s'en trouve bien. Surtout, il l'incite à revenir à Nohant

1. *Corr*, V, L 2074, Hippolyte Chatiron, 18 juin 1840. Le fonds Sand à la BHVP comporte de nombreuses lettres d'Hippolyte dont Georges Lubin a souvent donné des extraits dans la *Correspondance*.
2. BHVP, Fonds Sand, G 476, s.d. (1839).

déserté. On peut y vivre pour pas trop cher et très bien pour 2 000 francs par an. Le vin est pour rien ; la vache a vêlé, il y a du bon lait. « Si tu veux venir, ton parquet est prêt, ton appartement magnifique. C'est vraiment un meurtre de laisser toujours et toujours cette maison déserte, de ne profiter de rien et de te ruiner la santé à travailler. L'amour de la gloire ou de la dépense sont donc des passions bien fortes pour t'obliger à mener la vie d'artiste, à renoncer à celle de dame de château, à vivre au jour le jour[1]. » En outre, il suffirait dans quelques années de marier Solange à Papet, qui le souhaite : « Papet sera fort riche et puisque Nohant te déplaît, il l'habitera avec Solange, en te réservant de venir quand bon te semblera[2]. » L'auteur des *Lettres à Marcie*[3] dut trouver l'idée pour le moins saugrenue ; elle ne répondit pas sur ce point. Elle se dit très disposée à venir, mais conteste l'hypothétique budget de son frère. « Quoique (*sic*) tu en dises, je n'y vivrai pas à moins de 1 000 francs par mois », voire 1 500. « N'ayant pas le moindre talent d'administration domestique », elle ne peut éviter gaspillages et friponneries. « Tu sais qu'avant que je sois levée, il y a souvent douze personnes installées à la maison[4]. » Ce ne sont pas les 4 000 francs que rapporte Nohant qui peuvent suffire. La seule manière de s'en sortir, c'est d'écrire encore et toujours. Elle est présentement « dans le feu d'un roman qu'il faut qu'[elle] achève pour avoir de quoi partir[5] ». Au printemps 1841, les finances sont bien basses. Comme si souvent.

1. BHVP, Fonds Sand, G 485, Hippolyte à George Sand, 11 mars 1841.
2. BHVP, Fonds Sand, G 487, 17 avril 1841.
3. Texte suffisamment « féministe » pour que Lamennais le refusât.
4. *Corr*, V, L 2I93, à Hippolyte Chatiron, 13 mars 1841.
5. *Corr*, V, L 2231, à Hippolyte Chatiron, mi-mai 1841. Il s'agit d'*Horace*.

## George Sand, agronome ?

Entre 1840 et 1860, George Sand s'est personnellement impliquée dans l'exploitation agricole. Elle souhaitait moderniser, revaloriser les terres. « L'agriculture est en enfance ; le paysan s'épuise aux travaux grossiers de la routine ; des terres immenses sont incultes. La science décuplerait les richesses territoriales et allégerait la fatigue de l'homme[1] », dit Émile Cardonnet, son porte-parole. « Je n'aime pas le terrain que l'on ne travaille pas », déclare le marquis de Morand, autre modèle de l'exploitant progressiste, hostile aux pâturaux, pionnier des prairies artificielles et fier de sa luzerne[2]. Dans la lignée de Deschartres, Sand entretient des relations avec des aristocrates soucieux d'agronomie : le comte de Lancosmes-Brèves ou le comte d'Aure. Le comte de Lancosmes-Brèves veut promouvoir l'élevage du cheval en France, à la manière de l'Angleterre. Il projette une École nationale d'agriculture et l'implantation de haras. Sand devient sociétaire de son club hippique et, en 1846, elle se rend à l'invitation du comte aux courses de Mézières-en-Brenne. Elle préconise l'emploi d'engrais, le développement de l'assolement, des prairies artificielles et de l'élevage. Mais elle se heurte à l'inertie des paysans pour lesquels le froment est sacré et qui refusent de mettre de la luzerne là où le blé peut pousser[3]. Lorsque le fermier Camus réussit à produire des bœufs « monstres », elle célèbre l'événement comme une victoire personnelle. Toujours à l'affût du progrès, elle

1. *Le Péché de Monsieur Antoine* (1845).

2. *André* (1835), cité par Simone Bernard-Griffiths, « Ville, nature et campagne dans *André* (1835) de George Sand », in Simone Bernard-Griffiths (dir.), *Ville, Campagne et Nature dans l'œuvre de George Sand*, Clermont-Ferrand, Presses universitaires Blaise-Pascal, 2002, p. 125-126.

3. George Sand, *Autour de la table*, *op. cit.*, p. 273.

cherche à développer un élevage de poules de race. Elle entretient à cet effet des relations suivies avec un certain Charles Jacque, artiste peintre et volailler de Fontainebleau, qui lui envoie des spécimens choisis, dont l'arrivée triomphale est décrite avec enthousiasme : « *Ils* et *elles* sont arrivés ce soir bien vivants, et je ne peux pas vous dépeindre la scène d'étonnement et d'admiration de toute la famille, bêtes et autres, à la vue de ces superbes animaux. Quand tout cela ne donnerait ni œufs ni poulets, c'est tellement beau à voir qu'on se le payerait encore avec plaisir[1]. » La jouissance esthétique toujours l'emporte sur la rentabilité. Heureusement, car les volatiles, éprouvés par le voyage, s'acclimatèrent mal à Nohant ; l'élevage périclita, en dépit de tentatives réitérées.

### *Les Meillant, fermiers modèles pour un « paradis champêtre »*

Convaincue de la valeur matérielle et morale de la terre, Sand rêve de combiner progrès cultural et relations sociales harmonieuses. Les propriétaires résidents se conduiraient en véritables exploitants, férus de méthodes nouvelles, en pleine coopération avec leurs fermiers. Ils seraient les « anges gardiens des paradis champêtres », qui demeurent une des formes de l'utopie sandienne, inspirée par l'expérience de Pierre Leroux. Collaborer avec ses fermiers est son plus cher désir. Elle prend plaisir aux travaux des champs, qu'elle parcourt en sabots, comme dans l'enfance, surtout avec Denis Meillant, qu'elle estime, comme toute cette famille, liée depuis longtemps à la sienne, où elle voit l'archétype du ménage rural entre passé et présent. La lettre, dans laquelle elle raconte à Maurice la réunion pour le renouvellement du bail à la Saint-Martin 1845, est un morceau d'anthologie. Elle décrit les postures, les mimiques, les interventions de

1. *Corr*, XIII, L 6538, à Charles Jacque, 7 janvier 1855.

chacun dont elle perçoit très bien le rôle. « Le père[1] et la mère étaient assis dans le salon sur des fauteuils. Le père écoutant, n'entendant et ne comprenant rien, mais représentant le fantôme de l'autorité paternelle. » Denis, « très calme, très ferme, très juste, très droit », impose silence à son frère Sylvain, qui ratiocine davantage parce qu'il « comprend la procédure comme un notaire ». La mère est conciliante et respectueuse : « D'abord *que nout'dame vous le prémet, 'y a pas besun d'zou z'écrire.* » Selon elle, toutes ces écritures ne riment à rien et ne valent pas une promesse verbale. Elle traiterait les affaires « comme les Turcs » (à supposer que les Turcs préfèrent l'oral à l'écrit). Et Sand de commenter : « Cette famille des Meillant est vraiment un beau type de droiture, de gravité et de hiérarchie patriarcale dans la famille, ce n'est plus que là qu'on peut revoir ce que le passé a eu de grand et de simple, d'autant plus qu'avec une autorité à différents degrés, volontairement acceptée et dont nul n'abuse, il y a égalité de droits, égalité d'héritage. C'est le bienfait du présent et la beauté du passé[2]. » C'est cela qui l'intéresse, Aurore, beaucoup plus que le contenu du bail lui-même. Intervient-elle dans la discussion ? On ne le sait pas. Sans doute laisse-t-elle ce soin à Polite et à Alexis Duteil, son chargé d'affaires. Il faut pourtant bien faire payer les fermiers, toujours gênés et en retard, demandant des délais qu'elle accorde le plus souvent, non sans réticences. « Tu dois avoir touché quelque argent de mes fermiers, écrit-elle à Duteil en novembre 1836. Fais-les payer, car plus ils s'endettent, plus ils deviennent incapables de s'acquitter. Ne leur mets pourtant pas l'épée sur la gorge, s'ils sont en retard de quelque chose et s'ils demandent deux ou trois mois de

1. Jean Meillant (1763-1846), père de Denis, Sylvain et Françoise, au nom duquel le bail est signé.

2. *Corr*, VI, L 2756, à Maurice, 23 novembre 1845.

répit. Fais pour le mieux[1] » : tolérance qui exaspérait Chatiron.

*Les bœufs « monstres » de Camus*

Gêne réelle ou incurie : faillites et départs sont nombreux et expliquent une forte mobilité des fermiers. George Sand devient désabusée. En 1840, elle écrit, à propos du « père » Bigeol dont Chatiron critique les comptes : « Je suis dégoûtée de ces fermiers de mauvaise foi, plus juifs que tous les juifs du monde[2], plus riches que tous les autres paysans, plus riches que nous-mêmes, car depuis leur longue jouissance, ils ont amassé du bien et si rapaces, si maquignons qu'au premier revers, ils s'en targuent pour nous demander des concessions exorbitantes. S'ils nous quittent, je m'en moque, si d'autres me volent, j'aime mieux être dépouillée par des pauvres que par des riches[3]. » Même avec les Meillant, les rapports, d'abord idylliques, se dégradent, surtout à cause de Françoise, remariée à un Aucante, et lasse de servir. Et puis, elle les juge routiniers, au point qu'en 1850, elle envisage de faire appel à un Belge, Adolphe Fiévée, qui lui semble plus novateur. François Rollinat la met en garde : dans le pays, on n'aime guère les Belges dont on redoute la concurrence. Finalement, elle renouvelle les baux des frères Meillant. Pas pour longtemps. À la Saint-Martin 1851, Alexis Camus prend en régie la ferme de la Porte, Sylvain se plaignant de ne pas faire ses affaires et refusant toute augmentation. C'est d'abord l'enthousiasme, comme toujours : « Camus mène très bien la ferme et cela a pris un air d'ordre et de propreté qui fait plaisir à voir. »

1. *Corr*, III, L 1287, à Alexis Duteil, mi-novembre 1836.
2. Sand partageait les préjugés et les stéréotypes relatifs aux Juifs. Cf. Nicole Savy, *Les Juifs des romantiques*, Paris, Belin, 2010.
3. *Corr*, V, L 2146, à Hippolyte Chatiron, 24 décembre 1840.

Surtout il sème du trèfle et développe les prairies artificielles, « superbes, dans ces terrains qu'on disait incapables d'en produire »[1]. Il donne une réelle impulsion à l'élevage. En 1854, il vend sur le marché de La Châtre pour 1 400 francs une paire de bœufs « monstres » à des bouchers de Paris qui veulent les tuer sur place et les débiter partie dans le pays, partie à Bourges, et même à Paris. « Le cuir et le déchet se vendent bien ici. En ne transportant que le meilleur au loin, ils peuvent gagner plus qu'en faisant voyager les bêtes. Donc les bœufs monstres de Camus font révolution dans le pays et pour la première fois depuis que La Châtre est Châtre, on va y manger du bœuf excellent car, pour essai, tout sera débité à La Châtre et si ça prend, ils continueront. » L'entrée des bœufs à La Châtre, couronnés de lauriers et ruban rose au derrière, a été triomphale, à la mesure de l'événement. « Il faut que tu saches, écrit Sand à Maurice, que ce domaine où l'on ne *pouvait pas* faire de prairies ni de bétail est, à présent, le paradis terrestre des *ché d'aumaille* (têtes de bétail) »[2]. Épisode qui illustre les mutations du marché de la viande, en plein essor, et sa rationalisation, dans la mouvance de la capitale.

La Vallée Noire devenue terre de luzerne et d'embouche, sous la houlette de Camus ? Trois ans plus tard, pourtant, il s'en va, endetté et dépité. « Erreurs, négligences souvent commises en état d'ivresse » seraient les principales causes de ses malheurs. Tous les comptes faits, Sand, qui avait investi dans les transformations, lui doit 1 878 francs, résultat net de ses six années de travail, « plus sa famille nourrie, chauffée, logée etc. dans une grande aisance, en dépit des temps de misère ». « Moi, j'ai une grosse perte sèche, malgré l'amélioration des terres et du cheptel », commente-t-elle, résignée[3]. Désormais,

1. *Corr*, XI, L 5377, à Maurice, 5 avril 1852.
2. *Corr*, XII, L 6184, à Maurice, 23 février 1854.
3. *Corr*, XIV, L 7664, à Émile Aucante, 22 novembre 1857.

elle cherche à regrouper les fermes en une régie unique. À la Saint-Martin 1857, Félicien Paillot, qui se révélera fort mauvais payeur, succède à Camus à la Porte, tandis que Germain Couillard et son fils Jacques afferment Laumières et la Chicoterie, auxquelles ils ajouteront la Porte en 1859. George Sand dénonce « la barbarie de la culture de ces vieux fermiers. À présent qu'ils s'en vont, j'en apprends de bonnes sur leur bêtise et leur paresse et il n'y a qu'un cri sur la valeur qu'elles [les terres] vont prendre en d'autres mains[1] ». Couplet classique. En tout état de cause, le revenu ne peut dépasser 2,5 à 3 % : c'est « l'us » du pays, le maximum de rapport possible, comme elle le dit à un ami qui souhaite acheter un domaine dans les parages[2]. Lorsque Solange, ayant vendu sa propriété du Midi, songe à investir en Berry, dont elle a la nostalgie, Sand la détrompe dans ses estimations excessives : « Maurice rit aux éclats de ton espoir de placer de l'argent à 6 ou 10 % en terres. Quand on a 2½ % nets, c'est beaucoup ici, et des fermiers qui paient ! autre utopie[3] ! » Écho d'une désillusion.

## Maurice Sand, « agriculteur dans l'âme » ?

Dans la conduite, agricole et domestique, de Nohant, Sand est secondée par Émile Aucante, qu'elle congédie faute de pouvoir le rémunérer convenablement. Manceau tente alors de le suppléer et procède à des comptes minutieux. « Quand il a gravé plusieurs heures par jour, tant que ses yeux y voient clair, il me tient mes comptes[4]. » La gestion pèse de plus en plus à Sand. Elle rêve de

1. *Corr*, XV, L 8280, à Émile Aucante, 12 mai 1859.
2. *Corr*, XV, L 8048, au général Adolphe Lemoine-Montigny, 24 novembre 1858. Lettre intéressante pour l'expertise de George Sand en matière de connaissance des terres.
3. *Corr*, XXIII, L 16598, à Solange, 4 avril 1873.
4. *Corr*, XI, L 5781, à Pierre-Jules Hetzel, 16 janvier 1853.

laisser les rênes à Maurice auquel, pour l'attirer, elle donne la ferme de Laumières. Celui-ci manifeste peu d'enthousiasme. Mais son mariage avec Lina Calamatta change la donne. Surtout, il ne supporte pas la place grandissante de Manceau, devenu homme de confiance de celle qu'il appelle « Madame », et qui l'est doublement. Il lui donne congé comme un domestique à la Saint-Michel. Rupture décisive : Sand quitte Nohant avec Manceau pour Palaiseau. Dans un premier temps, elle confie la maison à Marie Caillaud et la régie des terres à Sylvain Brunet. Par une convention qu'il contresigne, elle lui laisse des instructions précises[1]. Sur ce qu'il peut consommer : « tous les fruits et légumes que M. et Mme Maurice ne voudront pas vendre ». Sur le recouvrement des fermages : « Il s'entendra avec M. Ludre pour que le fermier n'apporte pas de retards dans les paiements. » Sur la préservation des arbres : « Il veillera à ce que les métayers n'étêtent pas les arbres des domaines et ne les ébranchent pas plus haut que les deux tiers de leur hauteur. [...] Il fera dans les domaines les abattages d'arbres en temps utile et vendra et emmagasinera le bois. » Elle recommande à Ludre Gabillaud la rigueur à ce sujet[2] : « Soyez sévère avec mon fermier », un vrai « gâteur » d'arbres qui laisse ses métayers tenir plus de chèvres qu'il ne convient. « Refusez-lui les arbres. D'après son bail, il ne doit pas mettre plus d'une chèvre par domaine et à l'écurie. » Car la chèvre est l'ennemie jurée de l'arbre, dont Sand a le culte.

Affectés par la mort de leur fils, Marc, dit Cocoton, Maurice et Lina voyagent, hésitent à s'installer à Nohant, mais s'y décident enfin, faute de moyens pour vivre à Paris. Sand est soulagée : « Je sais qu'il y a pour Maurice un grand chagrin de cœur et un grand mécompte d'habitudes à ne m'avoir pas toujours sous la main pour songer à tout, à sa place. Mais il est temps pour lui de se charger de sa propre existence et le devoir de sa femme est *d'avoir*

1. *Corr*, XVIII, L 10916, à Sylvain Brunet, 9 juin 1864.
2. *Corr*, XVIII, L 10921, à Ludre Gabillaud, 11 juin 1864.

*de la tête* et de me remplacer. N'est-ce pas avec elle qu'il doit vieillir[1] ? » Il faut qu'ils mènent désormais « leur attelage ». Il est temps de couper le cordon ombilical.

Mais dans la pratique comment faire ? Sand a changé tout ce qui ne leur convenait pas et elle est toujours « prête à modifier selon leur désir, mais à la condition qu'[elle] n'ai[t] plus la responsabilité de ce qui ne réalisera pas un idéal qui n'est point de ce monde[2] ». Elle a donné à Maurice procuration pour qu'il touche les fermages. Concernant les dépenses domestiques, elle entend désormais acquitter sa part et celle de Manceau quand ils séjourneront à Nohant. Que Lina calcule donc ce que coûte une semaine de consommations de son couple : ce sera approximativement équivalent pour le sien. « Je ne mange pas de viande, mais je mange des plats sucrés, ça se compensera. Quant à Manceau il ne mange certes pas plus que Mauricot. Je pourrai acheter ma bougie à part [cette écrivaine nocturne en use tant], mais pour l'huile, le bois, le charbon, je contribuerai pour moitié. Ce sera simple comme bonjour, car si je consommais sur le revenu de Nohant, il serait entamé et c'est ce que je ne veux pas[3]. » On est loin de la décontraction bohémienne d'antan. Les domestiques sentent aussi passer le vent du boulet. Sylvain rechigne et demande de l'augmentation, très « enfant gâté », selon Sand. Régisseur du domaine, il doit rendre ses comptes à Maurice, ce qui apparemment ne le réjouit guère.

Désormais, George Sand ne s'implique plus dans la gestion des fermes. La mort de Manceau, son retour définitif en Berry n'y changeront rien. C'est à travers Maurice qu'elle parle d'agriculture. Les *Agendas* font assez régulièrement état des foires, des moissons, des récoltes, des difficultés à trouver une main-d'œuvre devenue plus exigeante, ou à se procurer du matériel

1. *Corr*, XVIII, L 11211, à Ludre Gabillaud, 20 octobre 1864.
2. *Corr*, XVIII, L 11211, à Ludre Gabillaud, 20 octobre 1864.
3. *Corr*, XVIII, L 11233, à Lina, 24 octobre 1864.

adéquat pour les batteries. « Maurice est toujours encombré de blé. » Il cherche à développer l'élevage et étudie consciencieusement le traité de Dombasle, *Le Bouvier français*. Il fréquente assidûment les foires, tente de remplacer les bêtes médiocres par de meilleures. Non sans de cocasses mésaventures. En août 1869, il se rend à La Châtre, « achète un taureau, vend une vache et *en perd une* qu'on cherche encore ». Il est « embêté, non de la perte d'argent, c'est peu de chose, mais de la bêtise des Berrichons »[1]. Lui-même se montre parfois fort crédule. Dans l'été 1870, affreusement sec et chaud, la moisson est pénible, médiocre ; le désastre des récoltes répond à celui des armées. Les rumeurs les plus folles circulent. On parle de la réapparition de la « Grand'Bête », sur laquelle Maurice tire deux coups de revolver, et qui pourrait bien être un loup. « J'ai chassé en pantoufles un loup dans notre cour, sous nos fenêtres, à deux heures du matin[2] », écrit Sand à la date du 23 juillet 1870.

### *Les comptes de Lina*

Elle se réjouit toutefois de la mutation paysanne du ménage de ses enfants. « Lina fait son beurre elle-même dans la laiterie au milieu des innombrables terrines de crème[3]. » Elle s'occupe avec zèle de la basse-cour. Elle tient scrupuleusement un registre journalier des « Recettes », qui mérite un regard particulier[4]. La vente des arbres, du bétail, des produits de la basse-cour et du jardin y tient une place importante. Sur la même page, la vente de cinq lapins (5 francs) voisine avec celle de la « Sainte Anne » de Delacroix (5 000 francs). « Madame Sand » verse ses 100 francs mensuels de pension et, de temps à autre,

1. *Agendas*, IV, 25 août 1869.
2. *Agendas*, IV, 23 juillet 1870.
3. *Agendas*, IV, 12 août 1869.
4. Registre manuscrit relié intitulé « Recettes » et portant sur la tranche « Comptes de Nohant. 1866 à 1890 » (archives privées).

fait des dons de plusieurs milliers de francs. Le tout donne une curieuse impression de gêne et d'opulence mêlées. « Maurice est devenu agriculteur dans l'âme », écrit sa mère, avec une satisfaction teintée d'ironie. « Nohant est devenu une ferme qui aspire à être modèle »[1]. Lorsque Flaubert entreprend ce qui allait devenir *Bouvard et Pécuchet*, il questionne longuement Maurice, avec lequel il s'entend bien, sur ses « souvenirs agronomiques ». « Quelles sont les fautes qu'il a faites et par quels raisonnements il les a faites[2] ? » Embarrassé, Maurice répond qu'il ne pensait pas avoir commis de faute et qu'il avait cherché à ne pas « innover de toutes pièces, mais pousser au développement de ce qui est en se servant toujours de la méthode établie par l'expérience ». Il se tenait à la disposition de Flaubert « pour tout ce qui concerne le centre de la France et la géologie générale de la planète », ce qui était bien vaste. Lorsque Flaubert vint peu après à Nohant, on lui réserva une visite en règle. On ne sait trop ce que le récit des tribulations des deux novices auxquels rien ne réussit doit à celles de Maurice Sand.

Nohant ne fut certes jamais la « ferme modèle » dont Sand avait rêvé, mais il demeure une ferme comme le suggèrent le registre de Lina, les impressions des visiteurs (Gautier a peur des chiens qui gardent le portail de la ferme), et les photos de l'époque. Son revenu s'améliore néanmoins. De 4 000 francs par an autour de 1840, il atteint 9 000 francs en 1863[3] et peut-être 12 000 en fin de période. Il ne suffit jamais à l'entretien de la propriété, à laquelle la mort de Sand puis celle de Maurice portent un coup fatal. Les fermes sont vendues les unes après les autres par Solange (elle vend en 1877 la Porte dont elle avait hérité) et par Maurice, qui liquide les terres entre 1878 et 1885. À son décès, Lina met en vente le château et sa réserve (9 hectares), qui ne trouvent pas

1. *Corr*, XXI, L 14362, à Edmond Plauchut, 11 juin 1869.
2. *Corr*, XXIII, L 16534, à Gustave Flaubert, 5 février 1873.
3. *Corr*, XVII, L 9874, à Édouard Rodrigues, 12-13 janvier 1863.

preneur. Nohant rétrécit comme la peau de chagrin qu'il était devenu. Un domaine tchékhovien qui avait perdu son âme.

## Idées sandiennes sur la propriété

George Sand n'a pas l'instinct propriétaire. La jouissance n'implique nullement la possession. « Voir, c'est avoir [...]. Jouir est meilleur que posséder », dit un des interlocuteurs du *Diable aux champs*[1]. Elle déteste les rapports de subordination qu'implique en soi la propriété. Enfant, elle avait tenté d'instaurer l'équité dans le partage des saulnées d'alouettes entre petits paysans. Sa grand-mère lui avait permis d'installer sa « société » dans la salle à manger de Nohant. Pour prévenir les contestations, elle introduisit « le régime de l'association [...]. On se partageait sans compter et sans mesurer[2] » : le rêve de toute sa vie.

« J'ai la haine de la propriété territoriale, écrit-elle en 1858 à son ami républicain Ernest Périgois. Je m'attache tout au plus à la maison et au jardin. Le champ, la plaine, la bruyère tout ce qui est plat m'assomme, surtout quand ce *plat* m'appartient, quand je me dis que c'est à moi, que je suis forcée de l'avoir, de le garder, de le faire entourer d'épines, et d'en faire sortir le troupeau du pauvre, sous peine d'être pauvre à mon tour [...]. Donc, je ne tiens pas à ma terre, et à mon endroit, et quand je suis sur la terre et dans l'endroit des autres je me sens plus légère et plus dans ma nature qui est d'appartenir à la nature et non au lieu. » C'est pourquoi elle apprécie Gargilesse, « justement pour cette raison que je n'y suis pas chez moi, que je n'ai à m'y occuper de rien que de mon travail »[3].

1. *Le Diable aux champs*, *op. cit.*, p. 289.
2. *HDMV*, I, p. 838-839.
3. *Corr*, XIV, L 7858, à Ernest Périgois, Gargilesse, 30 mai 1858 et Nohant, 7 juin.

Elle n'est cependant pas « communiste », comme ses détracteurs l'en ont accusée, notamment en 1848. Les conceptions de Babeuf, que Michel de Bourges avait tenté de lui inculquer, ou celles d'Étienne Cabet, constituent à ses yeux « une chimère ou une injustice ». La petite propriété est le désir des paysans ; ils ont pu relativement assouvir leur faim de terres à la faveur de la Révolution française, qui opéra effectivement un vaste transfert de propriété ; ils aspirent à la conserver. George Sand défend et favorise ces conceptions. Elle est pourtant consciente des difficultés qu'entraîne le morcellement des terres pour les progrès de l'agriculture. Elle est le témoin atterré de la crise agricole marquée dans le Berry par les émeutes de Buzançais en 1847. D'un autre côté, elle aurait voulu faire de Nohant un modèle attractif de grande exploitation progressiste dans ses méthodes culturales, et socialement égalitaire. Ses rapports avec les paysans sont directs et sans démagogie. Elle est hostile aux préjugés aristocratiques et aux prétentions des nouveaux acquéreurs, pires que les anciens, tels les Bricolin du *Meunier d'Angibault*. « Nous serons emportés par la souffrance et la colère du peuple[1] », écrit-elle à Chatiron en 1840. Son expérience de propriétaire terrienne ne fut pas vraiment un succès. Lorsqu'elle partit en 1864 pour Palaiseau, elle reçut une adresse collective de sympathie, signée des « ouvriers et artisans » de La Châtre, non des paysans.

### Le Berry, « pays conservé »

Son intérêt pour le monde rural est au vrai d'un autre ordre. D'un côté, c'est le contact avec la Nature, ce monde du vivant dont elle se sent une parcelle, pierre, plante ou oiseau (plus que papillon). C'est d'autre part la plongée dans la société paysanne dont elle admire les pratiques, venues du

1. *Corr*, V, L 2146, à Hippolyte Chatiron, 24 décembre 1840.

fond des âges, qui, à l'époque de la quête archéologique des racines celtes ou gauloises, lui semble la vibration d'un très ancien passé. N'en faisons pas une ethnologue avant la lettre – Arnold Van Gennep critique à bon droit son absence de méthode et le caractère subjectif de ses notations –, mais plutôt une observatrice quasi participante, pionnière du grand mouvement d'« Invention de la France »[1], caractéristique du XIX^e siècle, auquel elle contribue par la mise en scène du Berry, « le pays le plus *conservé* qui se puisse trouver à l'heure qu'il est », et la création de la Vallée Noire[2]. Elle décrit avec empathie les travaux et les jours des paysans, attentive aux labours et aux mélopées (le briolage) qui les accompagnent, aux moissons, aux « battaisons », rythmées de repas collectifs auxquels les femmes s'affairent[3]. Elle parle souvent des foires et des marchés où se négocient les louées, les contrats domestiques et agricoles, occasions de rencontres et de mutations. Mais elle s'intéresse plus encore aux aspects privés, aux baptêmes où elle joue si souvent le rôle de marraine que « sur [s]es vieux jours, il n'y aura pas un de [s]es villageois, fille ou garçon, jeune ou vieux, qui ne [l]'appelle sa marraine, *notre marraine* sera un terme générique qui fera oublier celui de *not'maîtresse ou not'dam* mots qui sentent le vieux temps dont

1. Nicole Belmont, « L'Académie celtique et George Sand. Les débuts de la recherche folklorique en France », *Romantisme*, n° 9, 1975, p. 29-38 ; Anne-Marie Thiesse, *Écrire la France. Le mouvement régionaliste de langue française entre la Belle Époque et la Libération*, Paris, PUF, 1991.

2. Dans une bibliographie abondante, je citerai : Daniel Bernard, *George Sand, pionnière de l'ethnographie*, Déols, Daniel Bernard, 2004 ; *id.*, « Le regard ethnographique de George Sand », in *George Sand. Terroir et histoire*, *op. cit.*, p. 81-101 ; *id.*, *Berry, pays de George Sand. Anthologie*, Saint-Cyr-sur-Loire, Alan Sutton, 2003 ; Vincent Robert, *La Petite-Fille de la sorcière. Enquête sur la culture magique des campagnes au temps de George Sand*, Paris, Les Belles Lettres, 2015 ; *La Mare au diable*, Véronique Bui éd., in *OC*, 2012.

3. George Sand, *Promenade dans le Berry. Mœurs, coutumes, légendes*, préface de Georges Lubin, Bruxelles, Complexe, 1992.

[elle] ne [s]e soucie pas[1] », écrit-elle en 1829. Plus tard, elle héberge au château les noces que Nohant met en scène comme dans un théâtre familier. Elle est attentive au langage berrichon, dont elle a tenté de dresser sinon un inventaire, du moins un glossaire[2]. Elle est la première à parler de « littérature orale ». Elle note les chansons des maçons qui installent le calorifère dans l'hiver 1850, comme Chopin le fera des bourrées. Elle est sensible au merveilleux (la *merveillosité*) véhiculé par les récits, les légendes, les dictons ; aux croyances, visions, hallucinations dont les images effrayées hantent les veillées et se prolongent dans la nuit des campagnes[3]. « J'ai toujours pensé que ces phénomènes méritaient d'être observés de plus près et analysés par la raison froide avec plus de conscience qu'ils ne l'ont encore été. Ce serait une étude pour l'intelligence de l'histoire[4] », écrit-elle avec sagacité. Sans doute a-t-elle abusivement tendance à assimiler ces coutumes à un « primitivisme » paysan, ultime vestige d'un « âge d'or » de l'humanité, dont la famille Meillant, par exemple, constituerait une butte témoin. « Il est bon de sauver de l'oubli, qui marche si vite, quelques versions de ce grand poème du *merveilleux*, dont l'humanité s'est nourrie si longtemps et dont les gens de campagne sont aujourd'hui, à leur insu, les derniers bardes[5]. » Les *Légendes rustiques* (1858), fruit de la collaboration de la mère qui écrit et du fils qui dessine, sont un des témoignages les plus éloquents de cette tentative de transmission poétique. Hantée par les transformations qu'entraîne la modernité, et notamment les chemins de fer, elle pense qu'il

1. *Corr*, XXV, S 79, à Jane de Fenoyl, hiver 1828-1829.
2. Éric Bordas, « Les Histoires du terroir. À propos des *Légendes rustiques* de George Sand », *Revue d'histoire littéraire de la France*, n° 1, 2006, p. 67-81.
3. *Les Visions de la nuit dans nos campagnes*, 1852.
4. *HDMV*, I, p. 831.
5. *Corr*, XV, L 7902, à Maurice, 1er août 1858.

y a urgence. « Il faut qu'on se dépêche car les vieillards dépositaires de ces fictions s'en vont[1] », écrit-elle au soir de sa vie, consciente d'être un des derniers grands témoins d'un temps enfui.

Plus qu'ethnologue, George Sand est elle-même le barde des paysans du Berry, mais sa poésie s'enracine dans le réel. Dans cette campagne dont elle connaît les traînes et les mares. À Nohant, cercle et centre d'un monde enchanté.

1. Préface à Germain Laisnel de La Salle, *Croyances et Légendes du centre de la France. Souvenirs du vieux temps. Coutumes et traditions populaires comparées à celles des peuples anciens et modernes*, 2 vol., Paris, Chaix, 1875.

# Les temps

« Notre vieille maison est un coin assez curieux, où l'on a réussi, pendant trente ans, à vivre en dehors de toute convention et à être artiste pour soi, sans se donner en spectacle au monde[1] », écrit Sand en 1867. Elle aurait voulu faire de Nohant une oasis soustraite à la société, au regard pervers de l'opinion, un cristal de temps affranchi du changement. Le lieu quasi immobile de l'éternel retour. « Ce n'était donc pas la peine de quitter la terre natale, puisque *arriver* pour moi, c'est toujours revenir[2]. »

Le Centre a un caractère « éminemment rustique » que son éloignement préserve de la modernité. Il est un conservatoire géologique, archéologique, riche de vestiges préhistoriques et celtes, comme ceux que l'on retrouve au mont Barlot, ces Pierres Jaumâtres qui servirent d'autels, peut-être sanglants, aux Gaulois, évoqués dans *Jeanne*, « vierge gauloise », « druidesse » mythique, dont la mort seule préserve la pureté féminine et ancestrale. Les paysans du Centre, peu touchés par l'industrialisation, transmettent une très ancienne culture que Sand déchiffre dans leur musique, leurs chants, leurs pratiques coutumières, leurs croyances au merveilleux. En Berry, le

1. *Corr*, XX, L 13019, à Henry Harrisse, 19 janvier 1867.
2. George Sand, *Nouvelles Lettres d'un voyageur (à Gustave Tourangin), « De Marseille à Menton »*, *op. cit.*, p. 149.

temps s'est arrêté. Il est le cœur battant de la France. Les invasions ne l'ont pas atteint, même lors des désastres napoléoniens. Les cosaques ne se sont pas risqués dans ces terres lointaines. Le bruit des événements n'y parvient qu'assourdi par une distance que les mauvais chemins maintiennent grande, tant pour les voyageurs que pour les nouvelles et les marchandises.

Pourtant, le changement rôde, s'insinue, menace. De mille manières, dont la plus décisive est le chemin de fer, qui atteint la région obliquement en 1843 (Paris-Orléans), et directement en 1849 (Châteauroux-Paris). La proclamation de la République coïncide à peu près avec la liaison ferroviaire qui allait faire de Paris et de la gare d'Austerlitz l'horizon des Castelroussins : symbole de temporalités qui se chevauchent et modifient les conditions de transport et d'échanges. On le perçoit au travers des consignes qu'inlassablement Sand dispense à ses invités pour les convier à venir à Nohant, si loin, si proche. D'autant plus que les routes et les véhicules se sont considérablement améliorés[1]. Il fallait trois jours pour venir de Paris à Nohant au début du siècle et moins d'une dizaine d'heures à la fin.

Les conséquences sont considérables. La circulation des personnes et des biens s'accélère. Le marché du travail s'élargit, moins ouvrier que tertiaire en Berry ; attirée par les meilleurs salaires parisiens, l'offre domestique se raréfie : on le mesure à Nohant. L'influence de la capitale s'immisce partout. Elle modifie les mœurs villageoises, les manières de parler, de consommer, de s'habiller, de danser et d'aimer. Sand en est le témoin : « Le beau berrichon de ma jeunesse est aujourd'hui une langue morte. La bourrée, cette danse si jolie, est rempla-

1. Marianne et Gilles Miclon, *En voyage avec George Sand*, Châteauroux, La Bouinotte, 2018. Anthologie des voyages de Sand, appuyée sur une très riche iconographie. Une somme.

cée par de stupides contredanses, nos chants du terroir, admirables autrefois et qui faisaient l'adoration de Chopin et de Pauline Garcia, cèdent le pas à la *femme à barbe.* De belles routes remplacent nos sentiers où l'on se perdait, de vieux ombrages [...] ont disparu et la botanique sylvestre est au diable. Refaire un roman berrichon ! non [...]. Ce serait passer par le chemin des regrets, et vraiment, à mon âge, il faut combattre une tendance si naturelle et si fondée. Il faut vivre en avant[1] », écrit-elle au « cher Américain » Henry Harrisse. Ultime roman paysan, *Nanon* est dépourvu de nostalgie[2].

Ce qui a fait exploser le sentiment du petit pays, c'est plus que tout la politique, la création d'un espace citoyen. Ardemment désiré sous la monarchie de Juillet, culminant avec la République démocratique et sociale, refoulé par le coup d'État, contraint au repli sur soi, il est bouleversé par la guerre de 1870. Les troupes prussiennes au village berrichon montrent qu'il n'y a plus de frontières, plus d'abri sûr. Il faut affronter le monde, « vivre en avant ».

Ainsi plusieurs temporalités s'affrontent, se conjuguent et se mêlent dans l'espace de Nohant. Elles tissent une existence nourrie du temps qu'il fait, des malaises du corps, des rythmes quotidiens, des soucis familiaux, des chagrins de l'âme, des plaisirs artistes de la lecture, de l'écriture, de la poésie, du théâtre déployé dans l'interminable nuit berrichonne.

Et pourquoi pas après ? « La vie éternelle est un voyage qui promet assez d'émotions et d'étonnements. »

1. *Corr*, XX, L 13019, à Henry Harrisse, 19 janvier 1867.
2. *Nanon* (1872), édition présentée et préfacée par Nicole Mozet, Saint-Cyr-sur-Loire, Christian Pirot, 2005 ; édition par Nicole Savy, Arles, Actes Sud, 2005.

# Le temps qu'il fait

Le temps qu'il fait, quotidien, saisonnier, voire annuel, revêt une extrême importance pour Sand, témoin (timide) des progrès de la météorologie, en voie de devenir obsession[1]. Dans la monotonie des jours, il introduit le changement. « L'hiver ou l'été apportent seuls quelque diversion à cet état de stagnation permanente. Nous avons le sentiment ou si vous aimez mieux la sensation du froid et du chaud pour nous avertir que le temps marche et que la vie coule comme l'eau[2]. » Il rythme les journées, leur emploi, l'usage de la maison et du jardin, le rapport dedans-dehors, essentiel à la campagne. Les *Agendas* abondent en notations journalières, qualitatives et banales : « Il fait beau », « un vrai temps d'été », « assez beau », « Il fait très froid », « un froid de loup », « un temps affreux », « il pleut », « il pleut à verse », « un temps de chien », en somme, la pluie surtout étant la grande gêneuse qui contrarie promenades et bains. À partir de 1857, apparaissent des notations chiffrées, toutefois réservées aux excès de chaleur ou de froid. L'hiver 1859, « froid de Sibérie ». Il fait moins 14 degrés, les 16 et 17 décembre ; moins 12, le 18 ; moins 17, le 19 ; moins 18, le 20. « Quel froid ! Je cours sur la neige tous les jours quand

1. Alain Corbin (dir.), *La Pluie, le Soleil et le Vent. Une histoire de la sensibilité au temps qu'il fait*, Paris, Aubier, 2013.
2. *Corr*, I, L 308, à Jules Boucoiran, 20 juillet 1830.

même, mais tout le monde crie que depuis longtemps on n'a rien senti d'aussi dur, heureusement la maison est chaude »[1]. Le 24 juin 1863 : « Quelle chaleur ! 38 degrés centigrades. Dîner dehors. » Outre un thermomètre, Manceau s'est doté d'un baromètre, baptisé « baroumètre » ou « la barounette » par les domestiques narquois – « le baromètre dit qu'il fait *bot* et il *ple* » –, qui lui vaut les plaisanteries de l'entourage, incrédule devant ses prévisions. « Manceau prédit le soleil et le soleil luit ; il prédit la pluie et la pluie tombe, et pourtant on le blague sur ses connaissances météorologiques. Ô Galilée ! donnons-nous la main[2] », ironise son disciple, toujours un peu vexé d'être pris en défaut : « Le baromètre descend toujours. Que va-t-il arriver[3] ? » En 1860, Sand mentionne la lettre d'un certain M. Reboul « sur l'imbécillité du baromètre qui ne sert réellement qu'à mesurer les hauteurs, vu qu'il baisse d'un millimètre par 10 mètres et que de la cave au grenier il subit déjà une sensible variation[4] ». Quinze ans plus tard, le ton a changé. « Ces décennies sont celles d'une profonde mutation des rapports au temps qu'il fait[5]. » À Maurice, parti en excursion géologique, sa mère écrit : « Tu sais que pour le 24-25-26 [juillet 1874], tous les *météorologues* (*sic*) annoncent des orages épouvantables, tonnerre, grêle, etc. Nous nous hâtons de rentrer les moissons, fais attention de ne pas trop t'éloigner d'un gîte ces jours-là, car bien que je ne croie pas cette nouvelle science d'observations infaillible, il est certain qu'elle est en progrès et il n'en coûte rien de se préserver[6]. » Prévision et précaution marchent de pair.

1. *Corr*, XV, L 8497, à Solange, 17 décembre 1859.
2. *Agendas*, II, 20 février 1857 (AM).
3. *Agendas*, II, 27 novembre 1858 (AM).
4. *Agendas*, II, 27 septembre 1860 (GS).
5. Christophe Granger, « Le soleil ou la saveur des temps insoucieux », in Alain Corbin (dir.), *La Pluie, le Soleil et le Vent*, *op. cit.*, p. 57.
6. *Corr*, XXIV, L 17050, à Maurice, 18 juillet 1874.

L'instabilité d'un temps capricieux convient à George, sensible aux variations de la couleur du ciel. « Ah ! comme il fait beau ici, le beau givre, les belles mousses, le beau soleil tout rose dans des nuages bariolés. Je cours les bois avec ma petite fille comme au printemps[1]. » « Beau temps doux, le ciel est rayé de nuages très jolis et singuliers[2]. » L'azur impavide des cieux méridionaux la lasse. Les orages l'enchantent. « Nous avons eu des ouragans effroyables qui nous apportaient du midi des nuages noirs et des influences funestes. [...] Aujourd'hui, le temps est magnifique, le ciel pur pour la première fois depuis 15 jours, et nous sommes tout étonnés du silence qui nous environne, habitués que nous étions à entendre la maison craquer comme un navire en pleine mer[3]. » Rien décidément ne vaut « la France centrale avec son climat souple et chaud, ses hivers rapidement heurtés de glace et de soleil, ses pluies abondantes et courtes, sa flore et sa faune variées comme le sol où s'entrecroisent les surfaces des diverses formations géologiques[4] ». Elle goûte les changements de saison qui modifient les paysages et le décor quotidien. Mais elle apprécie leur ordre, leur retour rassurant, et une normalité qui conditionne la vie rurale. « Déjà l'automne ! le voilà passé en six semaines, cet été que nous avons attendu cinq mois et que nous allons pleurer cinq autres mois [...] à peine nous sommes-nous écrié *enfin* qu'il faut ajouter *déjà* ! La vie est ainsi faite. Attendre et se souvenir[5]. »

Dans ce pays de rivières, les inondations peuvent être redoutables, pour les communications et pour les récoltes.

1. George Sand, L 105, à Gustave Vaez, 21 décembre 1853, in *Lettres retrouvées*, *op. cit.*

2. *Agendas*, II, 2 décembre 1858 (GS).

3. *Corr*, VI, L 3013, à Eugène Delacroix, 12 novembre 1844.

4. Sand, *Nouvelles Lettres d'un voyageur, lettre IV (à Gustave Tourangin)*, 28 avril 1868, *op. cit.*, p. 132.

5. *Agendas*, I, 8 août 1852 (AM).

Ainsi, en juin 1845, par suite de pluies torrentielles, les rivières débordent : « De mémoire d'homme on n'avait jamais rien vu de pareil dans nos paisibles contrées. Nos ruisseaux sont devenus subitement des fleuves avec un courant furieux et des vagues comme celles de la mer. Les routes ont été interceptées hier par ces filets d'eau, devenus aussi larges que la Loire et aussi rapides que le Rhône. [...] Tous les foins de rivière sont perdus, et ce qui ajoute aux désastres, c'est l'odeur fétide que le retour du soleil donne à ces herbes pourries. Les plus beaux prés sont devenus de vastes marécages infects [...]. Si je n'aimais pas la campagne de passion, je me repentirais d'y être venue[1]. » Elle redoute ces dérèglements qui font de l'agriculture un métier aléatoire. « L'agriculture n'est qu'imprévu et déception. C'est une compagne revêche ou une ingrate maîtresse[2]. »

Certaines années font date : 1846, marquée par des récoltes (pommes de terre, blé) désastreuses et une crise frumentaire à l'origine des troubles de Buzançais en janvier 1847[3] ; 1860, « temps de chien, récoltes nulles », note Manceau en guise de bilan ; 1863, « chaleur d'Afrique » et assoiffante sécheresse. Mais le pire se produit en 1870-1871, les années terribles, dont le *Journal d'un voyageur pendant la guerre* dresse une chronique météorologique précise. À un été torride et ravageur – « sommes-nous en Afrique ou au cœur de la France ? » –, succède un hiver exceptionnellement rigoureux : moins 12, le 4 décembre, moins 18, le 10 décembre. « L'eau gèle dans les chambres. » « Les puits gèlent. » Militaires et civils souffrent. Signe du courroux de la nature ? Le plus souvent, c'est l'inverse et Sand souligne à maintes reprises son indifférence au malheur

1. *Corr*, VI, L 3179, à Charlotte Marliani, 23 juin 1845. Le maximum de la crue est atteint le 22 juin ; la Vallée Noire, les bas quartiers de La Châtre sont submergés.

2. *Agendas*, V, 10 octobre 1872.

3. Cf. Yvon Bionnier, *Les Émeutes de la faim de 1847 dans l'Indre*, *op. cit.*

des hommes. « Est-il possible que ce matin bleu, cette verdure renouvelée après un été torride, ces nuages roses [...] ne soient pas l'aurore d'un jour heureux et pur[1] ? », note-t-elle le 15 septembre 1870. Et le 2 février 1871 : « [...] temps délicieux ; j'ai écrit la fenêtre ouverte. Les bourgeons commencent à se montrer ».

Les premières années de la République – les dernières de sa vie – sont clémentes et Sand, demi-recluse, en tire parti. « Je garde la maison [...]. Je fais un bon tour de jardin toute seule. [...] Il fait sec ; je sors en pantoufles[2]. » Belle fin de partie en somme.

1. *Journal d'un voyageur pendant la guerre*, 15 septembre 1870, *op. cit.*, p. 96.
2. *Agendas*, V, 3 mars 1874.

# Les rythmes du corps

Quelle place le corps – vieillissant, souffrant, jouissant –, le corps de la douleur et du plaisir, tient-il à Nohant ? Le plaisir des sens est partout, diffus, dans l'évocation d'un paysage, des parfums, des couleurs, des sons, et des températures, dans celle des chevauchées, des bains de rivière, des excursions, des tours de jardin, dans la mention de tels plat ou denrée, locaux ou exotiques, sans toutefois que ces sensations fassent l'objet de propos particuliers. Le corps souffrant est bavard ; le corps jouissant palpite dans les demi-mots et les confidences, parfois très sensuelles, des romans. Le corps quotidien est caché. George Sand a dit son émotion de se voir nue pour la première fois en Espagne, dans une psyché du palais ; elle avait quatre ans : rare notation. Par la suite, elle ne s'attarde pas sur la description de son physique, l'expédiant en quelques lignes, déclinant la sèche signalétique d'une pièce d'identité. À l'évocation de la peau, elle préfère celle des étoffes, dont elle goûte texture et coloris.

Pourtant, elle avait un sens aigu de l'âge, qu'elle réduisait à deux pôles antithétiques « jeunesse-vieillesse », et du vieillissement, processus inéluctable, défi dont la volonté peut triompher[1]. En 1843, à trente-neuf ans, elle se sent vieille et

1. Cf. Claudine Grossir, « L'âge d'or de la vieillesse », in *Vieillir féminin et Écriture autobiographique*, études réunies par Annette Keilhauer, Clermont-Ferrand, Presses universitaires Blaise-Pascal, 2007.

commence à cultiver le « ne… plus ». Elle dit à Delacroix éprouver « une grande lassitude des satisfactions personnelles qui paraissent si grandes quand on est jeune […] et qui semblent si peu de choses quand on ne les espère plus […]. Bref, je n'existe plus […]. Il y a trois ans bien comptés que je suis morte[1] ». Trois ans ? 1840 ? Faut-il y voir un écho des difficultés de son couple avec Chopin ? d'une possible rivalité de séduction éprouvée à l'égard de Solange, dont la jeunesse insolente la contraint bientôt au rôle de mère et de belle-mère ? Cette décennie 1840-1850 – la quarantaine – correspond à une crise existentielle profonde, où interfèrent public et privé. La suivante est plus apaisée, en partie grâce à Manceau. « J'ai 46 ans, j'ai des cheveux blancs, cela n'y fait rien. On aime les vieilles femmes plus que les jeunes, je le sais bien maintenant, écrit-elle à Hetzel auquel elle confie son étonnement. C'est si bon d'être aimée et de pouvoir aimer tout à fait »[2].

**« Moi qui ne suis plus une femme »**

La ménopause, qui survient, semble-t-il, dans l'hiver 1852-1853 (à quarante-huit ans), se traduit par des malaises dont Sand parle volontiers à ses intimes, y compris masculins : bouffées de chaleur, suées abondantes[3]. « Je me porte aussi bien que le permet la crise de mon âge. » Avec eux, elle minimise, traite la chose froidement, comme un processus clinique, un incident de parcours qui n'empêche ni de vivre ni de travailler, crâne manière de nier l'infériorité biologique attribuée aux femmes. Tout de même : « On m'a *saignée, synapisée, vomitifiée, morphinisée* et après toutes ces secousses qui m'ont mise sur les dents

1. *Corr*, VI, L 2699, à Eugène Delacroix, 13 août 1843.
2. *Corr*, IX, L 4539, à Pierre-Jules Hetzel, 7 juillet 1850.
3. *Corr*, XI, L 5781, à Pierre-Jules Hetzel, 16 janvier 1853.

quatre ou cinq fois, on m'a enfin débarrassée de l'étouffement qui me paralysait[1]. » À Éliza Tourangin, elle confie : « Je lutte dans l'âge le plus difficile de la vie physique des femmes[2]. » « Moi qui ne suis plus une femme », dit-elle ailleurs, entérinant le préjugé tenace qui exclut les femmes ménopausées de la féminité[3]. Plus qu'autrefois, elle se drape dans les plis rassurants de la maternité, sans pour autant renoncer à rien, aux amours, aux voyages, frénétiques, au travail plus intense que jamais. « J'ai une santé de fer », dit-elle souvent. Elle accepte, voire se convertit à la vieillesse, en minimise les inconvénients (la presbytie par exemple que les lunettes corrigent), et même en vante les avantages. À Joseph Dessauer : « Mais c'est excellent d'être vieux. C'est le meilleur âge, c'est celui où l'entendement voit clair. » Elle a cinquante-neuf ans. Même la mort lui paraît lointaine. « Après avoir passé ma jeunesse à croire que je ne pourrais pas vivre, je passe ma vieillesse à croire que je ne peux pas mourir[4]. » « La vieillesse n'est pas forcément la décadence intellectuelle. C'est quelquefois tout le contraire[5] », confie-t-elle à Mlle de Chantepie. La correspondance échangée avec Flaubert entre 1866 et 1876 est un dialogue exceptionnel où l'aînée voudrait guider son jeune troubadour. « Le jour où j'ai résolument enterré la jeunesse, j'ai rajeuni de vingt ans[6]. » Une question de volonté, en somme, comme le reste. Contre les rhumatismes, « cette frappouille sur le corps », elle lui conseille l'*exercice, la gymnastique*. « Le travail de l'esprit est aussi dans les jambes »[7].

1. *Corr*, X, L 5238, à Caroline Cazamazou, 6 février 1852.
2. *Corr*, XI, L 5855, à Éliza Tourangin, fin mars 1853.
3. Annick Tillier, « Un âge critique. La ménopause sous le regard des médecins des XVIII^e^ et XIX^e^ siècles », *Clio*, 2005/1, n° 21 ; Daniel Delanoë, *Sexe, Croyances et Ménopause*, préface de Françoise Héritier, Paris, Hachette littératures, 2006.
4. *Corr*, XVIII, L 10500, à Joseph Dessauer, 3 novembre 1863.
5. *Corr*, XXII, L 15134, à Mlle de Chantepie, 14 juillet 1870.
6. *Corr*, XXII, L 15578, à Gustave Flaubert, 23 juillet 1871.
7. *Corr*, XXV, L 17260, à Gustave Flaubert, 20 février 1875.

### « La vieillesse m'a fait une santé de fer »

Les anniversaires, célébrés joyeusement à Nohant, chaque 5 juillet, avec l'inévitable feu d'artifice final, sont autant d'occasions d'affirmer sa résilience et de faire la nique au temps. 5 juillet 1869 : « Soixante-cinq ans et santé parfaite. » 5 juillet 1870 : « Nohant-15è bain. 66 ans, pas démolie, très bien portante, agissante, pas de poids sur les épaules ni de roideur dans les membres. Je vivrais très longtemps s'il n'y avait pas d'hiver. » Aucune mention en 1871, mais elle écrit à Charles-Edmond (23 juillet) : « Je ne me suis jamais mieux portée. La vieillesse m'a fait une santé de fer[1]. » 5 juillet 1872 : « Encore un anniversaire heureux où on oublie tout pour se sentir en famille. » 5 juillet 1873 : « J'entre gaîment dans ma 70ème. Je n'aurais jamais cru jadis que j'irais jusque-là et je n'ai aucune infirmité, qui sait si je ne marierai pas Lolo ? » 5 juillet 1875, dernier anniversaire : elle va bien, mais tout le monde est malade. « Les santés ne vont pas. »

### *« Les arias de bobos »*

Et c'est la mention la plus courante, dans la *Correspondance*, et davantage encore dans les *Agendas*, qui déclinent inlassablement la litanie des malaises et des avanies quotidiennes, ces « arias de bobos » qui les assaillent tous. « Madame va bien », note Manceau, ou plus souvent : « Madame est souffrante. Elle a des maux d'estomac. » On éprouve à cette lecture un double sentiment : la constance, la récurrence lancinante des maux physiques ; et le souci croissant qu'on en prend, du moins dans le milieu privilégié de Nohant. Conscience du corps

1. *Corr*, XXII, L 15575, à Charles-Edmond, 23 juillet 1871.

malade et médicalisation marchent de pair. Solide et sujette à des maux perpétuels, telle était déjà Aurore. En 1830, elle écrit à sa mère : « Je crois que je tiens de vous sous le rapport de la santé, je suis sujette à de fréquentes indispositions, à des souffrances presque continuelles soit d'une cause soit d'une autre mais au fond je suis extrêmement forte et je suis comme vous d'étoffe à vivre longtemps et sans infirmités en dépit de tous ces arias de bobos dont je ne me puis défaire[1] » et qu'elle décline à Émile Regnault, camarade berrichon et médecin de surcroît : « Il y a toujours quelque chose qui cloche, quand les rhumatismes s'apaisent, les élancements au cœur se réveillent et puis viennent les maux de tête, les malaises nerveux, les constipations infiniment prolongées et mille gracieusetés dont je ne sais pas le nombre et dont je ne me soucie pas de chercher la cause. [...] J'y suis habituée, je vivrai ainsi jusqu'à 2 ou 300 ans[2]. » Elle vit le triomphe d'*Indiana*, en 1832, dans les tourments du corps. « Il me reste encore un bon rhume de cerveau, des douleurs dans le cœur, un charmant mal de tête, des étouffements, des crampes, enfin tout ce qu'il faudrait pour rendre une autre très malade, mais que je considère vu l'habitude que j'en ai, comme un état fort prospère[3]. » Elle s'est forgé une « cuirasse », « à coups de marteau sur les doigts », écrit-elle à Zoé Leroy à laquelle elle décrit son mode de vie ascétique (une « nonne ») et son labeur nocturne incessant. « Je supporte des veilles, des voyages, des fatigues, des privations inouïes »[4].

Elle souffre d'« indispositions périodiques » (le mot « règles » est rarement employé et plutôt pour Solange) et de constipation opiniâtre. Des premières, elle parle surtout aux femmes

1. *Corr*, I, L 317, à Sophie Delaborde, 7 septembre 1830.
2. *Corr*, I, L 393, à Émile Regnault, 13 juin 1831.
3. *Corr*, II, L 505, à Laure Decerfz, 3-7 juillet 1832.
4. *Corr*, III, L 1184, à Zoé Leroy, fin mai 1836.

proches. « Je suis malade d'une indisposition ordinaire à notre sexe, mais qui est grave chez moi et me force à garder le lit. Je te confie ce beau secret[1] », murmure-t-elle à Eugénie Duvernet à laquelle elle avoue « des *pertes considérables*[2] », qui entraînent de longues périodes d'incapacité : « Vous savez que j'ai huit ou dix jours par mois où je ne suis bonne à rien[3]. » À l'ami Pierre Bocage, elle ose : « *Entre nous*, qui sommes deux vieux, je peux vous dire que, dans certaines indispositions périodiques, le mouvement met en danger ma carcasse. Cette indisposition n'a commencé qu'hier contre mes prévisions, et j'en serai à peine quitte lundi[4]. » Il lui faut différer son départ.

De la constipation, qui lui a pourri la vie, elle parle moins encore, exceptionnellement à Maurice. Elle doit venir à Paris et se propose de coucher dans la chambre attenante à l'atelier de Manceau, d'où l'on peut gagner aisément le *cabinet particulier*. Et ainsi, « *en un besoin*, que tu sais durer longtemps chez les gens *constipés de naissance*, ne pas se geler, ne pas attendre, ne pas souffrir en un mot. C'est bête à dire, mais à Paris, c'est là ma plus grande souffrance. Dans les hôtels garnis, ces endroits n'existent pas ou empestent. Chez toi, c'est propre, mais il faut monter et c'est froid. Enfin, fais en sorte que mon infirmité qui me cause des velléités fréquentes et *sans succès* le plus souvent, et dont je souffre en ce moment plus que de coutume, ne me mette pas au supplice, surtout la nuit[5] ». Expression d'une véritable souffrance que soulignent

1. *Corr*, VII, L 3246, à Eugénie Duvernet, été 1845.

2. *Corr*, VII, L 3247, Eugénie Duvernet, été 1845 ; *Corr*, VII, L 3491, à la même, août 1846 : « C'est aujourd'hui grand jour de migraine. [...] En outre j'ai l'indisposition qui m'empêche de sortir. »

3. *Corr*, VIII, L 3779, à Charlotte Marliani, 22 décembre 1847.

4. *Corr*, X, L 4901, à Pierre Bocage, 2 mai 1851.

5. *Corr*, IX, L 4711, à Maurice, 24 décembre 1850 ; Lubin, note 2, p. 876. Cette lettre est d'autre part pleine de précautions au sujet d'une cohabitation possible avec Manceau, qui peut susciter les sarcasmes du voisinage.

la répétition du mot et l'usage réitéré des italiques. Elle incitait du reste Maurice à détruire sa lettre (« Ceci n'est pas une lettre à conserver ni à communiquer »), ce qu'il ne fit pas. Georges Lubin l'a publiée en s'en excusant (« Cette lettre traite de questions bien intimes »), preuve que l'intestin était et demeure plus tabou encore que le sexe.

### *« La maladie de foie qui est dans ma famille »*

En dehors d'une crise de *spleen* qui lui fait envisager le suicide (1835-1836), d'une ophtalmie (1845) qui lui rend la lumière insupportable et qu'elle corrige par des lunettes bleues, d'une typhoïde (octobre-décembre 1860) qui nécessite l'appel à une sommité parisienne, d'esquinancies (maux de gorge) communes, Sand souffre de maux chroniques : migraines, rhumatismes, catarrhes, asthme, coliques néphrétiques, lumbagos, maux d'entrailles ou d'estomac, surtout mal au foie, organe mythique de l'époque. Elle se plaint de « douleurs au flanc », qu'elle attribue à « la pointe de cet organe ». Après les sinistres événements familiaux de l'été 1847, elle déplore : « Ma santé s'est de nouveau détraquée. Je crois que la maladie de foie qui est dans ma famille et que je combats depuis dix ans me livre un assaut définitif[1]. » « Je suis condamnée à périr par le foie » : le docteur Gaubert, qui vient de mourir, le lui a prédit ; pourtant elle préférerait choisir sa mort[2]. Elle y revient dans son autobiographie[3]. « Le corps souffrait d'un commencement d'hépatite qui s'est manifestée clairement plus tard [...]. Je la combats encore, car l'ennemi est en moi et se fait sentir au moment où je le crois endormi. [...] J'en avais le germe ou la

1. *Corr*, VIII, L 3737, à Louis Blanc, 30 octobre 1847. Plainte identique dans l'été 1848, au retour à Nohant.
2. George Sand, *Sketches and Hints* (mai 1847), in *OA*, II, p. 626.
3. *HDMV*, II, p. 301-302.

prédisposition sans le savoir ; ma mère l'avait et en est morte. Je dois en mourir comme elle. » Elle croit à l'hérédité biologique, et aux liens de l'esprit et du corps. La bile rend mélancolique. « Les vives douleurs du foie ont pour symptômes, chez tous ceux qui y sont sujets, une tristesse profonde et l'envie de mourir [...] Je me débats pour écarter ces voiles qui tombent comme de lourds orages sur l'imagination. » Rétrospectivement, elle attribue ses crises spleenétiques au foie. Mais l'inverse peut être vrai : le « vide moral » rend malade et le seul remède serait « l'*infini* (en quelque chose, en quoi que ce soit) »[1]. « Il ne s'agit pas d'avoir le ventre libre, et on ne guérit pas le désespoir par les clystères. » Après 1850, la référence au foie s'estompe au profit de l'estomac et du mental qui prend une importance plus grande.

### *« J'ai envoyé promener les médecins »*

Sand se soigne et elle soigne, sa famille, ses amis, ses domestiques, son entourage, le village. Très tôt, Deschartres l'avait initiée aux visites à domicile, à des opérations risquées, mais aussi à des gestes simples, des remèdes à base de plantes, qu'il composait lui-même ; elle en a gardé la recette et Casimir s'étonne de la voir les fabriquer dans la cuisine. Elle est un peu sorcière, comme la petite Fadette. « Je passe pour très bon médecin et chirurgien. Je suis fort appelée dans les environs[2]. » Elle est partagée entre foi au progrès et scepticisme devant un savoir médical qui lui paraît hésitant et dérisoire. Adepte résolue de la vaccine ou des innovations destinées à lutter contre les cancers ou le croup, attentive aux travaux de Pasteur[3], convain-

1. *Corr*, IV, L 1655, au docteur Marcel Gaubert, décembre 1837.
2. *Corr*, XXV, S 63, à Jane et Aimée Bazouin, 30 novembre 1826.
3. *Agendas*, III, 16 septembre 1863 : lecture sur les travaux de M. Pasteur.

cue des bienfaits de l'hygiène si peu répandue dans les campagnes, consciente des méfaits de l'alcoolisme, elle renâcle pour elle-même aux prescriptions médicales et préfère le respect d'un bon « régime ». Elle confie à Poncy sa « volonté de ne pas [s]'embarquer dans les soins inutiles. [...] À force de les expérimenter, on arrive à savoir et même à *pouvoir choisir* ceux qu'on doit accepter et ceux qu'on doit rejeter[1] ». « Darchy vient, fait son ordonnance qu'on s'empresse de ne pas suivre dès qu'il est parti. J'ai envoyé promener les médecins[2]. » Les remèdes les plus classiques lui semblent les meilleurs : diète, bains, cure de soleil, purgations, saignées qu'elle pratique couramment, au moins jusque dans les années 1840. Non sans fatigue ; il lui faut à chaque fois plusieurs jours pour s'en remettre. Mais elle croit à la nécessité de se purger de cet excès d'énergie qui circule en elle : « Quand une fièvre m'inquiète, je me fais ôter par le médecin une livre de sang. Le médecin me dit que c'est un *crime*, un *suicide*[3]. » Gustave Papet, dont elle sollicite périodiquement la lancette, résiste visiblement. « J'ai enfin obtenu qu'on me saignât ce matin, et c'est grâce à cette saignée copieuse qui m'ôte la force de poursuivre mon travail ce soir que je puis disposer d'un moment pour vous écrire[4]. » « Je ne compte que sur le temps et les remèdes au jour le jour[5]. » Du sirop de mûres pour Lolo ; pour ses maux d'estomac, du raisin : « Je mange du raisin. Je m'imagine que ça me guérit par enchantement[6]. » Une autre fois, alors que le charbon ne lui fait rien : « J'ai vraiment découvert le remède, je crois. C'est bien étrange, une pistache ! non mâchée ! action toute mécanique comme la graine de moutarde [...]. Cessation

1. *Corr*, XII, L 5957, à Charles Poncy, 4 juillet 1853.
2. *Agendas*, III, 4 avril 1863 (GS).
3. *Corr*, III, L 1406, à Michel de Bourges, 20 mars 1837.
4. *Corr*, III, L 1416, à Charles d'Aragon, 3 avril 1837.
5. *Agendas*, III, 1er septembre 1863 (GS).
6. *Agendas*, V, décembre 1872.

immédiate du malaise, des gaz et de la sensation de gonflement à l'estomac[1]. » Mais le miracle ne se renouvelle pas.

## Quinine, opium, morphine

Les remèdes varient selon les affections, mais certains sont polyvalents : les sangsues (qu'elle appréhende), les eaux, Vals, Seltz ou autres, des produits pharmaceutiques (pilules Duguet, Colombo), des préparations des praticiens eux-mêmes – la tisane de rathania ou les potions ammoniaquées du docteur Darchy –, la codéine contre les rhumes, l'huile de ricin pour la constipation et, de plus en plus, la trilogie « quinine-opium-morphine », calmants de douleurs qu'on ne tolère plus. La quinine est administrée pour les fièvres ou les névralgies de Maurice, comme pour les maux de gorge de Lolo ou les rhumatismes de George. Lolo a-t-elle une névralgie dans la matrice ? « Notre bon petit docteur » recommande le sulfate de quinine, « pris avec plaisir ». L'opium, remède miracle, sert aussi bien en emplâtre sur l'estomac, sur une joue atteinte de fluxion ou un membre ankylosé, qu'en pilules ou en gouttes contre les coliques néphrétiques et pour le sommeil. « Est-ce l'opium ou le temps ? Je m'endors en travaillant et suis forcée de faire un somme sur mon sofa[2]. » On soigne Maurice pour un rhumatisme au cou avec un emplâtre d'opium « qui lui donne une sorte de syncope nerveuse avec forte migraine ». La morphine se généralise après 1870, avec l'accord des médecins, de plus en plus sensibles à la douleur de leurs patients[3]. Sand en prend contre les coliques, la toux, le mal de gorge,

1. *Agendas*, III, 26 janvier 1867.
2. *Agendas*, V, 9 septembre 1872.
3. Jean-Jacques Yvorel, *Les Poisons de l'esprit. Drogues et drogués au XIXe siècle*, Paris, Quai Voltaire, 1992.

l'extinction de voix et pour le sommeil. Elle n'hésite pas à en distribuer. À Flaubert, souffrant d'une « bronchite obstinée », elle recommande « une dose minime, demi-centigramme acétate de morphine à prendre tous les soirs quand la digestion est faite, et pendant huit jours au moins. Je ne fais pas autre chose et je m'en tire toujours bien[1] ». Avec « mes petites pilules de morphine », Bouli dort en vingt minutes. Mais il a des crampes d'estomac qu'il faut faire passer avec des serviettes chaudes et un bouillon. Elle veut même donner un quart de pilule à Lolo, en dépit des réserves du docteur Pissavy.

### *« Je fume presque continuellement »*

Sand était-elle préparée à cette consommation par l'usage du tabac auquel elle fut addict toute sa vie ? « J'ai un abominable défaut. Je fume des cigarettes, bien petites et bien fades auprès de celles que consomment certaines *lionnes* d'aujourd'hui. Mais je fume presque continuellement, en cachette tant qu'on veut. Mais encore je sens le cigare quel que soit le soin que j'y apporte. [...] Et pourtant si je reste trois heures sans fumer, je reste dans un état de torpeur, je bâille, je ronge mes ongles, je suis comme une âme en peine, et cette souffrance est telle que c'est là une des principales raisons qui m'empêchent d'aller dans le monde. » Ce « vice », « je l'ai contracté en travaillant la nuit pour combattre le sommeil »[2]. Ses cigarettes ne sont jamais bien loin. Elle est familière des excitants comme des calmants qu'exige la vie d'artiste.

Garde-malade des siens – « ma mission », disait-elle –, Sand a été confrontée à des maladies plus ou moins redoutables : l'angine couenneuse de Maurice en 1870-1873, la coqueluche des petites-filles en 1872, la phtisie masquée de Chopin et de

1. *Corr*, XXIII, L 16534, à Gustave Flaubert, 5 février 1873.
2. *Corr*, VII, L 3193, à René de Villeneuve, 17 juillet 1845.

Manceau, l'alcoolisme ravageur des campagnes. Maurice était souvent « patraque » et sa mère incriminait son excessive sédentarité, son enfermement dans ses armoires et ses collections. L'angine couenneuse récidivante le fait beaucoup souffrir. On le traite par astringents et par cautérisation. « On a beaucoup brûlé Maurice. » En vain. D'où l'appel au docteur Favre, sommité parisienne qui prend les choses en main et reste plusieurs jours. Sand lui succède ; durant dix-sept jours, elle veille son fils, lui fait la lecture. Maurice n'est pas un malade commode ; « d'une humeur noire, il s'en prend aux autres de son mal de gorge » et récrimine contre les traitements inefficaces. « Quand il perd courage, c'est trop pour moi et ça me fait mal » (22 février 1872). « Lina et moi nous inquiétons fort et ne vivons pas » (25 février). Enfin, la situation s'améliore. Lina couche chez son mari, sur un canapé. « Je vais passer une bonne nuit dans mon lit » et finir *Nanon*, écrit sa mère, délivrée[1].

*Usines à gaz contre la coqueluche*

En avril 1872, « la maison est un peu un hôpital, tout le monde tousse », surtout les petites-filles qui ont la coqueluche. Il est décidé que Titite, la plus atteinte, partira avec Lina pour Nîmes, où le fidèle Boucoiran les accueille : « Elles auront du soleil et des usines à gaz[2] » dont les vapeurs sont réputées efficaces contre la coqueluche. Au retour, Gabrielle paraît guérie, mais pâle et fatiguée par un voyage de douze heures (et peut-être par ce traitement !). Lolo a moins de chance : belladone, acétate de morphine, sirop de quinine n'apaisent pas sa toux. Le docteur recommande de manger du beurre, ce qu'elle

1. *Agendas*, V, 1872, littéralement envahi par la maladie de Maurice, ses manifestations et la notation précise des traitements.
2. *Agendas*, V, 8 avril 1872.

fait ; mal au cœur, constipation ; lavements qu'elle déteste. En juin 1875, elle enchaîne rougeole et embarras digestifs. Lolo a-t-elle le régime qu'il lui faut ? George s'interroge, a tendance à critiquer Lina, et redoute une possible hérédité, notamment pour l'intestin. Elle craint d'avoir transmis à Lolo une constipation opiniâtre et les selles de la petite fille la tracassent beaucoup.

Les grandes épidémies l'inquiètent et la mobilisent. Elle est témoin du choléra de 1832 à Paris. « On ne fait pas un pas sans rencontrer des douzaines de corbillards, de brancards et de cercueils qu'on porte à bras, car les voitures ne suffisent plus[1] » : spectacle qui distrait la petite Solange, depuis le balcon du quai Saint-Michel. En 1844, une épidémie de fièvre muqueuse met Léontine Simonnet (fille d'Hippolyte Chatiron) aux portes de la mort ; elle s'en sort grâce au « coup d'œil délicat et prévoyant de Gustave [Papet][2] ». En 1845, le typhus est à Nohant ; Jean Aucante, le mari de Françoise, sa servante, en meurt dans une petite chambre à l'air vicié, mais dont ses proches refusent de le sortir car « ces gens tiennent à leurs habitudes ». Papet conseille de rester à Paris. « Il me dit que la maladie, sans être contagieuse, est épidémique, que les miasmes qui sont répandus dans l'air sont fort dangereux, surtout pour les personnes qui viennent de voyager et qui arrivent tout d'un coup dans le milieu où ils règnent[3]. » Il faut attendre que Jean soit mort, et la chambre, vidée et aérée. Elle recommande à Hippolyte d'y pénétrer muni d'un morceau de camphre et en respirant du vinaigre à la sortie. Elle lui demande de « faire établir un courant d'air général et continuel pendant plusieurs jours et de brûler force genièvre. Même du chlore établi en plusieurs endroits ferait bien ». Aériste convaincue,

1. *Corr*, I, L 476, à Casimir Dudevant, 22 avril 1832.
2. *Corr*, VI, L 3014, à Maurice, 12 novembre 1844.
3. *Corr*, VI, L 3145, à Hippolyte Chatiron, 19 mai 1845.

elle croit aux risques de l'entassement, des circulations intempestives comme celles que provoque la moisson, et aux vertus des courants et des changements d'air[1]. « L'air est le grand empoisonneur comme le grand guérisseur, sous certaines influences encore très inconnues des médecins[2]. » En 1849, une épidémie de cholérine ravage le pays. « Je vais tous les jours avec Borie soigner les malades. Mais c'est bien difficile avec des paysans têtus, superstitieux, méfiants et pleins de préjugés. Ceux qui écoutent guérissent[3]. » « Je vis au milieu des agonisants, des enterrements et des souffrances les plus nauséabondes. Pauvre humanité ! et pauvre médecine qui tâtonne et n'est sûre de rien. Je n'ose pas prendre sur moi la terrible responsabilité d'appliquer le *Raspail* auquel je crois pourtant[4]. » Elle est en effet une adepte fervente des vues de Raspail et de ses traitements camphrés auxquels elle tente de convertir Poncy[5] ; tentée aussi par l'homéopathie. Diverses vagues de choléra s'abattent sur Châteauroux, qu'elle recommande d'éviter, mais épargnent Nohant, îlot préservé par son isolement même. Aussi, lorsqu'en septembre 1870 « la variole se répand dans le village », Sand s'alarme pour les petites, non vaccinées. Il faut partir. « Pauvre cher Nohant, tu nous chasses ! Tu es devenu en huit jours plus redoutable que la guerre »[6]. Elle demande hospitalité aux amis Duvernet, à La Châtre et au Coudray ; et décide bientôt de partir plus loin, en Creuse, où Sigismond Maulmond les héberge au château de Boussac.

1. Alain Corbin, *Le Miasme et la Jonquille. L'odorat et l'imaginaire social, XVIII^e^-XIX^e^ siècles*, Paris, Aubier, 1982.

2. *Corr*, X, L 5009, à Solange, 11 août 1851. Raspail appelle « insectes », les miasmes endormis qui, à la faveur des moissons, se répandent dans l'air et pénètrent dans les habitations et dans la respiration.

3. *Corr*, IX, L 4292, à Augustine de Bertholdi, 8 septembre 1849.

4. *Corr*, IX, L 4295, à Bocage, 13 septembre 1849.

5. *Corr*, IX, L 4319, à Charles Poncy. « Je voudrais vous persuader de prendre les principales précautions hygiéniques qu'il recommande. »

6. *Agendas*, IV, 19 septembre 1870.

Le *Journal d'un voyageur pendant la guerre* rend compte de cet exode devant la double invasion, des Prussiens et de l'épidémie.

## La tuberculose masquée

Mais le plus terrible ennemi, d'autant plus dangereux qu'il s'avance masqué, imparable, c'est la tuberculose, qu'on n'ose encore ni nommer ni soigner[1]. Principale cause de mortalité, notamment pour la jeunesse, la « phtisie » commence à mobiliser les énergies médicales – Laennec, Trousseau… – mais sans effet notoire. Chopin et Manceau en sont morts en dépit des soins acharnés de Sand. *Correspondance* et *Agendas* rendent un compte hallucinant du quotidien. En 1844, plus de la moitié des soixante lettres concernant Chopin parlent de ses problèmes de santé[2]. L'*Agenda* de 1865, où Manceau puis George notent la progression du mal, est bouleversant. Durant des années, étouffements, crachats, fièvres, sueurs nocturnes, douleurs pleurétiques, amaigrissement, extrême fatigabilité ont été l'ordinaire des jours, et surtout cette toux, persistante, incessante, en quintes, en râles, haletante, épuisante compagne des nuits de Nohant ou de Palaiseau. À leur chevet, toujours elle est là, surgissant de sa chambre voisine. Comme la plupart des médecins qui l'entourent, notamment son cher Papet dont le diagnostic en 1839 est totalement négatif[3], elle a tendance à

1. Pierre Guillaume, *Du désespoir au salut : les tuberculeux aux 19e et 20e siècles*, Paris, Aubier, 1986. Les termes de « phtisie », « consomption », « tuberculose » s'emploient les uns pour les autres.

2. Marie-Paule Rambeau, *Chopin dans la vie et l'œuvre de George Sand*, *op. cit.*, p. 122-135.

3. *HDMV*, II, p. 423 : « Papet ne lui trouva plus aucun symptôme d'affection pulmonaire, mais seulement une petite affection chronique du larynx qu'il n'espéra pas guérir et dont il ne vit pas lieu de s'alarmer sérieusement. »

nier ce qui nous apparaît aujourd'hui comme une évidence, à minimiser la gravité, par exemple, des crachements de sang. « J'ai tant vu cracher le sang [...] et je l'ai tant craché moi-même, et même vomi à flot que ce symptôme-là ne m'inquiète plus du tout pour mes amis[1] », écrit-elle à Hetzel. L'expérience Chopin lui sert peu. Le 23 juin 1864, elle note : « Manceau a eu un petit crachement de sang qui n'est rien à coup sûr. » En marge, Maurice commente : « Il est mort un an après[2]. » Excepté le docteur polonais Matuszynski, lui-même phtisique conscient et suicidé, les praticiens renâclent à porter ce diagnostic, pourtant clairement établi par Laennec. Ainsi pour Chopin : « On le croyait phtisique. Gaubert l'examina et me jura qu'il ne l'était pas. Vous le sauverez, en effet, me dit-il, si vous lui donnez de l'air, de la promenade et du repos[3] » : Nohant, maison de cure pour une affection présumée nerveuse. Chopin n'apprendra sa maladie qu'à l'extrême fin ; et Sand, après l'autopsie. Pour Manceau, c'est à peine plus clair en dépit de la lucidité désespérée du malade : « Il paraît que je vais très bien, c'est à crever de rire[4]. » Le 3 mai, c'est son anniversaire : quarante-huit ans. « C'est peut-être bien le dernier, hein, Bon Dieu[5] ? » Les médecins se succèdent en tâtonnant. Le docteur Demarquay le traite au gaz. « Je tousse effroyablement. » « Je souffre beaucoup à force de tousser. 43 gaz. On me permet de ne pas faire de traitement demain : je suis content comme un écolier en vacances. » « Aucune médication, grand soulagement. » Sand apprend la vérité en juillet, mais rien ne transparaît dans l'*Agenda*, qu'il lit. Les derniers traitements – Morère, Fuster – le font terriblement souffrir

1. *Corr*, IX, L 4444, à Pierre-Jules Hetzel, 16 mars 1850.
2. *Agendas*, III, Palaiseau, 23 juin 1864 (GS).
3. *HDMV*, II, p. 417.
4. *Agendas*, III, 26 mai 1865 (AM).
5. *Agendas*, III, 3 mai 1865 (AM).

sans résultats. Il meurt le 21 août, après une nuit calme. « Il a parlé d'aller à Nohant[1]. »

## Le recours aux médecins

Sand recourt régulièrement aux médecins, dont plusieurs sont ses proches[2]. Émile Regnault (1811-1863), membre du petit groupe des amis parisiens de Jules Sandeau, fut son premier médecin et confident ; dans les lettres nombreuses qu'elle lui adresse, elle parle beaucoup de ses malaises, de sa hantise de mourir, de son corps. « C'est triste de parler de son pauvre corps. » Il lui fait une saignée par mois et lui recommande des fumigations de digitale avec une machine introuvable à La Châtre, comme la plupart des médicaments qu'il lui ordonne. Son confrère berrichon Papet conteste ces traitements, saignées (pouls trop faible) et digitale. « Il prétend que la digitale détruit mon estomac et irrite la poitrine. Il m'en a donc interdit l'usage pour le moment si ce n'est en frictions, en emplâtres et en clystères. Il m'a engagée à essayer le sirop de pointes d'asperges [...]. Je lui ai parlé de la vapeur de digitale. Il m'a dit que comme chimiste il regardait toute vapeur comme substance décomposée et ne conservant aucune des propriétés du liquide dont elle s'évapore. » Elle commente, désabusée : « Deux médecins ne sont jamais d'accord pas plus que deux hommes qui parlent politique. Voilà ce qui m'a si souvent découragée de suivre un traitement »[3]. Regnault ayant pris

1. *Agendas*, III, 21 août 1865 (GS).
2. Jacques Léonard, *La Médecine entre les savoirs et les pouvoirs*, Paris, Aubier, 1981 ; *id.*, *Archives du corps. La santé au XIX^e siècle*, Rennes, Ouest-France, 1986 ; *id.*, *La Vie quotidienne des médecins de province au XIX^e siècle*, Paris, Hachette, 1982.
3. *Corr*, II, L 454, à Émile Regnault, 1^er février 1832.

parti pour Sandeau dans la crise qui oppose les deux amants, elle cessera de le voir.

Gustave Papet, au contraire, l'accompagne toute sa vie. En son « ami d'enfance », son voisin du château d'Ars, dédicataire de *Mauprat*, elle a une entière confiance, que partage Chopin. Étant son aînée de huit ans, elle l'avait connu « en robe » et le tutoyait. À Paris, il était le *milord* du groupe des Berrichons, qu'il régalait généreusement. Il l'avait soutenue dans toutes ses entreprises, publiques et privées, son procès par exemple, soignait gratuitement les pauvres, discret et mesuré, partisan de remèdes naturels et de respect des rythmes du corps. Il était pour Chopin « un médecin éclairé et affectueux[1] », sinon lucide. Sand avait du respect pour « certains vieux médecins de province [...], des figures que l'on ne retrouvera plus » ; tels Mozère à Palaiseau, les Vergne, père et fils, à Cluis. « Jamais riches, ils ont pratiqué la charité sur des bases trop larges ; tous aisés, ils n'ont pas eu de vices : tous hommes de progrès, fils directs de la Révolution, ils ont traversé dans leur jeunesse les déboires de la Restauration, ils ont lutté contre la théorie de l'étouffement, ils luttent toujours. » Elle voit en eux des alliés de la démocratie et du progrès.

Entre 1850 et 1864, c'est le règne de Pierre-Paul Darchy (1825-1894), auteur d'une thèse sur « la chlorose et son traitement », le plus brillant sans doute des praticiens du lieu, le mieux informé des pratiques nouvelles, qu'il tente de diffuser, comme « la revalescière du Barry », qu'elle utilise pour ses maux d'estomac, mais qui « ne fait pas florès ». « Il aime causer avec Madame » et l'entretenir des progrès de la médecine. Elle le trouve parfois trop bavard, mais apprécie son dévouement. Il n'hésite pas à venir plusieurs fois par jour et à coucher à Nohant en cas de besoin. Elle lui confie la santé des pauvres, qu'elle finance. « Ceci est une grosse affaire, de 1 500 à

1. *HDMV*, II, p. 431.

2 000 francs toujours. Le paysan d'ici n'est pas dans la dernière misère, mais s'il tombe malade, il est perdu[1]. » Darchy, déménagé à Chambon, continuera de correspondre avec Sand. En 1873, alerté sur son état de santé, il vient « par hasard (à ce qu'on dit). Il me donne une prescription que je suivrai. J'ai confiance en lui et puis il est si bon et je l'aime[2] ». Elle apprécie moins le docteur Pestel qui a pris le relais. « Quel lourd personnage ! Tout le monde en dit du bien. Je ne sais pourquoi, il m'est antipathique[3]. » Elle s'y accoutume et l'héberge souvent lors de la maladie de Maurice. Pourtant, les mœurs changent. En janvier 1875, « on va chez Pestel », qui consulte dans son cabinet, à Saint-Chartier. Il l'assistera avec zèle dans ses derniers moments. Quant au sémillant docteur Pissavy (1839-1898), « Édouard », très familier de Nohant entre 1870 et 1875, il succombe à la séduction de Solange, devenue châtelaine de Montgivray, et disparaît avec elle.

### *Prestige de la médecine parisienne*

La médecine parisienne conserve tout son prestige et Sand, très consciente du retard de la province, n'hésite pas à y recourir. L'opération des amygdales, qu'on lui recommande, n'est faisable qu'à Paris. Les soins dentaires y sont bien meilleurs. Elle consulte en 1850 un praticien américain successeur du « célèbre Brewster », dont elle vante la douceur. « Ce Monsieur américain [...] n'arrache pas les dents, il les cueille[4]. » Les

1. Cité par Marie-Louise Vincent, *George Sand et le Berry*, à Édouard Rodrigues, 12 janvier 1864, p. 577.

2. *Agendas*, V, 16 septembre 1873. La prescription était le Colombo, remède à la mode qu'elle abandonna du reste rapidement pour revenir à la bonne vieille quinine. C'était un médicament tiré d'une plante de la famille des ménispermées, utilisé contre les maladies de foie.

3. *Agendas*, IV, 8 août 1867.

4. *Corr*, IX, L 4596, à Maurice, 15 septembre 1850.

médecins parisiens sont plus cultivés et impliqués dans les controverses scientifiques dont le Muséum est l'épicentre. Elle se lie d'amitié avec le docteur Pierre-Marcel Gaubert (1796-1839), brillant disciple de Broussais, consulté pour Maurice et Chopin, matérialiste austère et tendre, qui l'avait initiée au magnétisme et à la phrénologie. Il avait soigné sa mère mourante d'une « maladie de foie », qu'il avait incité George à prévenir par l'abstention du tabac et du café, un régime alimentaire doux et « moins de veilles nocturnes ». Peine perdue. « Connaissez-moi, comprenez-moi, compatissez avec moi. C'est là ce que je vous demande[1]. » Elle se désolait qu'il ne vînt pas à Nohant. Après sa mort prématurée, elle consulte son frère le docteur Paul Gaubert, du moins jusqu'en 1848. Mais elle ne l'oublia jamais et parle maintes fois de lui dans *Histoire de ma vie*.

Dans les cas inquiétants, on avait recours aux sommités parisiennes qui faisaient parfois payer cher leur déplacement en Berry. Tel le professeur appelé lors de sa typhoïde, dont elle raconte l'arnaque à Buloz : « Figurez-vous que ces cinq jours d'agonie m'ont coûté mille francs. C'était bien la peine ! Voici ce qui m'est arrivé. J'avais deux médecins, deux amis dévoués à mon chevet, ne me quittant ni jour ni nuit ; ils m'avaient parfaitement soignée et sauvée, quand d'autres amis effrayés m'amènent de Paris un *grand* médecin, lequel arrive le matin, déjeune, me tâte le pouls, me trouve hors d'affaire, approuve tout ce qui a été fait, fait un somme et s'en va au bout de quelques heures en demandant 2 000 f son voyage payé. Mon vieux médecin [Papet] lui a remontré qu'on ne traitait pas les artistes comme des banquiers et a beaucoup bataillé. Enfin ce grand Esculape s'est contenté de mille f., son voyage payé allé (*sic*) et retour, en disant qu'il *rougissait* de me prendre si peu. C'est Mr *Monneret* qui vient d'être nommé professeur à la

1. *Corr*, IV, L 1655, au docteur Marcel Gaubert, décembre 1837.

faculté de médecine, et j'ai joué de malheur, car, sur 30 médecins excellents, j'en connais au moins 25 qui ne m'eussent rien fait payer. [...] Voilà une maladie que je n'ai pas les moyens de me payer souvent[1]. » Buloz s'esclaffe ; il lui aurait envoyé *Trousseau* pour bien moins.

*Favre, « le docteur fantastique »*

Tout autre est le docteur Henri Favre (1827-1916), tardivement apparu, mais devenu fidèle entre tous et d'un dévouement à toute épreuve, n'hésitant pas à faire de fréquents voyages à Nohant, y compris de nuit. Elle le consulte à Paris en décembre 1866 pour ses maux d'estomac. Ce savant, très content de lui, pratique une grande auscultation « dont [elle] garder[a] le compte rendu ». « Mais est-ce un médecin ? et y a-t-il un médecin[2] ? » Favre, auteur d'une thèse sur l'*Histoire des perforations spontanées de l'appendice iléo-cæcal* (1851), l'est assurément. Mais il s'intéresse davantage à la philosophie et à l'histoire. Le « docteur fantastique », ce « toqué de philosophie » qu'elle rencontre aux dîners Magny, et qui assomme Flaubert, l'accable parfois de ses discours. « Ce soir, le docteur Favre m'a achevée en m'expliquant la bible[3] ! » Il vient en effet de publier *La Bible. Les trois Testaments*[4], qu'il lui envoie et dont elle diffère la lecture. Il s'immisce dans la controverse allumée par Alexandre Dumas fils sur la question de l'homme et de la femme, se disant « sacerdote » d'une nouvelle religion. Elle refuse d'en débattre avec lui. « Votre point de départ n'a pas à mes yeux l'importance et la solidité que vous lui attribuez. Le Dieu qui parle, explique et décrète, c'est vous, mon

1. *Corr*, XVI, L 8880, à François Buloz, 27 novembre 1860.
2. *Agendas*, IV, décembre 1866.
3. *Corr*, XXIII, L 16142, à Lina, 10 juin 1872.
4. Le Havre, Brindeau, 1872.

ami, et j'aime mieux qu'il en soit ainsi [...]. Vous êtes un être modifiable et progressif, tandis que le Dieu de la Genèse est un vieux obstiné[1]. » Toutefois, elle lui sait beaucoup de gré d'avoir guéri Maurice de son angine couenneuse et se félicite que Lina consulte à son tour celui qu'elle qualifie de « fou de génie ». « J'ai confiance absolue en lui[2]. » Elle le recommande à Charles-Edmond : « C'est un grand original, mais, entre nous, (*c'est le seul médecin*) vous verrez. Il exerce *gratis*, il ne reçoit rien, sous aucune forme, mais si vous lui écrivez de ma part et au nom de *ma foi en lui*, il viendra. [...] Il est dévoué et si estimable[3]. » Elle aurait voulu lui dédier *Leone Leoni* (1835), mais il préférait *Spiridion* (1833) ou *Les Maîtres Sonneurs*, déjà pris. En 1874, elle lui parle surtout de la santé de Lolo, qui la préoccupe. En 1875 (25-29 novembre), Favre vient à Nohant, à la demande de Maurice et Lina, inquiets. 25 novembre : « Favre m'examine. C'est une dysenterie chronique. Il me guérira. » 16 décembre : « Avec des pois cassés, des lentilles, du gland doux et des blancs d'œuf cuits, il m'a, en moins de quinze jours, remise absolument sur pieds[4]. » En janvier 1876, elle confirme : « Je suis tout à fait hors d'affaire, le gland doux me réussit surtout admirablement[5]. » Ce mieux ne dure pas. Dans les mois suivants, la situation s'aggrave ; elle souffre de plus en plus et le confie sans fard à l'*Agenda*. Elle meurt le 8 juin, après une semaine d'atroces souffrances. Si l'on en croit certains témoins, tel Paulin de Jasson, très sévère, le docteur Favre fut particulièrement intempestif, bavard et inefficace. Il a cependant contribué à écarter les prêtres qu'elle ne souhaitait pas. Il a laissé une relation de la mort de George Sand, empreinte d'une étrange prétention – « [...] je me retrouvai

1. *Corr*, XXIII, L 16164, au docteur Favre, 20 juin 1872.
2. *Corr*, XXIII, L 16515, à Lina, 25 janvier 1873.
3. *Corr*, XXIII, L 16651, à Charles-Edmond, 15 mai 1873.
4. *Corr*, XXIV, L 17632, à Charles-Edmond, 16 décembre 1875.
5. *Corr*, XXIV, L 17677, au docteur Favre, 2 janvier 1876.

donc à ce lit de mourante, le seul représentant de Dieu[1] » – qui l'eût sans doute fait sourire. Elle s'était toujours méfiée de son délire.

Mourir à Nohant est devenu son obsession. Elle craint de s'en éloigner. Lors d'un voyage à Paris en 1874, cette perspective la hante. « J'ai le cœur très gros cette fois de m'en aller. J'ai toujours peur de mourir loin des miens dans un de ces voyages. C'est bête car je me sens encore la force de faire mon état[2]. » En juin 1875, épuisée par la rougeole de Titite, la gorge de Maurice, les maux de tête de Lolo, elle s'allonge : « Le soir, je me couche sur mon sofa comme morte. La fenêtre est ouverte, il fait doux. Tout le monde joue au ballon sur la terrasse. J'entends les cris de joie d'Aurore, les rires de la famille. Je me dis que c'est comme cela qu'il faudrait mourir, sans souffrir, sans donner ni fatigue ni inquiétude, au bruit joyeux de la vie de ceux qu'on aime[3]. »

Mourir à Nohant : la « bonne mort » en somme.

1. *Corr*, XXIV, Annexe III (texte du docteur Favre), p. 652.
2. *Agendas*, V, 29 mai 1874.
3. *Agendas*, V, 28 juin 1875.

# L'emploi du temps

La vie quotidienne a changé à Nohant en fonction des progrès techniques, des circonstances et des occupants, de l'âge et de l'état du corps. Elle a changé dans son contenu plus que dans son organisation, très stable. Passé les apprentissages multiples du temps de Marie-Aurore, elle devient plus domestique et rurale sous les Dudevant. Chevauchées, chasses du baron, premières quêtes botaniques, organisation d'une maison nombreuse absorbent l'activité d'Aurore, jeune mère au demeurant. Jusqu'à l'ennui. « À Nohant, tous les jours se ressemblent et on n'a rien à raconter[1] », écrit-elle à Casimir absent. « Je ne suis plus bonne à rien. [...] Il me faut du calme et des travaux utiles qui puissent prendre tout mon temps[2]. »

Après 1836 et la séparation, elle peut à sa guise disposer du temps et de l'espace. Une jouissance et une charge. Mais la vie d'artiste n'est pas la vie de bohème. Sand a eu très tôt le désir d'une existence réglée, d'une vie qui combine les bienfaits du groupe et du retrait individuel, « alternative continuelle de solitude recueillie et de vie communautaire ». Idéal de vie monastique puisé au couvent des Anglaises ? Volonté de dompter des sens impétueux ? Désir de l'utilité, impératif qui traverse le siècle et qui intime de ne pas perdre un temps

1. *Corr*, I, L 127, à Casimir Dudevant, 10 juillet 1826.
2. *Corr*, XXV, S 58, à Jane Bazouin, 1826.

précieux ? Nécessité de la solitude pour travailler et écrire ? Tout cela dicte un emploi du temps rigoureux : « Je me couche à 7 h du matin. Je dors jusqu'à midi ou 1 h. Je vis avec mes enfants ou mes amis jusqu'au soir et à 10 h je me remets à l'ouvrage jusqu'au lendemain. Cette vie je la mène partout où que je sois, à Paris, à Nohant, à Venise, en Suisse, sur les grands chemins et j'ai ainsi écrasé tout à fait le dragon. Les passions ne jouent plus aucune espèce de rôle dans ma vie [...]. Ce qui m'a sauvée de tout, c'est qu'en étant très faible avec les autres, j'ai toujours été très forte avec moi-même[1] », écrit-elle en 1836 à Zoé Leroy. Et, à la même époque, à Sosthène de La Rochefoucauld : « Je me lève à quatre heures du soir ; je dîne, je couds, je fume, je ris et je cause ; à onze heures du soir je me mets à mon bureau et j'y reste jusqu'à neuf heures du matin[2]. » Elle n'en a certes pas fini avec les passions – le dragon –, mais elle leur a toujours imposé le carcan du travail. La santé, l'âge la conduisent à infléchir le rapport jour-nuit et à réduire les heures de labeur. En 1873, elle se vante auprès de Flaubert de ne travailler que quelques heures par jour, pour inciter ce torturé du travail à l'imiter et à profiter de l'existence. Restriction tardive dont elle sait bien que c'est aussi une résignation à vieillir.

### Une « régularité monastique »

L'emploi du temps de Sand dicte celui de Nohant. Elle en sait la rigueur. « Quant à Nohant, c'est toujours la même régularité monastique : le déjeuner, l'heure de promenade, les cinq heures de travail de ceux qui travaillent, le dîner, le cent de dominos, la tapisserie pendant laquelle Manceau me fait la

1. *Corr*, III, L 1184, à Zoé Leroy, fin mai 1836.
2. *Corr*, III, L 1113, à Sosthène de La Rochefoucauld, 5 mars 1836.

lecture de quelque roman[1]. » Pour elle, c'est ensuite l'écriture nocturne des lettres et des livres. Avec des variations liées aux saisons et à la santé, ce rythme s'est maintenu sans changement notable. Les *Agendas*, à partir de 1852, en rendent un compte journalier qui frappe par sa répétition, une monotonie qui rend difficile l'appréhension des changements, nichés dans le détail des jeux, des lectures ou des personnes. Pourtant, une grande latitude est laissée aux convives qui trouvent table ouverte et abondamment servie à midi, sans la maîtresse de maison qui n'apparaît que tardivement. L'après-midi est occupée par le travail, le jardinage, ou, en été, par les baignades dans l'Indre, goûtées par Sand, plus que par ses hôtes souvent frileux. Les promenades pédestres mènent aux bois de Vavray, aux Couperies, au Magny, jusqu'à Saint-Chartier. Les excursions exigent chevaux et carrioles et demandent plus de préparation. Elles conduisent à Cluis, chez le docteur Vergne, vers la vallée de la Creuse, aux ruines de Crozant, et surtout à Gargilesse qui, à partir des années 1855, dessine un autre pôle, une quasi-alternative à Nohant, réservée aux intimes. La recherche du pittoresque n'est pas le seul objectif offert aux visiteurs. La contemplation d'un paysage, fût-ce celui de la Vallée Noire, ne suffit pas aux excursionnistes qui préfèrent y adjoindre un but utilitaire, la quête des plantes, des papillons, des pierres, pour accroître les collections, voire plus épisodiquement les fouilles archéologiques. Gautier, décidément rétif, se plaint de devoir se munir d'un piolet. « Chacun a son marteau. On ne sort pas sans. » La science donne sens au loisir. Il s'agit de découvrir le monde et de le déchiffrer. Et cela peut se faire près de chez soi. Ailleurs commence à côté. Ces déplacements paraissent totalement incongrus aux paysans, narquois

1. *Corr*, XI, L 5791, à Charles Duvernet, 30 janvier 1853. À cette époque, elle se couche à 1 heure du matin et s'en trouve mieux. « Je me porte très bien depuis un mois. » Cela ne durera pas.

devant ces pratiques bizarres. Bouvard et Pécuchet sommeillent dans ces marcheurs émerveillés.

### Une cuisine de terroir

« La vie en commun est l'idéal du bonheur entre gens qui s'aiment. » Deux moments de sociabilité importants : le repas du soir et les veillées. Au déjeuner méridien (10-11 heures), Sand ne paraît pas, ou alors en quasi somnambule. Le dîner a lieu vers 6 ou 7 heures, annoncé par deux coups de cloche successifs, conviant les invités à se rendre dans la salle à manger où un élégant couvert est dressé : assiettes de porcelaine ou de faïence, argenterie de famille, bouquets de fleurs. À la belle saison, on dîne ou on soupe en plein air en compagnie des fauvettes. La nourriture est abondante, faite de produits locaux : légumes et fruits du jardin, œufs, farine, lait et beurre de la ferme, poissons de rivière, gibier de la chasse, volailles de la basse-cour. « Nous avons des poulets dans la cour en suffisante quantité pour approvisionner un régiment[1]. » Selon Solange, « du temps de Liszt et de Marie d'Agoult, la dépense était excessive pour l'époque : 17 à 20 poulets par jour, des perdreaux, des lièvres et le reste[2] ! ». « Il y a trop de gibier et de poulets : moi ça ne me va pas[3] », confie Gautier aux Goncourt. Peu de viande de boucherie, fort médiocre en raison de la voracité du marché parisien qui ne laisse à La Châtre que les vaches fatiguées et les bas morceaux ; d'où le triomphe fait à Camus et à son bœuf gras. Avec le temps, la gamme s'enrichit de produits exotiques, dits parfois « coloniaux » (bananes, oranges, ananas que Sand

1. *Corr*, I, L 207, à Louis-Nicolas Caron, 15 novembre 1828.
2. Cité par Christiane Sand, *À la table de George Sand*, *op. cit.*, p. 130.
3. *Journal des Goncourt*, cité par Christiane Sand, *ibid.*, p. 45.

envisageait de faire pousser à Nohant), d'huîtres envoyées par Plauchut ou Henri Amic, et de poissons de mer apportés par une marée plus fréquente grâce aux moyens de transport. En 1871, Sand écrit à Plauchut : « N'apporte et n'envoie plus de marée. Nous la recevons de Nantes toutes les semaines bien plus fraîche et bon marché. Nous avons fait des arrangements[1]. » On boit le vin local, une piquette dont les paysans s'enivrent et dont Sand se lasse ; elle se constitue une cave, qu'elle achète « en pièces », de bordeaux (Lafite, Margaux, sauternes), beaujolais, champagne, muscat de Lunel, procuré par Boucoiran, curieusement peu de vins de Loire.

Les plats sont très travaillés dans la vaste cuisine de Nohant, fort bien équipée de tournebroches, casseroles, sauteuses, bassinoires de cuivre, terrines, plats de terre allant au four, mode de cuisson essentiel dans la grande cuisinière. Au moins trois domestiques s'y activent, la cuisinière en titre, personnage important et courtisé, et ses « filles ». Originaires du coin, officiant souvent pendant de longues années, elles maintiennent une cuisine de terroir, savamment préparée, mijotée. À la broche, en cocotte, ou au four, les temps de cuisson sont longs – le gigot de 7 heures, mais aussi pour le bœuf, y compris le filet. Comptez cinq heures pour un bouillon aux céréales, trois pour une tisane identique. Soucieuse de satisfaire les goûts citadins de Maurice, Sand tente de faire venir des cuisiniers de Paris, sans grand succès. Elle-même demeure fidèle à la tradition berrichonne, galettes de pommes de terre, fromentée (genre de porridge ou polenta), dont elle raffole et vante les vertus digestives.

C'est une cuisine de femmes, faite de longues préparations et cuissons, une cuisine de recettes transmises que Lina et Aurore Lauth-Sand ont soigneusement consignées sur des feuilles volantes ou des carnets. Christiane Sand les a

1. Cité in *ibid.*, p. 122.

retrouvées et publiées, dans un ouvrage – *À la table de George Sand* – qui constitue une somme savoureuse des goûts et pratiques culinaires dans une bourgeoisie rurale du XIXe siècle. Les recettes, minutieusement référencées, très précisément énoncées sur le mode du commandement, parfois commentées (« très bon », « délicieux », « exquis »), proviennent d'une douzaine de personnes, dont Nounou (Solange Marié), Marie Caillaud, Rose Renault, célèbres cuisinières de la maison. Peu d'hommes : Maurice et le Creusois Victor Borie, scripteur d'un entremets de châtaignes : « Il n'y a aucun régal au monde qui vaille celui-là. » C'est une cuisine riche, consommatrice de beurre, huile d'olive, œufs, gruyère omniprésent. On est frappé de l'importance des sauces, soupes et potages, charcuteries, viandes, gibiers (lièvre, perdrix, cailles, lapin, chevreuil), volailles, entremets et gâteaux (beaucoup de puddings, orthographiés parfois « poudings ») et de la modeste place des légumes (aubergines, artichauts, champignons), simples « accompagnements », parfumés d'herbes du jardin, romarin, sauge, pourprier. Sand a peu participé à cette collecte gourmande, seulement par une recette de gnocchis, souvenir d'une Italie très présente à sa table, où l'on trouve aussi des recettes espagnoles ou alsaciennes. Pourtant elle met la main à la pâte, du moins aux confitures, de coings, prunes, groseilles, pour l'épépinage desquelles on embauche cinq à six femmes du village. Faire des confitures mobilise beaucoup d'énergie. « C'est aussi sérieux que de faire un livre[1]. » Elle apprécie surtout la cuisine plus simple de Gargilesse : une omelette aux écrevisses lui paraît « digne des plus grands gourmets[2] ».

1. À Jules Néraud, 1844, in *ibid.*, p. 215.
2. *Journal de Gargilesse* (1858), in *ibid.*, p. 125.

## « Une grande, une vilaine table »

Autre temps fort : les soirées au salon, autour de la table de merisier de Pierre Bonnin[1] : « c'est une grande, une vilaine table. [...]. Elle est longue, elle est ovale, il y a place pour beaucoup de monde. Elle a des pieds à mourir de rire [...]. Enfin c'est une table qui ne paie pas de mine, mais c'est une solide, une fidèle, une honnête table » qui cache ses opinions et prête son dos de bête de somme aux travaux et aux jeux. « La grande table réunit toutes les études et toutes les pensées, elle en est le centre et le lien. [...] Un sanctuaire d'intimité [...], presque un autel domestique. » Les soirées ordinaires, chacun apporte son ouvrage. « Madame brode, Lambert dessine, Manceau fourgonne », note Manceau en 1852, fréquente litanie. On joue : au billard, au piquet, à toutes sortes de jeux de cartes : écarté, grabuge, bézigue surtout, ancien jeu de soixante-quatre cartes, très en vogue au XIX^e^ siècle, aux dominos dont Sand a une passion obsédante, au cochonnet qui insupporte Flaubert. Sand a un goût modéré pour la conversation. Elle s'y déclare inapte, « imbécile » même, alléguant une légère surdité, et surtout une inaptitude foncière à l'échange collectif qu'elle pratique si bien en duo, ce que confirment la plupart des commentateurs, à Paris, chez Magny, ou en Berry. « Ma vie est un malaise affreux quand je ne suis pas seule, ou avec des gens avec lesquels je me gêne aussi peu qu'avec mes chiens[2]. » Elle intervient peu, écoutant les plaisanteries souvent fort lestes des comparses. Gautier est frustré de ne pas davantage parler littérature : « J'ai commencé à dire que si l'on ne parlait pas littérature, je m'en allais... Ah, littérature ! ils semblaient revenir de l'autre monde. » Flaubert exprime un regret identique. Le

1. George Sand, *Autour de la table*, *op. cit.*, p. 9.
2. *Corr*, III, L 1069, à Marie d'Agoult, début janvier 1836.

grand plaisir, c'est la lecture, dont Sand prise l'utilité et la communion. Elle écoute, intensément ou rêveusement, en cousant costumes d'acteurs, de marionnettes ou de poupées, en brodant pour le salon ou les chambres.

Conviés à se plier à ce rituel, les invités pouvaient le bouleverser en y introduisant leur faconde, leurs récits, leurs textes, leurs facéties et leurs jeux. Dumas fils et surtout Flaubert y excellaient. Les anniversaires, régulièrement fêtés, carnaval et ses déguisements, Noël et jour de l'An – cadeaux, réveillons, vœux – introduisent une note festive, que la guerre de 1870 a atténuée par la suppression du sapin trop allemand.

L'enchantement vient d'ailleurs, de la musique et du théâtre. Entre 1836 et 1846, la musique a submergé Nohant, et pas seulement le soir. Elle est liée à Liszt et évidemment à Chopin. Grande période de l'émotion et de l'amour. Ensuite, elle se raréfie, en dépit de la jolie voix de Lina, et ne revint vraiment qu'après 1870, grâce à Pauline Viardot, une renaissance pour George qui ne pouvait oublier la note bleue. « Je suis au troisième ciel[1]. » Après 1846, le théâtre envahit la maison. La maison devint théâtre.

1. *Agendas*, V, 21 septembre 1873.

# Lire et écrire à Nohant

> *« Lire, fumer, souper, boire du café, écrire, être à Nohant et complètement seule dans le profond silence de la nuit*[1]. *»*

« Je n'ai jamais rien appris qu'en lisant[2] », écrit George qui se dit inapte à la communication orale. « Je suis de ceux pour qui la connaissance d'un livre peut devenir un véritable événement moral. Le peu de bons ouvrages dont je suis pénétrée depuis que j'existe a développé le peu de bonnes qualités que j'ai. [...] Un livre a toujours été pour moi un ami, un conseil, un consolateur éloquent et calme[3]. » Et d'évoquer, dans cette « Lettre à Franz Liszt », les lectures vespérales d'enfance dans le jardin de Nohant, « le vieil ormeau et la haie qui vous abritèrent, et le fossé dont le revers vous servit de lit de repos et de table de travail ». C'est le soir, les ombres s'allongent, le cricri du grillon succède aux bêlements des agneaux ; c'est l'heure du dîner que sonne avec un retard complice la cloche du vieux domestique. Il faut rentrer : « et la grand-mère, inexorable sur l'étiquette, vous fera, d'une voix douce et triste, un reproche bien léger », tempéré par les titres des livres allégués : *Estelle et*

1. George Sand, *Le Calepin bleu*, cité par Christiane Sand, *À la table de George Sand*, *op. cit.*, p. 225.
2. *Corr*, V, L 2532, à Édouard de Pompéry, automne 1842.
3. *Lettres d'un voyageur, Lettre VII (à Franz Liszt), op. cit.*, p. 817.

*Némorin*, de Florian, *Robinson Crusoé* – qui méritent indulgence. « Mais il ne faudra pas désormais oublier l'heure de souper. » « Heureux temps ! ô ma Vallée Noire ! » s'exclame l'auteur dans cette remémoration quasi proustienne, où toutefois le jardin tient lieu de chambre[1].

Avant Nohant, l'apprentissage de la lecture est lié à sa mère et aux contes. Mais le vrai contact avec les livres, elle le doit à Marie-Aurore et à Deschartres, le Grand Homme. Au retour du couvent des Anglaises, la jeune Aurore découvre, aux côtés de son aïeule, son « ignorance crasse ». Elle entreprend de la corriger dans une « fureur de lire » avide et déjà nocturne. « Je m'évertuais [...] à lire et à écrire, depuis dix heures du soir jusqu'à deux ou trois heures du matin. Je dormais quatre ou cinq heures », usant de tabac et de café noir « et même d'eau-de-vie quelquefois ». Le soir, elle lit en compagnie de sa grand-mère. « Nous passâmes ensemble les dernières soirées de février à lire une partie du *Génie du christianisme* de Chateaubriand. » Pour distraire la malade, elle lui lit des romans – Florian, Madame de Genlis –, mais revient pour son compte à « des lectures plus sérieuses, qui bientôt [l]'attachèrent passionnément » : le *Génie*, revisité, l'*Imitation de Jésus-Christ*, de Gerson, goûtée au couvent ; mais aussi une foule d'auteurs dont la liste donne le tournis : Mably, Locke, Condillac, Montesquieu, Bacon, Bossuet, Aristote, Leibniz, qu'elle admire plus que tout, Pascal, Montaigne : « ma grand-mère elle-même m'avait marqué les chapitres et les feuillets à passer. Puis vinrent les poètes et les moralistes : La Bruyère, Pope, Milton, Dante, Virgile, Shakespeare, que sais-je ? Le tout sans ordre et sans méthode, comme ils me tombaient sous la main,

1. Marcel Proust, « Journées de lecture », *Contre Sainte-Beuve*, précédé de *Pastiches et Mélanges* et suivi d'*Essais et Articles*, Paris, Gallimard, « Bibliothèque de la Pléiade », 1971, p. 172. Proust évoque aussi un pavillon dans le jardin où il aimait lire.

avec une facilité d'intuition que je n'ai jamais retrouvée depuis[1] ». Deschartres « me persécute pour que je laisse là ces grands résumés pour entrer dans l'étude des détails. Il veut m'enseigner la physique, la géométrie, les mathématiques », l'anatomie, l'ostéologie, pour lesquelles il demande le concours d'Ajasson de Grandsagne, chargé de lui procurer les volumes qui font défaut à la bibliothèque familiale, plus riche en philosophes qu'en hommes de science. Elle trouve ce savoir un peu sec, dépourvu d'émotions. « Je vais écouter les rossignols. » Au chevet de sa grand-mère agonisante, elle lit *René* : « Il me sembla que c'était moi » ; et dans la foulée, Byron, Shakespeare, les classiques grecs et latins : Hérodote, Plutarque, Tite-Live, Virgile, Tacite, Cicéron, Horace, que le Grand Homme voudrait lui faire lire en langue originale, ce qu'elle refuse. Surtout, elle rencontre Jean-Jacques Rousseau, « l'homme de passion et de sentiment par excellence », qu'elle compare à Mozart, et c'est un éblouissement, « une musique superbe éclairée d'un grand soleil ». Elle dévore l'*Émile*, *La Nouvelle Héloïse*, *Le Contrat social*, « lecture enivrante ». « Je fus enfin entamée »[2]. Pour longtemps.

Les livres avaient pris dans sa vie une place décisive. Ils sont au cœur de sa rupture avec Casimir. Dans la lettre du 11 novembre 1825, où elle lui propose un pacte de refondation en sept articles, il n'est question que d'eux. Il lui fera la lecture, lui rendra compte des siennes. Mais Casimir est un homme qui ne lit pas, excepté quelques journaux ; il met quasiment sa virilité à ne pas lire. Le contraire d'un artiste. Comment vivre avec un tel « butor » ? Dans les amitiés et les amours de Sand, les livres ont beaucoup compté. Chopin,

1. *HDMV*, p. 1025 *sq*.
2. *HDMV*, II, p. 1052. Sur l'influence de Rousseau sur George Sand, cf. Christine Planté, *George Sand fils de Jean-Jacques*, Lyon, Presses universitaires de Lyon, 2012.

c'était la musique, il lisait peu. Le plus grand compagnon de lecture, ce fut Manceau, auquel, dans le secret de la nuit, elle lit ses œuvres en cours : le plus beau des cadeaux, le plus doux des liens.

La jeune Aurore avait bénéficié de la bibliothèque familiale, visiblement bien fournie. Elle ne cessa de l'accroître, commandant par ses correspondants (Caron, Aucante, Maurice) les livres souhaités, en fonction des intérêts ou besoins du moment, directement à Paris, jamais à Châteauroux pour éviter d'inutiles intermédiaires. Au fil du temps, la bibliothèque s'est considérablement enrichie, notamment d'ouvrages scientifiques ou sur le théâtre, sans qu'on en ait un inventaire exhaustif. Après la mort de Maurice, gros contributeur, Lina met en vente, en février 1890, la bibliothèque, à Paris, seul lieu où l'on pouvait l'apprécier. Le *Catalogue de la bibliothèque de Mme George Sand et de M. Maurice Sand*, établi par la maison Sylvestre, fait état au total de 7 500 volumes, dont 4 500 sont répartis en 1 211 lots détaillés et assez hétéroclites et 3 000 autres volumes n'ont aucune notice descriptive. Ils sont répartis en deux grandes sections : « Bons livres anciens et modernes » et « Sciences diverses », dont « Entomologie » indique la place des papillons. Les « envois autographes à George Sand », plus-value évidente, sont généralement mentionnés. Selon Claire Pierrot, première historienne de cette bibliothèque, il s'agit d'une vente hâtive et peu susceptible de rendre compte de l'étendue des lectures sandiennes[1]. Georges Lubin, qui a pris soin de vérifier l'existence dans le *Catalogue* de chaque livre mentionné dans la *Correspondance*, fait un constat identique ; bien des livres manquent à l'appel, victimes

1. Claire Pierrot, *La Bibliothèque de George Sand*, mémoire de master 2 « Patrimoines, Musées et Multimédia », sous la direction de Mme Claire Barbillon, université de Poitiers, 2015 ; remarquable mémoire auquel j'emprunte la plupart des développements qui suivent.

d'épurations antérieures, de perte ou de destruction. Il n'empêche : ces quelque 8 000 volumes, dont il ne reste aujourd'hui à Nohant que 151 épaves, beaux ouvrages reliés, comme les *Mémoires* de Saint-Simon, constituaient une bibliothèque considérable comme peu d'écrivains en avaient alors (Stendhal ne possédait que 2 500 volumes), résultat d'une « rage de lire » combinée avec une stabilité résidentielle qui favorise l'accumulation. Tel quel, le *Catalogue* mérite considération, dans l'ensemble et le détail. On peut y retrouver les sources de certains romans. Ainsi Marianne Lorenzi, éditrice de *L'Uscoque* (1839), identifie *L'Atlas complet du Précis de la géographie universelle* de Malte-Brun (n° 962), divers volumes de voyages et plusieurs éditions des œuvres de Byron qui « hante littéralement le roman » (n^os^ 122 et 123) [1]. Preuve, s'il en était besoin, du travail de documentation effectué par l'auteur. Chaque roman a fourni des alluvions à la bibliothèque.

## Bibliothèques dans la maison

La/les bibliothèques se sont frayé lentement leur place dans la maison. Claire Pierrot a suivi leurs vicissitudes. D'abord, Aurore lit dans le boudoir de sa grand-mère, au rez-de-chaussée, doté de trois placards intégrés. Le terme de « bibliothèque » figure pour la première fois, lié à un « cabinet », sur le plan de 1833-1835, communiquant avec l'« appartement de Monsieur », au rez-de-chaussée, comme un apanage masculin, fort ironique en l'occurrence. Après 1836, Sand réaménage la maison. Les ateliers la préoccupent plus que la bibliothèque, qui, sur le plan de 1846 dû à Maurice, apparaît au premier étage sous forme d'un (problématique) « couloir bibliothèque »

1. *L'Uscoque*, Marianne Lorenzi éd., in *OC*, 2017.

près de la chambre de Chopin. C'est en réalité la vaste chambre du musicien, libérée, qui, après 1852, devient la bibliothèque, pour laquelle « un menuisier de La Châtre est venu faire des rayons[1] ». Le soir, « on monte à la bibliothèque », espace communautaire, presque quotidiennement mentionné par Manceau pour des lectures ou des causeries vespérales. Sans doute son apogée. En 1861, dernier changement : Sand, mécontente de son cabinet de travail qui « lui donnait le spleen », sur la suggestion de Manceau, fait séparer en deux cette bibliothèque. D'un côté, un lieu intime, doté de rayonnages pour les livres usuels et les collections naturalistes, style cabinet de curiosités ; de l'autre, une bibliothèque plus utilitaire et communautaire, composée de placards profonds, fermés, garnis d'étagères pour ranger le maximum de livres, classés par thèmes indiqués sur des étiquettes (« Géographie », « Philosophie »...). Privé, le cabinet de travail communique avec la chambre de Sand ; la bibliothèque aussi, mais elle ouvre en outre sur le corridor, pour un usage commun. Ce dispositif, qui résulte d'un long processus et sans doute de choix réfléchis, n'a plus changé jusqu'à aujourd'hui. Il illustre la différence entre écriture solitaire et lecture collective. Il donne l'impression d'une hésitation constante sur l'espace de travail et la place des livres, dont le nombre croissant posait évidemment des problèmes spécifiques. Cabinet de travail et bibliothèque sont également illégitimes pour une femme qui doit les conquérir. Telle Mlle de Villepreux, héroïne du *Compagnon du Tour de France*, dont le cabinet, ses objets et ses livres séduisent Pierre Huguenin, Sand ose enfin le geste sacrilège de l'espace à soi.

Sand a bien entendu continué toute sa vie à lire personnellement et beaucoup. L'accumulation raisonnée des livres est le fruit de ses curiosités, des nécessités de sa documentation et de ses désirs. Elle lit dans le boudoir de sa grand-mère, dans

1. *Agendas*, I, 2 juin 1855 (AM).

son cabinet, sur son sofa, dans sa chambre. « Je monte à 11 h pour continuer de lire l'*Antéchrist* dans mon lit[1]. » Pour les textes importants, philosophiques, littéraires ou scientifiques, elle a besoin de la retraite. Ainsi pour Swedenborg, Renan, ou *Les Misérables* de Hugo, dont elle préfère les poésies, lues à la veillée. Elle aime les encyclopédies, les ouvrages de référence. En 1872, elle se régale : « J'ai reçu mon beau dictionnaire Littré et je le lis comme un livre[2]. » « Ce sera le grand pas du 19è siècle[3] », lui écrit-elle en le remerciant.

## La lecture en commun

Les lectures collectives ont lieu dans la bibliothèque du premier étage, entre 1852 et 1861, puis au salon, autour de la table de Pierre Bonnin : son « plus grand charme, c'est la lecture en commun, à tour de rôle. Si peu qu'on ait de poumons, on peut bien lire chacun quelques pages, et l'on n'exige du lecteur aucun talent [...]. Je connais peu de plaisirs plus doux que celui d'avoir les mains occupées d'un travail quelconque pendant qu'une voix amie [...] vous fait entendre simplement, sans emphase et sans prétention, un beau et bon livre[4] ». Son travail à elle, c'est la couture. Elle coud des rideaux, les vêtements des acteurs, des marionnettes, puis des poupées des petites-filles. Elle brode des revêtements de fauteuils, des coussins, des tentures. Interminablement. En 1856, elle estime avoir consacré deux mille heures à recouvrir d'une tapisserie aux motifs dessinés par Lambert un divan et deux fauteuils Louis XVI[5]. Souvenir de sa

1. *Agendas*, V, 10 septembre 1873 ; livre de Renan qu'elle lit beaucoup à cette époque.
2. *Corr*, XXIII, L 16444, à Michel Lévy, 29 décembre 1872.
3. *Corr*, XXIII, L 16475, à Émile Littré, 8 janvier 1873.
4. George Sand, *Autour de la table*, *op. cit.*, p. 304.
5. *Corr*, XXV, S 821, à Mme Prost mère, 27 septembre 1856.

mère et des grisettes parisiennes ou berrichonnes ? Revendication féminine de la valeur de l'aiguille, bêche des femmes ? Tribut payé à la morale commune qui redoute les mains oisives ? Plaisir d'un travail manuel qui la repose de l'écriture ? À la fin de sa vie, les dendrites lui procurent ce goût de la matière artisanale, du faire, rassurant par son immédiateté, sa sensualité même.

Elle écoute, elle lit aussi. Ses propres œuvres, romans ou pièces de théâtre, sans cesse retouchées (tel *Mauprat* qui lui donne tant de peine), qu'elle teste dans le cercle intime et plus souvent encore dans le tête-à-tête avec Manceau, attentif et admiratif. « Mme lit à Manceau la suite de *Valvèdre.* C'est très *chouette.* Ce *Valvèdre* me plaît fort[1]. » Manceau, Aucante, Tourangin sont les lecteurs favoris, parfois contestés : « Madame finit son premier volume du roman du *Siècle* [*La Filleule*]. Le soir, on le lit. Manceau en lit la moitié et Madame bougonne parce qu'il lit trop mal et que son roman l'ennuie. Alors elle reprend la lecture et lit un quart de ce qui reste[2]. » Les familiers – Maurice, Manceau, Duvernet, Plauchut, Vasson, voisin et admirateur, ... – ont droit à la lecture de leurs manuscrits. Mais il s'agit majoritairement d'écrivains connus.

## Une avalanche de livres

Les *Agendas* fournissent, de 1852 à 1876, la liste exhaustive des livres lus : 100 auteurs en 1852-1856, 85 en 1857-1861, 75 en 1862-1866, 52 en 1867-1871, 52 en 1872-1876 ont fait l'objet de lectures collectives ou personnelles de Sand. La « littérature » l'emporte et de loin. On retrouve sans surprise les « classiques » du temps : Balzac, Sue, Hugo, Dumas père et fils, Nerval, Michelet, les Goncourt, Daudet, Stendhal,

1. *Agendas*, II, 31 janvier 1861 (AM).
2. *Agendas*, I, 31 août 1852 (AM).

Constant (« *Adolphe* : c'est superbe »), Gautier, Sainte-Beuve, Germaine de Staël, mais aussi Paul de Kock, qualifié de « bon juif », Gaboriau, Jules Verne…, et dans les derniers temps, Taine, Quinet, Renan ; des Anglais – Shakespeare, Cooper, Scott, Poe, Beecher-Stowe[1] –, et de plus en plus de Russes[2] : Tourgueniev, Sacher-Masoch… De brefs commentaires parfois : « bon », « superbe », « très bien »… ; « Oh là là » signifiant désapprobation ou ennui : ainsi pour *Madame Gervaisais* des Goncourt, dont Sand avait aimé *Manette Salomon*, et pour *L'homme qui rit* de Hugo, sur lequel elle refusera d'écrire un article. Les « grands » n'ont pas nécessairement la faveur. *Napoléon le Petit*, lu par Tourangin, « est *drôle quelquefois*, assommant souvent[3] ». Les romans de Balzac sont jugés sévèrement : « On finit le *Cousin Pons* ; c'est bien fait, mais c'est hideux[4]. » « On commence un nouveau roman de Balzac, *La femme de trente ans*. C'est mauvais. Madame ne veut pas le continuer. On commence *Le médecin de campagne*[5] », mieux accueilli. *Le Lys dans la vallée*, lu du 7 au 10 février 1853, suscite ce commentaire de Madame : « Beau roman, exécrablement écrit et prétentieux dans tout ce qui est amour et poésie, admirable partout où paraissent les caractères et la réalité » (8 février), la fin de la lecture étant saluée par un « Proutt ! Il y a du bon, mais ce n'est pas bon » (10 février)[6]. En 1863, plusieurs soirées sont consacrées au *Capitaine Fracasse* qui « décidément nous embête. C'est long, c'est lourd, c'est prétentieux et vulgaire[7] ».

1. *La Case de l'Oncle Tom*, que Manceau écrit *Thom*, est lu du 2 au 16 décembre 1852. George Sand écrit à ce sujet un article pour *La Presse* (20 décembre), repris dans *Autour de la table*, p. 235-245.

2. Françoise Genevray, *George Sand et ses contemporains russes*, Paris, L'Harmattan, 2000.

3. *Agendas*, I, 24 septembre 1852 (AM).

4. *Agendas*, I, 1er mai 1852 (AM).

5. *Agendas*, I, 1er mai 1852 (AM).

6. *Agendas*, I, 8 février 1853 (GS).

7. *Agendas*, III, novembre 1863 (GS).

À l'inverse, tous les romans de Flaubert suscitent l'enthousiasme. En 1856, *Madame Bovary* : « ouvrage qui intéresse et fait grand plaisir à Mme Sand[1] ». En 1862, « Madame a terminé la lecture de *Salammbô* ; elle est contente de ce livre[2] ». En 1866, c'est à Croisset qu'elle écoute Flaubert lire les débuts de *La Tentation de saint Antoine*, « superbe », et surtout, de 10 heures à 2 heures du matin, la première partie de *L'Éducation sentimentale* : « C'est bien, bien »[3]. En 1868, « [il] me lit 300 pages excellentes et qui me charment[4] ». Après 1860, les scientifiques – Claude Bernard, Louis Figuier, Léon Brothier, Maury, Langel, Margollé… – prennent plus d'importance, mais aussi les spécialistes de sciences religieuses. Avec le temps, Sand tend à faire de l'*Agenda* un brouillon critique, parfois prélude à un article. Ainsi pour *La Création* d'Edgar Quinet, qu'elle estime maladroit – « Du talent, pas de vraie notion de la nature » –, mais dont elle salue la nouveauté : « N'importe, Michelet et Quinet saisis dans leur vieillesse par la nature et daignant lui adresser leurs hommages maladroits et refroidis mais naïfs – c'est assez curieux, c'est un symptôme. La *mère* va-t-elle enfin être reconnue et appréciée par ses enfants[5] ? »

Toutes les soirées ne sont pas aussi sérieuses. Sand aime rire[6]. On rit beaucoup autour de la table. 16 septembre 1852 : « Manceau lit quelques chansons populaires de la Bretagne ; Mme pleure en écoutant *La peste d'Hillian* et *Le tribut de*

1. *Agendas*, II, 25 décembre 1856 (AM).

2. *Agendas*, III, 26 novembre 1862 (AM). George Sand écrit sur ce livre accablé par la critique un article louangeur dans *La Presse*, 27 janvier 1863.

3. *Agendas*, III, 7-8 novembre 1866.

4. *Agendas*, IV, 25 mai 1868. C'est à Paris qu'il lui lira un an plus tard « sa fin qui est excellente », *Agendas*, IV, 24 mai 1869.

5. *Agendas*, V, 5 janvier 1872. *La Création*, Paris, Librairie internationale, 1870.

6. Simone Vierne, *La femme qui écrivait la nuit*, Clermont-Ferrand, Presses universitaires Blaise-Pascal, 2003, « Le rire de George Sand », p. 59-79.

*Nomenoé*. Alors pour rire un peu, on lit quelques vers au hasard dans Mr de Parny [*Poésies érotiques*] ; on est obligé de s'arrêter parce que tout le monde éclate. Dieu que c'est bête[1] ! » Parler, oui, mais pas pour ne rien dire, comme dans les salons, dont Nohant est l'antithèse. Échanger, discuter, dialoguer, comme le font les interlocuteurs du *Diable aux champs*, « comédie monstre » de la conversation à Noirac (alias Nohant).

Aux alentours de minuit, on se sépare ; les protagonistes vont se coucher. George poursuit souvent la lecture de ses œuvres avec Manceau. Puis elle se retrouve seule. Seule enfin pour ce qui est l'essentiel de sa vie, l'écriture. Dans la nuit libératrice.

## L'écriture dans la nuit libératrice

L'écriture, elle l'avait découverte d'abord dans l'exercice épistolaire, dans une longue lettre à sa mère à laquelle elle accorde une valeur propédeutique[2] ; puis dans la ferveur adolescente du couvent des Anglaises : « Je commençais à vouloir écrire. Nous en avions toutes la rage. » On la surnomme « Mademoiselle Calepin » et cette « rage » ne la quittera plus. La mort d'un grillon, dans son boudoir de Nohant, l'avait incitée à la poésie, puis au roman. Essais peu convaincants, mais où elle éprouve le frisson de la création. « Je reconnus que j'écrivais vite, facilement, longtemps sans fatigue ; que mes idées, engourdies dans mon cerveau, s'éveillaient et s'enchaînaient, par la déduction, au courant de la plume[3]. » Elle veut être indépendante, et donc gagner sa vie, ce que les revenus

1. *Agendas*, I, 16 septembre 1852 (AM).
2. *HDMV*, I, p. 759, cité par Brigitte Diaz, « Épistolaire », in *Dictionnaire George Sand*, I, p. 378.
3. *HDMV*, II, p. 101.

trop chiches de Nohant, au reste alors accaparés par son mari, ne lui permettent pas. Écrire comme gagne-pain, comme métier, « comme état », dira-t-elle plus tard. Elle a toujours affirmé l'absolue nécessité de « la pioche » pour assurer la vie des siens et l'entretien de Nohant, une charge et une fierté. Sans doute aurait-elle préféré un travail plus manuel : « Par goût, je n'aurais pas choisi la profession littéraire, et encore moins la célébrité. J'aurais voulu vivre du travail de mes mains[1]. » Elle y supplée par le jardinage acharné et la couture assidue du soir. Elle n'a jamais fait de la littérature un culte. « Il y a, sur cette terre, mille choses qui valent mieux, la maternité, l'amour, l'amitié, le beau temps, les chats et mille autres choses encore[2]. » Mais elle s'y sent à l'aise : « J'ai beaucoup de plaisir et d'amusement à écrire[3] » ; elle parle de « l'amour de [s]on art qui [la] ranimait à toute heure », voire d'une « violente et presque indestructible passion »[4]. Le seul moyen de lutter contre la mélancolie, contre le spleen qui toujours rôde, surtout (mais pas seulement) dans sa jeunesse. Manceau le sait bien qui note avec soulagement : « Madame va mieux, elle a commencé un nouveau roman. » « Quand ma besogne est *enrayée* [commencée], cela me permet de vivre, autrement j'ai le spleen[5] », écrit-elle à Solange sujette à la dépression. L'écriture comme thérapie, sans doute. Comme ascèse. L'écriture comme identité. Elle s'y est fait un nom, un nom à elle, qu'elle a transmis à ses enfants, fait unique dans l'histoire littéraire des femmes[6].

1. *HDMV*, II, p. 182.
2. *Corr*, III, L 1057, à Hippolyte Fortoul, fin décembre 1835.
3. *Corr*, VII, L 3276, à René de Villeneuve, 1845, son cousin, un des premiers à lui avoir conseillé d'écrire des romans.
4. *Corr*, I, L 364, à Jules Boucoiran, 4 mars 1831.
5. *Corr*, XIII, L 7136, à Solange, 14 mai 1856.
6. Sur cet aspect fondamental, Martine Reid, *Signer Sand. L'œuvre et le nom*, Paris, Belin, 2010.

*Près de cent romans, des centaines de pièces de théâtre et d'essais, cinquante mille lettres…*

Écrire pour Nohant, écrire à Nohant. Comme Chopin, elle y a composé la presque totalité de son œuvre : près de cent romans, de cinquante mille lettres, des centaines de pièces de théâtre et d'essais de tous genres. Elle y consacre la moitié de son temps : une partie du jour, mais surtout ses nuits. Ces nuits interminables et désirées, où elle se retrouve enfin seule, délivrée des soucis du jour. Choix, sans doute, exercé très tôt. Nécessité aussi pour une femme qui est également mère, préceptrice et maîtresse de maison, ce qui absorbe les heures du jour. « Je vous envie encore cet autre bonheur de pouvoir vous enfermer et vous retirer. Moi la vie extérieure, les soins de la maison et de la famille prennent tout mon temps et quand je peux saisir deux heures de travail pour mon compte, c'est une grande conquête[1]. » La double journée des femmes, elle la connaît. Périodiquement, elle tente de revenir à un rythme plus normal, ainsi en 1845 lorsqu'elle souffre d'une ophtalmie douloureuse : « […] j'ai renoncé à travailler la nuit, je ne pouvais plus. J'ai eu quelque peine à me remettre au courant des heures de tout le monde. Je l'avais essayé cent fois sans succès. Enfin je suis parvenue à dormir à minuit et à travailler dans la journée[2] ». Non sans peine ni regrets. L'écriture diurne, décidément, elle ne s'y fait pas ; elle y recourt en cas de presse, quand Buloz exige de la copie, un peu comme une corvée : à Pauline Viardot, elle se plaint d'être « clouée à [s]on encrier de 7 h du matin à 5 h du soir[3] » ; ou quand sa santé l'exige, vers la fin de sa vie. Mais rien ne vaut la nuit. « Rien ne remplace ce

1. *Corr*, XVII, L 10214, à Gustave d'Eichtal, 11 juin 1863.
2. *Corr*, VII, L 3236, à Charles Poncy, 12 septembre 1845.
3. *Corr*, VII, L 3422, à Pauline Viardot, 3 juin 1846.

calme profond et absolu qui se fait de minuit à quatre heures du matin[1]. » Les enfants dorment, les chuchotements s'apaisent, les pas s'éloignent, les portes se ferment. On n'entend plus que le coassement des grenouilles, l'adieu des rossignols, le hululement de la chouette. Cette vie nocturne, grouillante, nourrit l'imaginaire rural, les « visions de la nuit dans les campagnes » (1866)[2], où se révèle une « *merveillosité* » qu'elle explore et que Maurice illustre. « Il faut s'endormir au lever du jour. C'est l'heure où le cauchemar quitte les rideaux du lit et n'a plus de pouvoir sur les hommes[3]. » Et puis l'inspiration, qui « est pour les artistes ce que la grâce est pour les chrétiens[4] », se manifeste plus aisément dans le silence de la retraite, la nuit, « une de ces nuits fantastiques comme il y en a à la campagne », où est née l'idée du théâtre à Nohant, et de tant de romans.

*Cigarettes et chocolat*

De ce travail nocturne, elle a pris très tôt l'habitude, dans la chambre de sa grand-mère, dès seize ou dix-sept ans, usant de café noir et de tabac, puisé dans la tabatière de l'aïeule, plus tard remplacé par la pipe et les cigarettes, stimulants dont elle met en doute les effets. « Je me flatte toujours de m'éveiller à force de café et de cigarettes, afin d'arriver vers 3 h du matin à la fin de ma tâche et de pouvoir alors écrire le peu de lettres qui me tient à cœur. Mais je crois que le café est devenu pour moi de l'opium et que le tabac m'abrutit[5]. » Elle se méfie des excitants, et leur préfère le lait, la limonade ou le chocolat : « toute la nuit, en écrivant, j'en croque des

1. *Corr*, VII, L 3236, à Charles Poncy, 12 septembre 1845.
2. *Dictionnaire George Sand*, II, p. 1010.
3. *Lettres d'un voyageur, Lettre V (à François Rollinat)*, *op. cit.*, p. 766.
4. *HDMV*, II, p. 163.
5. *Corr*, V, L 2289, à Charlotte Marliani, 13 août 1841.

morceaux[1] ». Elle se vante d'avoir « la faculté de veiller beaucoup » : « Pendant plusieurs années, je ne m'accordai que quatre heures de sommeil ; pendant beaucoup d'autres années je luttai contre d'atroces migraines jusqu'à tomber en défaillance sur mon travail »[2]. Maux de tête, douleurs au bras, crampes de l'écrivain sont la rançon de ce régime qu'elle a observé toute son existence, et qui dicte l'organisation de la vie à Nohant. Pas de déjeuner, du moins pas pour Sand qui descend tardivement. On sert parfois les invités dans leur chambre, ou ils collationnent autour de la table. Sand a toujours insisté sur sa polyvalence, son aptitude à conjuguer écriture, éducation des enfants, sport, distractions, comme s'il fallait se faire pardonner l'écriture, démontrer son innocuité. À Émile Regnault, en 1831 : « Il est 6 h du matin, je travaille depuis 7 h du soir. J'ai fait un volume en 5 nuits. Dans le jour pour me divertir je montre à mon fils le latin que je ne sais pas du tout et le français que je ne sais guère[3]. » À Delacroix, en 1842 : « Je travaille la nuit, je monte à cheval le jour, je joue au billard le soir et je dors le matin. C'est toujours la même vie. J'écarte les trop noires réflexions à grands coups de pied, et quand je suis dans mon bon sens, je trouve la vie *acceptable* parce qu'elle est *éternelle*[4]. »

Son travail est multiforme : écriture des textes, correction scrupuleuse des épreuves (Sand rature beaucoup plus que ne l'a dit une critique prompte à faire de sa fluidité une faiblesse), révision des manuscrits de ses enfants ou familiers, correspondance qui lui prend de plus en plus de temps, et qu'elle considère comme la plus lourde tâche, en raison de la diversité des correspondants qui exige des tons différents. Elle préfère la liberté du roman, auquel elle donne priorité. Elle écrit à l'encre

1. *Corr*, I, L 625, à Mme de Saint-Aignan, 3 avril 1830.
2. *HDMV*, II, p. 406.
3. *Corr*, I, L 417, à Émile Regnault, 9 septembre 1831.
4. *Corr*, V, L 2433, à Eugène Delacroix, 13 avril 1842.

bleue (ou noire). Selon Théophile, « elle ne peut s'asseoir dans une pièce sans qu'il surgisse des plumes, de l'encre bleue, du papier à cigarette, du tabac turc et du papier à lettre rayé[1] » : l'arsenal de l'écrivain. Son écriture est nette, claire, soignée, fine, « pieds de mouches » ; elle en a changé en 1856, abandonnant l'écriture anglaise, couchée, comme contraire au bon sens, au profit d'une écriture droite, plus commode et moins fatigante. « Je ne crois pas à la révélation du caractère par l'écriture. On a l'écriture qu'on veut, et on en change sans changer d'idées et de tempérament », écrit cette volontaire à l'abbé Michon, rédacteur en chef du *Journal des autographes*[2]. Il lui est arrivé de dicter ses textes, en cas de rhumatisme, mais elle y répugne. Elle préfère le corps à corps avec la page blanche, qui, loin de la paralyser, la stimule, ce rendez-vous personnel où elle laisse libre cours à son imaginaire, voire aux rêves qui parfois la submergent.

### *« Le nez dans la petite armoire qui me servait de bureau »*

Maîtresse de ses nuits – un temps à soi –, George a eu plus de mal à conquérir l'« espace à soi » dont Virginia Woolf fera la condition nécessaire de l'écriture féminine. Comme si un « cabinet », apanage des hommes, lui paraissait quelque chose d'illégitime, de prétentieux, voire de contraire à l'altruisme de l'artiste. Elle semble se complaire dans des espaces minuscules et vante sa « chambrette » de Gargilesse. « Ma petite chambre microscopique me plaît beaucoup [...]. De mon lit, je vois la lune se coucher[3]. » À ses débuts, elle écrit dans le boudoir de

1. Théophile Gautier, cité par Isabelle Hoog Naginski, *George Sand. L'écriture ou la vie*, Paris, Honoré Champion, 1999, p. 258.

2. *Corr*, XXII, L 15786, à l'abbé Jean-Hippolyte Michon, 28 novembre 1871.

3. Cité par Bernadette Segoin, « Dialectique ville/campagne dans la *Correspondance* de George Sand », *Les Amis de George Sand*, n° 24, 2002, p. 40-52.

sa grand-mère, qu'elle appelle son « réduit ». Il a deux portes, communiquant avec la chambre des enfants, et un petit lit où elle dort. « Ma volonté et mon goût me portent à écrire depuis 11 heures du soir jusqu'à 2 heures du matin, dans mon cabinet situé au rez-de-chaussée et à l'extrêmité nord-est de ma maison[1] », écrit-elle en avril 1830 à Mme Gondouin de Saint-Agnan. Elle y dort : « je couche dans un bon petit cabinet bien fermé et bien sourd », dans un petit lit qu'elle remplace par un hamac, tant la place lui fait défaut. La petite Solange, trois ans, passe des heures enfermée avec elle, « jouant par terre tandis que je travaille »[2]. C'est là qu'elle écrit *Indiana* et *Valentine*, « le nez dans la petite armoire qui [lui] servait de bureau[3] ». En 1835, elle y est toujours, parle à Girerd des « murs de [sa] cellule » et à François Rollinat de son encombrement : « Je suis à poste fixe dans mon cabinet avec une table couverte de papiers, de pipes et de livres »[4].

Après la séparation, elle prend davantage ses aises. Elle s'installe au premier, côté sud, jouxtant la chambre de Chopin. Dans cette grande chambre (environ 30 mètres carrés), carrelée, tapissée de bleu et de blanc, elle écrit durant vingt-cinq ans, sans qu'on sache grand-chose sur son usage des lieux[5]. En 1843, elle remercie Delacroix pour son tableau de fleurs qu'elle place de telle sorte qu'elle le voit aussi bien de son lit que « de [sa] table en écrivant[6] », preuve de la contiguïté des meubles et des fonctions. Sur le plan de 1846 (de Maurice), figurent deux petites pièces attenantes à la

1. *Corr*, I, L 281, à Mme Gondouin de Saint-Agnan, avril 1830.
2. *Corr*, I, L 462, à Émile Regnault, février 1832.
3. *HDMV*, II, p. 173.
4. *Corr*, III, L 1053, à Frédéric Girerd, 28 décembre 1835 et III, L 1055, à François Rollinat, 30 décembre 1835.
5. C'est la conclusion de Vinciane Esslinger qui a effectué de longues recherches à cet égard. Cf. *supra*, « La maison », p. 191 *sq*.
6. *Corr*, VI, L 2734, à Eugène Delacroix, 4 novembre 1843.

chambre et intitulées « boudoir » et « cabinet », sans doute de toilette. Après le départ de Chopin et la partition de sa chambre en deux, George dispose d'un cabinet privatif, mais elle travaille le plus souvent dans la bibliothèque, parcourue de courants d'air. Elle s'est enrhumée « pour avoir travaillé hier la fenêtre de la bibliothèque ouverte[1] ». C'est seulement en 1861 que, à l'initiative de Manceau, désolé de voir Madame si mal installée, un véritable « cabinet de travail », nettement distinct de la bibliothèque, est organisé, tel que nous le voyons aujourd'hui. « J'avais un affreux cabinet de travail qui me donnait le spleen, Manceau m'en fait un nouveau, tout simple mais bien propret, où je travaillerai avec plaisir[2]. » Simplicité, sobriété, comme s'il fallait s'excuser de ce luxe. Il est doté de rayonnages ouverts pour les livres et pour les collections naturalistes de George. Cabinet de curiosités, « atelier », comme elle préfère dire. « On me fait un nouvel atelier, et il me faut tant de place pour mettre mes cailloux et mes herbes qu'il n'y en a plus pour moi-même. Ce sera charmant, mais je serais (*sic*) forcée de travailler à la porte[3]. » C'est étroit, mais bien éclairé par la fenêtre donnant sur le jardin. De passage à Nohant, Flaubert juge son cabinet « misérable » et le lui dit. Qu'importe ! Sand s'y sent bien, sans en parler beaucoup. Plus tard, ses petites-filles, installées dans la chambre voisine, lui font de fréquentes visites. Aurore joue à ses pieds comme jadis Solange, transformant à nouveau le cabinet de travail en chambre d'enfants.

Elle consomme d'énormes quantités de bougies, d'huile, puis de pétrole, dont elle ne peut plus se passer. Plus que de l'éclairage, c'est du froid qu'elle souffre durant ces longues nuits de travail. En 1829, elle recommande à Boucoiran de

1. *Agendas*, II, 25 octobre 1857 (AM).
2. *Corr*, XVI, L 9092, à Pauline Villot, 11 juin 1861.
3. *Corr*, XVI, L 9097, à Christine Buloz, 12 mai 1861.

faire du feu tous les jours dans son « réduit », pour qu'elle puisse y travailler à son retour de Paris. Elle met tout son espoir dans le calorifère, dont on sait les difficultés.

Nous aimerions en savoir plus sur Sand écrivant. Une notice de 1853 à *L'Uscoque* donne un rare témoignage sur sa pratique d'écriture camérale : « *L'Uscoque* est une fantaisie que j'ai écrite à Nohant dans l'hiver de 1837 à 1838. J'avais froid dans ma chambre, et, en m'endormant, je voyais des paysages fantastiques, des mers agitées, des rochers battus des vents. La bise qui sifflait au dehors, et le feu qui pétillait dans ma cheminée, produisaient des cris étranges, des frôlements mystérieux, et je crois que j'étais plus obsédée que charmée par mon sujet[1]. » La vision, l'imaginaire déferlent dans la nuit glacée. Une œuvre se construit.

Écrire était sa vie. Mais il lui arrivait de rêver d'un monde sans écriture : « J'espère, après ma mort, aller dans une planète où on ne saurait ni lire ni écrire[2]. »

1. *L'Uscoque*, « notice » de l'édition illustrée, Hetzel, 1855, p. 11.
2. *HDMV*, II, p. 464.

# Théâtres

> *« […] ce petit vacarme prolongé assez avant dans les nuits, au milieu d'une campagne déserte*[1]. »

Ainsi George Sand définissait-elle le théâtre en 1853, au début d'une période où il allait prendre une importance capitale, dans son œuvre et dans sa vie. Elle a beaucoup écrit à cet égard, dans ses essais[2], comme dans ses romans, de *Consuelo*, hymne à l'opéra, au *Diable aux champs*, « comédie monstre » dialoguée par les jeunes comédiens de Noirac (alias Nohant) préparant un spectacle de marionnettes et commentant leur art. *Le Château des désertes* est un petit traité où, à travers une intrigue mettant en scène des comédiens, Sand expose le théâtre selon son cœur. Le héros de *L'Homme de neige* (1858), Christian Waldo, est un marionnettiste, autre Maurice auquel le roman est dédié[3]. Les *Agendas* donnent une chronique des représentations, auxquelles Charles Duvernet, acteur et amateur, fait un large écho. L'historiographie est abondante,

1. « Notice » (1853) de *Le Château des désertes* (1851), édition de Jean-Marie Bailbé, Meylan, Éditions de l'Aurore, 1985.

2. *Le Théâtre et l'Acteur* (1858) et *Le Théâtre des marionnettes de Nohant*, in *OA*, II ; édition présentée et annotée par Bernard Tillier, Tusson, Du Lérot, 2009.

3. Maurice a lui-même écrit son témoignage, *Le Théâtre des marionnettes*, Paris, Calmann-Lévy, 1890 (Marseille, reprint, Jeanne Laffitte, 1994).

couronnée par l'ouvrage magistral d'Olivier Bara, *Le Sanctuaire des illusions*[1]. Les pages qui suivent n'ont pas d'autre prétention que d'évoquer la place du théâtre à Nohant. Aujourd'hui encore, les marionnettes et leur *castello* font l'étonnement des visiteurs ; c'est un des éléments les mieux conservés du décor d'antan.

Sand aimait rappeler son ascendance comédienne : les demoiselles de Verrières, sa grand-mère qui chantait si bien, son père, amateur éclairé, comédien à ses heures. Elle avait le goût du travestissement, carnavalesque ou quotidien, forme de rébellion contre les bienséances bourgeoises, et celui du théâtre qu'elle fréquentait assidûment tant à La Châtre qu'à Paris. Dès 1829, des baladins avaient donné chez les Dudevant des spectacles de marionnettes « pour distraire ces dames ». Mais devenir auteur était une autre affaire et Sand ne l'a pas tenté avant *Cosima* en 1840 au Théâtre-Français. Échec cuisant et blessure durable, à peine compensés par le demi-succès de la tentative de 1848 (*Le roi attend*) ; elle espérait alors faire du théâtre un instrument majeur d'éducation populaire, projet brisé par la chute de la Seconde République, mais jamais oublié. « Je tente le théâtre, c'est une prédication sous une autre forme[2]. »

## Naissance du théâtre à Nohant

D'où le repli sur Nohant, espace privé, d'abord purement ludique, puis devenu progressivement laboratoire d'une créa-

1. Olivier Bara, *Le Sanctuaire des illusions. George Sand et le théâtre*, *op. cit.* ; *Théâtre*, I, 1840-1852, 2 vol., Annie Brudo éd., in *OC*, 2014. Le dernier numéro des *Cahiers George Sand*, n° 39, 2017, « Public/Privé. Du fauteuil à la scène médiatique », sous la direction d'Olivier Bara et Marie-Ève Thérenty, comporte plusieurs articles sur le théâtre à Nohant.

2. *Corr*, X, L 4829, à Émile Aucante, 16 mars 1851.

tion plus ambitieuse. Chopin en fut quasiment l'initiateur. Il excellait dans la pantomime, la mise en scène de charades ou de saynètes comiques ou satiriques qu'il accompagnait au piano. Sand goûtait cet art improvisé, joyeux prolongement des soirées conviviales. Après le départ de Frédéric, elle reprit le flambeau. Elle a évoqué comme un moment magique la nuit du 8 décembre 1846 où naquit véritablement le théâtre à Nohant. « C'était une de ces nuits fantastiques comme il y en a à la campagne, une nuit de dégel assez douce avec une lune effarouchée dans des nuages fous. Nous n'étions que six[1]. Nous n'avions d'autre public qu'une grande glace qui nous renvoyait nos propres images confuses dans une faible lumière, et un petit chien à qui nos costumes étranges faisaient pousser des cris lamentables[2]. » Maurice a donné un autre récit de ce moment fondateur, dans le contexte dramatique des troubles agraires (émeutes de Buzançais) : « Chaque nuit on s'attendait à être attaqués. Quand les chiens hurlaient à la lune, les hommes, couverts des oripeaux bizarres de leurs rôles, allaient faire une ronde à travers la neige et le brouillard, et rentraient en scène après s'être assurés que tout était tranquille[3]. » Il s'agit d'une saynète vaguement ébauchée – *Le Druide peu délicat* selon Maurice Sand – et continuée le lendemain au gré de l'imagination des protagonistes. Sand y voit un modèle à suivre : sur un canevas sommaire, mais solide, une improvisation libre qui laisse une large part à l'initiative des acteurs, devenus auteurs,

1. Maurice, Solange, son fiancé d'alors Fernand de Preaulx, Augustine Brault, Eugène Lambert, George Sand, et sans doute Hippolyte Chatiron, curieusement non compté dans les six. Le petit chien est Marquis.

2. George Sand, *Le Théâtre et l'Acteur*, *op. cit.*, p. 1239-1241. Cf. le témoignage de Charles Duvernet, *Écrits intimes*, I, *op. cit.*, p. 163 *sq.*, et la mise au point de Claire Le Guillou, I, p. 87-88.

3. Maurice Sand, avant-propos de *Masques et Bouffons (comédie italienne). Texte et dessins par Maurice Sand, gravures par A. Manceau. Préface par George Sand*, 2 tomes, Paris, Michel Lévy, 1860 p. 6. La différence de perception de la mère et du fils mériterait commentaire.

dans le style de la commedia dell'arte, opposée au théâtre parisien « trop perfectionné pour n'avoir pas perdu sa sauvage originalité et ses émotions naïves ». Restaurer une spontanéité refoulée par les conventions ; retrouver le « primitivisme » du peuple et son expression, le rire et les larmes ; représenter ce peuple (et singulièrement les paysans) ignoré par la scène bourgeoise, dans des intrigues simples, des figures ordinaires et un langage familier : telles étaient quelques-unes des conceptions novatrices de Sand, qu'elle a tenté de faire advenir sur les modestes planches de Nohant. Du moins dans le théâtre d'auteur progressivement investi de sa verve créatrice.

### *Un théâtre laboratoire*

Ces deux scènes, complémentaires plus que concurrentes, ont eu chacune leur fonction. Sur la première, après une période de pur plaisir, surtout estival, Sand teste les pièces qu'elle destine au théâtre parisien (l'Odéon, la Porte-Saint-Martin, le Gymnase...), en vérifie l'intrigue et les dispositions scéniques[1]. « On joue quelquefois sérieusement et pas mal du tout, les pièces que j'ai sur le chantier pour Paris. Cela fait des essais qui me sont utiles, où je corrige tout en montant et faisant répéter les pièces, où enfin je vois mes sujets et mes effets plus clairement que sur le papier[2]. » Non sans difficulté et tâtonnement, en raison de ses ambitions, de son inexpérience et peut-être de ses moindres dons pour la théâtralité[3]. « La pauvre amie ne parviendra jamais à faire une pièce. Les

1. Mariette Delamaire, « Le grand théâtre de Nohant », *Amis de George Sand*, n° 13, 1992 ; et son livre, *George Sand et la vie littéraire dans les premières années du Second Empire*, *op. cit.*

2. *Corr*, IX, L 4606, à Emmanuel Arago, 23 septembre 1850.

3. Catherine Nesci et Olivier Bara (dir.), *Écriture, Performance et Théâtralité dans l'œuvre de George Sand*, Grenoble, Ellug, 2014, notamment la troisième partie : « Pratiques théâtrales : la théâtralité en acte », p. 223-314.

situations périssent entre ses mains[1] », notait Delacroix dans son *Journal*. Elle qui aimait rire, et prisait la gauloiserie rabelaisienne dont les premiers « canevas » de Nohant donnent une idée[2], avait, comme beaucoup de femmes, un problème avec le comique, dont elle décelait la vulgarité, voire la lubricité. Elle peine à retoucher ses pièces, beaucoup plus que ses romans, surtout lorsqu'il s'agit d'adaptations (ainsi pour *Mauprat*).

Passer du papier à la scène, de l'écrit à l'oral, est une performance dont elle perçoit de mieux en mieux les difficultés. Écrire pour de lointains lecteurs est plus aisé que de se heurter à un public physiquement présent qui exprime, parfois vigoureusement, son adhésion, son refus ou son ennui. Surtout lorsqu'on ne cherche pas à le flatter, mais à l'éduquer, voire à le prêcher. Nohant était une douce médiation. Sand pouvait s'appuyer sur sa petite bande et, à partir de 1849, sur Manceau, dont elle loue le jeu, et qui tend à se considérer, à juste titre, comme le directeur du théâtre, au grand dam de Maurice. Les pièces étaient tantôt spécifiquement écrites pour Nohant, avec un simple canevas ; tantôt adaptées des romans, et alors beaucoup plus travaillées, en raison des difficultés inhérentes à un exercice que Sand a toujours trouvé ingrat. « L'étude en chair et en os qu'on en fait ici me montre des choses de détail que je corrige tous les jours[3]. » Les longs développements qui charment le lecteur ennuient le spectateur. Il faut changer de tempo. La brièveté de l'intrigue et du dialogue, souvent

1. Eugène Delacroix, *Journal (1822-1863)*, *op. cit.*, 12 janvier 1856. Sur les difficultés de Sand avec la scène, cf. Olivier Bara, *Le Sanctuaire des illusions*, *op. cit.*, 196 *sq.*

2. Ainsi *Le Druide peu délicat*, *Cassandre persuadé*, *La Barbe bleue* où « les corps s'exhibent [...] jusque dans leurs dimensions les plus grotesques », coups de pied au cul, pets, rots, défécation jubilatoire ; cf. Amélie Calderone, « L'humour débridé de George Sand en privé. Le secret bien conservé des premières pantomimes de Nohant », *Cahiers George Sand*, n° 39, *op. cit.*

3. *Corr*, X, L 4949, à Pierre-Jules Hetzel, 14 juin 1851.

nerveux, est alors nécessaire. Peu de gens pouvaient la conseiller. Elle s'appuyait sur l'expérience de Bocage, son vieux complice, son acteur favori, qui fit le voyage à Nohant à plusieurs reprises, sans s'attarder comme elle l'aurait souhaité. Elle lui déléguait ses pouvoirs pour Paris, où il mit en scène, avec succès, *François le Champi* (1849), et *Claudie* (1851). Bien d'autres acteurs et actrices – Bérengère, Rose Chéri, Sylvanie – se produisirent à Nohant... – théâtre de poche où le plaisir l'emportait sur l'angoisse. « Nous menons une vie de cabotins. Nohant n'est plus Nohant, c'est un théâtre ; mes enfants ne sont plus mes enfants, ce sont des artistes dramatiques [...] je ne suis plus Mme Sand, je suis un premier rôle marqué[1]. » Non sans contradictions. D'un côté, c'est une création collective dépourvue d'individualisation, avec des rôles interchangeables, sans vedettariat, le lieu d'une utopie égalitaire qui abolit les différences. Pas d'acteurs, voire pas d'auteurs. « Dans mes pièces, il n'y a d'effet pour personne, ou il y en a pour tout le monde[2]. » De ce point de vue, la réussite de Marie Caillaud remplit George de joie ; elle vante ses mérites avec gourmandise, comme une réussite personnelle ; elle y voit la possibilité d'une ascension sociale, d'une affirmation de soi par la scène. D'un autre côté, c'est un lieu d'apprentissage de plus en plus professionnel pour tous : pour George qui affine ses pratiques de mise en scène, pour les acteurs auxquels il est demandé d'apprendre leur texte et de se plier à la discipline des répétitions. Les normes parisiennes s'imposent à l'aimable fantaisie provinciale et, paradoxalement, le théâtre est un instrument de l'ordre des corps, le triomphe insidieux de la sensibilité de la capitale. « Le petit joujou de Nohant m'est plus utile qu'il n'en a l'air », écrit George à Bocage, qu'elle voudrait avoir ici trois mois, et avec lequel elle développe une réflexion fondamentale

1. *Corr*, X, L 5082, à Pauline Viardot, 16 octobre 1851.
2. *Corr*, VII, L 3558, à Pierre-Jules Hetzel, 30 décembre 1846.

tant sur la forme que sur le contenu. Notamment sur son désir de mettre en scène les déshérités. « Nous avons fait cela pour les paysans. Assez de paysans comme cela pour le moment. [...] Nous avons des truands au théâtre. Nous n'avons pas de vrais pauvres. [...] Je veux prendre ces classes chez elles, dans le présent ou dans le passé peu importe »[1]. Après les « rurodrames », expression de Théophile Gautier, comment représenter la pauvreté ?

Les années 1846-1851 sont les plus inventives dans leur liberté créatrice, les plus spontanées, les plus drôles aussi. La bande des quatre – Maurice, Manceau, Lambert, Aucante – s'en donne à cœur joie. Ils se travestissent dans des costumes variés, campent des personnages divers, esquissent des intrigues. Sand confectionne néanmoins la plupart des canevas[2], qu'elle n'a jamais voulu publier : « Ces choses-là sont bonnes à Nohant, pas ailleurs », tant elle a conscience de la distance province-Paris. Elle puise dans le répertoire des contes, dans le registre de la commedia dell'arte, dans Shakespeare, dans des auteurs méconnus comme Ruzzante (*Bilora*), ou encore dans le folklore paysan. *La Barbe bleue*, *La Femme battue*, *Pierrot comédien*, *Pierrot maître de chapelle*, *L'Alchimiste*, *La Nuit de Noël* (1862)... réjouissent un public de plus en plus nombreux, mais qui n'excède jamais soixante personnes, à la dimension d'un « petit » théâtre de société, ludique, intime, tel que George aurait voulu en voir partout. Théâtre en vase clos, narcissique, égalitaire, où les distances sont abolies et où, un court instant, acteurs et spectateurs vibrent ensemble. Après la représentation, les acteurs soupent gaiement. « Ce petit théâtre de Nohant devait être d'après le récit de Sand infiniment plus

1. *Corr*, IX, L 4418, à Bocage, 3 février 1850.

2. Olivier Bara donne la liste des pièces et canevas de Nohant, *Le Sanctuaire des illusions*, *op. cit.*, p. 336-337 ; en annexe II, p. 327-331, le canevas de *Pierrot maître de chapelle* (1846).

vivant que la plupart de nos théâtres professionnels[1] », estimait Jacques Copeau bien des années plus tard.

Le public est composé de voisins, d'amis qui, eux aussi, exercent parfois une activité théâtrale, tels les Duvernet qui ont leur troupe dans leur manoir du Coudray, les Fleury, les Périgois, des domestiques et des paysans, auxquels George accorde une particulière importance, tant elle souhaite écrire pour eux. Lors de la représentation de *Claudie* (août 1850), elle souligne avec satisfaction la présence de « nos domestiques qui sont comme vous savez tous paysans berrichons. Ils ont versé littéralement des torrents de larmes. Je suis donc tranquille sur le fond de ma pièce. Elle peut être manquée en beaucoup d'endroits, mais elle attendrit et elle peut être comprise par des gens qui ne savent ni lire ni écrire[2]. » Pour *Le Bail à Jeannette* (26 octobre 1856), « une masse de paysans. La salle est comble ». Le théâtre permet d'atteindre un autre public, de donner libre cours aux émotions. Il a un autre avantage : il rapporte (à Paris) beaucoup plus d'argent que la littérature, et c'est bien utile. Le théâtre spécifique de Nohant a été édité par Michel Lévy en 1864, au moment du succès du *Marquis de Villemer* : manière symbolique de rappeler que Paris n'était pas le seul lieu créatif de l'auteur. *Le Drac*, *Plutus*, *Le Pavé*, *La Nuit de Noël*, *Marielle* valaient bien les spectacles de la capitale[3].

Le succès de *François le Champi* à l'Odéon et de *Claudie* modifie la donne, en rétablissant le rôle directeur de Paris qui impose ses normes. Désormais les acteurs apprennent leur texte. « Cela m'est bien utile. Cela devient une étude, mais je n'en abuse pas[4] », écrit Sand, consciente qu'une nouvelle car-

1. Cité par Olivier Bara, *Le Sanctuaire des illusions*, *op. cit.*, p. 304.
2. *Corr*, IX, L 4573, à Pierre-Jules Hetzel, 10 août 1850.
3. *Le Drac* et *Le Pavé* avaient été représentés à Paris.
4. *Corr*, IX, L 4606, à Emmanuel Arago, 23 septembre 1850.

rière s'ouvre à elle. « Je commence à 48 ans un nouvel état : le théâtre[1]. » De 1849 à 1870, vingt-six pièces signées Sand ont été représentées à Paris, avec des fortunes diverses et des critiques souvent acerbes qui opposent la romancière reconnue à la dramaturge malhabile. Le théâtre demeure un art viril où les femmes (fussent-elles George Sand) se fourvoient. Comme disait Théophile Gautier, « Madame Sand a du génie, mais elle n'a pas d'esprit », cet esprit nécessaire à la scène. En 1864 *Le Marquis de Villemer* triomphe pourtant à l'Odéon. La suite est moins glorieuse, en dépit du retour au drame historique avec *Cadio* (1868). Dans la dernière pièce, *L'Autre*, en 1870, tirée de *La Confession d'une jeune fille*, Sarah Bernhardt joue le rôle principal, sans grand écho. Le théâtre d'acteurs avait cessé à Nohant en 1863, en raison du départ de Sand et Manceau pour Palaiseau. Il ne reprendra jamais : signe d'une brisure irrémédiable.

**Le petit théâtre des marionnettes**

Le « petit théâtre », celui des marionnettes, a d'abord « marché à côté », en sourdine, « les soirs de belle humeur ». Dans l'été 1847, Maurice, avec son copain Lambert, avait improvisé un spectacle avec deux bûchettes, entre deux chaises, histoire de rire. Mais la « baraque » se perfectionne vite. Dans l'hiver 1848, Sand note presque avec surprise : « Leur théâtre a quelque chose d'étonnant. Décors, changements à vue, perspectives, palais, forêts, clair de lune et coucher de soleil transparents, c'est réellement très joli et plein d'effets très heureux[2]. » Dans l'été 1853, on alterne *Le Pressoir*

1. À Émile de Girardin, 1852, cité par Olivier Bara, *Le Sanctuaire des illusions*, *op. cit.*, p. 40.
2. *Corr*, VIII, L 4125, à Augustine de Bertholdi, décembre 1848.

sur le grand théâtre, devant cinquante à soixante personnes, et sur le petit, *Le Diable aux champs* ou *Oswald ou les Deux Vengeances*, jusqu'à 2 heures du matin, comme une récréation. L'*Agenda* souligne les progrès : trente-deux marionnettes, « figures, perruques et chapeaux neufs », nouveaux décors. À l'automne, la réfection des *pupazzi* devient obsédante ; Maurice refait des mains, Madame coud des robes. Le processus se poursuit dans les années suivantes. Au printemps 1856, nombreuses transformations au petit théâtre qu'on « archifinit » début juillet pour l'anniversaire de Sand (cinquante-deux ans) ; elle rend compte avec enthousiasme du spectacle donné le soir du 5 juillet : « Grande représentation de marionnettes : *Les Deux Espagnes ou Sang pour sang*, superbe pièce tirée du roman de Ferry, *Les Chercheurs d'or ou le Coureur des bois*. Décors superbes, Indiens, batailles, bruit d'eau courante : grand succès. Le scénario est bien fait et suivi avec une conscience rare. Ça m'amuse beaucoup et finit à 3 h du matin[1]. » Admiration un rien condescendante, que partagent les contemporains. Gautier parle de « ces amusantes soirées de Nohant où des artistes s'essayaient à retrouver les anciens procédés de la comédie italienne improvisée ».

### *Maurice ou l'illustre Balandard*

Convaincu de pratiquer non seulement un « amusement », mais un art véritable, soucieux de reconnaissance, Maurice fait des recherches, pour lesquelles il mobilise même sa sœur en voyage en Italie. *Masques et Bouffons*, joliment illustré par lui et gravé par Manceau, paraît en 1860, avec une préface de George ; il lui vaut une réelle notoriété et l'approbation de sa mère qui cesse de le pousser au théâtre d'acteurs, pour lequel il ne se sentait pas d'affinités. À bord du petit théâtre, il est le seul maître.

1. *Agendas*, I, 5 juillet 1856 (GS).

Enfin ! La troupe des marionnettes, sous la conduite d'un directeur dénommé Balandard, ne cesse de s'accroître : sept en 1847, dix-sept en 1849, trente-deux en 1853, cent vingt-cinq dans les années 1870. « Un vrai peuple qu'on ne saurait dénombrer. Toute la France de 1840, la réelle et l'imaginaire[1] », écrit Daniel Halévy. Maurice les sculpte, George les habille. À côté des personnages de la comédie italienne – Pierrot, Colombine, Arlequin, Polichinelle… –, les représentants de la société locale : une paysanne, le moissonneur, le maire, le curé, le sacristain, le capitaine Vachard, la comtesse de Bonbricoulant, des diables et des créatures fantastiques, dont « le monstre vert », fait d'une paire de pantoufles bleues, et pourtant – magie du théâtre – jamais contesté dans sa couleur. Au cours du temps, leur morphologie et leur taille ont varié, pour renforcer expression et mobilité. De 1867 à 1876, quatre-vingt-dix pièces différentes ont été jouées à Nohant, selon la compilation faite par Maurice. Les décors se sont enrichis. Surtout les perfectionnements techniques ont permis de varier les effets sonores et lumineux. On est passé des simples bougies, productrices d'incendies, aux quinquets, voire au faisceau électrique. Bricoleur de génie, « théâtre à lui tout seul[2] », Maurice ne cesse de « faire des trucs ». Il n'y eut jamais à Nohant qu'une plaque en tôle pour faire le tonnerre. 15 décembre 1867 : il fait moins 14 degrés ; on donne *Turcs et Danois*, « pièce des plus fantastiques et pourtant attendrissante […] Feux de bengale, décors charmants, costumes splendides, grand succès. Je soupe avec les operanti jusqu'à 3 h ». Jamais la collaboration entre la mère et le fils n'a été aussi intense. « Je fais un équipage de navire, dix personnes marionnettes. […] Ce soir bonhommes en liège pour Maurice. Il termine son navire qui est

1. Daniel Halévy, *Visites aux paysans du Centre*, *op. cit.*, p. 237-239. Il parle de deux ou trois centaines de pantins dans une vaste armoire.

2. Bernard Tillier, *Maurice Sand marionnettiste ou les Menus Plaisirs d'une mère célèbre*, Tusson, Lérot éd., 1992 ; Robert Thuillier, *Les Marionnettes de Maurice et George Sand*, Paris, Hermé, 1998.

un chef-d'œuvre. » « Six brigands calabrais et deux cavaliers marionnettes. » « Maurice travaille à des trucs à s'éreinter. Je lui fais des paysannes des Abruzzes »[1]. 30 janvier 1869, représentation de *La Goule de Tornemat*, « pièce très bien faite et très effrayante ; ça m'amuse énormément, mais les autres sont impressionnés au point d'en être presque malades. Quel succès[2] ! ». Maurice donne libre cours à son goût pour le fantastique, son originalité. « Il nous montre ce soir la lune qui monte dans le ciel, c'est merveilleux. » « Il y porte autant d'ardeur et de passion que quand il s'occupe de la science »[3], écrit-elle à Flaubert, définitivement conquise. « La féerie fait parler et agir ici des êtres impossibles. » Et quelle complicité ! « Nous avons prolongé les soirées bien avant dans la nuit, lui travaillant dans son *castello* à combiner ses quinquets, moi assise et jugeant l'effet, à la distance nécessaire. J'y prenais un vif plaisir »[4], écrit-elle dans *Le Théâtre des marionnettes de Nohant*, subtile analyse de cet art qui sublime celui qu'elle aurait voulu réaliser, mais aussi texte testamentaire, où elle dit à la fois son admiration sans réserve pour l'œuvre de Maurice et l'infinie tendresse pour le maître des nuits de Nohant.

## Le théâtre, communauté et ouverture au monde

Le théâtre n'a pas seulement changé les rapports mère-fils, mais bien d'autres choses à Nohant. D'abord l'espace de la maison, dont il fut le principal modificateur. En novembre 1849, avec une féerie de George Sand, *Cendrillon*, le grand théâtre s'installe dans la grande chambre du rez-de-

1. *Agendas*, IV, décembre 1867.
2. *Agendas*, IV, 31 janvier 1869.
3. *Corr*, XX, L 13375, à Gustave Flaubert, 21 décembre 1867.
4. George Sand, *Le Théâtre des marionnettes de Nohant*, *op. cit.*, p. 1272.

chaussée, ancienne chambre de Maurice devenue un temps celle de Solange qui, malgré son départ, se sentit dépossédée. Peu à peu, il s'organise par la séparation essentielle entre scène et salle. Un plancher sur tréteaux et un rideau remplacent l'ancienne ligne tracée à la craie sur le sol. Nouvelles modifications dans l'hiver 1850-1851, sous l'impulsion de Manceau. « On avait dans le billard un théâtre qu'on appelait le grand théâtre pour le distinguer du théâtre portatif dit des *petits acteurs*, c'est-à-dire les marionnettes. Manceau vint, vit et critiqua. En effet, les coulisses étaient trop étroites, les loques trop baissées, les changements de décor longs et fatigants. On a tout bouleversé et Lambert recommence courageusement la peinture des toiles, tandis que le père Bonnin refait toute la charpente[1]. » On abolit le mur de séparation entre billard et théâtre que relie désormais une arcade. « Le public n'en dépassera pas la limite et verra à distance. Il y aura de l'effet. » Les coulisses, jadis plus que sommaires, sont transformées en véritables loges où les acteurs, assis, pourront assister au spectacle quand ils ne jouent pas. Un véritable rideau de scène sur cylindre remplace la toile qui s'ouvrait en deux. « Enfin, c'est un bijou que notre petit théâtre[2]. »

Le théâtre des marionnettes, jadis portatif, conquiert de son côté son autonomie dans la salle des archives. Il ne cesse de se perfectionner, notamment par les éclairages, produisant un effet de diorama, et un grand luxe de décors : une « bonbonnière » dont Maurice est le maître absolu, surtout après 1872. « C'est alors que ce théâtre entra dans une voie nouvelle [...] qui est la voie d'un art complet[3]. » Dans l'hiver 1874, il joue à lui tout seul une féerie. « Il met six personnages en scène et change quatre fois de décor sans entracte. C'est merveilleux et

1. *Corr*, IX, L 4401, à Emmanuel Arago, 12 janvier 1850.
2. *Corr*, X, L 4763, à Augustine de Bertholdi, 24 janvier 1851.
3. George Sand, *Le Théâtre des marionnettes de Nohant*, *op. cit.*, p. 1257.

c'est amusant au possible[1]. » Le petit théâtre finit par s'imposer comme le modèle durable, voire unique, de la représentation. Les acteurs ont disparu, mais le castelet et les *burattini* demeurent.

Le théâtre modifie les relations entre les participants. Il crée un collectif animé par un projet et un travail communs. D'abord de manière ludique et improvisée, comme le suggère *Le Diable aux champs* avec son quatuor aux prénoms transparents : Maurice, Damien, Émile, Eugène. Ces jeunes gens préparent un spectacle ; ils ébauchent un scénario tout en discutant philosophie ; ils imaginent des personnages, dont un « nègre » qui leur paraît ornement indispensable. Leurs opinions progressistes ne les empêchaient pas de partager les stéréotypes sociaux de leur temps. Ils étonnent et séduisent l'entourage que leur folie entraîne ou effraie. Les chœurs de grenouilles, grillons et grues scandent le récit. L'éloge de « la vie de bohème champêtre » voisine avec celui des révolutions qui « ont cela de fécond qu'elles mêlent les cartes. Elles font et défont les situations personnelles. Elles nivellent les rangs, elles initient l'oisif aux joies salutaires du travail, elles excitent le travailleur à devenir intelligent à son tour »[2]. Le tout rythmé par l'instruction cocasse des pompiers du village par Maurice, armé du *Manuel du pompier*. Et achevé en apothéose par le « dialogue des araignées ».

Le théâtre d'acteurs brasse encore plus les gens. Chacun peut accéder à la scène, se costumer, parler, être applaudi. Famille, domestiques, voisins, amis forment l'habituel de la troupe, pimentée parfois par l'appel à des comédiens professionnels, telle Bérengère. Les *Agendas* rendent compte de l'enthousiasme des répétitions et des représentations. C'est accéder à un univers de rêve où la beauté et la performance personnelles sont

1. *Agendas*, V, 8 novembre 1874.
2. *Le Diable aux champs*, *op. cit.*, p. 379.

reconnues. L'enivrante fraternité du spectacle comble les aspirations égalitaires, voire fusionnelles, de Sand. Bien au-delà de la simple distraction mondaine, le théâtre réalise l'idéal de communauté d'artistes dont Nohant figurait l'avant-garde.

Solange qui aimait tant séduire joua rarement. Maurice supportait mal l'emprise de Manceau sur le grand théâtre. Une caricature qu'il fit vers 1850 est à cet égard éloquente[1]. Une vingtaine de personnes, hommes et femmes mêlés, sont réunies autour de la table ; debout, Manceau déclare : « Et ceux qui manquent aux répétitions à l'amende. » « Trop de zèle », dit la bulle de Sand. Fleury proteste : « Je demande la parole au nom de ma famille. » En dessous, cette légende : « Manceau, dès le début, se pose en directeur de la troupe de Nohant. Lecture du règlement. Vives et nombreuses réclamations. » Et puis, le théâtre rapprochait tellement Manceau de George que Maurice en était jaloux. Il faisait parfois la mauvaise tête. Les *Agendas* mentionnent plusieurs incidents lors des représentations. Tantôt il n'est pas content de son costume et boude. « Le second acte est tellement dénudé par lui que personne ne peut le relever. Le public est content, mais pas moi[2] » ; tantôt il désapprouve le choix d'une pièce, ainsi pour *Rosily*, qu'il « méprise profondément », tout en la jouant très bien[3]. L'histoire tragiquement banale de Marie Caillaud, séduite et abandonnée peut-être dans le sillage du théâtre[4], montre la fraternité factice de la scène.

Le théâtre se voulait ouverture sur l'extérieur. Il l'a été dans une certaine mesure. Domestiques et paysans du voisinage y venaient avec plaisir. Mais ils conservaient leurs perceptions et

1. Reproduite dans le cahier iconographique, illustration n° 20.
2. *Agendas*, II, 13 septembre 1857 (GS) ; représentation de *Vive le Roi ! Vive la Ligue !*
3. *Agendas*, II, octobre 1860 (GS).
4. On ne peut cependant attribuer au théâtre la grossesse de Marie. Elle accoucha en 1868 et le théâtre avait cessé depuis cinq ans (1863).

leurs appréhensions. Selon Aurore Lauth-Sand, les domestiques avaient peur des marionnettes clouées au mur ; pour eux, elles étaient en vie, « comme des chrétiens », et poursuivaient leurs conversations. Ils évitaient de passer le soir à proximité. Un parfum d'étrangeté a jusqu'au bout coloré le Nohant des comédiens. Quant à l'ambition de Sand de faire exister au théâtre et par lui des catégories sociales ignorées, elle n'a que partiellement abouti. L'écart avec le public bourgeois de la capitale était trop grand pour que les paysans du Berry gagnent la partie.

Dans la campagne déserte, le « petit vacarme » se prolongeait, vie et représentation mêlées.

# La politique au village

Nohant, « point central de la France, par conséquent le plus à l'abri des évènements politiques[1] », écrivait Sand qui voyait cette centralité à la fois comme un ancrage et une protection. Nohant n'échappe pas à l'Histoire, même si l'éloignement en atténue les effets. Il subit, peu ou prou, le choc des événements. La Révolution française, les guerres napoléoniennes, les révolutions du XIXe siècle, surtout la guerre franco-prussienne de 1870 y font sentir leur présence. Sand elle-même avait un sens aigu de l'Histoire qui traverse sa vie et son œuvre. Elle parle de « la grande famille au sein de laquelle ma famille privée n'est qu'un épi dans le champ terrestre[2] ». Fille de la Révolution, elle entendait la poursuivre par ses engagements, son mode de vie et son écriture. Se déclarant inapte aux romans historiques, elle voulait écrire des « romans dans l'histoire », pénétrés par elle dans leurs intrigues, leurs conflits et leurs sentiments. L'écriture était plus à sa portée que la politique « proprement dite » dont son sexe l'excluait. Au XIXe siècle, la politique est un apanage viril. Elle a pourtant tenté à plusieurs reprises d'en franchir les frontières, indirectement sous la monarchie de Juillet, frontalement en 1848, par une sourde résilience sous le Second Empire. La République

1. *HDMV*, I, p. 744.
2. *Corr*, XXII, L 15674, à Gustave Flaubert, 14 septembre 1871.

était son objectif, et sa devise – *Liberté, Égalité, Fraternité* –, à laquelle elle préférait *Égalité, Liberté, Solidarité*, cimentait sa conviction inébranlable dans la nécessaire émancipation du peuple, ferment d'un progrès porté par la science et le souffle des arts.

Maison d'artiste, Nohant n'est pas Coppet. La politique n'y est pas la préoccupation majeure[1]. Mais le lieu est subversif par les manières de vivre et de penser. Sand tente, notamment sous la monarchie de Juillet, d'en faire un noyau républicain de libre-pensée. Les obstacles sont nombreux : l'inertie d'un monde rural largement analphabète, l'hostilité de La Châtre, petite ville « mesquine » révulsée par les excès. Les paysans du Berry, devenus tout petits propriétaires à la faveur de la Révolution, délivrés d'une aristocratie dont les châteaux tombent en ruine, se méfient de Paris, du socialisme partageux, des extravagances des artistes. Sand voit en eux les héritiers et les gardiens d'une culture ancestrale, réservoir de mots, de pratiques, de croyances qu'elle respecte, où elle puise son inspiration et dont elle souhaite la conservation. Mais elle déplore leur obscurantisme et leur fermeture aux idées de progrès. Elle les juge routiniers en agriculture, comme en hygiène et en politique. Bien « conservé », le Berry est « stationnaire ». « Le Berry, et surtout la partie que nous appelons la Vallée Noire, est une sorte d'oasis, où, en bien comme en mal, le changement arrive sans grandes secousses, et cela de temps immémorial[2]. » Sand balance entre la félicité du calme, que l'arrivée du chemin de fer bouleverse à peine, et l'accablement ressenti dans « ce pays du sommeil et de la mort ».

1. À cet égard, voir les ouvrages indispensables de Bernard Hamon, *George Sand et la politique, « Cette vilaine chose »*, Paris, L'Harmattan, 2001 ; *George Sand face aux Églises*, Paris, L'Harmattan, 2005 ; *George Sand et le prince Napoléon*, *op. cit.*

2. George Sand, *Le Théâtre et l'Acteur*, *op. cit.*, p. 1240.

## « Notre pauvre petit trou »

La Châtre, c'est pire. « Une société pitoyable », bourrée de préjugés. Parce qu'elle vient au bal en compagnie d'une fille du peuple, les jeunes gens décident de ne pas l'inviter ; alors elle danse avec un tanneur devenu son chevalier servant : scandale qui lui fait prendre conscience de l'opinion[1]. La Châtre est archaïque dans ses mœurs et dans ses modes. En 1830, on y porte encore des bolivars de 1815 et des collerettes à la Marie-Louise. « Il y a certaines beautés qui ne se sont point fait habiller de neuf depuis l'année du couronnement et les dames d'un certain âge datent leur toilette d'avant 93[2]. » La ville est « bête » dans ses divertissements, des bals effrénés qui exhalent l'odeur de sueur. « Car en province, et dans la nôtre particulièrement hommes et femmes ont horreur de l'eau et ignorent l'usage des ablutions[3]. » La saleté et l'indécence de La Châtre, dont les habitants font leurs besoins dans la rue, la révulsent. « Ô mes chers compatriotes ! pourquoi êtes-vous si malpropres[4] ? » Elle ne changera guère d'avis, s'étonnant que Lina s'y rende si souvent. En 1873, elle se félicite que ses neveux Simonnet l'aient quitté pour Paris : « Tu t'y décrasseras du

1. *HDMV*, I, p. 1082 ; Deschartres la défend et l'invite à se construire contre ces préjugés.

2. *Corr*, I, L 332, à Mme Gondouin de Saint-Agnan, 9 décembre 1830.

3. *Corr*, I, L 464, à Émile Regnault, 2 mars 1832.

4. *HDMV*, I, p. 158-159. Elle oppose la saleté de la ville à la propreté des demeures rustiques. Cf. Marielle Vandekerkhove-Caors, « De La Châtre aux Couperies, itinéraire romanesque et paysage intime », in Simone Bernard-Griffiths (dir.), *Ville, Campagne et Nature dans l'œuvre de George Sand*, *op. cit.* ; elle s'appuie sur trois romans, *André*, *Narcisse*, *Marianne*. La préface de 1851 à *André* est spécialement critique. « Je me rappelai les rues sales, les maisons déjetées, les pauvres toits moussus, et les aigres concerts de coqs, d'enfants et de chats de ma petite ville. »

provincialisme trop accusé de La Châtre[1] », écrit-elle à Edme. Et à Albert : « Comme toi, j'ai souvent le mal du pays quand je m'absente, mais je ne me fais pas d'illusion sur l'absence de progrès qui caractérise notre pauvre petit trou. On y est attiré et retenu par le cœur, mais il est difficile d'y former beaucoup son esprit quand on est jeune[2]. » Fuir, fuir comme elle l'avait fait elle-même, vers le Paris des lumières.

Pourtant, elle vante l'élite qui se détache d'une masse « fort bête et fort méchante » : « [...] cette petite ville [...] a toujours été remarquable pour la quantité de personnes très intelligentes et très instruites qui se sont produites dans sa population, tant bourgeoise que prolétaire »[3]. C'est dans ce milieu – étudiants entés sur Paris pour devenir juristes, médecins, journalistes... – qu'elle recrute ses amis ; ils forment une petite bande joyeuse qui anime les fêtes, vibre au soleil de Juillet, l'aime à des degrés divers, la soutient dans son envol, puis dans sa rupture avec son mari, ce baron Dudevant qui représente l'Ancien Monde. Lors de son procès en séparation, plaidé par Michel de Bourges, les « camarades » forment autour d'elle une garde fervente. Elle évoque une de leurs réunions : « J'avais la tête pleine d'art, Éverard avait la tête pleine de politique, Planet l'avait toujours de socialisme. Duteil et le Malgache faisaient de tout cela un pot pourri d'imagination, d'esprit, de divagation et de gaieté. Fleury discutait avec ce mélange de bon sens et d'enthousiasme qui se disputent sa cervelle à la fois positive et romanesque. Nous nous chérissions trop les uns les autres pour ne pas nous quereller avec violence. Quelles bonnes violences ! entrecoupées de tendres élans de cœur et de rêves homériques ! Nous ne pouvions nous séparer, on oubliait de dormir, et ces prétendus jours de repos nous laissaient harassés de fatigue, mais débar-

1. *Corr*, XXIII, L 16 161, à Edme Simonnet, 18 juin 1872.
2. *Corr*, XXIII, L 16700, à Albert Simonnet, 10 juillet 1873.
3. *HDMV*, I, p. 158.

rassés du trop-plein d'imagination et de ferveur républicaine qui s'entassait en nous dans les heures de solitude[1]. »

## Contre l'arrogance de Paris

Ce noyau des amis berrichons, libre-penseur, républicain, voire socialiste, *démoc-soc*, est le ferment d'une contestation politique précoce, à en juger par les banquets de 1839 et 1840, qui feraient de La Châtre le nouveau « Vizille », avant-courrier de la Révolution[2]. Les souvenirs de Charles Duvernet, « Ma vie politique », constituent une précieuse chronique des initiatives et des intrigues locales, à La Châtre et dans le département[3]. Ils permettent de mesurer le rôle de George Sand, pas nécessairement initiatrice, mais soutien constant des entreprises républicaines. Notamment dans le domaine de la presse, dont elle était une adepte convaincue[4]. À la *Revue du Cher* (1831-1841), créée à Bourges par Michel dans le but de « défendre les doctrines et les traditions de la révolution de 1789 », elle ne donne pas d'article, s'estimant incapable d'écrire sur des questions politiques[5]. Elle entre dans l'arène avec *Fanchette* en 1843. Elle prend fait et cause pour la pauvre « idiote » de quinze ans, volontairement abandonnée en forêt, au risque d'être violée, sur les ordres de la religieuse, directrice de l'hospice de La Châtre, qui voulait s'en débarrasser ; la brochure qu'elle publie à ce sujet (mille exemplaires), sous le

1. *HDMV*, II, p. 385.
2. Cf. *supra*, « Les amis berrichons », p. 129 *sq.*
3. Charles Duvernet, *Écrits intimes*, I, *op. cit.*, p. 235-346 ; les « encarts » de Claire Le Guillou sur les personnes, les journaux, etc., font de ces volumes une source indispensable.
4. Marie-Ève Thérenty (dir.), *George Sand journaliste*, Saint-Étienne, Publications de l'université de Saint-Étienne, 2011.
5. Cf. Claire Le Guillou, in Charles Duvernet, *Écrits intimes*, I, *op. cit.*, p. 253. La *Revue du Cher* compta plus de trois cents abonnés.

pseudonyme de Blaise Bonnin dont c'est la première apparition, émeut la France entière[1]. Mais les difficultés éprouvées pour sa publication (chez Pagnerre à Orléans) l'incitent à œuvrer pour un journal local, à la manière du *Bien public* (Mâcon), de Lamartine, qu'elle invoque comme modèle et allié. La lettre ouverte qu'elle lui adresse en décembre 1843 dans *La Revue indépendante* est une vibrante diatribe contre l'arrogance de Paris, Babylone qui dévore ses enfants et s'embastille dans des fortifications rétrogrades ; Paris qui accapare, absorbe tout, les finances, les énergies, la viande même, les Berrichons en étant réduits à ne manger « que de la vache, ou, ce qui est pis, de la chair de bœuf malade. [...] Qu'est-ce, en effet, que la France aujourd'hui, moins Paris, sinon une grande solitude ? et l'on appelle cela *centralisation*[2] ! ». C'est déjà « Paris et le désert français[3] ». Comme Lamartine, elle veut créer un journal indépendant et « rendre à la presse de province sa vigueur et sa liberté ».

## *L'Éclaireur de l'Indre*

Ce sera *L'Éclaireur de l'Indre* (14 septembre 1844-22 juillet 1848)[4]. Au service de cet organe, elle met son réseau de relations, son argent et sa plume. La première réunion du comité de

1. Sous le titre *Lettre de Blaise Bonnin à Claude Germain.* J'ai publié les principaux textes relatifs à cette affaire dans George Sand, *Politique et Polémiques*, Paris, Imprimerie nationale, 1996, p. 67-110 (rééd., Paris, Belin, 2004).

2. « À M. de Lamartine », *La Revue indépendante*, décembre 1843, in *ibid.*, p. 121-132.

3. Pour reprendre le titre de Jean-François Gravier, Paris, Le Portulan, 1947.

4. Sur *L'Éclaireur*, cf. *Politique et Polémiques*, *op. cit.*, p. 109-218 : « Le temps de *L'Éclaireur de l'Indre* » ; l'encart de Claire Le Guillou, in Charles Duvernet, *Écrits intimes*, I, *op. cit.*, p. 271-279.

rédaction, dit « comité de salut public », se tient à Nohant (27 novembre 1843) avec Duteil, Fleury, Planet, Duvernet qui dit trouver dans le journal « un cercle pour satisfaire les besoins de l'intelligence et ceux de l'affection »[1]. On hésite sur le titre – pourquoi pas *La Conscience populaire* ? –, sur le rédacteur en chef – finalement le Corrézien Victor Borie, appointé à 2 500 francs par an, comme le domestique de Chopin, regrette Sand ; sur l'imprimeur surtout, qui devrait être Pierre Leroux et sa communauté de Boussac, une douzaine de personnes dont beaucoup de membres de sa famille. Mais Leroux n'est jamais prêt et se révèle mauvais gestionnaire ; les Berrichons, qui réprouvent ses airs de prophète, se lassent. « Nous n'eûmes jamais avec Leroux que des rapports désagréables et quelquefois fâcheux[2] », dit Duvernet. Le journal est, pour un temps, imprimé à Orléans, chez Pagnerre, qui avait édité *Fanchette*. *L'Éclaireur, journal des départements du Centre*, hebdomadaire, réussit à avoir huit cents abonnés, et des souscripteurs : le marquis de Barbançois, le maire Delavau, Chopin lui-même... Sand verse beaucoup. Pour l'imprimerie de Boussac, qui finit par être opérationnelle, elle aurait déboursé 60 000 francs. L'incurie gestionnaire de Pierre Leroux et ses incessantes demandes d'argent comptèrent parmi les causes de leur éloignement.

Sand est d'abord très active : « Au milieu de tout cela comme c'est moi qui fais toutes les écritures, programmes, *professions de foi* et circulaires, je n'ai pu travailler[3]. » Sous le pseudonyme de Blaise Bonnin, un « pauvre ménageot » qui gagne 20 sous par jour en été et 10 sous en hiver, elle donne au journal quelques « Lettres » (ainsi celle des « Ouvriers boulangers de Paris », 1844) ; et sous son nom, des articles de fond, très

1. Sur cette question, cf. Maurice Agulhon, *Le Cercle dans la France bourgeoise, 1810-1848*, Paris, Armand Colin, 1977.
2. Charles Duvernet, *Écrits intimes*, I, *op. cit.*, p. 269.
3. *Corr*, VI, L 2762, à Maurice et Chopin, 26 novembre 1843.

leroussiens (« La politique et le socialisme »)[1], ou encore « Le Père va-tout-seul », admirable dialogue où le vieux vagabond, menacé d'enfermement, défend son amour de la liberté du chemin : « Je n'avais qu'un plaisir au monde, c'était de marcher tout seul, devant moi, au hasard[2]. » Après 1846, son nom n'apparaît plus et elle laisse la direction du journal à ses amis, assez muets lors des émeutes de Buzançais (13 janvier 1847), mais fer de lance de l'agitation réformiste de 1847-1848 et armature de la Seconde République en Berry. Dans une lettre à son cousin René de Villeneuve[3], Sand dénonce la spéculation qui a provoqué ces troubles dramatiques : « Ce sont des gens qui ont faim et qui se fâchent contre les avares et les spéculateurs. Ils ont montré un rare discernement dans leurs vengeances qui, pour être fort illégales n'en étaient pas moins justes. [...] On a peur, et on invoque les gendarmes pour se dispenser d'être bon et juste. » Le plus révoltant, « c'est de voir des hommes gorgés d'argent refuser le nécessaire à leurs semblables et se frotter les mains en disant que l'année est excellente pour faire de bonnes affaires sur les blés ! ». Les industriels en profitent pour baisser les salaires jusqu'à 12 sous par jour. Sand a perçu les mécanismes qui font de cette crise agraire une crise industrielle majeure, à l'origine de la révolution. Une révolution qu'elle n'a pas vue venir, mais qui l'enthousiasme.

## 1848 : une République selon son cœur

Elle adhère pleinement à la République démocratique et sociale, une République selon son cœur. Son rôle, bien

1. *Politique et Polémiques*, *op. cit.*, p. 163-197.
2. Catherine Masson, « Le *Père-va-tout-seul* : théâtralisation de l'article politique sandien », in *George Sand journaliste*, *op. cit.*, p. 111-122.
3. *Corr*, VII, L 3579, à René de Villeneuve, 5 février 1847.

connu, dépasse évidemment le cadre local. Il est résolument parisien. La capitale, où elle accourt dès qu'elle apprend les événements, retrouve à ses yeux sa place d'avant-garde, de flambeau. « Paris est grand. » Il s'agit de lui rallier la province rétive, la paysannerie méfiante, voire hostile. Sand le fait de deux manières : par ses écrits, qui se veulent pédagogie de la Révolution. Elle exhorte « les riches » à payer l'impôt et à soutenir le mouvement vers l'égalité que, comme Tocqueville, elle pense inéluctable, et souhaitable. Mais il faut aussi convaincre le peuple. Blaise Bonnin reprend du service, dialogue avec l'ouvrier des champs, tente de persuader le laboureur que l'impôt des 45 centimes est nécessaire et juste. D'autre part, elle essaie d'instaurer la République au village, ce qui est moins simple que dans la sociabilité méridionale. « Que la province ressemble peu à ce foyer sacré du peuple de Paris[1] ! » « Nous révolutionnons la province, c'est difficile, la révolution n'y est pas faite et ne se fera pas dans l'espace d'un mois. La bourgeoisie est dédaigneuse, sotte et poltronne, le paysan ne *sait* pas, l'ouvrier comprend mal encore. Il faut des clubs[2]. » Il y en a deux à La Châtre, qui se chamaillent. Il faut changer les cadres d'une administration corrompue. Ledru-Rollin lui fait confiance ; ses propositions seront acceptées « comme des ordres » pour la Creuse, le Cher, l'Indre et la Corrèze[3]. Elle s'emploie à promouvoir ses camarades aux postes de « commissaire » (préfet) et sous-commissaires (sous-préfets) des départements. « Oui, oui, mets-toi sur les rangs

1. *Corr*, VIII, L 3853, à Henri Martin, 9 mars 1848. Elle déplore l'ignorance du peuple et l'absence d'initiateurs.

2. *Corr*, VIII, L 3855, à Bocage, 11 mars 1848.

3. *Corr*, XXV, S 406, note 1, post-scriptum de Planet : Ledru-Rollin « lui a déclaré que ses conseils seraient toujours accueillis comme des ordres en ce qui concerne la Creuse, l'Indre, le Cher et la Corrèze [...]. Mais Mme Sand désire qu'on tienne secret (*sic*) l'espèce de puissance dont elle est investie. Sa position de femme lui en fait un devoir ».

[…], agis, montre-toi, parle, proclame-toi toi-même, s'il le faut, pour commencer », dit-elle à Gabriel Planet, bientôt préfet du Cher. Elle ne les pousse pas tous : elle écarte Michel dont elle estime qu'il a démérité, mais soutient Alphonse Fleury, devenu commissaire de l'Indre avec Périgois comme secrétaire, Duteil, procureur de Bourges, Planet, et, plus modérément, Duvernet, dénué d'influence et dont les aventures de sous-commissaire à La Châtre, confronté à un Delavau, opportuniste et roublard, illustrent le caractère conflictuel de la proclamation républicaine, *a fortiori* socialiste. « Si je pouvais transporter Nohant à Carpentras ou à Quimper-Corentin, je le ferais, pour entendre parler d'autre chose que de M. Chicot [le commissaire de police récalcitrant] et compagnie. Mais je broute où je suis attachée[1]. » Elle conseille Maurice « aux prises avec ses fonctions de maire délégué du gouvernement. La commune de Nohant ne lui offre qu'amitié et confiance, mais il faut bien que, dans son petit coin, il travaille à éclairer l'esprit de 300 administrés et de 200 électeurs qui disent tous *Vive la République, à bas l'impôt*, et qui ne veulent pas entendre autre chose. Dimanche nous faisons une cérémonie champêtre, garde nationale en sabots, cornemuse en tête[2] ». Mais la bourgeoisie de La Châtre ne désarme pas ; le maire Delavau s'appuie sur le « club du théâtre » et la jeunesse vigneronne ; il suscite un charivari contre Duvernet et une manifestation contre le communisme que Sand est censée incarner. « Les cris de *à bas Madame Dudevant, à bas Maurice Dudevant, à bas les communistes, à bas les ennemis de Mr Delavau* ont salué avec assez d'acharnement ma maison qui a nourri et assisté plus de pauvres qu'au-

1. *Corr*, VIII, L 3959, à Alphonse Fleury, début juin 1848. Chicot est l'ancien commissaire de police de La Châtre, partisan de Delavau.

2. *Corr*, VIII, L 3868, à Pauline Viardot, 17 mars 1848. Maurice démissionne rapidement et sera remplacé par Félix Aulard.

cune autre dans l'arrondissement », écrit-elle à Delavau auquel elle reproche de diffuser de fausses rumeurs à son endroit : « les communistes veulent prendre tous vos biens, toutes vos terres et vous donner 6 à 8 sous de salaire par jour »[1]. Pis encore : « les bourgeois font accroire aux paysans que j'étais l'ardent disciple du père communiste, un gaillard très méchant qui brouille tout à Paris et qui veut que l'on mette à mort les enfants au-dessous de 3 ans et les vieillards au-dessus de 60. Cela ressemble à une plaisanterie, c'est pourtant réel. Hors de ma commune, on le croit et on promet de m'enterrer dans les fossés… Je vis pourtant tranquille et je me promène sans qu'on me dise rien[2] ». Après les journées de Juin, l'agitation s'aggrave ; le bruit court que, de retour au pays, elle aurait caché chez elle Ledru-Rollin, deux cents communistes et quatre cents fusils. « Il faut que je tienne en respect par ma présence une bande considérable d'imbéciles de La Châtre qui parlent tous les jours de venir mettre le feu chez moi. Ils ne sont braves ni au physique ni au moral et quand ils viennent se promener par ici, je vais au milieu d'eux et ils m'ôtent leur chapeau[3]. » En janvier 1849 encore : « La Châtre, vendue aux bourgeois, est honteusement réactionnaire. Il se passe peu de jours sans que les ivrognes de cette jolie ville en passant devant ma maison crient *à bas les communistes*, refrain déjà passé de mode ailleurs[4]. » Résultat : elle se renferme « dans une retraite absolue ».

Les journées de Juin 1848 la bouleversent. La garde nationale de La Châtre est partie à Paris pour « rétablir l'ordre » ; elle a arrêté un passant qui portait une blouse et qui, pour ce fait, a été fusillé sans jugement. Comment croire en une République

1. *Corr*, VIII, L 3933, à Charles Delavau, 13 mai 1848.
2. *Corr*, VIII, L 3952, à Théophile Thoré, 28 mai 1848.
3. *Corr*, VIII, L 3995, à Pauline Viardot, mi-juillet 1848.
4. *Corr*, IX, L 4137, à Charles Poncy, 9 janvier 1849.

qui tue ses prolétaires ? Le 4 juillet, elle écrit à Marc Dufraisse, préfet de l'Indre, une lettre atterrée pour déplorer « cet épouvantable aveuglement de la France pauvre, ouvrière, paysanne qui se lève en masse et court en chantant fusiller ses frères, comme elle irait à une battue aux loups. C'est la rage avec laquelle, au lieu d'être recueillis, cachés et secourus par leurs frères, ces malheureux insurgés sont traqués, poursuivis à coups de pierres et de fusil dans les campagnes, comme des animaux nuisibles, comme des chiens enragés. C'est partout la même chose, une lâche panique, une stupidité effrayante, une cruauté sauvage. Non, non, nous n'étions pas mûrs pour la république, nous n'étions pas dignes d'arborer les couleurs de l'égalité. C'est une dérision amère[1] ». Le peuple n'est pas prêt. Dufraisse est destitué pour n'avoir pas condamné les victimes de Juin : elle l'en félicite. « Le mois de Juin m'a donné un spleen incurable[2]. » « Le spleen contre l'oubli », comme l'écrira Dolf Oehler[3].

Derniers feux républicains : Sand écrit une préface aux *Travailleurs et Propriétaires* de Victor Borie, rentré avec elle à Nohant[4], et soutient une ultime tentative de presse, celle du *Travailleur de l'Indre*[5] (décembre 1849-août 1850). Bi-hebdomadaire, imprimé à Châteauroux, dont Borie, puis Alexandre Lambert, sont les gérants, cet organe « rouge » sus-

1. *Corr*, XXV, S 435, à Marc Dufraisse, 4 juillet 1848.
2. *Corr*, XXV, S 440, à Marc Dufraisse, 15 juillet, et S 449, 16 août 1848.
3. Dolf Oehler, *Juin 1848. Le spleen contre l'oubli. Baudelaire, Flaubert, Heine, Herzen, Marx* (1988), Paris, La Fabrique, 2017.
4. Victor Borie, *Travailleurs et Propriétaires*, Paris, Michel Lévy, 1849 ; préface de George Sand, reprise dans *Politique et Polémiques*, *op. cit.*, p. 548-560.
5. Claire Le Guillou, in Charles Duvernet, *Écrits intimes*, I, *op. cit.*, p. 333 ; voir l'important travail de Carole Rivière, « Halte-là ! *Travailleur de l'Indre (1849-1851)*. Aurore et crépuscule du dernier journal fondé par George Sand et ses amis démoc-socs », master, université d'Orléans, sous la direction de Jean Garrigues, 2016, à paraître.

cite immédiatement la répression d'une République à l'agonie. Poursuivis, lors de procès localement retentissants, condamnés, ils doivent s'exiler, Borie à Bruxelles[1], Lambert en Algérie, d'où il reviendra en 1871 pour s'engager dans la Commune, et être fusillé[2]. Accablé de dettes, le journal se saborde. George Sand en avait été l'inspiratrice et le support ; elle assume en grande partie ses pertes et ses condamnations pécuniaires, non sans déplorer le manque de solidarité populaire[3]. Cet échec, vivement ressenti, marque, pour longtemps, la fin de son engagement direct dans le journalisme politique.

## Violence du coup d'État

Le pire est à venir : l'élection massive de Louis-Napoléon Bonaparte à la présidence de la République (décembre 1848), qui pose la question de l'opinion du peuple[4] : « Il lui faut des maîtres encore » ; le coup d'État militaire du 2 décembre 1851, par lequel le prince-président prend la totalité du pouvoir et se proclame empereur. La répression s'abat sur la province. Le Berry n'est pas épargné. Contrairement aux souhaits de certains de ses amis, Mazzini notamment qui la voudrait en

1. Victor Borie, secrétaire et amant de Sand durant cette période, condamné à un an de prison et 2 000 francs d'amende. Après son exil à Bruxelles, il rentre en 1852 pour purger sa peine ; il se réinsère ensuite dans le journalisme économique et financier.
2. Alexandre Lambert (1815-1871), ami de Gilland et d'Agricol Perdiguier qui l'avait présenté à George Sand, était rédacteur du journal buchézien *L'Atelier*. Il est représentatif de ces poètes ouvriers auxquels George Sand avait donné son appui enthousiaste. Cf. *Corr*, XXII, p. 454, note 1.
3. *Corr*, IX, L 4608, à Charles Poncy, 26 septembre 1850.
4. George Sand, « À propos de l'élection de Louis Bonaparte à la présidence de la République », *La Réforme*, 22 décembre 1848, in *Politique et Polémiques*, *op. cit.*, p. 561-567.

exil, « protestant au fond de l'orage », elle refuse de partir, par principe : « On s'amoindrit à l'étranger, on voit faux, on s'aigrit[1] », écrit-elle à Armand Barbès qui, libéré, part pour Bruxelles ; par obligation : elle a une famille, une maison qu'elle ne peut transporter et qu'elle doit assumer. La maternité est un impératif. Nohant, en somme, l'attache, comme la chèvre à son piquet.

Elle y est surveillée. Dans ses œuvres qu'elle doit se résoudre à autocensurer : ainsi pour *Le Diable aux champs*, qu'elle aurait voulu plus impertinent, ou pour *Histoire de ma vie*, qu'elle doit expurger de la louange de Barbès ! On suspecte ses visiteurs et son courrier. La poste de La Châtre est un maillon du cabinet noir. Certaines lettres, interceptées, ne lui parviennent pas ou n'arrivent pas à destination. On est finalement plus libre à Paris et elle recommande à ses correspondants de préférer cette destination. « Donnez-moi de vos nouvelles à Paris », écrit-elle à Emmanuel Arago, exilé en Italie ; en 1855 encore : « Donnez-moi une adresse où, sous un autre nom que le vôtre [...], je puisse vous adresser mes lettres. Tout ce qui porte un nom connu, n'arrive pas, venant de moi quand je suis à Nohant. De Paris, c'est mieux, mais notre police de province est beaucoup plus *ombrageuse*, et les lettres qui n'ont aucun rapport avec la politique ne trouvent pas grâce devant certains messieurs trop zélés[2]. » L'espionnite gagne certains de ses domestiques, qui mouchardent ses visiteurs. Elle devra renvoyer un valet qui épiait le prince Napoléon-Jérôme. « Le sanctuaire de notre petite gaîté de famille que je gardais précieusement fermé aux atteintes du dehors, a été forcé de s'ouvrir aux regrets et aux larmes[3]. »

1. *Corr*, XII, L 6412, à Armand Barbès, 5 décembre 1854.
2. *Corr*, XIII, L 6643, à Emmanuel Arago, 8 mai 1855.
3. *Corr*, X, L 5207, à Ferdinand François, 18 janvier 1852.

*« Tout ce que nous aimions est en prison ou en fuite »*

Beaucoup (voire la plupart) de ses amis berrichons sont poursuivis, menacés, condamnés, à la prison ou la déportation, notamment en Algérie. « Tout ce que nous aimions est en prison ou en fuite. » Tout en menant campagne pour l'amnistie, elle intercède pour eux, directement, ou par le truchement du comte d'Orsay et surtout du prince Napoléon-Jérôme. En mai 1852, elle s'adresse au prince-président, qu'elle rencontre deux fois à Paris. « Je vous demande la grâce de tous les déportés de l'Indre, à genoux [...]. Je connais tous ces condamnés, il n'y en a pas un qui ne soit un honnête homme, incapable d'une mauvaise action. » Les autorités sont abusivement soupçonneuses et c'est contre-productif. Elle se fait l'écho d'une scène récente à La Châtre où dix-huit déportés de la Creuse sont arrivés enchaînés. « Les paysans étonnés venaient regarder de près ces victimes. Le commissaire de police criait au peuple : – Voilà ceux qui ont violé et éventré les femmes. » Devant l'émoi de la population, le sous-préfet ordonne de retirer les chaînes que le préfet fera remettre en destituant son subordonné. Sand dénonce « cette inauguration du régime de terreur dans les provinces, ce proconsulat des préfets »[1]. Ses médiateurs habituels se révèlent impuissants. Le comte d'Orsay meurt. Le prince Napoléon-Jérôme déplore la négligence de son cousin l'empereur : « Il a pour réponse stéréotypée un éternel : "Oui, je le ferai", dont je me défie beaucoup, parce qu'il oublie ou met de côté les notes ou lettres qu'on lui donne[2]. » Un peu plus tard (14 janvier 1853) : « Je suis plus que jamais éloigné du pouvoir. » Elle s'acharne ; en 1852-1853, elle effectue plus de quarante démarches dont peu

1. *Corr*, XI, L 5462, à Louis-Napoléon Bonaparte, 18 mai 1852.
2. *Corr*, XI, L 5462, au prince Napoléon-Jérôme, 18 mai 1852.

réussissent. « Je n'ai sauvé que cinq ou six personnes, malgré tout le bien qu'on m'attribue et que je n'ai pas pu faire en me donnant beaucoup de mal et en avalant beaucoup de couleuvres[1]. » Le 2 février 1853, le *Moniteur universel* donne les noms de 4 312 graciés, dont 27 pour l'Indre : cuisant échec.

### *« ... consentir à laisser passer l'orage », résister par d'autres moyens*

Ses amis, notamment Fleury, Dufraisse, lui reprochent de se compromettre, de ne pas haïr assez Louis-Napoléon Bonaparte, dont elle a jadis soutenu *L'Extinction du paupérisme* (1844)[2]. L'exigence de la signature d'un formulaire jurant fidélité à l'Empire complique encore les choses. Inacceptable, pour la plupart d'entre eux, auxquels elle conseille, en vain, plus de souplesse : « Votre résistance aide singulièrement le pouvoir. Je ne dis pas qu'il faudrait lui faire des serments et les trahir. Non, la politique n'autorise jamais le mensonge [...], mais consentir à laisser passer l'orage, ou regarder – avec désintéressement – l'expérience de la *dictature déléguée*, le faire, ce serait plus sage et plus *politique* dans le bon sens du mot, que de pousser vers le ciel irrité une protestation stérile, étouffée par les murs d'une prison[3]. » Elle engage Ernest Périgois à dire qu'il ne s'occupera pas de politique. « Ce n'est pas renoncer à vos opinions, c'est ajourner votre action. [...] Vous n'êtes pas *réconcilié*, vous êtes *contraint*[4]. » Le prince Napoléon-Jérôme insiste sur le fait que les demandes peuvent être vagues. Il suffit que les requérants disent qu'« ils désirent rentrer en France et y vivre tranquilles ». À Hetzel, exilé, qui se refuse à toute concession, elle transmet le conseil et commente : « Le fait de subir un cas de force

1. *Corr*, XI, L 5781, à Pierre-Jules Hetzel, 16 janvier 1853.
2. Qui lui avait valu l'emprisonnement au fort de Ham ; Sand lui avait alors apporté son soutien.
3. *Corr*, XI, L 5415, à Alexandre Lambert, 28 avril 1852.
4. *Corr*, XI, L 5543, à Ernest Périgois, 2 août 1852.

majeure ne saurait être jugé cruellement, surtout lorsque l'engouement volontaire d'une nation est le véritable despote qui exige[1]. » C'est cela qui la chagrine le plus : cette légitimité que le vote populaire a donnée au pouvoir. L'attentat d'Orsini ranime une répression qui s'assouplissait ; la loi de sûreté générale (19 février 1858) renforce l'arbitraire des autorités ; Aucante, Périgois, Jean Patureau-Francœur sont soupçonnés. Elle proteste véhémentement. Elle sauve le premier, n'obtient que l'exil pour le deuxième, rien pour le troisième, interné en Algérie à Guelma, où « il succombe sous un ciel de feu » ; libéré un peu plus tard, il y restera comme colon. Après l'amnistie de 1859, elle exhorte ses amis à rentrer. « Puisque le ciel est calme, il faut revenir, et aussitôt revenu, se mettre en mesure de pouvoir repartir à la moindre menace de crise[2]. » Mais les réticences demeurent fortes. Louis Blanc, qui l'aimait tant, lui écrit : « Je ne trouve pas la force de respirer, ne fût-ce que pour quelques instants, l'air de la servitude. La sérénité de la résignation est une vertu qui me manque. » Il préfère « adorer la liberté en homme libre »[3]. Le reproche à la femme enchaînée est plus qu'implicite.

Décidément, plus rien ne sera comme avant. Le groupe est dissous et l'élan, brisé. Elle ne s'en remettra jamais. Elle n'a plus confiance dans le peuple, met en doute les vertus du suffrage universel, répudie la violence inhérente à la Révolution qu'incarnaient notamment les blanquistes. Les paysans berrichons sont bonapartistes. Il faut du temps, beaucoup de temps pour que les choses changent. « Le temps devient le seul maître. » Elle revient « à ses bergeries », à l'écriture, à cette écriture nocturne que Nohant permet. Le roman, la chanson,

1. *Corr*, XI, L 5781, à Pierre-Jules Hetzel, 16 janvier 1853.
2. *Corr*, XV, L 7890, à Angèle Périgois, 16 juillet 1859.
3. *Corr*, XV, L 8546, à Louis Blanc, 27 janvier 1860, note. La lettre de Louis Blanc avait été remise à Sand à Nohant par Martin Nadaud.

le théâtre surtout autorisent une sourde résistance. Elle encourage Poncy à composer des chansons. « Je suis convaincue que c'est la propagande la plus efficace et la plus rapide en ce temps-ci. C'est l'initiation du paysan, de l'ouvrier [...], c'est le poème de ceux qui ne savent pas lire et il y en a tant[1]. » « Le bruit qui se fait au théâtre, c'est la révolution qui se manifeste et qui essaie ses forces[2]. » La portée politique de ses pièces ne doit pas être sous-estimée. Hostile à « l'art pour l'art », au culte de la forme pure, elle maintient le cap d'un idéal de représentation sociale qu'elle poursuit envers et contre tout.

Elle s'éloigne des rives viriles de la « politique proprement dite » au profit de la science et de la religion· Ces deux champs l'occupent désormais. Les collections scientifiques emplissent les placards de Nohant. Elle cherche dans l'évolution éclairée par les savants, comme Brothier, la compréhension du monde. Avec les prêtres, elle n'avait plus de rapports depuis longtemps, excepté avec les pauvres prêtres de campagne, qu'elle invite à déjeuner à l'occasion. Ses enfants se convertissent au protestantisme et le baptême réformé des deux petites-filles a lieu à Nohant. Elle défend Renan et sa vision de Jésus. « Arrière donc le Dieu Jésus ! Aimons en philosophe cette charmante figure du roman oriental[3]. » Surtout, elle condamne avec éclat le pouvoir pontifical, donne dans *La Daniella* un portrait très critique de la Rome papale, obstacle à l'unité italienne qu'elle soutient aux côtés de son ami Napoléon-Jérôme. Mazzini avait été son grand ami de 1848. Garibaldi devient son héros. Son œuvre, immoral et hérétique aux yeux de l'Église, est mise à

1. *Corr*, X, L 5036, à Charles Poncy, 22 septembre 1851. Celui-ci est venu en coup de vent à Nohant et a chanté à Sand des chansons de sa composition qui lui ont beaucoup plu. Sand elle-même avait corrigé le texte d'une chanson républicaine qui circulait parmi les ouvriers du département : *Corr*, X, L 4838, à Jean Patureau-Francœur, 17 mars 1851.
2. Charles Duvernet, *Écrits intimes*, I, *op. cit.*, 16 avril 1862, p. 219.
3. *Corr*, XX, L 13461, à Adolphe Schaeffer, 9 février 1868.

l'index. Nohant est le lieu de sa vie, d'une vie de plus en plus familiale, après la mort de Manceau et le retour de Palaiseau. Il n'est plus le foyer d'un projet, ni l'espace de sa pensée. Celle-ci se déploie plus largement, en Europe, dans le monde, dans l'au-delà même. Mais insensiblement, cette dualité schizophrène la divise. Elle change et, en 1870-1871, elle ne comprend pas ce qui arrive. Du moins tente-t-elle de le faire.

## Les désastres de la guerre

« J'ai traversé cette tourmente comme dans un îlot à chaque instant menacé d'être englouti par le flot qui monte », écrit-elle en conclusion du *Journal d'un voyageur pendant la guerre* (15 septembre 1870-10 février 1871), remarquable chronique de l'année terrible vue du Berry[1]. Cette « guerre insensée », elle ne l'a pas sentie venir. Germanophile, admiratrice de l'Allemagne de Goethe et de Beethoven, elle la réprouve. « C'est une guerre de princes et non de peuples, une guerre haïssable et barbare, non seulement sans nécessité mais sans utilité, par conséquent désastreuse quel que soit le résultat[2]. » « On veut nous faire haïr ces Allemands que nous aimions hélas ! Quelle épreuve pour la civilisation européenne[3] ! » « Paris est fou », réplique-t-elle à Plauchut qui lui décrit l'enthousiasme de la capitale. À ce Paris exalté, elle oppose les sentiments des paysans berrichons, « pleurant leurs enfants qui partent », avec l'impression du retour de la conscription honnie des temps napoléoniens. « C'est une consternation, une fureur, une haine contre ce gouvernement, qui me frappe de stupeur. Ce

1. Sur cette période, cf. Annarosa Poli, *Sand et les années terribles*, Paris, Nizet, 1975.
2. *Corr*, XXII, L 15137, à Pierre-Jules Hetzel, 12 juillet 1870.
3. *Corr*, XXII, L 15 257, à Louis Viardot, 8 octobre 1870.

n'est pas une classe, un parti, c'est tout le monde, c'est le paysan surtout. [...] Ceux qui partent ont la rage dans l'âme. Recommencer à servir quand on a fait son temps, c'est pour l'homme qui a repris sa charrue une iniquité effroyable. [...] Et tout cela au beau milieu d'une année désastreuse pour les récoltes[1] ! » Car les caprices d'une météorologie désaxée redoublent les malheurs de la guerre. À une sécheresse persistante, succède un hiver particulièrement rigoureux, submergé de neige où piétinent les soldats.

Contrainte de quitter Nohant en raison d'une variole menaçante à laquelle elle veut soustraire les siens, Sand, escortée de Maurice (le capitaine des pompiers ne manifeste guère de ferveur patriotique[2]), Lina et les filles, se rend à Boussac, dans la Marche, chez son ami Maulmond, sous-préfet. Dans le château médiéval, elle admire les tapisseries de *La Dame à la Licorne*[3]. Elle retrouve Martin Nadaud, le maçon de la Creuse ; rentré d'un long exil à Londres, il reprend la propagande républicaine avec courage, et un léger accent anglais. Ce voyage donne surtout à Sand l'occasion d'observer la situation des campagnes du Centre aux prises avec mobilisation pagailleuse, restrictions, folles rumeurs, retraite désordonnée des armées devant l'avancée prussienne inéluctable.

### *« La guerre, va-et-vient sur la Loire »*

L'invasion, évitée en 1815, ne l'est pas en 1870. « La guerre est un va-et-vient sur la Loire[4]. » Orléans est pris, libéré, repris, ainsi que Vierzon. Les « Boches » (on commence à les appeler

1. *Corr*, XXII, L 15168, à Henry Harrisse, 13 août 1870.
2. Maurice était capitaine des pompiers ; il sollicite un emploi de lieutenant-colonel d'une des légions du département de l'Indre, demande que le préfet a transmise, sans suite. Assez légitimement.
3. Aujourd'hui pièce maîtresse du musée de Cluny à Paris.
4. *Corr*, XXII, L 15288, à Edmond Plauchut, 29 décembre 1870.

ainsi) viennent jusqu'à Bourges. Chaque avancée, réelle ou supposée, des envahisseurs provoque à partir de décembre l'exode des populations. Le 10 décembre 1870 : « Grande panique. Des gens de Salbris et d'Issoudun passent devant notre porte, emmenant sur des charrettes leurs enfants, leurs meubles et leurs denrées. Ils disent qu'on se bat à Reuilly. » Le 13 : « La panique redouble autour de nous. [...] Châteauroux est encombré de fuyards dans un état déplorable. » Le 14 : « Il y a tant de fuyards et dans un tel état d'indiscipline qu'on suppose un nouveau malheur. » Le 17 : « Il a passé dans la nuit environ trois mille déserteurs de toutes armes. Ils ont couché emmi (*sic*) les champs, jetant leurs fusils, leurs bidons, et envoyant paître leurs officiers. » À La Châtre, on croit entendre le canon : c'était l'orage. Sinistre tableau d'une armée en déroute, le *Journal d'un voyageur pendant la guerre* est un reportage documenté, concret, incisif des malheurs de la guerre, vus de l'intérieur, de ce centre de la France qui se croyait inviolable. Il dit aussi l'écart croissant entre Paris et la province. Paris admiré : « Paris Boussole me manque[1] », écrit George, et elle loue son courage pendant le siège. Mais Paris redouté pour son obstination à vouloir refuser l'armistice : « Notre pauvre Paris pris de vertige et de désespoir, parce qu'il ne voit pas la France et ne comprend pas[2]. » Leitmotiv du *Journal* et de la *Correspondance*, le constat de cet écart ne fera que s'aggraver durant la Commune.

### « La République, enfin »

D'autant plus qu'à la faveur de la défaite, un changement majeur s'est produit : l'effondrement de l'Empire, la proclamation de la République, le 4 septembre 1870 : « Un grand jour ».

1. *Corr*, XXII, L 15314, à Henry Harrisse, 30 janvier 1871.
2. *Corr*, XXII, L 15372, à Henry Harrisse, 3 mars 1871.

« La République proclamée sans effusion de sang est un grand pas dans l'histoire des idées. Elle est mon principe et ma foi »[1]. Elle fait confiance à Jules Favre et d'abord à Gambetta. Le gouvernement de Défense nationale, qu'elle soutient financièrement, lui paraît un devoir. Mais le spectacle de la déroute militaire et de la pagaille civile dans les campagnes du Centre ne l'incite pas à l'optimisme. « Le paysan blâme l'obstination que nous mettons à sauver l'honneur ; il voudrait que Paris eût déjà capitulé, il voit dans le patriotisme l'obstacle à la paix[2]. » L'armistice s'impose et elle reproche vivement à Gambetta d'agir en « dictateur » insoucieux de l'état du pays, ce qui la brouille avec ses amis Adam et Plauchut et ses camarades berrichons – Duvernet, Fleury, Périgois… –, gambettistes convaincus.

Elle salue les élections du 8 février 1871 dont les paysans du Berry donnent un spectacle exemplaire. Ils vont voter à La Châtre en cortèges, à pied, silencieux quant à leur choix. « Ils ont tous leur bulletin en poche » : marque d'une imposition ou première pratique du secret ? À Nohant, Maurice a fait atteler un grand chariot pour les vieux et les infirmes. Les paysans ont beaucoup changé depuis vingt ans. « Quand on les rencontre, ils n'ôtent plus leur chapeau. S'ils vous connaissent, ils viennent à vous et vous tendent la main. […] Ils ont la notion et la volonté de l'égalité : c'est le droit de suffrage qui leur a fait monter cet échelon »[3]. Le suffrage universel est « une locomotive admirable […] qui fermera l'âge des révolutions violentes et des usurpations injustes ». C'est la « soupape de sûreté », « l'exutoire ; fermez-le, tout éclate »[4]. Encore faut-il en respecter les résultats. En l'occurrence, une majorité écrasante s'est prononcée pour la paix.

1. *Corr*, XXII, L 15264, au prince Napoléon-Jérôme, 22 septembre 1870.
2. *Journal d'un voyageur pendant la guerre*, décembre 1870, *op. cit.*
3. *Ibid.*, 7 et 8 février 1871.
4. *Ibid.*, 5 novembre 1870.

## « Paris est fou »

Dans ce contexte, la Commune lui paraît incompréhensible. « Paris est grand, héroïque, mais il est fou. Il compte sans la province qui le domine par le nombre et qui est réactionnaire en masse compacte », écrit-elle à Plauchut, qui tente de la convaincre du bien-fondé de l'insurrection parisienne. Elle pense qu'il n'y a pas plus de 1 % de « républicains avancés » sur tout le territoire, et prévoit le pire. « En province, la masse est bête et craintive. La peur la jette dans la fureur. » Elle incite à ne pas oublier que « la France, hors des barrières de Paris, c'est la réaction »[1]. Elle n'a aucune sympathie pour elle, pas plus que pour Thiers, mais il peut sauver la République. « Pauvre peuple ! Il commettra des excès, des crimes, mais quelles vengeances vont l'écraser[2] ! » À une compréhension relative, succèdent réserve, puis condamnation devant des excès – le « pétrolisme », le massacre des otages – attribués aux tendances dictatoriales et notamment aux blanquistes dont Sand, comme son ami Barbès, a toujours réprouvé l'insurrectionnalisme. « Défendre cette échauffourée est impossible », écrit-elle à Borie, le 8 mai ; et le 15 (à Joseph Dessauer) : « L'insurrection de Paris nous fait autant de mal que l'invasion. » Oui, décidément, Paris est fou. Et son peuple se défoule. « Ce sont les saturnales de la plèbe après celle de l'Empire[3] » : écho d'une psychologie des foules, en plein essor. « Paris fait les républiques [...] mais c'est lui aussi qui les perd et qui les tue[4]. » « [...] il faut être en colère contre les communards parce qu'ils

1. *Corr*, XXII, L 15410, à Edmond Plauchut, 27 mars 1871.
2. *Corr*, XXII, L 15407, à Edmond Plauchut, 24 mars 1871.
3. *Corr*, XXII, L 15426, à Alexandre Dumas fils, 16 avril 1871.
4. *Corr*, XXII, L 15410, à Edmond Plauchut, 27 mars 1871.

déshonorent le parti du progrès et de l'avenir ». En juin 1848, elle pensait qu'il aurait fallu rejoindre les ouvriers insurgés dont elle se sentait solidaire. En mai 1871, elle est soulagée de l'échec de la Commune – « La voilà vaincue, cette chimérique insurrection [1] » – dont elle déplore qu'elle ait fait tant de victimes. Les temps ont changé. Elle aussi.

La violence, elle n'en veut plus. À un jeune poète, Alfred Gabrié, qui lui a envoyé des vers dont elle récuse l'outrance, elle écrit : « Je hais le sang répandu [...] ; ma vieillesse proteste contre la tolérance où ma jeunesse a flotté. Les évènements multiples qui viennent de s'accomplir doivent nous faire faire un grand pas en avant. Il faut nous débarrasser des théories de 93 ; elles nous ont perdus. Terreur et Saint-Barthélémy, c'est la même voie [...]. Maudissez tous ceux qui creusent des charniers. La vie n'en sort pas. C'est une erreur historique dont il faut nous dégager. Le mal engendre le mal. Apprenons à être révolutionnaires obstinés et patients, jamais terroristes [2]. » Une manière de testament politique de celle qui est « demeurée rouge dans son cœur ».

1. *Corr*, XXII, L 15548, à Charles Poncy, 25 mai 1871.
2. *Corr*, XXII, L 15720, à Alfred Gabrié, 21 octobre 1871.

# Mourir à Nohant

Le temps était venu de mourir, mourir en ce jardin, en cette maison qui avait vu tant de morts. Celle du petit frère Louis, d'abord, le 8 septembre 1808, au retour du terrible voyage d'Espagne, dont il ne s'était jamais remis. Celle, plus brutale encore, le 16 de ce mois fatal, du père, Maurice, sur la route de La Châtre, où son fougueux cheval Leopardo l'avait précipité sur un tas de cailloux au treizième peuplier. Cette mort, la petite Aurore l'apprit dans la chambre de sa mère, « celle qu['elle] habite encore et dans laquelle [elle] écri[t] le récit de cette lamentable histoire[1] ». Elle la plongea dans un profond silence, une rêverie sans fin, le sentiment d'une irrémédiable absence qu'elle ne combla jamais. Cette perte a cimenté sa vie, désarçonnée par la chute du père, et engendré son œuvre[2].

La mort de Marie-Aurore fut plus calme et plus douce. Sa longue maladie ouvrit pour sa petite-fille une période d'apprentissage, livresque, terrien, et spirituel, qui l'ancra définitivement dans Nohant. « Elle s'éteignit sans aucune souffrance au son de la cloche de Noël », le 26 décembre 1821. Dans la chambre de sa grand-mère, baignée d'une odeur orientale de benjoin, où le lit défait porte encore l'empreinte du corps, et l'oreiller celle de la tête, Aurore ressent « une

1. *HDMV*, I, p. 596.
2. Pascal Quignard, *Les Désarçonnés*, Paris, Grasset, 2012.

désespérance absolue de pouvoir communiquer directement avec les morts aimés[1] ».

La mort de Nini (14 janvier 1855) fut d'autant plus durement ressentie qu'elle n'eut pas lieu à Nohant, où George n'eut de cesse de la faire revenir. « Je ne vis plus du tout de moi, ni en moi, ma vie avait passé dans cette petite-fille depuis deux ans. Elle m'a emporté tant de choses, que je ne sais pas ce qui me reste et je n'ai pas encore le courage d'y regarder. Je ne regarde que ses poupées, ses joujoux, ses livres, son petit jardin que nous faisions ensemble, sa brouette, son petit arrosoir, son bonnet, ses petits ouvrages, ses gants, tout ce qui était resté autour de moi, l'attendant. Je regarde et je touche tout cela, hébétée, et me demandant si j'aurai mon bon sens, le jour où je comprendrai enfin qu'elle ne reviendra pas et que c'est elle qu'on vient d'enterrer sous mes yeux[2]. » George avait fait faire des moulages de ses mains, qui la déçurent, et de son visage, que Solange se refusa à lui montrer. « C'est trop affreux, tu ne la reconnaîtrais pas. » Du moins fallait-il rapatrier son corps. Il le fut presque clandestinement et fut enterré « sous les cyprès qui abritent mon père et ma grand-mère » dans le cimetière commun.

**Enterrer ses morts**

Mais ce n'est pas une solution satisfaisante. La situation du cimetière communal est anarchique ; les cercueils mal scellés laissent glisser les corps qui se mêlent ; pour faire de la place, on ampute parfois sans vergogne les pieds d'un autre défunt. D'où le désir de Sand de créer un enclos privé, opération d'autant plus facile que le cimetière jouxte son jardin ; il suffit

1. *HDMV*, I, p. 1109.
2. *Corr*, XIII, L 6578, à Édouard Charton, 14 février 1855.

de modifier le tracé, sans même déplacer les tombes. Elle propose une transaction, entérinée par le conseil communal[1], qui est à l'origine du cimetière d'aujourd'hui. « De cette manière, les tombes ne seront plus profanées par de nouveaux morts et c'est tout ce qu'elle demande. » Le 6 octobre 1855, « on pose la porte du cimetière ».

Sand éprouve fortement le sens du « coin précieux, terre sacrée, où les os de mes parents se reposent sous les fleurs que ma main sema et que mes pleurs arrosèrent[2] ». Jadis, sa mère, Sophie, prise d'angoisse à l'idée que le petit Louis pourrait être vivant, l'avait déterré, avec l'aide de son mari, et, après l'avoir toiletté, habillé, enveloppé, l'avait enseveli sous un poirier, lui édifiant un mausolée de fleurs ; quinze ans plus tard, le jardinier avait retrouvé le petit cercueil, qu'Aurore et Casimir avaient décidé de laisser au même endroit. « Les fleurs printanières lui font un ombrage moins sinistre que le cyprès des tombeaux. L'herbe et les fleurs sont le véritable mausolée des enfants et, quant à moi, je déteste les monuments et les inscriptions : je tiens cela de ma grand-mère qui n'en voulut jamais pour son fils chéri [...], les arbres et les fleurs sont les seuls ornements qui n'irritent point la pensée[3]. » La terre et la végétation sont le seul linceul acceptable pour le corps aimé, dans le double respect des « restes » et de la nature.

D'où l'agacement de George lorsque Solange veut remplacer le rocher placé sur la tombe de Nini par une croix, lors du premier anniversaire de sa mort. « Cette idée de rocher qui l'écrase et qui semble vouloir l'empêcher de se relever à jamais, m'est détestable », écrit Solange qui a apporté une croix

1. On en trouve trace dans *Correspondance*, XIII (notamment L 6599) et *Agendas*. Rachat du champ du père Henri, donné à la commune, en échange du terrain amputé pour le cimetière privé.

2. *Lettres d'un voyageur, Lettre IX (au Malgache)*, 15 mai 1836, *op. cit.*, p. 870.

3. *HDMV*, I, p. 594.

« parfaitement simple, sans ornement aucun en marbre blanc avec le nom de Jeanne Gabrielle gravé dessus »[1]. Sand s'insurge contre la commémoration : « que signifie un anniversaire ? L'âme de notre chère enfant est avec nous, partout et à toute heure » ; et contre le symbole : « Sa tombe n'est qu'un objet à respecter. Le respect des tombeaux, oui, mais pas le culte. Il serait puéril. » La volonté de catholiciser la tombe de Nini révulse l'agnosticisme de Sand, en complète rupture avec des manifestations cultuelles qui ne sont à ses yeux que simagrées. « J'en ai assez des histoires de Solange avec ce tombeau que profanent ces comédies. Mes parents sont là aussi et n'ont pas besoin d'être ornés des insignes du catholicisme. Qu'elle remporte sa croix, puisque croix il y a et que c'est une *croix* que l'on veut mettre sur le coin de terre où je serai tôt ou tard. Moi, je ne le veux pas. Elle a eu tort d'insister et de me laisser voir qu'elle voulait me fournir le catholicisme en effigie. Cela ne sera pas[2]. » Ce conflit préfigure celui qui, vingt ans plus tard, marquera son propre enterrement. Sand finit par céder. Solange implante sa croix. Dans l'enclos du cimetière, sa tombe et celle de la petite Jeanne Clésinger, côte à côte, sont les deux seules à porter une croix, étrange signe d'une dissidence que la mort n'abolit pas. Le cimetière, lieu de rassemblement, souligne aussi les écarts et les limites : Sophie, inhumée à Paris, n'y fut rapatriée qu'après la mort de Sand. Manceau, qu'elle avait tant aimé, ne le sera jamais. Pas plus qu'Hippolyte Chatiron, son demi-frère, enterré à Montgivray, où l'ont rejoint son épouse et les Simonnet, sa fille, et ses petits-enfants. Une certaine légitimité paternelle marque l'enclos des morts, qui ne s'est pas étendu à la famille élargie. Seul, Plauchut saura s'y faire admettre, à sa manière facétieuse :

1. *Corr*, XIII, L 6985, à Solange, Paris, 9 janvier 1856 ; la lettre de Solange, 13 janvier 1856, est donnée en note 1.
2. *Corr*, XIII, L 6995, à Émile Aucante, 18 janvier 1856.

« On me croit mort. Je vis ici. » Sand aurait apprécié l'ultime éclat de rire de son Plauchemar.

Mourir, Sand y avait pensé. Elle avait éprouvé dans sa jeunesse « l'attrait du suicide », notamment au moment de la maladie et du décès de sa grand-mère. Elle se sentait invinciblement attirée par l'eau. Lors d'une chevauchée avec Deschartres, elle ne dut qu'à l'instinct vital de sa jument Colette de résister au flux de la rivière où elle s'était volontairement laissée couler[1]. Les années 1832-1835 furent « spleenétiques ». « Pour avoir été déçue dans quelques illusions, je faisais le procès à toutes mes croyances ; pour avoir perdu le calme et la confiance de mes pensées d'autrefois, je me persuadais de ne pouvoir plus vivre[2]. » Comme *Lélia*, dont le suicide littéraire avait fait scandale. La pensée de ses enfants la retint au bord du gouffre. Peut-être aussi un ardent, un impétueux désir de vivre qui la jetait dans les aventures du corps et de l'esprit. Et cela jusqu'au bout du chemin.

### « Vivre et mourir, c'est mourir et vivre de mieux en mieux »

Il fallait bien en finir. C'était inéluctable. « On ne revient pas, on passe aussi, on est l'eau qui jase et coule. N'est-ce pas assez coulé, assez jasé quand on a reflété de belles choses et qu'on les a aimées et chantées ? On s'ennuierait à continuer, on s'effraierait de recommencer. On vieillit seul, triste ou recueilli, mais tranquille, *toujours plus tranquille*[3]. » Elle avait conquis la sérénité. Elle jouissait de l'amitié, notamment de son « troubadour », son cher Flaubert. Et, grâce à ses petites-filles, Aurore, surtout, qui lui donnait l'impression de revivre,

1. *HDMV*, I, p. 1094.
2. *HDMV*, II, p. 301.
3. *Agendas*, III, 27 septembre 1866.

elle éprouvait un sentiment de plénitude, de transmission réussie. Dans les dernières années, elle travaillait moins, et davantage le jour. Mais elle piochait toujours. Elle avait encore un roman sous le coude. En 1874, elle avait découvert le plaisir de la pratique tachiste de *l'écrasage*. Les dendrites lui permettaient de renouer avec l'artisanat manuel de sa jeunesse et de reconstituer un atelier familial, avec Maurice et les petites-filles, chargées de préparer les couleurs[1]. Depuis le printemps 1876, elle était « patraque ». À Buloz, directeur de la *Revue des deux mondes*, qui la relance, elle répond : « Sans être malade, j'ai été toute ma vie mal à l'aise et point en train de travailler depuis deux mois. Je pense que je vais pouvoir m'y remettre[2]. » Elle « espère surmonter encore cette crise et barbouiller encore du papier[3] ».

Dernière mention dans l'*Agenda* (29 mai) : « Temps délicieux. Je ne souffre pas beaucoup. Je fais un bon tour de jardin. Je donne la leçon à Lolo. Je relis une pièce de Maurice. » Dernière lettre, à son neveu, Oscar Cazamajou (30 mai) : « Nohant [est] calme et gai. Ne t'inquiète pas. J'en ai vu bien d'autres et puis j'ai fait mon temps, et ne m'attriste d'aucune éventualité. Je crois que tout est bien, vivre et mourir, c'est mourir et vivre de mieux en mieux[4]. »

Dans la dernière semaine, elle souffre beaucoup, d'une occlusion intestinale que les six médecins, accourus à son chevet – Papet, Chabenat, Pestel, Darchy, Péan, et Favre, venu de Paris – échouent à opérer. Humiliée de la nature de son mal,

1. Nicole Savy, in *George Sand. Une nature d'artiste*, catalogue de l'exposition du Musée de la vie romantique, Paris, Paris musées, 2004. La mention des dendrites apparaît pour la première fois dans la *Correspondance*, le 7 février 1874. Mais Léon Brothier, le géologue, lui en avait parlé plusieurs années auparavant.
2. *Corr*, XXIV, L 17846, à Charles Buloz, 2 mai 1876.
3. *Corr*, XXIV, L 17870, à Maurice Albert, 22 mai 1876.
4. *Corr*, XXIV, L 17884, à Oscar Cazamajou, 30 mai 1876.

« une si vilaine maladie » qui la souille, elle écarte les proches, elle hurle de douleur. Les médecins lui administrent de fortes doses de morphine qui l'assomment. Dans la soirée du 7, elle fait ses adieux aux siens. Elle meurt le 8 juin vers 9 h 30 du matin, dans un petit lit de fer que Solange avait fait placer devant la fenêtre de sa chambre[1]. Il fait gris et frais, un temps de novembre.

Commence alors la cérémonie des adieux, pour laquelle Sand n'avait laissé aucune instruction. Sinon peut-être le « laisser verdure », murmuré dans son agonie et si diversement interprété. Elle divise les protagonistes de Nohant. Dans la chambre mortuaire, Solange a pris les choses en main, comme il se doit d'une fille. Deux points d'achoppement : la rédaction des faire-part, la place de la religion. Maurice veut être mentionné comme « baron Dudevant », ce qui hérisse Lina : « Je ne veux pas me rapprocher de la noblesse qui nous méprise [...]. Je suis et je veux rester la belle-fille de Madame Sand[2]. » Elle en est digne. Maurice penche, comme Lina, pour un enterrement civil que Solange récuse au nom des « sentiments religieux de la population ». Maurice cède malgré les véhémentes protestations de Lina. Solange l'emporte. Non sans difficulté. L'abbé Villemont, curé de Nohant-Vic, vexé d'avoir été vivement écarté de l'agonisante par Aucante et Favre, fait la mauvaise tête. Plus politique, conscient des enjeux, l'archevêque de Bourges, Mgr de La Tour d'Auvergne, donne son accord.

Le 10 juin, sous une pluie battante, Flaubert assiste, navré, aux obsèques religieuses de son « chère Maître », « morte

1. Georges Lubin a réuni (tome XXIV) les divers témoignages sur les derniers jours de George Sand, que j'ai racontés ailleurs : « La mort de George Sand », *Histoire de chambres*, Paris, Seuil, 2009, p. 307-312.

2. *Corr*, XXIV, p. 650, note 1, l'échange assez raide de lettres entre Maurice et Lina à ce propos. Dans le faire-part de décès, le couple se dissocie. Maurice figure comme « baron Dudevant », et Lina seulement comme Mme Maurice Sand-Dudevant.

parfaitement impénitente ». Sur la suggestion de Lina, Marie Caillaud a distribué aux assistants des brins de laurier en guise de buis. Tous les familiers sont là : autour de Maurice, Lina, Solange, les neveux Simonnet et Cazamajou, Aucante, Amic, Plauchut, Harrisse, Eugène Lambert, Papet, le docteur Favre. Le prince Napoléon-Jérôme, Renan, Dumas fils ont fait le voyage, mais aussi Édouard Cadol, Calmann-Lévy, Paul Meurice. Victor Hugo a envoyé un message, lu par Meurice : « Je pleure une morte et je salue une immortelle », que Flaubert trouve sublime et les autres, grandiloquent. Il impressionne moins l'assistance que le discours ému d'Ernest Périgois, conseiller général de l'Indre, dernier représentant de la vieille garde berrichonne. La petite église de Nohant et le cimetière sont submergés par les paysannes encapuchonnées et les paysans en blouse qui portent le cercueil. « Il y avait en tout deux cents personnes », écrit Henry Harrisse qui a laissé un récit détaillé de l'événement[1]. Il avait jeté un coup d'œil au caveau : « une simple voûte en briques, construite au milieu du terrain réservé, dont le sommet ne dépasse pas le niveau du sol ». À gauche de l'entrée du caveau, « les dalles qui recouvrent les restes du père et de la grand-mère de Madame Sand [...]. Un très beau cyprès couvre ces tombes de ses rameaux ». Sur ce point, les vœux de George ont été respectés. « Laisser verdure ».

1. *Corr*, XXIV, annexe IV, p. 670.

# Et après ?

L'histoire de Nohant après Sand est celle d'un lent naufrage. Le lieu se survit sans trouver sens et souffle. Maurice est dévasté. Il voudrait fuir, courir le monde comme montreur de marionnettes. Se libérer enfin de son enracinement. Pris d'une rage obscure, il s'attaque aux arbres qui enserrent la maison et que George avait voulu préserver quand même. « Il élagua et coupa : les ormes tombèrent, le gros tilleul lui-même, avec un bruissement de feuilles et un craquement de géant, s'écrasa sur la terre », se souvient Aurore, alors âgée de dix ans. « Mon père sembla obéir au désir de sacrifier ce qu'il y avait de plus beau dans ces frondaisons qu'elle avait tissées autour de la maison pour cacher mystérieusement sa calme retraite. Il y avait quelque chose d'antique et de grandiose dans cette destruction »[1]. Il déserte Nohant, vient habiter Paris, d'abord rue Gay-Lussac, dans l'appartement de George, puis dans un hôtel particulier, à Passy, 16, chaussée de La Muette. Il y déménage la plupart des marionnettes, et donne, avec un réel succès, des spectacles inventifs, tout en poursuivant ses publications, scientifiques et littéraires. Il se désintéresse de la gestion des terres, et vend les fermes, d'abord la Chicoterie.

1. « Archives Christiane Sand », cité par Sylvie Delaigue-Moins et Christiane Sand, *Maurice Sand, fils de George*, *op. cit.*, p. 348.

Témoin navré du dépeçage, Solange déplore : « Ça me peine de voir détruire le Nid de l'Aigle », qui était aussi celui de la famille. Elle en comprend les raisons : « Cette demeure devient une charge en n'étant point occupée. Sans compter qu'elle est restée une tombe. » Elle plaint la solitude de son frère, qui ne semble aimé ni de ses filles, ni de Lina. Elle juge sévèrement son éducation. « Il aurait été un artiste remarquable, sans la terrible gâterie de sa mère, qui travaillait pour lui, lui achetait des joujoux, jusqu'à cinquante ans et a oublié d'en faire un homme[1]. » Elle-même se sent « écrasée, étouffée, aplatie sous l'inutilité de [s]a vie ». Avec son frère, elle n'a que des rapports espacés : « Nos rapports entre frère et sœur sont convenables en affaires, moyennant que je suis armée jusqu'aux dents et me défends comme un diable. En amitié, rien. Je ne vois jamais les enfants, ni la mère. Maurice vient chez moi, ou me voit lorsqu'il y a une affaire avantageuse à me proposer, telle que la rente à 103 francs, lorsqu'elle se cote à 98. De profundis[2] ! » Elle s'ennuie à Montgivray, regrette les jours d'antan, jusque dans leur futilité. Tel un papillon ébloui, elle ne peut se détacher de la lampe qui l'a brûlée pour toujours. « On a beau faire, les années s'accumuler, on est saisi par l'immense vide de cette gigantesque personnalité disparue. Une morne et incommensurable tristesse emplit cette maison, ce jardin, ces prairies. Derrière chaque porte qu'on ouvre, on s'attend à la voir. Au détour de chaque allée, on se dit : "Où est-elle ? Pourquoi ne vient-elle pas ?" [...] Alors l'effroi de cette implacable absence vous glace[3]. » Comme elle l'a désirée, cette mère lointaine ! Et si c'était elle, Solange, qui avait le plus aimé

1. Solange Clésinger à Émile Aucante, 19 avril 1881, cité par Christine Chambaz-Bertrand, *George Sand était leur mère*, *op. cit.*, p. 239.

2. Solange Clésinger, à Charles Poncy, 23 avril 1877, cité in *ibid.*, p. 214.

3. Solange Clésinger à Émile Aucante, 25 juillet 1883, cité in *ibid.*, p. 240. « Nohant est lugubre. Nohant sans George Sand, c'est la rivière sans

George Sand ? Elle qui n'avait hérité ni de la maison ni du nom.

Maurice, malade, a voulu finir à Nohant, qu'il regagne en 1888, suivi par Lina, qui le soigne. Il meurt le 4 septembre 1889 et rejoint le cimetière familial. Dès le 6 septembre, Nohant est mis en vente. Solange ne peut l'acquérir et incite les Périgois à le faire, mais ils regardent plutôt du côté de Briantes. En dépit d'une mise à prix relativement modeste – 200 000 francs pour la maison et le jardin, bien loin de l'ancienne estimation de George –, Nohant ne trouve pas preneur. Lina et ses filles, après avoir fait leurs réserves, décident de vendre mobilier et bibliothèque. La vente mobilière, sur place, dure treize jours. Les listes dressées par l'étude de maître Pajot énumèrent : quatorze lits garnis, autant de tables de toilette, un piano à queue, une machine à coudre, « une multitude de vases, de potiches, de coussins, de corbeilles, de supports, des brouettes, des cages à poulets et des ustensiles de ménage, etc. Les listes sont interminables », selon Marie-Louise Vincent, quasi-témoin de la vente. « La plus grande partie du mobilier a disparu », acheté par le voisinage, sans que l'on sache la part mémorielle de ces achats. Toutefois, les objets d'art, les souvenirs de famille, notamment les portraits, ont été conservés. La collection de papillons de Maurice est vendue à un Américain. Henri Amic achète le bureau des dernières années, œuvre de Bonnin. La bibliothèque de près de huit mille volumes est dispersée à Paris en 1890[1]. En octobre, Solange revient dans Nohant dévasté. « On dirait que les prussiens ou les francs-tireurs y sont passés. Tout est à vendre. [...]

---

eau, la prairie sans soleil, la montagne sans forêt, une chose matérielle assez laide, sans poésie, sans attrait. »

1. Marie-Louise Vincent, *George Sand et le Berry*, *op. cit.*, p. 544-556. L'auteure donne la liste des objets conservés ainsi qu'un inventaire des Delacroix, vendus antérieurement. Sur la dispersion de la bibliothèque, voir *supra*, p. 334.

les tombes, les souvenirs, tout à l'encan ! Après la mort parfois, souvent même, la maison reste avec la mémoire religieuse de ceux qui l'ont quittée. Ici, Maurice est mort, Nohant est égorgé, dépecé, éparpillé. Ma pauvre mère ne s'attendait pas à cela en faisant son testament[1]. » L'eût-elle mieux préservé ? Elle disparaît en 1899 et rejoint dans le cimetière familial, et sous une croix, sa fille Nini.

On sait la suite. L'inévitable cascade des disparitions. Lina habite Nohant par intermittence. Plauchut la rejoint souvent. Les filles, mariées, maltraitées, divorcées, viennent peu. Elle meurt en 1901 et lui en 1909, la même année que Gabrielle. Ils rejoignent le cimetière. Plauchut avec son rire funéraire. Aurore Lauth-Sand est la seule héritière, sans enfant. Après son divorce, elle voyage beaucoup, fait retour à Nohant en 1940 ; elle y accueille de nombreux clandestins et résistants. Très soucieuse de la mémoire de sa grand-mère – « la maternelle et grande George Sand[2] » – qu'elle vénère, elle lègue les archives de Sand à la Ville de Paris et Nohant à l'État pour en faire une maison du souvenir, qu'elle ouvre tôt au public. Sa mort en 1961 initie une ère nouvelle, celle de la maison d'écrivain, avec ses mythes et sa légende et le charme des traces effacées.

Nohant est devenu très tôt un lieu de curiosité, sinon de pèlerinage, voire d'étonnement, par le contraste entre l'harmonie du lieu et le désordre supposé de l'existence de la propriétaire. Edith Wharton visite Nohant au début du XX^e^ siècle. Lectrice admirative d'*Histoire de ma vie*, elle s'attendait à trouver « la ténébreuse atmosphère des sœurs Brontë », une maison « déclassée » plus que « ce cadre bienséant et convenable, beaucoup plus respectueux des contraintes de l'ordre social que ceux qui l'occupèrent lors des premières années ». « Ce sobre

1. Michelle Tricot, *Solange, fille de George Sand*, *op. cit.*, p. 203 *sq.*
2. Aurore Lauth-Sand, *Le Berry de George Sand*, Paris, Albert Morancé, 1927.

édifice offre une image de bien-être aristocratique, conscient à tous égards de sa place sur l'échelle sociale. » Il illustre « les graves idéaux auxquels George Sand avait peu à peu plié les expériences passionnées de sa vie ». On sent chez Edith Wharton l'ombre d'un regret. Elle s'interroge, non sans raison, sur le pouvoir contraignant que cette vieille maison a pu exercer sur l'auteur, « influence occulte mais persistante [...] se dressant devant elle comme l'autel de ces dieux lares auxquels, avec une incohérence égale à sa sincérité, elle consacra ses dernières années »[1]. Un piège en somme, qu'elle a façonné, mais qui l'a modelée en retour.

Trente ans plus tard, Daniel Halévy, rendant « visite aux paysans du Centre », s'arrête longuement à Nohant. « La demeure est belle [...]. Demeure est trop peu dire, ou mal dire ; Nohant est davantage, c'est un lieu, un ensemble. Il y a la grande demeure, grande, non écrasante ; grande comme la maternité, non comme la domination, et autour d'elle les humbles qui l'entourent. La maison de George Sand, c'est une mère poule protégeant ses poussins, ce n'est pas un château humiliant ses chaumières. » De même pour le cimetière dont « la séparation n'est pas orgueilleuse, elle n'empêche pas la communauté des êtres ». Mais l'intérieur surtout le subjugue, par son « ordre le plus admirable ». « Singulier intérieur où se marient sans heurts les filiations amoureuses, les épisodes romantiques et le meilleur air de solide bourgeoisie. » « La maison est un monument de règle et de tenue. Monument d'ordre, la cuisine de Nohant, resplendissante par ses cuivres, imposante par sa table longue de quatre mètres et épaisse d'un pied », donne « un spectacle imprévu de magnificence ménagère ». Il s'extasie devant le peuple des pantins. Cette maison est « l'œuvre de cette surprenante femme qui entra dans la vie

1. Edith Wharton, *A Motor Flight Through France* (1908), cité par Christiane Sand, *À la table de George Sand*, *op. cit.*, p. 53-56.

habillée en garçon et redevint sous ses vieux jours, selon la loi familiale, une grande bourgeoise du XVIIIe siècle »[1]. Beau texte où couvent tous les malentendus : la femme libre assagie par les ans et par la famille, l'artiste devenue « bonne dame ». Tous les préjugés, les stéréotypes qui vont figer Sand et Nohant.

Mais comment savoir ? Nohant nous échappe, comme son auteur, qui avait eu si souvent le sentiment de l'incompréhension, de l'incommunicabilité. Nohant était un idéal sans cesse poursuivi, au prix d'une négation de la réalité. « J'ai cherché un moyen d'idéaliser la réalité autour de moi et de la transformer en une sorte d'oasis fictive [...]. Un songe d'âge d'or, un mirage d'innocence champêtre, artiste ou poétique, m'a prise dès l'enfance et m'a suivie dans l'âge mur[2]. » Et bien au-delà.

« La vie est un voyage qui a la vie pour but. » Nohant fut le chemin et la quête d'une vie.

Elle fut la nôtre en ce livre.

1. Daniel Halévy, *Visites aux paysans du Centre*, *op. cit.*, p. 239-240.
2. *HDMV*, II, p. 41.

# Repères chronologiques[1]

**1748**

20 septembre. Naissance de Marie-Aurore de Verrières, fille naturelle du maréchal de Saxe.

**1777**

Elle épouse Louis Dupin de Francueil (1715-1786).

**1778**

Naissance de Maurice Dupin de Francueil (1778-1808).

**1793**

Marie-Aurore achète le domaine de Nohant à M. de Sérennes.

**1804**

5 juin. Maurice Dupin épouse Antoinette-Sophie-Victoire Delaborde, dite le plus souvent Sophie (1773-1837).

1er juillet. Naissance à Paris d'Amantine-Aurore-Lucile Dupin (future George Sand).

**1808**

16 septembre. Mort accidentelle de Maurice Dupin, à La Châtre.

1. Cette chronologie privilégie Nohant, tout en donnant les principaux éléments biographiques relatifs à Sand. Je me suis appuyée sur : 1) les « repères chronologiques » donnés par Martine Reid, *George Sand*, Gallimard, « Folio », 2013, p. 335-346 ; 2) les chronologies données, semestre après semestre, par Georges Lubin, dans les 25 volumes de la *Correspondance* (1812-1876).

**1809-1817**

Aurore Dupin est élevée à Nohant.

**1817-1820**

Aurore est pensionnaire chez les Dames augustines anglaises à Paris.

**1821**

26 décembre. Mort à Nohant de Marie-Aurore de Saxe Dupin.

**1822**

17 septembre. Mariage à Paris d'Aurore Dupin et de Casimir Dudevant.

**1823**

30 juin. Naissance à Paris de Maurice, fils d'Aurore et Casimir Dudevant.

**1825**

Rencontre avec Aurélien de Sèze.

11 novembre. Lettre à Casimir Dudevant pour un nouveau plan de vie.

**1828**

13 septembre. Naissance à Nohant de Solange Dudevant, probablement fille de Stéphane Ajasson de Grandsagne.

**1830**

Révolution de Juillet ; liaison d'Aurore avec Jules Sandeau ; départ à Paris, les enfants restant provisoirement à Nohant avec leur père et Jules Boucoiran, précepteur.

**1832**

Mai. Parution d'*Indiana*, signé G. Sand.

Novembre. Parution de *Valentine*.

**1833**

Janvier. Rencontre passionnée avec la grande actrice Marie Dorval.

Publication de *Lélia*, qui fait scandale.

Juillet. Rencontre avec Alfred de Musset, dont George devient la maîtresse.

Décembre. Départ pour Venise.

**1834-1835**

Amours tumultueuses avec Musset, à Venise, puis à Paris. Rupture définitive avec Musset en mars 1835.

Retrait de George à Nohant. Liaison avec Michel de Bourges qui poursuit son éducation politique, notamment à l'occasion du « procès monstre » des républicains (1835). Il sera son avocat dans son procès en séparation.

19 octobre 1835. Scène violente entre Casimir et sa femme, en présence de plusieurs témoins, qui décide George à demander la séparation.

**1836**

Début de longues procédures achevées fin juillet 1836 (à Bourges) et rendant à George Sand la totalité de ses biens et la garde de ses enfants.

18 août-1er octobre. Voyage en Suisse et à Chamonix avec Liszt et Marie d'Agoult et le major Pictet ; Maurice et Solange sont de la partie.

**1837**

Février-juin. Rupture douloureuse avec Michel de Bourges qui la délaisse.

Février-mars, puis mai-juillet. Liszt et Marie d'Agoult font deux séjours à Nohant, ensemble ou séparément.

19 août. Mort à Paris de Mme Maurice Dupin, mère de George, enterrée au cimetière Montmartre.

**1838**

24 février-2 mars. Séjour de Balzac à Nohant.

6 avril. Arrivée à Nohant du peintre Auguste Charpentier qui fait les portraits de George Sand et de ses enfants.

Juin. Chopin, vingt-huit ans, devient l'amant de George. Pour neuf années marquées par sept séjours à Nohant, essentiellement l'été.

Octobre. Départ des amants pour l'Espagne.

Novembre-11 février 1839. Palma de Majorque et chartreuse de Valldemosa.

**1839**

24 février. Retour à Marseille. Puis, séjour à Gênes.

1er juin. Arrivée à Nohant. Premier été de Chopin à Nohant.

19 juin. George Sand inscrit cette date sur le mur de sa chambre, pour une raison inconnue.

Venue de Grzymala et d'Emmanuel Arago, de François et Christine Buloz.

10 octobre. Retour à Paris.

1er novembre. Grand banquet réformiste à La Châtre, présidé par Michel de Bourges ; tous les amis berrichons de George Sand y sont.

**1840**

George Sand est à Paris du 1er avril au 30 décembre.

27 février. Maurice entre à l'atelier de Delacroix.

Rencontre avec Agricol Perdiguier, héros du *Compagnon du Tour de France*.

31 octobre. Pierre Leroux publie *De l'humanité, de son principe, de son avenir* (Perrotin).

**1841**

16 juin. Départ pour Nohant avec Chopin et Maurice, Solange restant à la pension Bascans. Ils y séjourneront jusqu'au 31 octobre. C'est le deuxième été de Chopin à Nohant.

2 août. Arrivée de Pauline et Louis Viardot. Séjour jusqu'au 16 août.

Novembre. Création de *La Revue indépendante*, par Sand, Pierre Leroux et Louis Viardot. Sand y publie *Horace*.

**1842**

Mai à septembre. Séjour à Nohant avec Chopin.

4 juin-2 juillet. Séjour de Delacroix.

12 septembre-27 septembre. Séjour de Pauline et Louis Viardot.

Parution jusqu'en 1843 de *Consuelo* dans *La Revue indépendante*.

**1843**

22 mai-29 novembre. George Sand est à Nohant. Avec Chopin jusqu'au 28 octobre.

17 juillet-28 juillet. Deuxième séjour de Delacroix.

25 octobre. Parution de *Fanchette* dans *La Revue indépendante*. Entrée de George Sand en politique.

**1844**

31 mai-11 décembre. George Sand est à Nohant.

31 mai-28 août, puis 4 septembre-28 novembre. Chopin est à Nohant.

24 juin. Grande crue de l'Indre, inondations (jusqu'en 1845).

9-27 août. Séjour de la sœur de Chopin et de son mari.

14 septembre. Premier numéro de *L'Éclaireur de l'Indre, du Cher et de la Creuse*, créé à l'instigation de Sand et de ses amis berrichons ; elle y publie de nombreux textes.

Parution de *Jeanne*, dédié à Françoise Meillant.

**1845**

11 juin-1er décembre. Sand est à Nohant. Elle y reçoit de nombreux amis. Pauline Viardot y séjourne du 11 juin au 3 juillet et Chopin y demeure presque tout l'été, avec plusieurs allers-retours à Paris.

4 septembre. Visite avec Chopin à Boussac chez Pierre Leroux, et aux Pierres Jaumâtres.

Nombreuses publications : *Le Meunier d'Angibault*, *Le Péché de Monsieur Antoine*, *Isidora*, *Teverino*. Écriture de *La Mare au diable.*

**1846**

George Sand est à Paris du 1er janvier au 5 mai ; à Nohant du 7 mai au 6 juin et du 10 juin à la fin de l'année.

Chopin l'accompagne la plupart du temps. C'est son dernier été à Nohant. Il quitte la maison le 11 novembre pour n'y plus revenir.

16 août-30 août. Séjour de Delacroix et d'Emmanuel Arago (30 août-31 octobre).

Augustine Brault, fille adoptive de George, vient habiter à Nohant ; Solange est courtisée par Fernand de Preaulx.

Décembre. Début du théâtre de Nohant (*Le Druide peu délicat*).

Publications de *La Mare au diable*, dédié à Chopin, et de *Lucrezia Floriani*, où les contemporains croient le reconnaître sous les traits du prince Karol.

**1847**

Sand est à Nohant la plupart du temps ; à Paris du 6 février au 6 avril, du 1er au 16 juin.

13 janvier. Graves émeutes dans l'Indre, notamment à Buzançais.

À Paris, le sculpteur Clésinger fait des bustes de George et de Solange, qui s'éloigne de Fernand de Preaulx. Le 13 avril, Clésinger vient à Nohant pour demander sa main ; le 19 mai, mariage de Solange avec Clésinger à Nohant. Chopin est choqué de cette rapidité.

Projet de mariage de Théodore Rousseau avec Augustine Brault, mais dénouement mélodramatique.

11 juillet. Scène dramatique avec les Clésinger venus à Nohant réclamer de l'argent. Physiquement attaquée, Sand est défendue par Maurice, Lambert, Borie.

27 juillet. Chopin prend parti pour Solange ; 28 juillet : George lui envoie une lettre de rupture définitive. Ils ne se reverront plus.

30 octobre-début novembre. Venue de Giuseppe Mazzini, le grand patriote italien avec lequel Sand entretient une importante correspondance ; et plus tard de Hetzel pour le projet d'œuvres complètes.

Sand travaille à *Histoire de ma vie*.

**1848**

Sand est à Nohant du 1er janvier au 29 février, du 8 au 20 mars, du 18 mai au 31 décembre ; à Paris, du 1er au 7 mars, du 21 mars au 17 mai.

23-24 février. Émeutes, barricades, abdication de Louis-Philippe. Proclamation du gouvernement provisoire de la République. Sand prend une part active à la République démocratique et sociale tant à Paris qu'à Nohant, où Maurice devient maire de la commune le 12 mars.

Sand écrit un certain nombre de « Bulletins du gouvernement provisoire », publie *La Cause du peuple*, des brochures d'éducation populaire et de nombreux articles dans *La Vraie République* de Thoré. Elle serait « l'égérie » de la République pour ses détracteurs ; « une manière d'homme politique », selon Tocqueville.

15 mai. Elle désapprouve la tentative de coup d'État d'extrême gauche à l'Assemblée nationale, à la suite de laquelle de nombreux républicains – Barbès, Blanqui, Raspail… – sont arrêtés.

23 juin. Dissolution des ateliers nationaux ; insurrection des 23-25 juin, durement réprimée par l'armée de Cavaignac ; très nombreux morts et arrestations. Coup d'arrêt à la République démocratique et sociale.

10 décembre. Élection du président de la République au suffrage universel (masculin) ; Louis-Napoléon Bonaparte l'emporte de très loin sur Cavaignac, Ledru-Rollin, Lamartine, Raspail.

23 décembre. Mort à Montgivray (Indre) d'Hippolyte Chatiron, demi-frère de George Sand.

Parution en feuilletons de *François le Champi* et de *La Petite Fadette*.

**1849**

George Sand passe la majeure partie de l'année à Nohant et vient ponctuellement à Paris (1er-3 mai, 2-23 décembre), selon un rythme qui sera désormais le sien, presque jusqu'à sa mort.

10 mai. Naissance de Jeanne-Gabrielle Clésinger, dite Nini, seconde fille de Solange, la première étant morte à un mois.

Morts à Paris de Marie Dorval (20 mai) et de Frédéric Chopin, le 17 octobre. George Sand n'assiste pas à ses funérailles à la Madeleine, le 30 octobre.

29 octobre. Parution du numéro spécimen du *Travailleur, journal démocratique de l'Indre*, immédiatement saisi.

23-24 décembre. Arrivée du graveur Alexandre Manceau, ami de Maurice, trente-deux ans, qui deviendra en 1850 le compagnon de George Sand, jusqu'à son décès en 1865.

**1850**

George séjourne à Nohant toute l'année, excepté du 6 au 17 septembre à Paris, où la représentation de *François le Champi* à l'Odéon a beaucoup de succès.

16 juin-début juillet. Séjour de Hetzel à Nohant.

15 août. Venue de Bocage, révoqué de la direction du théâtre de l'Odéon auquel Sand retire *François le Champi*.

28 août. Alexandre Lambert, directeur du *Travailleur de l'Indre*, condamné par la cour d'assises de l'Indre à six mois de prison et 800 francs d'amende.

**1851**

Sand est la plupart du temps à Nohant, excepté trois brefs séjours à Paris pour le théâtre.

9 février. Réouverture du théâtre d'acteurs de Nohant rénové. Nombreuses représentations.

Venue d'Emmanuel Arago (16-18 avril), de Hetzel (4-7 octobre).

2 décembre. Coup d'État du prince Louis-Napoléon Bonaparte, dissolution de l'Assemblée, rétablissement du « suffrage universel ». Les arrestations des républicains de l'Indre commencent. Sand, qui était à Paris, regagne Nohant « à travers la fusillade », avec Solange et Nini, Maurice, Lambert et Manceau.

**1852**

Sand vient à Paris du 25 janvier au 2 avril, puis du 11 au 27 octobre. À Nohant, le reste du temps.

La répression s'aggrave ; expulsion de 66 représentants du peuple (dont Victor Hugo, Raspail...) ; nombreuses arrestations dont celle d'Ernest Périgois.

29 janvier. Sand est reçue par le prince-président. Elle obtient quelques mesures de grâce et des promesses (souvent non tenues) pour les condamnés de l'Indre. Elle intervient pour Pauline Roland. Elle rencontre pour la première fois le prince Napoléon-

Jérôme, qui réunit autour de lui des républicains et des libéraux modérés.

2 mai. Départ des prisonniers politiques enchaînés de Châteauroux pour Paris.

17 juin. Arrivée de Solange et de Nini, dont George voudrait avoir la garde.

Elle publie *Mœurs et Coutumes du Berry, Visions de la nuit dans les campagnes* (dans l'*Illustration*).

20-21 novembre. Plébiscite.

2 décembre. L'Empire ratifié.

5 décembre. Il est proclamé à Nohant.

8-9 décembre. Demande d'audience au préfet de l'Indre pour le retour des proscrits.

**1853**

Séjours à Paris du 7 au 26 mars, du 5 au 20 novembre, du 17 novembre au 5 décembre.

16 mars. Mort de Michel de Bourges.

30 avril. Achèvement de l'atelier de Maurice, « la cathédrale ».

29 juillet. Représentation à Nohant du *Pressoir*, puis à Paris le 16 septembre. Grande activité théâtrale (*Mauprat* à l'Odéon).

Publications de *La Filleule* et des *Maîtres Sonneurs*.

30 décembre. Décès à La Châtre de Gabriel Planet, un vieil ami berrichon.

Durant la seconde quinzaine de décembre, George travaille avec Nini pour un jardin de rocailles, dit « le Trianon ».

**1854**

Sand vient une seule fois à Paris, du 19 octobre au 6 novembre.

7 mai. Clésinger, en plein conflit avec Solange, refuse de laisser la tutelle de Nini à George ; il vient la chercher pour la placer dans une pension.

Publication d'*Histoire de ma vie* en feuilletons (138) et en volumes (20 entre 1854 et 1855).

16 décembre. Le tribunal prononce la séparation des époux Clésinger.

**1855**

Sand est à Paris du 1er au 11 mars, du 17 au 28 mai, du 11 au 26 septembre, du 29 novembre à la fin de l'année. Voyage de trois mois en Italie du 12 mars au 16 mai.

3 janvier. Ouverture du théâtre de marionnettes.

Nuit du 13 au 14 janvier. Mort à Paris de Jeanne Clésinger, dite Nini ; 16 janvier : elle est enterrée à Nohant.

11 mars. Départ de George, Maurice et Manceau pour l'Italie.

29 mai. Retour à Nohant avec l'actrice Bérengère.

Publication en feuilletons du *Diable aux champs.* Contrat avec Hachette pour la publication de dix romans dans « La Bibliothèque des chemins de fer ».

**1856**

George est à Paris du début de 1856 jusqu'au 19 mars, du 24 mars au 20 avril. Et la majeure partie du temps à Nohant.

Grande année de théâtre tant à Paris qu'à Nohant. Reprise de *Claudie* à l'Odéon, seule pièce de Sand à être régulièrement reprise jusqu'au début du XXe siècle.

Mai. Par souci de lisibilité, George Sand change d'écriture.

Écriture de *La Daniella.*

**1857**

George vient à Paris du 28 avril au 20 mai. Le reste du temps à Nohant avec, à partir du 25 juin, des escapades à Gargilesse (Creuse), où Manceau fait en juillet l'acquisition d'une petite maison, qui devient la maison rêvée, l'alternative à Nohant.

30 avril, à Paris. Première rencontre avec Gustave Flaubert.

5 septembre. Arrivée de Sylvanie Arnould-Plessy, et, le 6, du prince Napoléon-Jérôme avec le général Ferri-Pisani, son aide de camp, et Charles-Edmond. Les gendarmes surveillent la maison. Jusqu'au 8 septembre.

Publications de *La Daniella*, des *Dames vertes*, des *Beaux Messieurs de Bois-Doré.*

**1858**

Sand est à Nohant, et fait de nombreuses escapades à Gargilesse : 10-12 janvier, 26 avril-2 mai, 3-30 juin, 4-12 août, 17-19 octobre.

14 janvier. Attentat d'Orsini contre l'empereur. Relance de la répression.

24 février. Arrestation d'Ernest Périgois, exilé en Hollande, et de Patureau-Francœur, qui, libéré, décidera de rester en Algérie.

Représentations au théâtre de La Châtre, avec Bérengère qui vient à Nohant.

Publications des *Légendes rustiques*, illustrées par Maurice, auquel le livre est dédié, et de *L'Homme de neige*.

**1859**

George Sand est majoritairement à Nohant ; à Paris du 15 avril au 4 mai et à Gargilesse du 29 juillet au 1er août. Voyage en Auvergne du 28 mai au 29 juin.

24 juin. Victoire de Solferino. Soutien aux patriotes italiens qui enthousiasment Sand et ses amis.

16 août. Décret d'amnistie politique.

21 au 26 septembre. Séjour à Nohant de l'Italien Luigi Calamatta et de sa fille Lina, future femme de Maurice.

11-12 novembre. Pierre Leroux à Nohant.

Publication d'*Elle et Lui*, auquel Paul de Musset, frère d'Alfred, répond par *Lui et Elle*.

**1860**

Sand est à Paris du 5 au 18 mars, à Gargilesse du 2 au 8 mai et du 16 au 19 juillet. À Nohant la majeure partie du temps.

8-14 juillet. Premier séjour de Léon Brothier, « mon géologue ».

27 juillet-10 août. Séjour de Sylvanie Arnould-Plessy.

29 août-5 novembre. Séjour de Victor Borie ; venue des Luguet, amis comédiens, d'Eugène Lambert, de Lucien Villot, etc.

Nombreuses représentations au théâtre de Nohant.

Publications de *La Ville Noire*, du *Marquis de Villemer*, des quatre volumes du *Théâtre*, comportant une sélection des pièces écrites depuis une dizaine d'années, de *Masques et Bouffons* (de Maurice Sand, gravures de Manceau, avec préface de George Sand).

Sand, malade. Grave fièvre typhoïde, coliques hépatiques.

**1861**

Sand fait un long séjour de « convalescence » à Tamaris, près de Toulon, du 19 février au 29 mai, avec Maurice, Manceau, Marie Caillaud ; passage par Montluçon chez Léon Brothier et découverte de la grande industrie ; va à Gargilesse du12 au 16 août et le reste du temps est à Nohant.

15 mai. Départ de Maurice, par Marseille, pour l'Algérie d'où il s'embarque avec le prince Napoléon-Jérôme pour l'Amérique jusqu'au 8 octobre.

8 juin. Retour de Sand à Nohant. Elle y reçoit notamment Alexandre Dumas fils (12 juillet-10 août, puis 25 septembre-9 octobre), le prince Napoléon-Jérôme (24-27 octobre), les Villot, Ferri, des acteurs et actrices, Léon Brothier (deuxième séjour du 25 au 27 septembre).

Intense activité théâtrale à Nohant. *Le Pavé,* le 7 septembre.

12 octobre. Retour de Maurice. Grande joie.

25 septembre-22 novembre : séjour du peintre Charles Marchal, avec lequel George a une brève liaison.

À l'automne, nouvelle brouille avec Solange et interruption des relations épistolaires durant quatre ans.

Publications de *Valvèdre* et de *La famille de Germandre.*

**1862**

George Sand est à Paris du 17 au 31 mars, du 1er au 12 avril, du 28 au 31 mai. À Nohant la plupart du temps, avec excursion à Gargilesse du 21 au 24 juillet.

19 avril. Arrivée à Nohant de Luigi Calamatta et de Lina, sa fille.

17 mai. Mariage civil à 16 heures à Nohant de Maurice Sand, trente-neuf ans, et de Lina Calamatta, vingt ans ; l'année suivante, mariage dans la religion protestante dans laquelle seront baptisées leurs deux filles.

Venues d'Eugène Fromentin (11-17 juin), Alexandre Dumas fils, Marchal, Édouard Cadol, du comte d'Aure…

Représentations au théâtre de Nohant de *La Nuit de Noël*, du *Pied sanglant*, des *Paysans* (Cadol).

Publications d'*Autour de la table*, *Impressions et Souvenirs*, *Six Mille Lieues à toute vapeur* (de Maurice Sand, préface de George Sand).

**1863**

George Sand est à Nohant toute l'année, avec excursion à Gargilesse du 21 au 24 avril.

Venue de Léon Brothier (25-30 juin), de Luigi Calamatta, d'Eugène Lambert et sa femme Esther (1er août-7 janvier 1864), de Dumas fils, Marchal, Théophile Gautier (7-12 septembre), de la famille Fleury, de Cadol…

14 juillet. Naissance de François-Marc-Antoine Sand Dudevant, dit Cocoton, fils de Maurice et de Lina. Il décédera d'une dysenterie un an plus tard

13 août. Mort d'Eugène Delacroix.

23 novembre. Maurice prévient Manceau qu'il est indésirable à Nohant et lui donne congé. George décide de partir avec lui.

Publication de *Mademoiselle La Quintinie*, critique du catholicisme, qui vaut à son auteur une mise à l'index de l'ensemble de son œuvre.

**1864**

8 janvier. Sand quitte Nohant avec Manceau. Le 7 février, ils choisissent la maison de Palaiseau, qu'ils habitent à partir du 12 juin. Entre-temps, résidence à Paris, rue des Feuillantines, et plusieurs retours à Nohant, parfois assez longs (ainsi du 3 novembre au 15 décembre). Manceau vend Gargilesse à Maurice, en s'en gardant l'usufruit. Nohant est déserté ; mais finalement Maurice et Lina décident de s'y réinstaller (9 octobre).

23 avril. Vente à Paris de tableaux de Delacroix dont le produit est destiné à Maurice.

21 juillet. Mort à Guillery du petit Marc, dit Cocoton ; son corps sera ramené à Nohant.

Publications de *Laura* et de *La Confession d'une jeune fille*.

**1865**

Avril. Aggravation de l'état de santé de Manceau, malade de la tuberculose.

21 août. Mort de Manceau à Palaiseau. Enterrement civil à Palaiseau le 23 août.

Sand emménage rue des Feuillantines et revient à Nohant le 9 décembre, sans s'y réinstaller complètement.

Publication en feuilletons de *Monsieur Sylvestre.*

**1866**

Sand est à Nohant du 1er au 29 janvier, du 1er juin au 1er août, du 19 septembre au 28 octobre. Autrement à Paris ou encore à Palaiseau. Voyages à Saint-Valéry-en-Caux (chez Dumas fils), à Croisset (chez Flaubert), en Bretagne.

10 janvier. Naissance à Nohant d'Aurore, fille de Maurice et de Lina.

1er février. Premier « dîner Magny », cénacle littéraire créé par Sainte-Beuve en 1863. Sand y sera fidèle.

27 février. Sand vend à Rodrigues la « Sainte-Anne » de Delacroix.

Publications du *Monde des papillons* de Maurice Sand, préface de George Sand, du *Dernier Amour*, de *Promenades autour d'un village* (en volumes).

**1867**

George Sand se réinstalle à Nohant, redevenu son port d'attache. Le 19 janvier, elle adopte une autre chambre. Venues à Paris du 21 mars au 2 avril, du 20 juin au 14 juillet, entre le 16 septembre et le 7 octobre. Voyage en Normandie avec Juliette Lamber en septembre.

À Nohant, elle reçoit Harrisse (25 avril-3 mai), Bazille (15-20 mai), Plauchut.

Publications de *Mademoiselle Merquem*, de *Cadio.*

La volte-face de la politique italienne de la France (contre les républicains, contre Garibaldi, et défense des États pontificaux) indigne Sand.

**1868**

Sand est à Nohant du 1^er^ janvier au 9 février, du 14 mars au 4 mai, du 2 juin au 25 août, du 11 au 26 septembre, du 13 octobre au 24 avril 1869. À Paris, dans les intervalles. Voyage sur la côte méditerranéenne du 16 février au 11 mars, notamment chez Juliette Adam à Bruyères, avec Maurice ; à Croisset chez Flaubert en mai.

29 janvier. George Sand apprend la grossesse mystérieuse de Marie Caillaud, qui entrera au service de Mme Villot en juin 1868, pour l'éloigner de Nohant.

11 mars. Naissance à Nohant de Gabrielle, seconde fille de Maurice et Lina.

27 mai. Sand emménage 5, rue Gay-Lussac, son dernier domicile parisien.

13-20 août. Séjour de la comédiennes Marguerite Thuillier à Nohant.

18-26 août. Séjour de Sylvanie Arnould-Plessy.

14-16 décembre. Séjour du prince Napoléon-Jérôme avec Ferri-Pisani.

15 décembre. Baptême protestant d'Aurore et Gabrielle à Nohant.

**1869**

Sand est principalement à Nohant jusqu'au 24 avril, du 9 juin au 5 septembre, du 23 octobre au 17 janvier 1870. Plusieurs venues à Paris, voyage dans les Ardennes (28 septembre-1^er^ octobre) avec les Adam et Plauchut.

7-21 mars et 4-15 juillet. Séjours de Plauchut à Nohant, dont il devient un pilier.

13 octobre. Mort de Sainte-Beuve à Paris.

24 décembre. Arrivée à Nohant de Plauchut accompagné de Flaubert qui repart dès le 27.

**1870. L'année terrible**

Sand est à Nohant du 1^er^ au 17 janvier, puis toute l'année 1870, avec « exode » dans la Creuse (29 septembre-9 octobre) et à

La Châtre (10 octobre-12 novembre) en raison de l'épidémie de variole.

26 juin. Mort d'Armand Barbès à La Haye.

19 juillet. Déclaration de guerre à la Prusse.

2 septembre. Capitulation de Sedan. L'empereur est prisonnier.

4 septembre. Proclamation de la République « sans effusion de sang » ; gouvernement de Défense nationale présidé par Trochu. À partir du 18 septembre, Paris est investi par les armées allemandes.

7 octobre. Un ballon nommé *George Sand* quitte Paris et atterrit dans la Somme.

25 octobre. Mort à La Châtre de Laure Fleury dont George dit l'oraison funèbre.

27 octobre. Capitulation de Bazaine.

Sand et les siens ont quitté Nohant pour la Creuse (Boussac), puis La Châtre, pour échapper à une épidémie de variole. Sand tient un journal, dans les *Agendas*, qui fournira la matière du *Journal d'un voyageur pendant la guerre.*

13 novembre. Retour de toute la famille à Nohant.

**1871**

Sand réside à Nohant toute l'année.

28 janvier. Signature d'un armistice de vingt et un jours.

8 février. Élections à l'Assemblée nationale.

17 février. Thiers nommé chef du pouvoir exécutif à l'Assemblée nationale.

1er mars. Début de publication du *Journal d'un voyageur pendant la guerre* dans la *Revue des deux mondes*.

18 mars. Exécution des généraux Lecomte et Thomas à Montmartre par les insurgés.

28 mars. Proclamation officielle de la Commune de Paris.

12 avril. Mort à Paris de Pierre Leroux ; obsèques le 14.

10 mai. Signature du traité de Francfort.

21-23 mai. Entrée des troupes versaillaises dans Paris.

26 mai. Les otages sont fusillés par la Commune.

22-28 mai. Terribles représailles de la Semaine sanglante.

Sand, hostile à la Commune, condamne la sanglante répression qui a suivi. Elle publie une série d'articles dans *Le Temps*, « Rêveries et souvenirs ». Collaboration régulière avec ce journal que dirige Charles-Edmond, devenu familier de Nohant.

Publication de *Césarine Dietrich* ; écriture de *Nanon*.

Publication en volumes du *Journal d'un voyageur pendant la guerre*, 3e édition en décembre 1871.

**1872**

George Sand est à Nohant en permanence jusqu'au 27 mai. Elle retourne à Paris du 28 mai au 16 juin, les 25-26 juillet. Vacances balnéaires à Trouville et Cabourg du 28 juillet au 22 août.

29 janvier. Mort de Gustave Tourangin, dit « Micro ».

11 mars. Mort à Pise de Giuseppe Mazzini.

Avril. La coqueluche des filles ; Gabrielle à Nîmes avec Lina pour respirer les usines à gaz.

28 juin. Plauchut à Nohant ; accompagne fin juillet et en août la famille à Trouville et Cabourg.

Nombreuses visites après le 7 septembre : les Boucoiran, les Boutet, voisins de Palaiseau, devenus des amis et ensuite familiers de Nohant, Pauline Viardot et ses filles, Tourgueniev (3-5 octobre).

23 octobre. Mort de Théophile Gautier.

Publications de *Nanon* et des premiers *Contes d'une grand-mère* : *La Reine Coax*, *Le Nuage rose*, *Les Ailes de courage*.

**1873**

Sand est essentiellement à Nohant. Séjour à Paris du 24 avril au 10 mai ; excursion en Auvergne du 4 au 24 août.

20 mars. Plauchut à Nohant jusqu'au 24 avril.

12-19 avril. Séjour de Flaubert ; lecture de *La Tentation de saint Antoine* ; arrivée de Ferri-Pisani (14-15), de Tourgueniev (15-19).

Solange vend sa propriété du Midi, *Malgré tout*, et achète le château de Montgivray, ancienne demeure d'Hippolyte Chatiron ; elle s'y installe le 19 juillet.

4-24 août. Voyage en Auvergne.

16 septembre. Arrivée de Pauline Viardot et ses trois enfants, rejointe le 23 par Tourgueniev, jusqu'au 29.

15 au 19 octobre. Séjour de Charles-Edmond.

21 décembre. Arrivées de Plauchut et, le 24 décembre, des quatre Boutet.

**1874**

Sand est à Nohant tout le temps. Séjour à Paris du 30 mai au 10 juin. Nombreux problèmes de santé. Elle fabrique des dendrites, en compagnie de Maurice et des petites-filles.

9 février. Mort de Jules Michelet.

25 mai. Arrivée de Plauchut qui accompagne George à Paris le 30 mai et revient avec elle le 11 juin ; reste jusqu'au 7 juillet. Et revient du 22 août au 2 septembre, puis du 6 octobre au 4 novembre, du 9 décembre au 13 janvier 1875. Allées et venues d'Amic, des Boutet.

17 octobre. Mort de Charles Duvernet.

Nombreuses soirées de marionnettes, où Maurice se surpasse.

**1875**

Sand est constamment à Nohant, excepté un séjour à Paris du 31 mai au 10 juin. Elle souffre de maux divers, dont un rhumatisme au bras droit, que Pestel soigne à l'électricité. Elle écrit *Flamarande*, *Marianne*, une préface pour Laisnel de La Salle. En vue d'une édition des *Œuvres complètes*, chez Michel Lévy, elle rédige une préface. Elle écrit de nombreux contes.

Morts de Perdiguier, de Quinet ; le 18 août, à Nîmes, de Jules Boucoiran.

26-27 avril et 25 mai. Le photographe Verdot, de Châteauroux, vient prendre de nombreux clichés de la maison et de la famille.

À Paris, le collectionneur belge Spoelberch de Lovenjoul est venu voir George pour constituer un fonds de ses archives épistolaires.

Venue de Victor Borie, d'Amic ; présence presque constante de Plauchut.

Grande activité du théâtre de marionnettes. Des *Féeries* pour Noël.

**1876**

Sand est à Nohant, jusqu'à sa mort, le 8 juin.

Nombreux visiteurs pour de brèves visites. Ainsi Amic qui apporte un petit chien, le 6 mai.

30 mai. Aggravation des douleurs intestinales. Venue des médecins Pestel, Chabenat, Papet auxquels s'adjoignent le 1er juin le docteur Favre venu de Paris, le 2 juin le docteur Darchy, et dans la soirée le docteur Péan. Venue d'Oscar Cazamajou.

4 juin. La situation devient intenable. Retour de Favre, avec Plauchut.

6 juin. Le curé du village cherche à voir la malade, mais n'est pas admis. Arrivée des Boutet, d'Aucante, d'Amic.

7 juin. Adieux aux petites-filles.

8 juin, 9 h 30. Mort de George Sand, en agonie depuis 5 heures du matin.

10 juin. Obsèques dans l'église de Nohant et inhumation dans le cimetière familial.

# Tableaux généalogiques

## Tableau nº 1 – Ascendance de George Sand

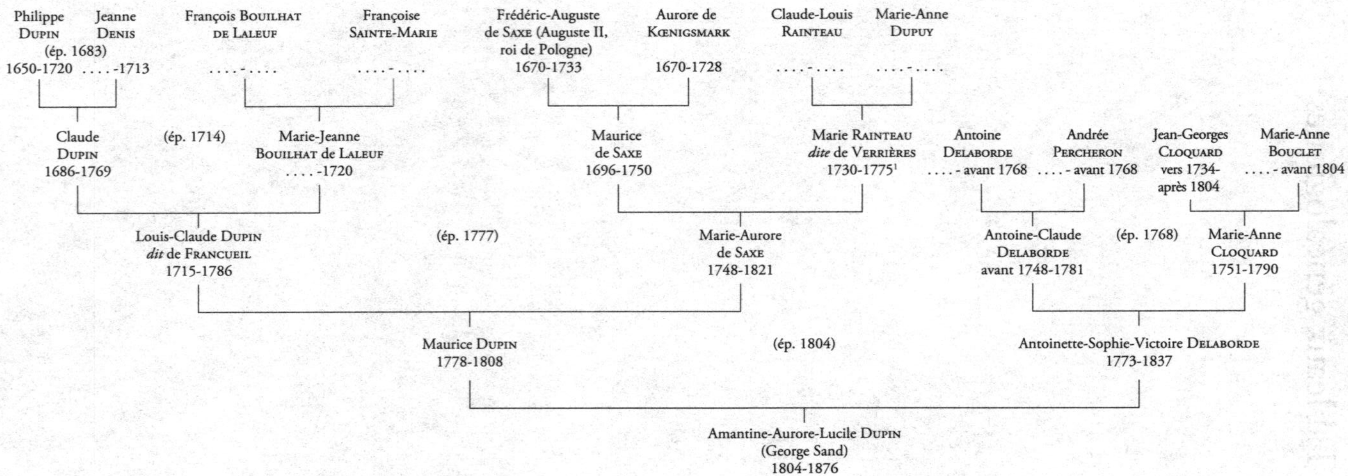


1. Ce tableau d'ascendance ne peut faire état du fils que Marie Rainteau eut du duc de Bouillon : Charles-Godefroid-Marie de Beaumont-Bouillon (1750-1823), qui se trouve donc être le demi-frère de Marie-Aurore de Saxe et le grand-oncle de George Sand.
Source : George Sand, *Correspondance, 1812-1876*, t. I, 1812-1831, Georges Lubin éd., Paris, Garnier-Bordas, « Classiques Garnier », 25 vol., 1964-1991.

## Tableau n° 2 – Descendance de George Sand

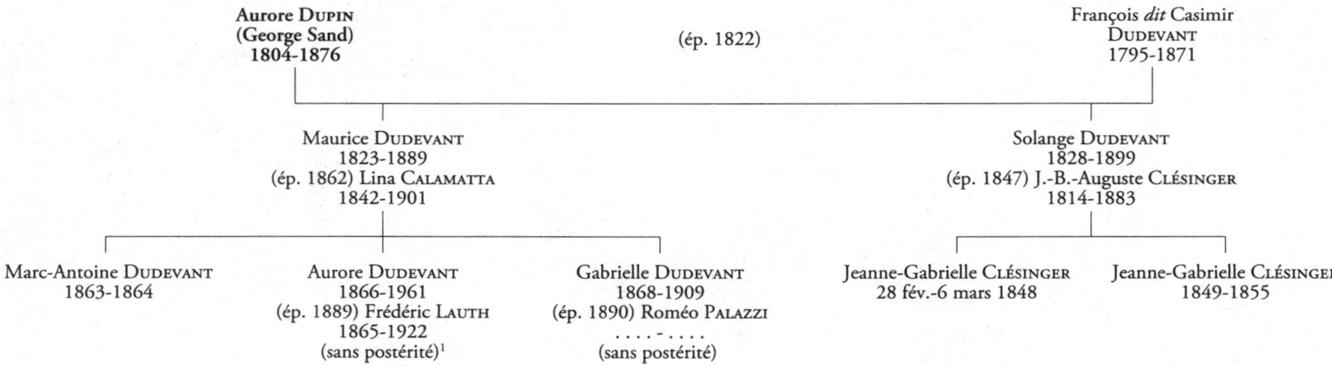


1. Mme Aurore Lauth-Sand a adopté en 1958 M. Georges-André Smeets, qui a pris légalement le nom de Smeets-Dudevant-Sand.

Source : George Sand, *Correspondance*, *1812-1876*, t. I, *1812-1831*, Georges Lubin éd., Paris, Garnier-Bordas, « Classiques Garnier », 25 vol., 1964-1991.

# Orientations bibliographiques

La bibliographie est indiquée dans les notes. Nous nous limitons ici au rappel des sources majeures et à quelques ouvrages de référence.

*Dictionnaire George Sand*, sous la direction de Claire et Laurent Greilsamer, Paris, Perrin, 2014.

*Dictionnaire George Sand*, sous la direction de Simone Bernard-Griffiths et Pascale Auraix-Jonchière, 2 vol., Paris, Honoré Champion, 2015.

Les *Œuvres complètes* de George Sand sont en cours de publication sous la direction de Béatrice Didier chez Honoré Champion. 27 volumes sont parus à ce jour, avec de remarquables présentations.

**Sources**

George Sand, *Histoire de ma vie* (1854-1855), in *Œuvres autobiographiques*, Georges Lubin éd., Paris, Gallimard, « Bibliothèque de la Pléiade », 1970-1971, I-II ; comporte aussi *Lettres d'un voyageur* ; Martine Reid éd., Paris, Gallimard, « Quarto », 2004.

George Sand, *Correspondance, 1812-1876*, Georges Lubin éd., Paris, Garnier-Bordas, « Classiques Garnier », 24 vol., 1964-1990 ; t. XXV, *Suppléments, 1817-1876*, Paris, Garnier-Bordas, « Classiques Garnier », 1991 ; t. XXVI (suite de l'édition Garnier), *Suppléments, 1821-1876*, Tusson, Du Lérot, 1995 ; *Lettres retrouvées*, Thierry Bodin éd., Paris, Gallimard, 2004.

Flaubert-Sand, *Correspondance*, Alphonse Jacobs éd., Paris, Flammarion, 1981.

Marie d'Agoult et George Sand, *Correspondance*, Charles Dupêchez éd., Paris, Bartillat, 1995.

*Lettres inédites de George Sand et de Pauline Viardot (1839-1849)*, Thérèse Marix-Spire éd., Paris, Nouvelles Éditions latines, 1959.

Jean-Pierre Lacassagne, *Histoire d'une amitié, d'après une correspondance inédite, 1836-1866, Pierre Leroux-George Sand*, Paris, Klincksieck, 1973.

*Agendas*, tenus par Alexandre Manceau et George Sand (1850-1876), Anne Chevereau éd., 6 volumes, Paris, Touzot, 1990-1993.

George Sand, *Promenade dans le Berry. Mœurs, coutumes, légendes*, préface de Georges Lubin, Bruxelles, Complexe, 1992.

George Sand, *Promenades autour d'un village*, Georges Lubin éd., Saint-Cyr-sur-Loire, Christian Pirot, 1992.

Charles Duvernet, *Écrits intimes, 1855-1874, journal, souvenirs et mémoires*, 2 vol., Claire Le Guillou éd., Clermont-Ferrand, Presses universitaires Blaise-Pascal, Celis, 2015.

**Quelques biographies**

Joseph Barry, *George Sand ou le Scandale de la liberté*, Paris, Seuil, 1982.

Wladimir Karénine, *George Sand. Sa vie et ses œuvres* (1899-1926), Genève, Slatkine Reprints, 4 volumes, 2000 (pour cette toute première biographie, l'auteure russe a puisé directement dans les archives de Nohant, habité par Lina et ses filles).

André Maurois, *« Lélia » ou la Vie de George Sand*, Paris, Hachette, 1952.

Martine Reid, *Signer Sand. L'œuvre et le nom*, Paris, Belin, 2003 ; *George Sand*, « Folio biographies », Gallimard, 2013.

**Sur Nohant**

Pierre de Boisdeffre, *George Sand à Nohant*, préface de Françoise Chandernagor, Saint-Cyr-sur-Loire, Christian Pirot, 2000.

Anne-Marie de Brem, *La Maison de George Sand à Nohant*, Paris, Éditions du Patrimoine, 1999 ; avec Christian Malécot, *Le Monde de George Sand*, Paris, Éditions du Patrimoine, 2003.

Sylvie Delaigue-Moins, *Chopin chez George Sand. Sept étés à Nohant*, Saint-Cyr-sur-Loire, Christian Pirot, 2005 ; *Les Hôtes de George Sand à Nohant*, Saint-Cyr-sur-Loire, Christian Pirot, 2008.

Jean Dérens, Luc Passion et Martine Reid, *George Sand. L'œuvre-vie*, Paris, Paris bibliothèques, 2004.

Claire Le Guillou, notice « Nohant » du *Dictionnaire George Sand.*

Georges Lubin, *Album Sand*, Paris, Gallimard, « Bibliothèque de la Pléiade », 1973 ; *George Sand en Berry*, photographies de Robert Thuillier, Paris, Hachette, 1967.

Jean-Yves Patte et (au piano) Yves Henry, *Les Étés de Frédéric Chopin à Nohant, 1839-1846*, Paris, Éditions du Patrimoine, 2009 (avec CD).

Edmond Plauchut, *Autour de Nohant*, Paris, Calmann-Lévy, 1897.

Christiane Sand et Gilles Clément, *Le Jardin romantique de George Sand*, Paris, Albin Michel, 1995.

Christiane Sand et Sylvie Delaigue-Moins, *Maurice Sand, fils de George*, Lancosme, Éditions du Patrimoine, 2010.

**Aspects de l'œuvre**

Olivier Bara, *Le Sanctuaire des illusions. George Sand et le théâtre*, Paris, PUPS, 2010.

Béatrice Didier, *George Sand écrivain. « Un grand fleuve d'Amérique »*, Paris, PUF, 1998.

Isabelle Hoog Naginski, *George Sand. L'écriture ou la vie*, Paris, Honoré Champion, 1999.

Gilles et Marianne Miclon, *En voyage avec George Sand. Anthologie*, Châteauroux, La Bouinotte, 2018.

Nicole Mozet, *George Sand écrivain de romans*, Saint-Cyr-sur-Loire, Christian Pirot, 1997.

Robert Thuillier, *Les Marionnettes de Maurice et George Sand*, Paris, Hermé, 1998.

**Abréviations**

*HDMV* : *Histoire de ma vie* (édition Lubin, 1970-1971).

*OA* : *Œuvres autobiographiques* (édition Lubin, 2 vol., 1970-1971).

*OC* : *Œuvres complètes* (édition Béatrice Didier, Champion)

*Corr*, tome, L (et numéro de lettre), destinataire, date (édition Lubin, Garnier-Bordas).

*Corr*, tome, S (et numéro de lettre), destinataire, date (édition Lubin, Garnier-Bordas, t. XXV et t. XXVI, Du Lérot).

*Agendas* (et tome).

# Remerciements

Ce livre a bénéficié de nombreux appuis. Je voudrais remercier tout particulièrement Vinciane Esslinger et Claire Pierrot, expertes généreuses, qui m'ont fourni de précieuses informations sur une maison qu'elles connaissent mieux que quiconque ; Emmanuelle Toulet, conservatrice accueillante de la Bibliothèque historique de la Ville de Paris où Aurore Lauth-Sand a déposé l'essentiel des archives de George ; Claire Le Guillou, savante éditrice des Mémoires de Charles Duvernet, le voisin du Coudray ; Carole Rivière qui m'a communiqué son mémoire encore inédit sur le *Travailleur de l'Indre* ; Gilles et Marianne Miclon, avec lesquels j'ai cheminé sur les traces de George Sand, l'« infatigable voyageuse » ; Martine Reid, pour tant d'échanges sur nos communes passions ; les éminents sandiens que sont Bernard Hamon, Michèle Hecquet, Catherine Masson, Christine Planté, Martine Watrelot ; Valérie Jeannet, comédienne, pour son intelligence des textes ; la société des Amis de George Sand, son active secrétaire, Danielle Bahiaoui, sa présidente, Brigitte Diaz, et ses membres toujours chaleureux ; Michel et Sylvie Leymarie pour leur écoute efficace ; et Mona Ozouf, dont la quête complice de « l'Autre George » – George Eliot – a accompagné la mienne.

Jean-Claude Perrot, compagnon de la Vallée Noire, pour sa présence et ses lectures infinies.

Maurice Olender, historien et éditeur, pour la constance de son attention pertinente et amicale.

# Table
# et crédits des illustrations

**Illustrations in-texte**

**Cahier iconographique**

1. *George Sand habillée en homme*
© RMN-Grand Palais (musée du Louvre) / Philippe Fuzeau
2. *Éventail des caricatures : « George Sand et ses amis »*
© Musée de la Vie Romantique / Roger-Viollet
3. *Château de Nohant*
© RMN-Grand Palais (Institut de France) / Gérard Blot
4. *Nohant, la cour de ferme*
© Collection Christiane Sand / Claude-Olivier Darré
5. *M. et Mme Dudevant*
© Musée George-Sand et de la Vallée-Noire / Claude-Olivier Darré
6. *Portrait de George Sand, écrivain français*
© Bridgeman
7. *Portrait de Frédéric Chopin, musicien*
© RMN-Grand Palais (musée du Louvre) / Michel Urtado
8. *Maurice et Solange Sand*
© Musée de la Vie Romantique / Roger-Viollet
9. *Portrait de Maurice Sand au chapeau, fils de George Sand*
© Musée de la Vie Romantique / Roger-Viollet
10. *Portrait de Mme Clésinger, née Solange Dudevant, fille de George Sand*
© Musée de la Vie Romantique / Roger-Viollet
11. *Paysage avec une rivière coulant entre deux rives escapées et boisées*
© RMN-Grand Palais (musée du Louvre) / Michèle Bellot
12. *L'Éducation de la Vierge*
© RMN-Grand Palais (musée du Louvre) / Jean-Gilles Berizzi
13. *Maison de George Sand, hall d'entrée, grand escalier*
© Centre des monuments nationaux / Colombe Clier
14. *Maison de George Sand, chambre de George Sand*
© Centre des monuments nationaux / Philippe Berthé
15. *Maison de George Sand, atelier de Maurice Sand*
© Centre des monuments nationaux / David Bordes
16. *Salon du château de Nohant*
© RMN-Grand Palais (Institut de France) / Adrien Didierjean

17. *Pauline Viardot*
© Bibliothèque nationale de France / Heinrich Graf, EO-1696-BOÎTE FOL A, signet
18. *Pierre Leroux, philosophe*
© Bibliothèque nationale de France, Atelier Nadar, Photographe / département Estampes et photographie, NA-235 (1)-FT 4, IFN-53050632
19. *Pierre Bocage*
© BHVP / Roger-Viollet
20. *L'Assemblée générale du théâtre des marionnettes*
© DeAgostini / Leemage
21. *Le Jeu des bonshommes, Nohant, 1838, Balzac et George Sand comme spectateurs*
© Collection privée
22. *Réouverture du théâtre de Nohant, le 6 septembre 1857*
© Bibliothèque nationale de France, département Estampes et photographies / Réserve TB-471 (2)-PET-FOL / RC-A-33408
23. *Balandard, figure principale du théâtre de marionnettes*
© Collection privée, avec l'aimable autorisation de Franck Henry-Massard / Mon carnet George Sand
24. *George Sand à soixante ans*
© Roger-Viollet

# Table

# L'auteure

Michelle Perrot, professeure émérite des universités, est historienne du travail (*Les Ouvriers en grève*, Mouton, 1974 ; *Mélancolie ouvrière*, Grasset, 2012), des prisons (*Les Ombres de l'histoire*, Flammarion, 2001), de la vie privée (*Histoire de la vie privée*, t. IV : *Le XIXe Siècle*, Seuil, 1987) ou encore des femmes. Elle a codirigé avec Georges Duby l'*Histoire des femmes en Occident* (Plon, 1991-1992, 5 vol. ; Perrin, « Tempus », 2002) et publié notamment *Les Femmes ou les Silences de l'histoire* (Flammarion, 1998 ; « Champs », 2001), *Femmes publiques* (Textuel, 1997) et *« Mon » histoire des femmes* (Seuil/France Culture, 2006 ; « Points Histoire », n° 394, 2008).

Elle s'intéresse depuis longtemps à George Sand dont elle a publié divers textes (*Politique et Polémiques*, Imprimerie nationale, 1996 ; *Journal d'un voyageur pendant la guerre*, Le Castor astral, 2004).

Son ouvrage *Histoire de chambres* (Seuil, « La Librairie du XXIe siècle », 2009 ; « Seuil Beaux Livres », 2014) a été couronné par le prix Femina Essai.

La Librairie
du XXI<sup>e</sup> siècle

Sylviane Agacinski, *Le Passeur de temps. Modernité et nostalgie.*

Sylviane Agacinski, *Métaphysique des sexes. Masculin/féminin aux sources du christianisme.*

Sylviane Agacinski, *Drame des sexes. Ibsen, Strindberg, Bergman.*

Sylviane Agacinski, *Femmes entre sexe et genre.*

Sylviane Agacinski, *Le Tiers-corps. Réflexions sur le don d'organes.*

Giorgio Agamben, *La Communauté qui vient. Théorie de la singularité quelconque.*

Henri Atlan, *Tout, non, peut-être. Éducation et vérité.*

Henri Atlan, *Les Étincelles de hasard I. Connaissance spermatique.*

Henri Atlan, *Les Étincelles de hasard II. Athéisme de l'Écriture.*

Henri Atlan, *L'Utérus artificiel.*

Henri Atlan, *L'Organisation biologique et la Théorie de l'information.*

Henri Atlan, *De la fraude. Le monde de l'*onaa.

Marc Augé, *Domaines et châteaux.*

Marc Augé, *Non-lieux. Introduction à une anthropologie de la surmodernité.*

Marc Augé, *La Guerre des rêves. Exercices d'ethnofiction.*

Marc Augé, *Casablanca.*

Marc Augé, *Le Métro revisité.*

Marc Augé, *Quelqu'un cherche à vous retrouver.*

Marc Augé, *Journal d'un SDF. Ethnofiction.*

Marc Augé, *Une ethnologie de soi. Le temps sans âge.*

Jean-Christophe Bailly, *Le Propre du langage. Voyages au pays des noms communs.*

Jean-Christophe Bailly, *Le Champ mimétique.*

Marcel Bénabou, *Jacob, Ménahem et Mimoun. Une épopée familiale.*

Marcel Bénabou, *Pourquoi je n'ai écrit aucun de mes livres.*

Julien Blanc, *Au commencement de la Résistance. Du côté du musée de l'Homme 1940-1941.*

R. Howard Bloch, *Le Plagiaire de Dieu. La fabuleuse industrie de l'abbé Migne.*

Remo Bodei, *La Sensation de déjà vu.*

Ginevra Bompiani, *Le Portrait de Sarah Malcolm.*

Julien Bonhomme, *Les Voleurs de sexe. Anthropologie d'une rumeur africaine.*

Yves Bonnefoy, *Lieux et destins de l'image. Un cours de poétique au Collège de France (1981-1993).*

Yves Bonnefoy, *L'Imaginaire métaphysique.*

Yves Bonnefoy, *Notre besoin de Rimbaud.*

Yves Bonnefoy, *L'Autre Langue à portée de voix.*

Yves Bonnefoy, *Le Siècle de Baudelaire.*

Yves Bonnefoy, *L'Hésitation d'Hamlet et la Décision de Shakespeare.*

Philippe Borgeaud, *La Mère des dieux. De Cybèle à la Vierge Marie.*

Philippe Borgeaud, *Aux origines de l'histoire des religions.*

Jorge Luis Borges, *Cours de littérature anglaise.*

Esteban Buch, Trauermarsch. *L'Orchestre de Paris dans l'Argentine de la dictature.*

Claude Burgelin, *Les Mal Nommés. Duras, Leiris, Calet, Bove, Perec, Gary et quelques autres.*

Italo Calvino, *Pourquoi lire les classiques.*

Italo Calvino, *La Machine littérature.*

Paul Celan et Gisèle Celan-Lestrange, *Correspondance.*

Paul Celan, *Le Méridien & autres proses.*

Paul Celan, *Renverse du souffle.*

Paul Celan et Ilana Shmueli, *Correspondance.*

Paul Celan, *Partie de neige.*

Paul Celan et Ingeborg Bachmann, *Le Temps du cœur. Correspondance.*

Michel Chodkiewicz, *Un océan sans rivage. Ibn Arabî, le Livre et la Loi.*

Antoine Compagnon, *Chat en poche. Montaigne et l'allégorie.*

Hubert Damisch, *Un souvenir d'enfance par Piero della Francesca.*

Hubert Damisch, *CINÉ FIL.*

Hubert Damisch, *Le Messager des îles.*

Hubert Damisch, *La Ruse du tableau. La peinture ou ce qu'il en reste.*

Luc Dardenne, *Au dos de nos images (1991-2005)*, suivi de *Le Fils* et *L'Enfant*, par Jean-Pierre et Luc Dardenne.

Luc Dardenne, *Sur l'affaire humaine.*

Luc Dardenne, *Au dos de nos images II (2005-2014)*, suivi de *Le Gamin au vélo* et *Deux jours, une nuit*, par Jean-Pierre et Luc Dardenne.

Michel Deguy, *À ce qui n'en finit pas.*

Daniele Del Giudice, *Quand l'ombre se détache du sol.*

Daniele Del Giudice, *L'Oreille absolue.*

Daniele Del Giudice, *Dans le musée de Reims.*

Daniele Del Giudice, *Horizon mobile.*

Daniele Del Giudice, *Marchands de temps.*

Daniele Del Giudice, *Le Stade de Wimbledon.*

Mireille Delmas-Marty, *Pour un droit commun.*

Jean-Paul Demoule, *Mais où sont passés les Indo-Européens ? Le mythe d'origine de l'Occident.*

Marcel Detienne, *Comparer l'incomparable.*

Marcel Detienne, *Comment être autochtone. Du pur Athénien au Français raciné.*

Donatella Di Cesare, *Heidegger, les Juifs, la Shoah. Les* Cahiers noirs.

Milad Doueihi, *Histoire perverse du cœur humain.*

Milad Doueihi, *Le Paradis terrestre. Mythes et philosophies.*

Milad Doueihi, *La Grande Conversion numérique.*

Milad Doueihi, *Solitude de l'incomparable. Augustin et Spinoza.*

Milad Doueihi, *Pour un humanisme numérique.*

Jean-Pierre Dozon, *La Cause des prophètes. Politique et religion en Afrique contemporaine*, suivi de *La Leçon des prophètes* par Marc Augé.

Pascal Dusapin, *Une musique en train de se faire.*

Brigitta Eisenreich, avec Bertrand Badiou, *L'Étoile de craie. Une liaison clandestine avec Paul Celan.*

Uri Eisenzweig, *Naissance littéraire du fascisme.*

Norbert Elias, *Mozart. Sociologie d'un génie.*

Norbert Elias, *Théorie des symboles.*

Norbert Elias, *Les Allemands. Évolutions de l'habitus et luttes de pouvoir aux* XIXe *et* XXe *siècles.*

Rachel Ertel, *Dans la langue de personne. Poésie yiddish de l'anéantissement.*

Arlette Farge, *Le Goût de l'archive.*

Arlette Farge, *Dire et mal dire. L'opinion publique au* XVIIIe *siècle.*

Arlette Farge, *Le Cours ordinaire des choses dans la cité au* XVIIIe *siècle.*

Arlette Farge, *Des lieux pour l'histoire.*

Arlette Farge, *La Nuit blanche.*

Alain Fleischer, *L'Accent, une langue fantôme.*

Alain Fleischer, *Le Carnet d'adresses.*

Alain Fleischer, *Réponse du muet au parlant. En retour à Jean-Luc Godard.*

Alain Fleischer, *Sous la dictée des choses.*

Lydia Flem, *L'Homme Freud.*

Lydia Flem, *Casanova ou l'Exercice du bonheur.*

Lydia Flem, *La Voix des amants.*

Lydia Flem, *Comment j'ai vidé la maison de mes parents.*

Lydia Flem, *Panique.*

Lydia Flem, *Lettres d'amour en héritage.*

Lydia Flem, *Comment je me suis séparée de ma fille et de mon quasi-fils.*

Lydia Flem, *La Reine Alice.*

Lydia Flem, *Discours de réception à l'Académie royale de Belgique*, accueillie par Jacques de Decker, secrétaire perpétuel.

Lydia Flem, *Je me souviens de l'imperméable rouge que je portais l'été de mes vingt ans.*

Lydia Flem, *La Vie quotidienne de Freud et de ses patients*, préface de Fethi Benslama.

Nadine Fresco, *Fabrication d'un antisémite.*

Nadine Fresco, *La Mort des juifs.*

Françoise Frontisi-Ducroux, *Ouvrages de dames. Ariane, Hélène, Pénélope…*

Françoise Frontisi-Ducroux, *Arbres filles et garçons fleurs. Métamorphoses érotiques dans les mythes grecs.*

Marcel Gauchet, *L'Inconscient cérébral.*

Hélène Giannecchini, *Une image peut-être vraie. Alix Cléo Roubaud.*

Jack Goody, *La Culture des fleurs.*

Jack Goody, *L'Orient en Occident.*

Anthony Grafton, *Les Origines tragiques de l'érudition. Une histoire de la note en bas de page.*

Jean-Claude Grumberg, *Mon père. Inventaire*, suivi de *Une leçon de savoir-vivre.*

Jean-Claude Grumberg, *Pleurnichard.*

François Hartog, *Régimes d'historicité. Présentisme et expériences du temps.*

Daniel Heller-Roazen, *Écholalies. Essai sur l'oubli des langues.*

Daniel Heller-Roazen, *L'Ennemi de tous. Le pirate contre les nations.*

Daniel Heller-Roazen, *Une archéologie du toucher.*

Daniel Heller-Roazen, *Le Cinquième Marteau. Pythagore et la dysharmonie du monde.*

Daniel Heller-Roazen, *Langues obscures. L'art des voleurs et des poètes.*

Ivan Jablonka, *Histoire des grands-parents que je n'ai pas eus. Une enquête.*

Ivan Jablonka, *L'histoire est une littérature contemporaine. Manifeste pour les sciences sociales.*

Ivan Jablonka, *Laëtitia ou la fin des hommes.*

Ivan Jablonka, *En camping-car.*

Roman Jakobson/Claude Lévi-Strauss, *Correspondance. 1942-1982.*

Jean Kellens, *La Quatrième Naissance de Zarathushtra. Zoroastre dans l'imaginaire occidental.*

Nicole Lapierre, *Sauve qui peut la vie.*

Jacques Le Brun, *Le Pur Amour de Platon à Lacan.*

Jacques Le Goff, *Faut-il vraiment découper l'histoire en tranches ?*

Jean Levi, *Les Fonctionnaires divins. Politique, despotisme et mystique en Chine ancienne.*

Jean Levi, *La Chine romanesque. Fictions d'Orient et d'Occident.*

Claude Lévi-Strauss, *L'Anthropologie face aux problèmes du monde moderne.*

Claude Lévi-Strauss, *L'Autre Face de la lune. Écrits sur le Japon.*

Claude Lévi-Strauss, *Nous sommes tous des cannibales.*

Claude Lévi-Strauss, *« Chers tous deux ». Lettres à ses parents, 1931-1942.*

Claude Lévi-Strauss, *Le Père Noël supplicié.*

Claude Lévi-Strauss/Roman Jakobson, *Correspondance. 1942-1982.*

Monique Lévi-Strauss, *Une enfance dans la gueule du loup.*

Nicole Loraux, *Les Mères en deuil.*

Nicole Loraux, *Né de la Terre. Mythe et politique à Athènes.*

Nicole Loraux, *La Tragédie d'Athènes. La politique entre l'ombre et l'utopie.*

Patrice Loraux, *Le Tempo de la pensée.*

Sabina Loriga, *Le Petit x. De la biographie à l'histoire.*

Charles Malamoud, *Le Jumeau solaire.*

Charles Malamoud, *La Danse des pierres. Études sur la scène sacrificielle dans l'Inde ancienne.*

François Maspero, *Des saisons au bord de la mer.*

Marie Moscovici, *L'Ombre de l'objet. Sur l'inactualité de la psychanalyse.*

Maurice Olender, *Un fantôme dans la bibliothèque.*

Nicanor Parra, *Poèmes et Antipoèmes* et *Anthologie (1937-2014).*

Michel Pastoureau, *L'Étoffe du diable. Une histoire des rayures et des tissus rayés.*

Michel Pastoureau, *Une histoire symbolique du Moyen Âge occidental.*

Michel Pastoureau, *L'Ours. Histoire d'un roi déchu.*

Michel Pastoureau, *Les Couleurs de nos souvenirs.*

Michel Pastoureau, *Le Roi tué par un cochon. Une mort infâme aux origines des emblèmes de la France ?*

Michel Pastoureau, *Une couleur ne vient jamais seule. Journal chromatique, 2012-2016.*

Vincent Peillon, *Une religion pour la République. La foi laïque de Ferdinand Buisson.*

Vincent Peillon, *Éloge du politique. Une introduction au XXIe siècle.*

Vincent Peillon, *Liberté, égalité, fraternité. Sur le républicanisme français.*

Georges Perec, *L'Infra-ordinaire.*

Georges Perec, *Vœux.*

Georges Perec, *Je suis né.*

Georges Perec, *Cantatrix sopranica L. et autres écrits scientifiques.*

Georges Perec, *L. G. Une aventure des années soixante.*

Georges Perec, *Le Voyage d'hiver.*
Georges Perec, *Un cabinet d'amateur.*
Georges Perec, *Beaux présents belles absentes.*
Georges Perec, *Penser/Classer.*
Georges Perec, *Le Condottière.*
Georges Perec, *L'Attentat de Sarajevo.*
Georges Perec/OuLiPo, *Le Voyage d'hiver & ses suites.*
Catherine Perret, *L'Enseignement de la torture. Réflexions sur Jean Améry.*
Michelle Perrot, *Histoire de chambres.*
Michelle Perrot, *George Sand à Nohant. Une maison d'artiste.*
J.-B. Pontalis, *La Force d'attraction.*
Jean Pouillon, *Le Cru et le Su.*
Jérôme Prieur, *Roman noir.*
Jérôme Prieur, *Rendez-vous dans une autre vie.*
Jérôme Prieur, *La Moustache du soldat inconnu.*
Jacques Rancière, *Courts Voyages au pays du peuple.*
Jacques Rancière, *Les Noms de l'histoire. Essai de poétique du savoir.*
Jacques Rancière, *La Fable cinématographique.*
Jacques Rancière, *Chroniques des temps consensuels.*
Jacques Rancière, *Les Bords de la fiction.*
Jean-Michel Rey, *Paul Valéry. L'aventure d'une œuvre.*
Jacqueline Risset, *Puissances du sommeil.*
Jean-Loup Rivière, *Le Monde en détails.*
Denis Roche, *Dans la maison du Sphinx. Essais sur la matière littéraire.*

Olivier Rolin, *Suite à l'hôtel Crystal.*

Olivier Rolin & Cie, *Rooms.*

Charles Rosen, *Aux confins du sens. Propos sur la musique.*

Israel Rosenfield, *« La Mégalomanie » de Freud.*

Pierre Rosenstiehl, *Le Labyrinthe des jours ordinaires.*

Paul-André Rosental, *Destins de l'eugénisme.*

Jacques Roubaud, *Poétique. Remarques. Poésie, mémoire, nombre, temps, rythme, contrainte, forme, etc.*

Jacques Roubaud, *Peut-être ou La Nuit de dimanche (brouillon de prose). Autobiographie romanesque.*

Jean-Frédéric Schaub, *Oroonoko, prince et esclave. Roman colonial de l'incertitude.*

Jean-Frédéric Schaub, *Pour une histoire politique de la race.*

Francis Schmidt, *La Pensée du Temple. De Jérusalem à Qoumrân.*

Jean-Claude Schmitt, *La Conversion d'Hermann le Juif. Autobiographie, histoire et fiction.*

Michel Schneider, *La Tombée du jour. Schumann.*

Michel Schneider, *Baudelaire. Les années profondes.*

Jean Schwœbel, *La Presse, le pouvoir et l'argent*, préface de Paul Ricœur, avant-propos d'Edwy Plenel.

David Shulman, Velcheru Narayana Rao et Sanjay Subrahmanyam, *Textures du temps. Écrire l'histoire en Inde.*

David Shulman, *Ta'ayush. Journal d'un combat pour la paix. Israël-Palestine, 2002-2005.*

Jean Starobinski, *Action et réaction. Vie et aventures d'un couple.*

Jean Starobinski, *Les Enchanteresses.*

Jean Starobinski, *L'Encre de la mélancolie.*

Anne-Lise Stern, *Le Savoir-déporté. Camps, histoire, psychanalyse.*

Antonio Tabucchi, *Les Trois Derniers Jours de Fernando Pessoa. Un délire.*

Antonio Tabucchi, *La Nostalgie, l'Automobile et l'Infini. Lectures de Pessoa.*

Antonio Tabucchi, *Autobiographies d'autrui. Poétiques* a posteriori.

Emmanuel Terray, *La Politique dans la caverne.*

Emmanuel Terray, *Une passion allemande. Luther, Kant, Schiller, Hölderlin, Kleist.*

Emmanuel Terray, *Mes anges gardiens*, précédé d'*Emmanuel Terray l'insurgé*, par Françoise Héritier.

Camille de Toledo, *Le Hêtre et le Bouleau. Essai sur la tristesse européenne*, suivi de *L'Utopie linguistique ou La pédagogie du vertige.*

Camille de Toledo, *Vies pøtentielles.*

Camille de Toledo, *Oublier, trahir, puis disparaître.*

Peter Trawny, *Heidegger. Une introduction critique.*

César Vallejo, *Poèmes humains* et *Espagne, écarte de moi ce calice.*

Jean-Pierre Vernant, *Mythe et religion en Grèce ancienne.*

Jean-Pierre Vernant, *Entre mythe et politique I.*

Jean-Pierre Vernant, *L'Univers, les Dieux, les Hommes. Récits grecs des origines.*

Jean-Pierre Vernant, *La Traversée des frontières. Entre mythe et politique II.*

Ida Vitale, *Ni plus ni moins.*

Nathan Wachtel, *Dieux et vampires. Retour à Chipaya.*

Nathan Wachtel, *La Foi du souvenir. Labyrinthes marranes.*

Nathan Wachtel, *La Logique des bûchers.*

Nathan Wachtel, *Mémoires marranes. Itinéraires dans le* sertão *du Nordeste brésilien.*

Catherine Weinberger-Thomas, *Cendres d'immortalité. La crémation des veuves en Inde.*

Natalie Zemon Davis, *Juive, catholique, protestante. Trois femmes en marge au* XVII^e^ *siècle.*

RÉALISATION : IGS-CP À L'ISLE-D'ESPAGNAC
IMPRESSION : NORMANDIE ROTO S.A.S. À LONRAI
DÉPÔT LÉGAL : AOÛT 2018. N° 82076 (1802021)
IMPRIMÉ EN FRANCE